Die Rekonstruktion der tarifpolitischen Beziehungen nach 1945

Europäische Hochschulschriften
Publications Universitaires Européennes
European University Studies

Reihe III
Geschichte und ihre Hilfswissenschaften

Série III Series III
Histoire, sciences auxiliaires de l'histoire
History and Allied Studies

Bd./Vol. 939

PETER LANG
Frankfurt am Main · Berlin · Bern · Bruxelles · New York · Oxford · Wien

Stefanie Hinz

Die Rekonstruktion der tarifpolitischen Beziehungen nach 1945

Dargestellt am Beispiel der Textilindustrie in Württemberg-Baden, Baden und Württemberg-Hohenzollern

PETER LANG
Europäischer Verlag der Wissenschaften

Die Deutsche Bibliothek - CIP-Einheitsaufnahme

Hinz, Stefanie:

Die Rekonstruktion der tarifpolitischen Beziehungen nach 1945 : dargestellt am Beispiel der Textilindustrie in Württemberg-Baden, Baden und Württemberg-Hohenzollern / Stefanie Hinz. - Frankfurt am Main ; Berlin ; Bern ; Bruxelles ; New York ; Oxford ; Wien : Lang, 2002

(Europäische Hochschulschriften : Reihe 3, Geschichte und ihre Hilfswissenschaften ; Bd. 939)
Zugl.: Heidelberg, Univ., Diss., 2001
ISBN 3-631-39840-9

D 16
ISSN 0531-7320
ISBN 3-631-39840-9

www.peterlang.de

Vorwort

Die vorliegende Arbeit wurde im Sommersemester 2001 von der Philosophisch-Historischen Fakultät der Universität Heidelberg als Dissertation angenommen. Sie wäre ohne die Unterstützung zahlreicher Personen und Institutionen nicht zustande gekommen. Ihnen allen sei hiermit gedankt.
Mein besonderer Dank gilt Herrn Prof. Dr. Clemens Zimmermann. Er hat diese Arbeit mit seinen Anregungen bereichert, mir in kritischen Phasen Mut gemacht und doch die Freiheit gelassen, meine eigene Arbeit zu schreiben.
Sehr zu Dank verpflichtet bin ich auch Herrn Prof. Dr. Hartmut Soell für die Übernahme der Koreferats.
Die Mitarbeiter der besuchten Archive unterstützten und erleichterten die Quellenarbeit zu dieser Untersuchung. Besonders bei Frau Andrea Genrich vom Archiv des Landesmuseums für Technik und Arbeit in Mannheim möchte ich mich für die Hilfe bedanken. Herr Dr. Thomas Kosche, ebenfalls Landesmuseum für Technik und Arbeit, brachte mit seinem Hinweis auf den Bestand der GTB im Landesmuseum den Anstoß zu dieser Arbeit.
Die Untersuchung wäre in der vorliegenden Form ohne Material von den Interessenvertretungen der südwestdeutschen Textilindustrie nicht möglich gewesen. Zu besonderem Dank bin ich daher Herrn Wilhelm Werner von der Gewerkschaft Textil-Bekleidung, Bezirk Baden-Württemberg, und Herrn Dr. Markus Ostrop vom Verband der Baden-Württembergischen Textilindustrie e.V. für ihre Unterstützung und ihr aufmunterndes Interesse verpflichtet.
Natürlich blieb von dieser Arbeit auch das private Umfeld nicht unberührt. Entscheidenden Anteil an ihrem Gelingen hatte Jochen Renz, der die Entstehung aktiv begleitet und mir damit eine große Hilfe war. Besonderer Dank gilt auch Frau Barbara Brecht und Herrn Dr. Gerhard Renz, die bereitwillig die Arbeit Korrektur gelesen haben. Schließlich möchte ich meinen Eltern danken, die aus der Ferne den Fortgang begleitet und mir den Rücken gestärkt haben.

Stefanie Hinz

Inhalt

Einleitung

Das derzeitige Tarifrecht, insbesondere in Gestalt des Flächentarifvertrags, steht im Mittelpunkt vielfältiger Kritik als - vermeintliche - (Mit-) Ursache für Arbeitslosigkeit und Gefährdung des Standorts Deutschland.[1] Die seit den achtziger Jahren unter dem Stichwort "Globalisierung" voranschreitende Deregulierung der Finanz- und Arbeitswelt, der systematische Abbau von Handelshemmnissen und die zunehmende Dezentralisierung von Märkten und Unternehmen brachte insbesondere von Arbeitgeberseite zunehmend die Forderung einer Flexibilisierung und Deregulierung auch des Tarifrechts hin zu einer "Verbetrieblichung" mit sich.[2]
Gleichzeitig zeugt der Mitgliederschwund in Arbeitgeberverbänden und Gewerkschaften von der geringer werdenden Attraktivität der Gestaltung der Arbeitsbeziehungen durch die Sozialpartner.[3]
Die Frage nach der Zukunft der kollektiven Arbeitsbeziehungen und nach der Schwerpunktverlagerung von der branchenumfassenden auf die betriebliche Ebene nimmt auch in der wissenschaftlichen Diskussion, überwiegend in den Sozialwissenschaften und der Rechtswissenschaft breiten Raum ein.[4]
In der Geschichtswissenschaft, insbesondere in der Sozialgeschichte werden in der Regel weniger die aktuellen Fragen verfolgt. Die Untersuchung der Akteure und Problemfelder der kollektiven Interessenvertretung bildet aber ebenfalls eines der konstituierenden Felder dieser Forschungsrichtung.

---

[1] Vgl. Ehmann, Horst, Empfiehlt es sich, die Regelungsbefugnisse der Tarifparteien im Verhältnis zu den Betriebsparteien zu ordnen?, in: ZRP 1996, S. 314-321.

[2] Vgl. ders., S. 315; Adomeit, Klaus, Arbeitsplätze und Solidarität, in: NJW 1994, S. 837-838, hier S. 838; Reuter, Dieter, Betriebsverfassung und Tarifvertrag, in: RdA 1994, S. 153-168, hier S. 154. Einen Einblick in die Argumentation der Arbeitgeber vermittelt z. B. der Präsident der Bundesvereinigung der Deutschen Arbeitgeberverbände (BDA) Dieter Hundt, Handeln beim Verhandeln - Welche Reformen braucht die Tarifautonomie, Online in Internet, URL: http://www.iwkoeln.de/Forum/2000/forum17-00. htm, Stand: 16.3.2001, S. 1-6.

[3] Von 1991 bis 1999 hat die IG Metall z. B. eine Million Mitglieder verloren, von den insgesamt noch 2,71 Millionen Mitgliedern zahlen lediglich 1,65 Millionen den vollen Beitrag, die restlichen sind im Ruhestand oder arbeitslos. Vgl. Gruenenberg, Nina, Im Traditionsgefängnis, in: Die Zeit, Nr. 42 v. 14.10.1999 (CD-Rom-Version). Zu diesem Problem auch Wirth, Klaus, Tarifpolitik am Wendepunkt - ein Plädoyer für den Flächentarifvertrag, in: AuA 1997, S. 109-112, hier S. 112.

[4] Vgl. Müller-Jentsch, Soziologie der industriellen Beziehungen. Eine Einführung, 2. Auflg., Frankfurt a. M., New York 1997; Zohlnhöfer, Werner (Hrsg.), Die Tarifautonomie auf dem Prüfstand, Berlin 1994; Beltz-Rübelmann, Manfred u. a. (Hrsg.), Zukunft der Tarifautonomie, Mannheim, Wien, Zürich 1988. Bakopoulos, Konstantinos, Zuständigkeitsverteilung zwischen tarifvertraglicher und innerbetrieblicher Normsetzung, Berlin 1991; Schmodt, Thomas Benedikt, Das Günstigkeitsprinzip im Tarifvertrags- und Betriebsverfassungsrecht. Zugleich ein Beitrag zum Verhältnis von Tarifvertrag und Betriebsvereinbarung, Berlin 1994; Zachert, Ulrich, Deregulierung des Tarifvertrags - ein taugliches Mittel zur Lösung der Arbeitsmarktprobleme, in: Der Betrieb 1991, S. 1221-1226.

Während die anderen Wissenschaftsbereiche jedoch die Handlungsebene focusieren, liegt der Schwerpunkt historischer Studien auf der Organisationsgeschichte der kollektiven Interessenvertretung. Ein Hauptgebiet bildet hierbei die Formierung und Wahrnehmung von Interessen im Bereich von Wirtschaft und Industrie vom Beginn der Industrialisierung bis zum Ende des 19. Jahrhunderts.[5] Das Interesse der historischen Forschung an der Entwicklung des Verbandswesen im Zuge der Industrialisierung und Nationalstaatsbildung begründet sich aus der Funktion der Verbände als Indikatoren und Kräfte, die hinter dem Übergang zum sogenannten organisierten Kapitalismus standen.[6] Schwerpunktmäßig wird nach den Problemen der rechtlichen und politischen Bedingungen für die Entfaltung insbesondere der Gewerkschaften gefragt.

Ausgangspunkt für die Organisation von Interessen auf Seiten der Unternehmer und der Arbeitnehmer war der tiefgreifende Wandel in den Produktionsverhältnissen von den vorherrschend agrarisch-kleinhandwerklich geprägten hin zu den industrie- bzw. privatwirtschaftlichen.[7] Die soziale Bewegung des Liberalismus, technische Innovationen und die schrittweise Einführung der allgemeinen Gewerbefreiheit führten sowohl zu einer Vielzahl neuer Branchen und Arbeitgeber als auch in den Bereichen Berg- und Maschinenbau, der Schwer-, Chemie- und Textilindustrie zu neuen großbetrieblichen Organisationsformen. In diesen gesonderten Strukturen konnten Arbeitnehmer und Arbeitgeber gleichermaßen ihre Interessen nicht mehr durch die historisch gewachsenen korporativen Organe

---

[5] Vgl. die entsprechend umfangreichen Nachweise bei Tenfelde, Klaus, Ritter, Gerhard A. (Hrsg.), Bibliographie zur Geschichte der deutschen Arbeiterschaft und Arbeiterbewegung 1863 bis 1914, Bonn 1981; Tenfelde, Klaus, Die Geschichte der Arbeiter zwischen Strukturgeschichte und Alltagsgeschichte, in: Wolfgang Schieder, Volker Sellin (Hrsg.), Sozialgeschichte in Deutschland. Entwicklungen und Perspektiven im internationalen Zusammenhang, Bd. IV: Soziale Gruppen in der Geschichte, Göttingen 1987, S. 81-107; Zum Selbstverständnis der Sozialgeschichte Kocka, Jürgen, Sozialgeschichte - gestern und heute, in: Ilko-Sascha Kowalczuk (Hrsg.), Pardigmen deutscher Geschichtswissenschaft, Berlin 1994, S. 15-31.

[6] Siehe Gall, Lothar, Europa auf dem Weg in die Moderne 1850-1890, 3. Auflg., München 1997, S. 132. Vgl. z. B. Kocka, Jürgen, Lohnarbeit und Klassenbildung. Arbeiter und Arbeiterbewegung in Deutschland 1800-1875, Berlin, Bonn 1983; Grebing, Helga, Arbeiterbewegung. Sozialer Protest und kollektive Interessenvertretung bis 1914, München 1985.
Das von J. Kocka, H.-U. Wehler und H. A. Winkler entwickelte Konzept des "organisierten Kapitalismus" war zum Teil heftig umstritten. Neben der Frage, ob es überhaupt jemals einen "unorganisierten Kapitalismus" gegeben habe, wurde dem Modell zu starke Verallgemeinerung und zu geringer Erkenntniswert hinsichtlich der politischen Entwicklung vorgeworfen. Die Diskussion ist allerdings inzwischen abgeschlossen. Ein Überblick findet sich bei Kocka, Jürgen, Organisierter Kapitalismus im Kaiserreich?, in: HZ 230 (1980), S. 613-631.

[7] Vgl. zum Prozeß der Industrialisierung eingehender Borchardt, Knut, Wirtschaftliches Wachstum und Wechsellagen 1800-1914, in: Hermann Aubin, Wolfgang Zorn (Hrsg.), Handbuch der deutschen Wirtschafts- und Sozialgeschichte, Bd. 2: Das 19. und 20. Jahrhundert, Stuttgart 1976, S. 198-275.

wahrnehmen oder ihre Interessen allein den Zufälligkeiten der Marktentwicklung überlassen, zumal die Arbeitsmärkte aus der Sicht von Kapital und Arbeit erhebliche Verzerrungen aufwiesen.[8]
Auf Arbeitnehmerseite schien, unterstützt durch die im Verein für Sozialpolitik organisierten Sozialreformer, die Organisation und Verrechtlichung eine notwendige Voraussetzung für ein faires Kräftegleichgewicht.[9]
Auf Arbeitgeberseite differenzierten sich ausgehend vom bürgerlichen Vereinswesen bereits zu Beginn des 19. Jahrhunderts die ersten freiwilligen Interessenverbände der Arbeitgeber dieser Industriezweige heraus.[10] Neben regionalen Fabrikantenvereinen entstanden insbesondere ab 1840 verstärkt auch die ersten Branchenverbände.[11]
Die Zunahme großbetrieblicher Organisationen in den Wachstumsbranchen der Industrialisierung leitete auch innerbetrieblich eine veränderte Situation hinsichtlich der Interessenvertretung ein. Zwar bestand auch in diesen Betrieben weiterhin ein paternalistisches Arbeitgeber-Arbeitnehmer-Verhältnis, jedoch ging die Tendenz hier zu einer unpersönlicheren Beziehung innerhalb des einzelnen Arbeitsverhältnisses. Dementsprechend richteten sich auch die Bestrebungen innerhalb der Arbeiterschaft darauf, neue, den veränderten Bedingungen angepaßte, Aktions- und Organisationsformen zu entwickeln.[12]
Die ersten gewerkschaftlichen Zusammenschlüsse traten im Zuge der 1848er Revolution in stark politisierter Weise in Erscheinung.[13] Sie bildeten die Vorläufer der drei großen Richtungsgewerkschaften des Kaiserreichs - die SPD-nahen Freien Gewerkschaften, die liberalen Hirsch-Dunckerschen Gewerkvereine und die Christlichen Gewerkschaften.[14]
Das mit der Nationalstaatsbildung einhergehende Entstehen neuer Organisationsformen auf gesellschaftlicher Ebene sowie die tiefgreifenden wirtschaftlichen Strukturveränderungen im Zuge der Krise nach 1873 führten zu dauer-

---

[8] Walter, Rolf, Wirtschaftsgeschichte. Vom Merkantilismus bis zur Gegenwart, 2. Auflg., Köln, Weimar, Wien 1998, S. 88-89.

[9] Vgl. dazu Lindenlaub, Dieter, Richtungskämpfe im Verein für Sozialpolitik. Wissenschaft und Sozialpolitik im Kaiserreich vornehmlich vom Beginn des "Neuen Kurses" bis zum Ausbruch des ersten Weltkrieges (1890-1914), 2 Bde., Wiesbaden 1967.

[10] Siehe Ullmann, Hans-Peter, Interessenverbände in Deutschland, Frankfurt a.M. 1988, S. 25.

[11] Vgl. ebd., S. 27.

[12] Vgl. Engelhardt, Ulrich, Die Anfänge der deutschen Gewerkschaftsbewegung (1848 bis 1870), in: Erich Matthias und Klaus Schönhoven (Hrsg.), Solidarität und Menschenwürde. Etappen der deutschen Gewerkschaftsgeschichte von den Anfängen bis zur Gegenwart, Bonn 1984, S. 9-23, hier S. 15

[13] Siehe ebd., S. 19; Ausführlicher ders., "Nur vereinigt sind wir stark". Die Anfänge der deutschen Gewerkschaftsbewegung 1862/63 bis 1869/70, 2 Bde., Stuttgart 1977.

[14] Vgl. zu den Freien Gewerkschaften Schönhoven, Klaus, Expansion und Konzentration. Studien zur Entwicklung der Freien Gewerkschaften im Wilhelminischen Deutschland 1890 bis 1914, Stuttgart 1980; Schneider, Michael, Die Christlichen Gewerkschaften 1894-1933, Bonn 1982.

haften wirtschaftlichen und sozialen Interessenvertretungen.[15] Die Unternehmer schlossen sich zur Vertretung ihrer branchen- oder sektorspezifischen Interessen gegen die staatliche Wirtschafts- und Finanz-, insbesondere die Zollpolitik zusammen.[16] Die Arbeitnehmer formierten sich, vor allem nach 1890, zunehmend in Gewerkschaften, um in den Phasen des konjunkturellen Aufschwungs den lohnpolitischen Verteilungskampf zu ihren Gunsten zu beeinflussen.[17]
Nachdem bereits die §§ 152, 153 der Reichsgewerbeordnung vom 29. Mai 1869 das allgemeine Koalitionsverbot für die Arbeitnehmer im Anwendungsbereich der Ordnung gelockert hatten, markierte die Aufhebung des Sozialistengesetzes im Jahr 1890 den zahlenmäßigen Durchbruch insbesondere auch der Freien Gewerkschaften.[18]
Ende der 1890er Jahre setzte bei den Arbeitgebern als Reaktion auf diese Entwicklung verstärkt die Gründung von eigenen Interessenverbänden ein.[19] Diese standen dem Instrument der Tarifverträge im Hinblick auf die damit verbundene Verschiebung der Kräfteverhältnisse grundsätzlich negativ gegenüber.[20] Trotzdem führten die nach 1890 überwiegend günstigen wirtschaftlichen Rahmenbedingungen insbesondere in den Gewerben mit kleineren und mittleren Unternehmen wie dem Buchdruck- und Baugewerbe, der Nahrungs- und Genußmittelindustrie, Holz- und Metallindustrie zur zunehmenden Verbreitung von Kollektivvereinbarungen zwischen Gewerkschaften und Unternehmerverbänden.[21] Im Jahr 1905 gab es in Deutschland insgesamt 1.585 Tarifverträge

---

[15] Vgl. Gall, Lothar, Europa auf dem Weg in die Moderne 1850-1890, 3. Auflg., München 1997, S. 133.

[16] In der Regel standen sich hier Industrie und Landwirtschaft gegenüber. Vgl. Varain, Heinz Josef (Hrsg.), Interessenverbände in Deutschland, Köln 1973, S. 12ff.

[17] In den Rezessionsphasen hatten die Gewerkschaften regelmäßig mit einem deutlichen Rückgang der Mitgliederzahlen zu kämpfen, da ihr Druckmittel, der Streik, in Zeiten der Massenarbeitslosigkeit ohne Wirkung blieb. Vgl. zu den einzelnen Phasen der Entwicklung den Beitrag "Der Durchbruch der Freien Gewerkschaften Deutschlands zur Massenbewegung im letzten Viertel des 19. Jahrhunderts", in: Ritter, Gerhard A., Arbeiter, Arbeiterbewegung und soziale Ideen in Deutschland. Beiträge zur Geschichte des 19. und 20. Jahrhunderts, München 1996, S. 131ff.

[18] Siehe Englberger, Josef, Tarifautonomie im Deutschen Reich. Entwicklung des Tarifvertragswesens in Deutschland von 1870/71 bis 1945, Berlin 1995, S. 47f.

[19] Vgl. Erdmann, Gerhard, Die deutschen Arbeitgeberverbände im sozialgeschichtlichen Wandel der Zeit, Neuwied, Berlin 1966, S. 53ff.

[20] Siehe Gamillschegg, Franz, Kollektives Arbeitsrecht, Bd. I: Grundlagen, Koalitionsfreiheit, Tarifvertrag, Arbeitskampf, und Schlichtung, München 1997, S. 103.

[21] Vgl. Englberger, S. 47f.; Vgl. Ullmann, S. 97 sowie Tabelle 2-6, S. 218-227. Die Textilindustrie blieb dagegen auf diesem Gebiet zurück. Der Grund hierfür lag zum einen in der Vielschichtigkeit dieses Industriezweigs mit zum Teil sehr unterschiedlichen Arbeitsgängen sowie der gemeinsamen Arbeit von Frauen und Männern in den Fabriken. Im Jahr 1906 gab es lediglich sieben Tarifverträge für 84 Betriebe mit 7.488 Beschäftigten, Ende 1910 166 Tarifverträge für 345 Betriebe mit 13.640 Beschäftigten. Vgl. Hauptvorstand der Gewerkschaft Textil-Bekleidung (Hrsg.), 100 Jahre GTB. Sonderausgabe der Zeitschrift "textil-

für 46.272 Betriebe mit 48.191 Beschäftigen, sieben Jahre später betrug die Zahl der Vereinbarungen 10.885 für 143.088 Betriebe mit 1,4 Mio. Beschäftigten.[22] Als Rechtsgrundlage für die Tarifverträge stand bis 1918 nur das allgemeine Zivilrecht, seit 1900 in der Form des Bürgerlichen Gesetzbuchs, zur Verfügung, das zwar den schuldrechtlichen, nicht aber den normativen Teil der Verträge ausreichend regelte.[23]

Nach dieser Phase der Duldung von staatlicher und unternehmerischer Seite brachte der Erste Weltkrieg die politische und rechtliche Anerkennung von Gewerkschaften und Tarifrecht.

In der sozialgeschichtlichen Forschung bildet die Durchsetzung der Tarifautonomie mit der Normierung der Koalitions- und Tarifvertragsfreiheit zu Beginn des 20. Jahrhunderts gleichzeitig einen gewissen Endpunkt der betrachteten wirtschaftlichen und politischen Entwicklung. Gefragt wurde insbesondere nach den treibenden Kräften, den Gewerkschaften. Die Handlungsebene der kollektiven Interessenvertretungen, die Gestaltung der Lohn- und Arbeitsbedingungen findet dagegen lediglich im Rahmen der streikgeschichtlichen Forschung, und hier in der Regel nur als Teilaspekt, Beachtung.[24]

Bereits unmittelbar nach der deutschen Mobilmachung hatte sich die Führung der Freien Gewerkschaften unter Aufgabe der Anti-Kriegspolitik gemeinsam mit denen der beiden anderen Richtungsgewerkschaften in eine Art nationale Einheitsfront eingereiht und für die Dauer des Kriegs ihren Verzicht auf Streiks im Sinne des von der Reichsleitung propagierten Burgfriedens erklärt.[25] Für die Tolerierung der mit der zwangswirtschaftlichen Organisation der Kriegswirtschaft einhergehenden Beschneidung der Arbeiterrechte verlangten die Gewerkschaften die Anerkennung ihrer Organisationen sowie die Streichung noch bestehender organisationshemmender Vorschriften der Reichsgewerbe-

---

bekleidung" zum 100jährigen Jubiläum der Gewerkschaft Textil-Bekleidung, Düsseldorf 1991, S. 50.

[22] Vgl. Ullmann, S. 97. Die Phase der Hochkonjunktur bis 1914 wurde lediglich von zwei kurzen Rezessionen (1901/02 und 1907/08) unterbrochen. Vgl. Ullrich, Volker, Die nervöse Großmacht 1871-1918. Aufstieg und Untergang des Kaiserreichs, 3. Auflg., Frankfurt a. M. 1999, S. 127.

[23] Siehe Gamillschegg, S. 103.

[24] Zur streikgeschichtlichen Forschung vgl. Tenfelde, Klaus, Volkmann, Heinrich (Hrsg.), Streik. Zur Geschichte des Arbeitskampfes in Deutschland während der Industrialisierung, München 1981; Prinzing, Marlis, Der Streik bei Bosch im Jahre 1913, Stuttgart 1989; Bayer, Hans-Wolfgang, Streiks in Augsburg im Wandel vom 18. zum 19. Jahrhundert. Konfliktstrategien zwischen Werkstatt und Fabrik, Konstanz Diss. 1993.

[25] Vgl. Schönhoven, Die deutschen Gewerkschaften, Frankfurt a. M. 1987, S. 94. Auf die Schwierigkeiten dieser Politik angesichts der wirtschaftlichen Notlage der Arbeiterschaft weist Jürgen Kocka, Klassengesellschaft im Krieg. Deutsche Sozialgeschichte 1914-1918, Göttingen 1973, S. 12-21 und 33-57 hin.

ordnung von 1869, des Reichsvereinsgesetzes von 1908 sowie spezieller Ländergesetze.[26]
Staatlicher Druck und kriegswirtschaftliche Notwendigkeit führten zumindest partiell bei den Unternehmern zur Kooperationsbereitschaft mit den Gewerkschaften. Von einem grundlegenden Wandel des Verhältnisses sowohl von Staat als auch Unternehmerschaft zu den Gewerkschaften war jedoch während des Krieges nicht zu sprechen. Dementsprechend fand diese Entwicklung nur in einfachgesetzlichen Vorschriften und weiterhin nur für einen begrenzten Personenkreis ihren Niederschlag.[27] Nachdem durch die Novellierung des Reichsvereinsgesetzes im Juni 1916 die Gewerkschaften nicht mehr unter das Recht der politischen Vereine fielen, brachte das "Gesetz über den vaterländischen Hilfsdienst" vom Dezember 1916 mit der Beteiligung der Gewerkschaften an der Besetzung der Schlichtungs- und sogenannten Feststellungsausschüsse schließlich ihre offizielle Anerkennung durch den Staat und die Verpflichtung der Unternehmerschaft zur Zusammenarbeit mit ihnen.[28]
Damit bildeten die Tarifparteien jedoch nicht nur die Interessenvertretungen für ihre Mitglieder sondern auch einen politischen Faktor. Auf diese Einbindung in den gesamtpolitischen Kontext nach dem Ersten Weltkrieg konzentrierte sich die weitere historische Forschung.
Gleichzeitig trat mit den Wirtschaftskrisen der Zwischenkriegszeit jedoch auch erstmals der tarifpolitische Verteilungskampf zwischen Gewerkschaften und Arbeitgeberverbänden als Untersuchungsgegenstand stärker in den Vordergrund.
Die Situation spitzte sich bereits unmittelbar nach Kriegsende zu. Während die Gewerkschaftsführungen gegen Ende des Krieges weiter an der Kooperationspolitik gegenüber dem Staat festhielten, organisierte sich die unzufriedene Arbeiterschaft in sogenannten Arbeitsausschüssen und entlud sich schließlich im November 1918 in der Revolution.[29]
Die damit verbundene Umstrukturierung des politischen Systems, die Rätebewegung und die großen Streiks beeinflußten auch die Beziehungen zwischen den Arbeitsmarktparteien nachhaltig. Zwar gelang es den Gewerkschaften in der Folgezeit, das System des kollektiven Arbeitsrechts weiter auszubauen. Das Abkommen über die Bildung einer Zentralen Arbeitsgemeinschaft mit den

---

[26] Siehe Potthoff, Heinrich, Gewerkschaften in Weltkrieg und Revolution: Kontinuität und Wandel, in: Erich Matthias und Klaus Schönhoven (Hrsg.), Solidarität und Menschenwürde. Etappen der deutschen Gewerkschaftsgeschichte von den Anfängen bis zur Gegenwart, Bonn 1984, S. 107-131, hier S. 113.
[27] Vgl. Hueck, Alfred, Nipperdey, Hans Carl, Lehrbuch des Arbeitsrechts, 7. Auflg., Bd. 2: Kollektives Arbeitsrecht, Berlin, Frankfurt a. M. 1967, S. 118.
[28] Vgl. Potthoff, Gewerkschaften in Weltkrieg und Revolution, S. 115.
[29] Vgl. Mai, Gunther, Das Ende des Kaiserreichs. Politik und Kriegsführung im ersten Weltkrieg, München 1987, S. 169ff.; Zur allgemeinen Unzufriedenheit mit den Lebensverhältnissen vgl. Kocka, Klassengesellschaft im Krieg.

Unternehmerverbänden von 1918 brachte sowohl die Anerkennung der Gewerkschaften als gleichberechtigte Sozialpartner durch die Unternehmerschaft als auch die faktische Durchsetzung des Systems kollektiver Vereinbarungen von Lohn- und Arbeitsbedingungen zwischen Arbeitgeber und Arbeitnehmer auf überbetrieblicher Ebene.[30]

Auf der rechtlichen Ebene wurde mit der Tarifverordnung vom 23. Dezember 1918 erstmals das Tarifvertragsrecht positiv normiert.[31]

Mit Inkrafttreten der Weimarer Reichsverfassung im August 1919 wurden schließlich die bereits herrschende Koalitionsfreiheit durch Artikel 159 WRV und das System kollektiver Interessenvertretung im Bereich der Lohn- und Sozialpolitik, das heißt die beiderseitigen Organisationen der Arbeitgeber und Arbeitnehmer sowie ihre Vereinbarungen, in Artikel 165 I 2 WRV auch verfassungsrechtlich gewährleistet.[32]

Tatsächlich wurden die Handlungsmöglichkeiten für die tarifpolitischen Interessenvertretungen jedoch im Zuge der Wirtschaftskrise immer enger bis schließlich das System der kollektiven Interessenvertretung in den letzten Jahren der Weimarer Republik durch die staatliche Zwangsschlichtung ausgehebelt wurde. Mit der Machtübernahme der Nationalsozialisten 1933 kam es dann zur vollständigen Liquidation der Tarifautonomie. Die Verbände der Arbeitnehmer und der Arbeitgeber wurden in der Deutschen Arbeitsfront "gleichgeschaltet",[33] die Löhne von staatlicher Seite festgesetzt.[34]

---

[30] Vgl. Potthoff, Gewerkschaften in Weltkrieg und Revolution, S. 117. Zur Entstehung und Bedeutung der ZAG vgl. eingehender Feldman, Gerald D., Die Freien Gewerkschaften und die Zentralarbeitsgemeinschaft 1918-1924, in: Heinz Oskar Vetter (Hrsg.), Vom Sozialistengesetz zur Mitbestimmung. Zum 100. Geburtstag von Hans Böckler, Köln 1975, S. 229-252.

[31] Zwar gab es schon im Kaiserreich eine wissenschaftliche Diskussion von Juristen sowie zwischen 1905 und 1911 auch mehrfache Erörterungen der Frage im Reichstag. Eine konkrete Umsetzung erfolgte jedoch nicht. Vgl. Hueck, Nipperdey, S. 214 Fn. 4 m.w.N. Gegenüber dem ZAG-Abkommen erweiterte die Verordnung die Rechtsfolgen der Tarifverträge zum einen um die Unabdingbarkeit der Regelungen des Tarifvertrags für die Arbeitsverhältnisse der beteiligten Arbeitgeber und Arbeitnehmer (§ 1) und zum anderen um die Möglichkeit der Allgemeinverbindlichkeitserklärung (§ 2).

[32] Vgl. Winkler, Heinrich August, Von der Revolution zur Stabilisierung. Arbeiter und Arbeiterbewegung in der Weimarer Republik 1918 bis 1924, 2. Auflg., Berlin, Bonn 1985, S. 238f.

[33] Vgl. ders., Der Weg in die Katastrophe. Arbeiter und Arbeiterbewegung in der Weimarer Republik 1930 bis 1933, Berlin, Bonn 1987, S. 928f.; Schönhoven, Die deutschen Gewerkschaften, S. 177-190.

[34] Die Grundlage hierfür bildete das "Gesetz zur Ordnung der nationalen Arbeit" v. 20.1.1934. Vgl. dazu Mason, Timothy, The origins of the Law on the Organization of National Labour of 20 January 1934. An investigation into the relationship between "archaic" and "modern" elements in recent German history, in: ders., Nazism, Facism and the Working Class, Cambridge 1995, S. 77-103; Ders., Arbeiterklasse und Volksgemeinschaft. Dokumente und Materialien zur deutschen Arbeiterpolitik 1936-1939, Opladen 1975.

Innerhalb der Geschichtswissenschaft tauchen die fortschreitende Destabilisierung der Arbeitsbeziehungen, der Kampf der Unternehmer gegen Zwangsschlichtung und Sozialleistungen und die defensive Haltung der Gewerkschaften, vom Ruhreisenstreit bis zur vollständigen Liquidation des Systems der Tarifautonomie im Rahmen der Diskussion der Gründe für das Scheitern der ersten Republik auf.[35] Entsprechend der Einbindung der kollektiven Interessenvertretungen innerhalb des staatlichen Gefüges bildet die Frage nach den Auswirkungen der Unfähigkeit zur Konfliktlösung auf den gesamtpolitischen Kontext den Schwerpunkt des historischen Interesses. Gleichzeitig macht dieser Ansatz die Notwendigkeit deutlich, die rechtlichen Vorgaben anhand der historischen Wirklichkeit zu überprüfen. Die Untersuchungen stellen die Interdependenz zwischen einer funktionierenden Tarifpolitik und der gesamtpolitischen Stabilität heraus. Der Bereich der Wirtschaft wurde demnach auch als ein politischer Faktor gekennzeichnet.
An das Scheitern der Tarifparteien, insbesondere der Gewerkschaften, im Zusammenhang mit der nationalsozialistischen Machtübernahme anknüpfend, konzentrierte sich die zeithistorische Forschung zur Vor- und Frühgeschichte der Bundesrepublik Deutschland zunächst wiederum auf den organisatorischen Wiederaufbau der kollektiven Interessenvertretungen.
Die Auseinandersetzungen über die Organisationsform der gewerkschaftlichen Neugründungen in den vier Besatzungszonen nach Beendigung des Zweiten Weltkrieges und die Durchsetzung der Einheitsgewerkschaften wurden als Ergebnis der kollektiven Erfahrungen der Weimarer Republik und der Zerschlagung der Tarifautonomie durch die Nationalsozialisten gewertet.[36] So deutet beispielweise Klaus Schönhoven die Gemeinsamkeit des Scheiterns 1933 als "Erfahrung mit einheitsgewerkschaftlicher Dimension."[37] Nach Siegfried Mielke verstärkten die gemeinsame Erfahrung nationalsozialistischer Verfolgung sowie die Einschätzung der Funktionäre, die Zersplitterung der Gewerkschaften am Ende der Weimarer Republik sei eine der Hauptursachen für ihre

---

[35] Vgl. Winkler, Heinrich August, Der Weg in die Katastrophe, S. 951-954; Pirker, Theo, Zum Verhalten der Organisationen der deutschen Arbeiterbewegung in der Endphase der Weimarer Republik, in: Karl Dietrich Erdmann u. Hagen Schulze (Hrsg.), Weimar. Selbstpreisgabe einer Demokratie. Eine Bilanz heute, Düsseldorf 1979, S. 323-332.

[36] Zu den Auseinandersetzungen über die Organisationsform der Gewerkschaften nach 1945 vgl. eingehender Borsdorf, Ulrich, Hemmer, Hans O., Martiny Martin (Hrsg.), Grundlagen der Einheitsgewerkschaft, Frankfurt a. M. 1977; Ross, Dietmar, Gewerkschaften und soziale Demokratie. Von der Richtungs- zur Einheitsgewerkschaft, von Weimar zur Nachkriegszeit. Untersuchungen zur gewerkschaftlichen Programmatik für den Aufbau einer demokratischen Gesellschaft, Diss. Bonn 1976; Quellen zur Geschichte der deutschen Gewerkschaftsbewegung, hrsg. v. Hermann Weber u. Siegfried Mielke, Bd. 6: Organisatorischer Aufbau der Gewerkschaften 1945-1949, bearb. v. Siegfried Mielke unter Mitarbeit v. Peter Rütters, Michael Becker u. Michael Fichter, Köln 1987, S. 38-47.

[37] Siehe Schönhoven, Die deutschen Gewerkschaften, S. 183.

Niederlage gewesen, die Bestrebungen zur Gründung von Einheitsgewerkschaften nach 1945.[38] Zwar leisten diese Untersuchungen einen wichtigen Beitrag zur Frage von Kontinuität und Diskontinuität beim Wiederaufbau der Gewerkschaften nach 1945. Jedoch bleibt durch den engen thematischen Zuschnitt auf die Organisationsgeschichte die Frage nach den Implikationen der Erfahrungen der Weimarer Republik und der Zerschlagung der Tarifautonomie durch die Nationalsozialisten für den Neubeginn der kollektiven Interessenvertretungen auf ihrem eigentlichen Handlungsfeld, der Tarifpolitik, ausgeklammert. Das Verhältnis der Gewerkschaften und Arbeitgeberverbände zum Ende der Weimarer Republik war geprägt von Kompromißlosigkeit und Zwangsschlichtung. Im Zuge der nationalsozialistischen Machtübernahme wurden beide Interessenvertretungen in den totalitären Apparat eingegliedert. Die Gewerkschafter waren zudem noch häufig aufgrund ihrer politischen Einstellung Repressionen und Verfolgung durch die neuen Machthaber ausgesetzt. Gleichzeitig machte die Situation nach Kriegsende ein gemeinsames Handeln von Arbeitnehmern und Arbeitgebern erforderlich, um die deutsche Wirtschaft wieder aufzubauen. Die Frage nach der Ausgangsbasis für den tarifpolitischen Neubeginn bleibt in der Forschung zur Vor- und Frühgeschichte der Bundesrepublik dagegen weitgehend ausgeklammert. Vielmehr vermitteln die vorliegenden Arbeiten das Bild, dass die Interessenvertretungen nach 1945 lediglich im Rahmen des gesellschaftlichen und politischen Neuordnungsprozesses aktiv wurden.

Die Ursache hierfür ist an der Ausrichtung der historischen Forschung zu diesem Zeitraum insgesamt zu suchen. Im Mittelpunkt des Interesses zur unmittelbaren Nachkriegszeit in Deutschland standen neben der grundsätzlichen Frage der Gründung einer liberalen und demokratischen Verfassungsordnung insbesondere die besatzungspolitischen Ziele und ihre jeweilige Umsetzung im Bereich von Wirtschaft, Gesellschaft und Staatsaufbau.[39]

Für Südwestdeutschland waren mit den USA und Frankreich zwei in Zielsetzungen und Vorgehen sehr unterschiedliche Besatzungsmächte prägend.[40] Das

---

[38] Vgl. Quellen zur Geschichte der deutschen Gewerkschaftsbewegung, hrsg. v. Hermann Weber u. Siegfried Mielke, Bd. 6: Organisatorischer Aufbau der Gewerkschaften 1945-1949, bearb. v. Siegfried Mielke unter Mitarbeit v. Peter Rütters, Michael Becker u. Michael Fichter, Köln 1987, S. 38-47.

[39] Vgl. Benz, Wolfgang, Potsdam 1945. Besatzungsherrschaft und Neuaufbau im Vier-Zonen-Deutschland, 3. Auflg., München 1994; Graml, Hermann, Die Alliierten und die Teilung Deutschlands. Konflikte und Entscheidungen 1941-1949, Frankfurt a. M. 1985; Martens, Stefan (Hrsg.), Vom "Erbfeind" zum "Erneuerer". Aspekte und Motive französischer Deutschlandpolitik nach dem Zweiten Weltkrieg, Sigmaringen 1993; Schmidt, Wolfgang, Vom Feind zum Partner. Amerikanische Deutschlandpolitik von 1944 bis 1949, Bonn 1996.

[40] An dieser Stelle soll lediglich ein kurzer Überblick über den Forschungsstand zur Besatzungspolitik gegeben werden. Eine eingehendere Behandlung findet sich im Zusammenhang mit dem organisatorischen Wiederaufbau der Tarifparteien.

Bild der französischen Besatzungspolitik in der historischen Forschung wurde lange Zeit durch die Aspekte bestimmt, die auch in der kollektiven Erinnerung der Bevölkerung zu dieser Zeit vorherrschend waren - harte Sicherheits- und Reparationspolitik sowie grundsätzliche Obstruktion der Behandlung Deutschlands als Einheit, wirtschaftliche Nutzung der Zone als "Ausbeutungskolonie", strenge Kontrolle der deutschen Verwaltung und herrisches Verhalten der Besatzungstruppen.[41] Mitte der achtziger Jahre setzte eine "revisionistische" Forschung zur französischen Besatzungspolitik ein.[42] In Einzeluntersuchungen zu verschiedenen Bereichen der Politik wurden neben den grundsätzlichen Zielen - militärische Sicherheit und wirtschaftliche Überordnung - konstruktive Neuordnungs - und Demokratisierungsansätze in der Deutschland- und Besatzungspolitik Frankreichs herausgearbeitet.[43]
Die historische Forschung zur amerikanischen Besatzungspolitik wird durch den schon kurz nach der Besetzung beginnenden Ost-West-Konflikt bestimmt.[44]
Den theoretischen Bezugsrahmen der amerikanischen Reformpolitik bildeten die "vier großen D's" - Denazification, Democratization, Demilitarization und

---

[41] Der Begriff "Ausbeutungskolonie" wurde von Theodor Eschenburg, Jahre der Besatzung 1945-1949, Stuttgart 1983, S. 96 geprägt. Nach Steininger war die Besatzungspraxis der Franzosen pauschal "in vielen Bereichen schlimmer als in den übrigen Zonen." Vgl. Steininger, Rolf, Deutsche Geschichte seit 1945. Darstellung und Dokumente in vier Bänden, Bd. 1: 1945-1947, Frankfurt a. M. 1996, S. 100. Für den Bereich der Wirtschaft Abelshauser, Werner, Wirtschaft und Besatzungspolitik in der Französischen Besatzungszone 1945-1949, in: Claus Scharf u. Hans-Jürgen Schröder (Hrsg.), Die Deutschlandpolitik Frankreichs und die französische Zone 1945-1949, Wiesbaden 1983, S. 111-139.
Zum älteren Forschungsstand sei verwiesen auf Hudemann, Rainer, Französische Besatzungszone 1945-1952, in: Claus Scharf u. Hans-Jürgen Schröder (Hrsg.), Die Deutschlandpolitik Frankreichs und die französische Zone 1945-1949, Wiesbaden 1983, S. 205-248.

[42] Vgl. den Literaturbericht von Wolfrum, Edgar, Französische Besatzungspolitik in Deutschland nach 1945. Neuere Forschungen über die "vergessene Zone", in: NPL 35 (1990), S. 50-62.

[43] Für den Bereich der Sozialversicherung vgl. Hudemann, Rainer, Sozialpolitik im deutschen Südwesten zwischen Tradition und Neuordnung 1945-1953. Sozialversicherung und Kriegsopferversorgung im Rahmen französischer Besatzungspolitik, Mainz 1988; Für den Bereich der Kulturpolitik vgl. Hudemann, Rainer, Kulturpolitik und Deutschlandpolitik. Frühe Direktiven für die französische Besatzung in Deutschland, in: Frankreichs Kulturpolitik in Deutschland 1945-1950, hrsg. v. Franz Knipping und Jacques Le Rider, Tübingen 1987, S. 15-31; Schölzel, Stephan, Die Pressepolitik in der französischen Besatzungszone 1945-1949, Mainz 1986; Zur Rolle der Sozialdemokratie im Rahmen besatzungspolitischer Neuordnungskonzepte und deren Umsetzung Wolfrum, Edgar, Französische Besatzungspolitik und Deutsche Sozialdemokratie. Politische Neuansätze in der "vergessenen Zone" bis zur Bildung des Südweststaates 1945-1952, Düsseldorf 1991.

[44] Siehe Henke, Klaus-Dietmar, Die amerikanische Besetzung Deutschlands, 2. Auflg. München 1996; Oberreuter, Heinrich, Weber, Jürgen (Hrsg.), Freundliche Feinde? Die Alliierten und die Demokratiegründung in Deutschland, München, Landsberg 1996; Rupieper, Hermann-Josef, Die Wurzeln der westdeutschen Nachkriegsdemokratie. Der amerikanische Beitrag 1945-1952, Opladen 1993.

Decartelization.[45] Als Konfliktfelder der wachsenden Interessengegensätze zwischen den USA und der Sowjetunion kristallisierte sich die Frage des demokratischen Neubeginns und des wirtschaftlichen Wiederaufbaus in Deutschland heraus. Hinsichtlich der Demokratisierung geriet die amerikanische Militärregierung durch die schnelle Wiederzulassung von politischen Parteien und Gewerkschaften in der sowjetischen Besatzungszone unter Zugzwang. Gleichzeitig setzte sich die Erkenntnis durch, daß ein demokratischer Wiederaufbau Deutschlands im Sinne der amerikanischen Reformpolitik nicht ohne die gesellschaftlichen Kräfte des besiegten Landes möglich war. Es folgte der zügige Aufbau selbständiger deutscher Behörden mit weitgehenden Kompetenzen und damit verbunden die Rekonstruktion des politischen und gesellschaftlichen Lebens in der amerikanischen Besatzungszone, flankiert durch gezielte Maßnahmen der Besatzungsmacht zur Ankurbelung der zonalen sowie der westdeutschen Wirtschaft insgesamt.
Die Untersuchungen zur Rolle der kollektiven Interessenvertretungen blieben in diesem Zusammenhang auf deren ordnungspolitische Funktion im Rahmen der Besatzungskonzeption beschränkt. Die Bereiche Gesellschaft und Wirtschaft werden im Rahmen der historischen Untersuchung weitgehend getrennt. Während die Arbeiten zum wirtschaftlichen Wiederaufbau Westdeutschlands die Faktoren Arbeitskräfte, Kapital, Transportwege und -kapazitäten sowie Rohstoffe thematisieren, tauchen die Verbände dagegen nur im Rahmen des gesellschaftspolitischen Wiederaufbaus auf.
Gefragt wurde insbesondere nach der Rolle der Gewerkschaften und Unternehmerverbänden bei der "Restauration" der deutschen Nachkriegsgesellschaft.[46] Daraus ergab sich jedoch eine von moralisierenden Untertönen nicht freie Ausrichtung der Forschung. Theo Pirker, Ute Schmidt und Tilman Fichter beispielweise warfen in ihren Arbeiten den Gewerkschaften der Westzonen vor, sie hätten die vorhandenen Handlungschancen nicht zur Durchsetzung umfassender gesellschafts- und wirtschaftspolitischer Alternativen genutzt. Die Gründe für das Scheitern wurden zum einen bei den Gewerkschaften selbst festgemacht, in ihrer Angst vor unkontrollierbaren Basisaktionen, ihrer politischen Blindheit und dem Fehlen einer situationsgemäßen Programmatik. Zum anderen wurden der Einfluß der Besatzungsmächte sowie der Spielraum für die Politik

---

[45] Vgl. Benz, Wolfgang (Hrsg.), Deutschland unter alliierter Besatzung 1945-1949/55. Ein Handbuch, Berlin 1999, S. 35.

[46] Die wichtigsten Vertreter der Restaurationsthese sind Schmidt, Eberhard, Die verhinderte Neuordnung 1945-1952, Frankfurt a. M. 1970; Pirker, Theo, Die verordnete Demokratie. Grundlage und Erscheinungen der "Restauration", Berlin 1977; Schmidt, Ute, Fichter, Tilman, Der erzwungene Kapitalismus. Klassenkämpfe in den Westzonen 1945-48, Berlin 1973; Huster, Ernst-Ulrich, u. a., Determinanten der westdeutschen Restauration 1945-1949, Frankfurt a. M. 1977.

deutscher Kräfte, deren Handlungschancen und Restriktionen diskutiert.[47] Insbesondere die amerikanische Militärregierung habe durch die Begünstigung konservativer Kräfte beim Aufbau der Verwaltung, die Behinderung der Reorganisation der Gewerkschaften durch den verordneten Aufbau "von unten" und das Diktat des Industrieverbandsprinzips und schließlich durch die Disziplinierung von Gewerkschaften und Sozialdemokratie mittels Marshallplan den politischen, gesellschaftlichen und wirtschaftlichen Neubeginn verhindert.[48] Die Rekonstruktion unternehmerischer Interessenvertretungen bestätigte die These von der gesellschaftlichen Restauration. Neben dem Wiederaufbau der Industrie- und Handelskammern stand daher auch hier wiederum der Einfluß der unternehmerischen Interessenverbände auf die politische Willensbildung im Vordergrund des Interesses.[49]
Diese Fixierung auf die "Restauration" reduzierte aber den Wiederaufbau der westdeutschen Wirtschaft und Gesellschaft auf seine sozio-ökonomischen und klassen-spezifischen Aspekte. Mitbestimmungs- und Sozialisierungsforderungen wurden zum zentralen Thema des Neuaufbaus in den Westzonen erhoben. Die Überzeichnung findet sich auch noch in jüngeren Untersuchungen von Aufgaben und Tätigkeit der kollektiven Interessenvertretungen der Arbeitnehmer und Arbeitgeber innerhalb von Wirtschaft und Gesellschaft. Sie wird jedoch weder der "komplexen Realität der Nachkriegsjahre" gerecht, noch der Rekonstruktion der Beziehungen von Gewerkschaften und Unternehmerverbänden innerhalb ihrer Handlungsfelder.[50]

---

[47] Vgl. Bernecker, Walther L., Die Neugründung der Gewerkschaften in den Westzonen 1945-1949, in: Becker, Josef, Stammen, Theo, Walmann, Peter (Hrsg.), Vorgeschichte der Bundesrepublik. Zwischen Kapitulation und Grundgesetz, München 1979, S. 261-292. Mielke, Siegfried, Der Wiederaufbau der Gewerkschaften. Legenden und Wirklichkeit, in: Winkler, Heinrich August (Hrsg.), Politische Weichenstellungen im Nachkriegsdeutschland 1945-1953, Göttingen 1979, S. 74-87; ders., Grenzen und Motive der Einflußnahme der amerikanischen Militärregierung auf den Aufbau und die Organisationsstruktur der Gewerkschaften in der amerikanischen Besatzungszone, in: IWK, 14. Jg. (1978), S. 187-202; Fichter, Michael, Besatzungsmacht und Gewerkschaften. Zur Entwicklung und Anwendung der US-Gewerkschaftspolitik in Deutschland 1944-1948, Opladen 1982.

[48] Zur Kritik an der Restaurationsthese vgl. Reutter, Friederike, Heidelberg 1945-1949. Zur politischen Geschichte einer Stadt in der Nachkriegszeit, Heidelberg 1994, S. 15-18.

[49] Vgl. Eschenburg, Theodor, Herrschaft der Verbände?, 2. Auflg., Stuttgart 1963; Triesch, Günter, Ockenfels, Wolfgang, Interessenverbände in Deutschland. Ihr Einfluß in Politik, Wirtschaft und Gesellschaft, München, Landsberg 1995; Bernholz, Peter, Einige Bemerkungen zur Theorie des Einflusses der Verbände auf die politische Willensbildung in der Demokratie, in: Varain, Heinz-Josef (Hrsg.), Interessenverbände in Deutschland, Köln 1973, S. 339-347; Rudzio, Wolfgang, Die organisierte Demokratie, Stuttgart 1977; Vgl. auch das Kapitel zur Nachkriegsgeschichte bei Ullmann, Interessenverbände, S. 228-273.

[50] Siehe Doering-Manteuffel, Anselm, Die Bundesrepublik Deutschland in der Ära Adenauer, 2. Auflg., Darmstadt 1988, S. 10. Vgl. zur Rolle der Gewerkschaften bei der Durchsetzung der Montanmitbestimmung Ranft, Norbert, Vom Objekt zum Subjekt. Montanmitbestimmung, Sozialklima und Strukturwandel im Bergbau seit 1945, Köln 1988. Zu den gewerk-

Zudem weist ein solcher Fokus dem Wiederaufbau kollektiver Interessenvertretungen in Deutschland nach 1945 innerhalb der Politik der Besatzungsmächte lediglich ordnungspolitische Gründe zu. Die Bedeutung der Verbände für den wirtschaftlichen Wiederaufbau bleibt dagegen außer Betracht.
Die Konzentration auf den gesellschaftspolitischen Kontext von Verbandsbildung nach 1945 hat sich auch in der jüngeren zeithistorischen Forschung mit der Untersuchung des Aufbaus insbesondere der gewerkschaftlichen Spitzenorganisationen in der unmittelbaren Nachkriegszeit fortgesetzt. Neben dem Deutschen Gewerkschaftsbund fanden in diesem Zusammenhang auch die regionalen Vorläufer Beachtung.[51] Der Südwesten Deutschlands ist dabei umfassend durch die Untersuchungen von Margit Unser zum Badischen Gewerkschaftsbund, Wolfgang Hecker zum Gewerkschaftsbund Südwürttemberg-Hohenzollern und Christfried Seifert zum Gewerkschaftsbund Württemberg-Baden aufgearbeitet.[52] Im Mittelpunkt der Untersuchungen stehen aber wiederum Organisationskonzepte, Initiativen, Ausgangsebenen, Bedingungen und Formen der Neugründung sowie die Programmatik der Spitzenverbände. Die in früheren Arbeiten überwiegend vertretene These eines spontanen Gewerkschaftsaufbaus "von unten", das heißt von der Betriebsebene ausgehend, wurde anhand von Einzeluntersuchungen überprüft - und in der Regel widerlegt.[53]
Dagegen taucht die Basis der Spitzenorganisationen - die einzelnen Gewerkschaften und Arbeitgeberverbände - als eigenständig handelnder Faktor in der

---

schaftlichen Neuordnungskonzepten sowie der Haltung der Arbeitgeberverbände in Rheinland-Pfalz Lattard, Alain, Gewerkschaften und Arbeitgeber in Rheinland-Pfalz unter französischer Besatzung 1945-1949, Mainz 1988. Ähnlich für die britische Besatzungszone Müller, Gloria, Mitbestimmung in der Nachkriegszeit. Britische Besatzungsmacht – Unternehmer - Gewerkschaften, Düsseldorf 1987. Zu Stellung und Einfluß der organisierten Unternehmerschaft in der Wirtschaftsverwaltung vgl. Plumpe, Werner, Vom Plan zum Markt. Wirtschaftsverwaltung und Unternehmerverbände in der britischen Zone, Düsseldorf 1987.

[51] Vgl. hierzu insbesondere Weber, Hermann, Mielke, Siegfried (Hrsg.), Quellen zur Geschichte der deutschen Gewerkschaftsbewegung im 20. Jahrhundert, Bd. 6: Organisatorischer Aufbau der Gewerkschaften 1945-1949, bearb. v. Siegfried Mielke, Köln 1987 und Bd. 7: Gewerkschaften in Politik, Wirtschaft und Gesellschaft 1945-1949, bearb. v. Siegfried Mielke, Köln 1991; Mielke, Siegfried, Die Neugründung der Gewerkschaften in den westlichen Besatzungszonen, in: Hans-Otto Hemmer, Kurt Thomas Schmitz (Hrsg.), Geschichte der Gewerkschaften in der Bundesrepublik Deutschland, Köln 1990, S. 18-83.

[52] Seifert, Christfried, Entstehung und Entwicklung des Gewerkschaftsbundes Württemberg-Baden bis zur Gründung des DGB 1945 bis 1949, Marburg 1980; Hecker, Wolfgang, Der Gewerkschaftsbund Süd-Württemberg-Hohenzollern. Zur Gewerkschaftsbewegung in der französischen Besatzungszone 1945-1949, Marburg 1988; Unser, Margit, Der badische Gewerkschaftsbund. Zur Geschichte des Wiederaufbaus der Gewerkschaftsbewegung im französisch besetzten Südbaden, Marburg 1989.

[53] Vgl. zum Aufbau "von unten" z. B. Schmidt, Fichter, S. 17; Pirker, Theo, Die blinde Macht. Die Gewerkschaftsbewegung in Westdeutschland, Bd. 1: 1945-1952. Vom Ende des Kapitalismus zur Zähmung der Gewerkschaften, München 1960, S. 31.

historischen Forschung über die unmittelbare Nachkriegszeit kaum auf.[54] Lediglich die organisatorische Entwicklung wurde bisher in Einzeluntersuchungen für die "großen" Industriegewerkschaften Metall, Bau-Steine-Erde, Nahrungs- und Genußmittel sowie Chemie-Papier-Keramik untersucht.[55]
Für Südwestdeutschland findet sich zwar im Rahmen der Untersuchungen von Margit Unser und Wolfgang Hecker zu den Gewerkschaftsbünden Badens und Württemberg-Hohenzollerns die organisatorische Entwicklung der Einzelgewerkschaften als Ausgangsbasis für die Gründung der Spitzenorganisationen lediglich allgemeine Beachtung.[56] Die Entwicklung der Landesverbände einzelner Industriegewerkschaften wird allerdings ebenfalls nicht behandelt. Ebenso konzentrieren sich die Arbeiten von Christfried Seifert und, lokal auf Heidelberg begrenzt, von Friederike Reutter auf die übergeordnete Ebene.[57]
Insgesamt bleiben aber auch diese Arbeiten beim organisatorischen Wiederaufbau stehen. Diese Verengung auf den organisationsgeschichtlichen Ansatz erhebt jedoch die Organisationskonzepte, insbesondere den Übergang von den Weimarer Richtungs- zu den Einheitsgewerkschaften der Nachkriegszeit, zum Selbstzweck. Die Prädispositionen für die Handlungsfelder, insbesondere die Tarifpolitik, bleiben ausgeklammert. Konsequenzen für das praktische Handeln der Industrieverbände sowie für das Verhältnis zu den Arbeitgebern und ihren Interessenvertretungen werden nicht untersucht, ebensowenig die Frage, inwieweit hier bereits zentrale Elemente des Tarifrechts und der Arbeitsbeziehungen der späteren Bundesrepublik geprägt wurden.
Gleichzeitig fehlt damit aber auch die Rolle der kollektiven Interessenvertretungen beim Übergang von der nationalsozialistischen Kommandowirtschaft zur Sozialen Marktwirtschaft. Während Gewerkschaften und Arbeitgeberverbände mittels ihrer tarifpolitischen Auseinandersetzungen in der ersten

---

[54] In den Arbeiten zu den Gewerkschaftsbünden werden sie lediglich am Rande, als Gründungsvoraussetzung behandelt. Vgl. auch Weiß-Hartmann, Anne, Der Freie Gewerkschaftsbund Hessen 1945-1949, Marburg 1977; Lanig-Heese, Claudia, Gewerkschaften in Bayern 1945 bis 1949, Marburg 1991. In Abweichung zum Titel beschäftigt sich Lanig-Heese hauptsächlich mit der Gründung des Bayerischen Gewerkschafts-Bundes.

[55] Kolb, Johannes, Die Metallgewerkschaften in der Nachkriegszeit. Der Organisationsaufbau der Metallgewerkschaften in den drei westlichen Besatzungszonen Deutschlands, Frankfurt a. M. 1970; Jakob-Bettien, Angelika, Metallgewerkschaft Hessen, 1945 bis 1948. Zur Herausbildung des Prinzips autonomer Industriegewerkschaften, Marburg 1982; Kilper, Heiderose, Brüder reicht die Hand zum Bunde. Untersuchungen zur Konstituierung und Politik der Gewerkschaft Nahrung-Genuß-Gaststätten als Einheitsgewerkschaft (1945-1949), Marburg 1982; Buschak, Willy, Von Menschen, die wie Menschen leben wollen. Die Geschichte der Gewerkschaft Nahrung-Genuss-Gaststätten [sic!] und ihrer Vorläufer, Köln 1985; Scheibe, Dietrich, Die Herausbildung der Industriegewerkschaft Bau-Steine-Erden 1945 bis 1949, in: Hand in Hand. Bauarbeit und Gewerkschaften. Eine Sozialgeschichte, hrsg. v. Arno Klönne u. a., Frankfurt a. M. 1989, S. 264-272.

[56] Vgl. Hecker, S. 257-262; Unser S. 209-210.

[57] Vgl. Reutter, S. 141-147 u. 150-152; Seifert, S. 190-194.

Republik destabilisierend wirkten, gelang nach 1945 offenbar eine Koexistenz oder sogar eine Kooperation der Parteien. Die Wirkung der kollektiven Interessenvertretungen auf unterschiedlichen Ebenen und ihre Bedeutung für den Aufbau einer stabilen, demokratischen Gesellschaftsform in wirtschaftlicher wie politischer Hinsicht bleibt insgesamt unbeachtet.
Ein weiterer Mangel des organisationsgeschichtlichen Schwerpunktes der zeithistorischen Forschung liegt in der zumeist getrennten Betrachtung der tarifpolitischen Akteure. Die Konzentration auf eine Seite der kollektiven Interessenvertretung birgt die Gefahr einer, auch politisch, einseitigen Untersuchung.[58] Einflußnahme und Handlungsrestriktionen seitens der Besatzungsmächte gegenüber Gewerkschaften oder Arbeitgeberverbänden erscheinen dadurch stets für oder gegen eine Partei gerichtet. Pauschal wird entweder die eine oder die andere Seite als von den Besatzern benachteiligt dargestellt.
Wie die Arbeit Alain Lattards gezeigt hat, ermöglicht die Einbeziehung beider Seiten dagegen eine differenziertere Beurteilung der Entwicklung von Interessenvertretung im besatzungspolitischen Rahmen.[59] Im Mittelpunkt der Untersuchung Lattards steht die Frage nach den Gründen für das Scheitern der gewerkschaftlichen Forderung nach Mitbestimmung und Wirtschaftsdemokratie am Beispiel Rheinland-Pfalz. Neben den Einschränkungen durch die Besatzungskräfte beleuchtet Lattard anhand der Entwicklung und der Rolle der Arbeitgeberverbände auch den innerdeutschen Aspekt der Auseinandersetzungen.[60] Durch die Einbeziehung beider Seiten relativiert Lattard die Kritik an der französischen Besatzungspolitik gegenüber den Gewerkschaften als restriktiv, vor dem Hintergrund, daß die Interessenverbände der Unternehmer in Rheinland-Pfalz zum Teil bis 1948 nicht gegründet werden durften.[61]
Gleichzeitig stellt die Arbeit Lattards eine der wenigen Untersuchungen zur Rekonstruktion der Unternehmerverbände nach 1945 dar, allerdings nicht begrenzt auf einen Einzelverband.[62] Einen solchen Ansatz verfolgt Eva Moser.[63]

---

[58] Vgl. zu dem Problem der sogenannten Hausgeschichtsschreibung für die gewerkschaftliche Seite auch Weischer, Christoph, "Hausgeschichtsschreibung" der Gewerkschaften? Rezension zu Hemmer, Hans O., Schmitz, Kurt Thomas (Hrsg.), Geschichte der Gewerkschaften in der Bundesrepublik Deutschland. Von den Anfängen bis heute, Köln 1990, in: NPL 37 (1992), S. 307.

[59] Vgl. Lattard, Gewerkschaften und Arbeitgeber in Rheinland-Pfalz. Die Untersuchung von Thomas Gerlach zur Schweizer Textilindustrie bezieht ebenfalls beide Seiten der kollektiven Interessenvertretung ein. Allerdings liegt der Schwerpunkt hierbei auf dem Willensbildungsprozeß und den Verhandlungstaktiken. Vgl. Gerlach, Thomas, Ideologie und Organisation. Arbeitgeberverband und Gewerkschaften in der Schweizer Textilindustrie 1935 bis 1955. Eine Studie zur Logik kollektiven Handelns, Stuttgart 1995.

[60] Vgl. Lattard, S. 9.

[61] Vgl. Lattard, S. 298f.

[62] Die Unternehmerverbände der britischen Besatzungszone und ihre Rolle im Rahmen der Wirtschaftsverwaltung untersucht Werner Plumpe, Vom Plan zum Markt.

Die Untersuchung konzentriert sich jedoch hauptsächlich auf den innerorganisatorischen Rekonstruktionsprozeß. Die besatzungspolitischen Maßnahmen der amerikanischen Militärregierung werden nur am Rande gestreift, die Frage nach Haltung und Einfluß der deutschen Behörden sowie der tarifpolitische Neubeginn bleiben dagegen weitgehend ausgeklammert.[64]
Insgesamt finden die lohn- und tarifpolitischen Beziehungen zwischen Arbeitgebern und Gewerkschaften in der unmittelbaren Nachkriegszeit in der historischen Forschung wenig bis gar keine Beachtung. Die mit der Direktive Nr. 14 des Alliierten Kontrollrats am 12. Oktober 1945 für alle Besatzungszonen verbindlich angeordnete Beibehaltung der nationalsozialistischen Lohnstoppbestimmungen wurde mit dem Stillstand der Entwicklung in diesem Bereich gleichgesetzt.[65] Kennzeichnend für die (Nicht-) Behandlung dieser Fragestellungen ist die Aussage Helga Grebings, daß unter den Bedingungen des beibehaltenen Lohnstopps das traditionelle Tätigkeitsfeld der Gewerkschaften, die Tarifpolitik, entfiel.[66] Vielmehr beginnt für die Forschung Tarifpolitik nach 1945 erst mit Aufhebung des Lohnstops 1948/49 und der rechtlichen Fixierung der Tarifautonomie durch Artikel 9 Abs. 3 GG und das Tarifvertragsgesetz vom 9. April 1949.[67] Für die Zeit davor finden sich in der Regel lediglich Darstellungen des rechtlichen Rahmens, wie er vom Alliierten Kontrollrat vorgegeben wurde.[68] Die praktische Umsetzung in den Besatzungszonen, die Beteiligten,

---

[63] Vgl. Moser, Eva, Bayerns Arbeitgeberverbände im Wiederaufbau. Der Verein der Bayerischen Metallindustrie 1947-1962, Stuttgart 1990.

[64] Die aktive Beteiligung der Landesministerien läßt sich lediglich aus den Quellennachweisen in den Fußnoten erahnen. Siehe Moser, S. 79-98.

[65] Vgl. Direktive Nr. 14 "Grundsätze für Bestimmungen betreffs der Arbeitslöhne", in: Amtsblatt des Kontrollrats in Deutschland, hrsg. v. Alliierten Sekretariat, Nr. 3 v. 31.1.1946, S. 40f. Zum Teil bleibt der tarifpolitische Neubeginn in den Untersuchungen zum Neubeginn der Gewerkschaften ganz ausgeklammert. Vgl. Mielke, Siegfried, in: Hemmer/Schmitz, S. 21-83; Schönhoven, Die deutschen Gewerkschaften, S. 198-216.

[66] Vgl. Grebing, Helga, Pozorski, Peter, Schulze, Rainer, Die Nachkriegsentwicklung in Westdeutschland 1945-1949. b. Politik und Gesellschaft, Stuttgart 1980, S. 103. Nach Dieter Schuster lag die Lohnpolitik ganz in den Händen der Alliierten. Vgl. Schuster, Dieter, Die deutschen Gewerkschaften seit 1945, Stuttgart u. a. 1973, S. 28.

[67] Vgl. Dreschers, Martin, Die Entwicklung des Rechts des Tarifvertrags in Deutschland. Eine rechtshistorische Untersuchung über den Verlauf der Durchsetzung des Kollektivvertragsgedankens, Frankfurt a. M. 1994; Nautz, Jürgen P., Die Durchsetzung der Tarifautonomie in Westdeutschland. Das Tarifvertragsgesetz vom 9. April 1949, Frankfurt a. M. u. a. 1985; Schauer, Helmut, Tarifpolitik und Sozialreform. Stationen bundesdeutscher Tarifgeschichte, in: WSI-Mitteilungen 7/1999, S. 426-436.

[68] Vgl. Fichter, S. 252-256. In Abweichung zum Titel auch Müller, Dietrich, Die Lohnpolitik in Deutschland in den Jahren 1945 bis zur Währungsreform (20.6.1948), Meisenheim, Wien 1952.

Forderungen, Verhandlungen und Hindernisse bleiben dagegen weitgehend unbeachtet.[69]

Ziel der Untersuchung ist, diese Lücke zumindest für den Bereich eines Industriezweigs und einer Region zu schließen. Ausgangspunkt hierfür ist die Rekonstruktion der tarifpolitischen Interessenvertretungen, also sowohl der Gewerkschaften als auch der Arbeitgeberverbände nach 1945. Im Hinblick auf die aufgezeigten Schwächen einer nur organisationsgeschichtlichen Betrachtung wird darüber hinaus in einem zweiten Schritt die Handlungsebene der Tarifparteien thematisiert. Ausgehend von der Erklärung der rechtlichen Vorgaben der Alliierten geht es dabei insbesondere um die Frage von Handlungsspielräumen, durch die sich das tarifpolitische System der Kollektivverhandlungen bereits vor Aufhebung des alliierten Lohnstopps und Inkrafttreten des Tarifvertragsgesetzes 1948/49 etablierte.
Die Arbeit tritt damit der, meist nur implizit formulierten, aber wirkungsmächtigen These entgegen, daß Tarifpolitik zwischen Gewerkschaften und Arbeitgeberverbänden erst 1949 begonnen habe.[70] Vielmehr will die Untersuchung zeigen, dass das Prinzip der kollektiven Interessenvertretungen bei Einsetzen des sogenannten Wirtschaftswunders bereits etabliert war und wieder funktionierte. Die Tarifpolitik entstand nicht erst im Zuge des sogenannten Wirtschaftswunders, auch wenn sich ab diesem Zeitpunkt die Verteilungskämpfe verschärften, sondern bildete den Rahmen für den schnellen wirtschaftlichen

---

[69] Nach R. Morsey ist die Tarifpolitik "mehrfach behandelt" worden. Diese Aussage steht allerdings im Kontext der Untersuchungen zum DGB. Im Hinblick auf die Konzeption der westdeutschen Gewerkschaftsbewegung nach 1945 blieb jedoch gerade die Tarifpolitik in der Zuständigkeit der einzelnen Industrie- und Berufsverbände des DGB. Insofern können Untersuchungen zur Tarifpolitik des DGB lediglich die dahingehenden Richtlinien und Konzepte des Dachverbands umfassen, nicht aber die eigentliche Umsetzung. Vgl. Morsey, Rudolf, Die Bundesrepublik Deutschland, 3. Auflg., München 1995, S. 185; Zur Aufgaben- und Zuständigkeitsverteilung DGB - Einzelgewerkschaften vgl. Quellen zur Geschichte der deutschen Gewerkschaftsbewegung, Bd. 11: Der Deutsche Gewerkschaftsbund 1949 bis 1956, hrsg. v. Klaus Schönhoven u. Hermann Weber, bearb. v. Josef Kaiser, Köln 1996, S. XIII.; Hemmer, Hans O., Stationen gewerkschaftlicher Programmatik. Zu den Grundsatzprogrammen des DGB und ihrer Vorgeschichte, in: Matthias, Erich, Schönhoven, Klaus (Hrsg.), Solidarität und Menschenwürde. Etappen der deutschen Gewerkschaftsgeschichte von den Anfängen bis zur Gegenwart, Bonn 1984, S. 349-367.

[70] Vgl. Bispinck, Reinhard, Stationen der Tarifpolitik von 1949 bis 1999, in: WSI-Tarifarchiv, 50 Jahre Taifpolitik, Online in Internet, URL: http://www.boeckler.de/wsi/tarchiv/50jahre/-printopt_tapo49-99.htm, Stand: 4.5.2000, S. 1-9; Nach Kolb zwangen die Militärregierungen der westlichen Besatzungszonen mit der Entscheidung zugunsten der Industrieverbände den deutschen Gewerkschaften 1945/46 ein Organisationssystem auf, das erst ab 1948/50 ihrer Tätigkeit entsprach, S. 125. Erdmann beginnt die Ausführungen zur Aufgabe der Arbeitgeberverbände im Bereich der Tarifpolitik mit der verfassungsrechtlichen Verankerung der Koalitionsfreiheit in Art. 9 Abs. 3 GG, S. 257.

Wiederaufschwung in Westdeutschland nach 1945. Gleichzeitig ist damit aber auch die Begrenzung der Rolle der kollektiven Interessenvertretungen auf die eines ordnungspolitischen Faktors im Rahmen der Besatzungspolitik zu hinterfragen.
Als Untersuchungsgegenstand wurden die gewerkschaftlichen Industrieverbände und die Verbände der Arbeitgeber im Bereich der Textilindustrie Badens und Württembergs gewählt.
Textilindustrie im Sinne dieser Arbeit umfaßt die Aufbereitung von Textilfasern zu Garnen, die sich daran anschließende Produktion von Textilflächen sowie die Textilveredelung in Form von Färben, Bedrucken und ähnlichem.[71]
Das Interesse für diesen Industriezweig ergibt sich zum einen aus der großen Bedeutung der Textilindustrie beim Wiederaufbau der südwestdeutschen Wirtschaft nach 1945. Zum anderen wird die Textilindustrie hier gerade aufgegriffen, weil sie zu den späteren Verlierern einer, in diesem Industriezweig früh bemerkbaren, globalen Arbeitsteilung gehörte.[72]
Die Region des heutigen Baden-Württembergs bildete sich schon im Zuge der Industrialisierung neben der Region Mittlerer Niederrhein und Sachsen als ein Zentrum der deutschen Textilindustrie heraus.[73] Deshalb wird mit der Textilindustrie schließlich auch eine regional außerordentlich prägende Branche erfaßt. Kennzeichnend für diesen Industriezweig waren die hohe Beschäftigtenzahl und der überdurchschnittliche Anteil weiblicher Arbeiter.
Im industriellen Aufbau der unmittelbaren Nachkriegszeit gehörte die Textilindustrie in drei Ländern Württembergs und Badens gemessen an der Zahl der Beschäftigten zu den wichtigsten Industriezweigen.[74] Gleichzeitig kam ihr als reiner Konsumgüterindustrie im Gegensatz zu den kriegswirtschaftlich bedeutenden Industriezweigen Süddeutschlands wie der Metall- oder der chemischen Industrie auch im Rahmen der französischen und amerikanischen Besatzungspolitik eine bedeutende Rolle zu. Die Wiederaufnahme und zügige Ausweitung der Produktion war zum einen für die Versorgung der deutschen Bevölkerung notwendig, zum anderen konnten die Erzeugnisse aufgrund des weltweiten

[71] Vgl. Breitenacher, Michael, Die Textilindustrie in der Bundesrepublik Deutschland, Köln 1983, S. 21. Zu Aufgaben der einzelnen Sparten sowie deren Verflechtung vgl. eingehender Steinau, Günter, Strukturwandel und Konjunktur in der Textilindustrie 1960-1978, Opladen 1981, S. 19ff. sowie Breitenacher, Michael, Textilindustrie, Berlin 1984, S. 16.
[72] Vgl. hierzu aktuell Lindner, Stephan H., Den Faden verloren. Die westdeutsche und die französische Textilindustrie auf dem Rückzug (1930/45–1990), München 2001.
[73] Vgl. Hippel, Wolfgang v., Wirtschafts- und Sozialgeschichte 1800 bis 1918, in: Handbuch der baden-württembergischen Geschichte, Bd. 3: Vom Ende des Alten Reiches bis zum Ende der Monarchien, hrsg. v. Hansmartin Schwarzmaier, Stuttgart 1992, S. 477-766; Kaufhold, Heinrich Karl, Handwerk und Industrie 1800-1850, in: Hermann Aubin, Wolfgang Zorn (Hrsg.), Handbuch der deutschen Wirtschafts- und Sozialgeschichte, Bd. 2: Das 19. und 20. Jahrhundert, Stuttgart 1976, S. 321-368, hier S. 328-333.
[74] Dazu eingehender Kapitel 1.

Mangels an Textilien und Bekleidung gut exportiert und damit zur Finanzierung von Einfuhren in das Besatzungsgebiet verwendet werden. Unter diesen Voraussetzungen verzeichnete die Textilindustrie einen schnellen Aufschwung mit steigenden Produktions- und Beschäftigungszahlen, der durch den Nachfrageboom mit Ausbruch des Koreakriegs noch verstärkt wurde.[75]
Das "textile Wirtschaftswunder" endete im Unterschied zu der Entwicklung in anderen Wirtschaftsbereichen allerdings bereits Ende der sechziger Jahre. Unter dem Druck der ausländischen Konkurrenz sogenannter Billiglohnländer konnten viele Unternehmen der westdeutschen Textilindustrie nur durch eine zunehmende Automatisierung und Rationalisierung der Arbeitsprozesse und durch die weitgehende Spezialisierung ihrer Produktpalette ihr wirtschaftliches Überleben sichern.[76] Im Gegensatz zur früheren Massenproduktion bildet heute, auf der Basis von Prozeß- und Produktinnovationen, die Fertigung hochwertiger und individueller Textilien die Grundlage der deutschen wie auch der baden-württembergischen Textilindustrie.[77] Mit diesem Strukturwandel hat sich auch die Bedeutung dieses Industriezweigs innerhalb der Industriestruktur Baden-Württembergs deutlich verringert.[78] Trotz Welttextilabkommens und anderer Protektionsmaßnahmen gehörte der deutsche Textilstandort zu den ersten Verlierern der sich globalisierenden Wirtschaft.[79] Darüber hinaus führte der industrielle Schrumpfungsprozeß auch auf gewerkschaftlicher Ebene zu einer wesentlichen Änderung. Seit 1998 werden die Interessen der Arbeiter in der

---

[75] Zur Entwicklung der bundesdeutschen Textilindustrie Meier, Christoph, Textilindustrie. Strukturelle Probleme und Wachstumschancen, Berlin, München 1964, S. 27-38.

[76] Vgl. Breitenacher, Michael, Textilindustrie im Wandel. Schriften zur Textilpolitik, Heft 6, hrsg. v. Gesamttextil, Frankfurt a. M. 1989. Eine Regionalstudie, allerdings unter wirtschaftswissenschaftlichen Gesichtspunkten, bietet die Arbeit von Christian G. Schulze zur Wiesch, Die Entwicklung der Textilindustrie am Mittleren Niederrhein nach 1945, Diss. Münster 1997.

[77] Vgl. dazu auch Schardt, Michael, Strukturwandlungen in der Textil- und Bekleidungsindustrie in der Bundesrepublik Deutschland im Gefolge der weltwirtschaftlichen Arbeitsteilung, Dipl.-Arbeit Tübingen 1987; Zu den Auswirkungen im Lohnbereich vgl. Saalfrank, Walter, Wagenhals, Klaus, Rohner, Alfons B., Wirkungen neuer Technologien auf das Lohnniveau. Veränderungen von Tätigkeitsmerkmalen in der Textil- und Bekleidungsindustrie, Opladen 1993.

[78] Vgl. Boelcke, Willi A., Wirtschaftsgeschichte Baden-Württembergs von den Römern bis heute, Stuttgart 1987.

[79] Eine eingehende wirtschaftswissenschaftliche Untersuchung der Auswirkungen des industriellen Wandels auf die Lohn- und Tarifsituation in der Textilindustrie findet sich bei Beyer, Andrea, Tarifpolitik in strukturschwachen Branchen. Eine empirische Untersuchung der Druckerei- und der Textilindustrie in der Bundesrepublik Deutschland, München 1991.

Textilindustrie von der Industriegewerkschaft Metall wahrgenommen.[80] Die Gewerkschaft Textil-Bekleidung existiert seit diesem Zeitpunkt nicht mehr.
Dieses Brüchigwerden der überkommenen tariflichen Arbeitnehmer-Arbeitgeber-Beziehung unter dem wirtschaftlichen Globalisierungsdruck, die Herauslösung ganzer Bereiche der sogenannten New Economy aus diesen traditionellen Strukturen führt zu der Frage nach den historischen Handlungsbedingungen für Tarifrecht und Tarifpolitik, nach der Beziehung der kollektiven Interessenvertretungen in einer Periode grundsätzlicher Strukturgenese.[81] Nicht nur das späte Kaiserreich, sondern auch die Phase 1945 bis 1949 ist daher als eine solche Periode zu betrachten.
Ausgangspunkt der Entwicklung und damit der vorliegenden Arbeit ist die Rekonstruktion der Akteure nach 1945.
Nach einer kurzen Analyse der Voraussetzungen des textilwirtschaftlichen Wiederaufbaus in Württemberg-Baden, Baden und Württemberg-Hohenzollern im ersten Kapitel, stellt sich im zweiten Kapitel neben den rechtlichen Rahmenbedingungen insbesondere die Frage nach Initiativen des Neuanfangs, Handlungsspielräumen und Durchsetzung der verschiedenen Interessen beim Wiederaufbau der Tarifparteien. Die Untersuchung der Rekonstruktion beider Tarifparteien ermöglicht ferner, zumindest für den Bereich der südwestdeutschen Textilindustrie, die Überprüfung der häufig vertretenen These, die deutschen Arbeitgeber seien in ihren Bestrebungen, Verbände zu bilden, nach 1945 von den Alliierten gegenüber den Gewerkschaften entscheidend gehemmt worden.[82] Dies gilt auch für die Frage, inwieweit sich die ablehnende Haltung der Gewerkschaftsbünde gegenüber der Neugründung von Unternehmerorganisationen im einzelindustriellen Bereich für die Gewerkschaften und Arbeitgeberverbände der

---

80 Vgl. Tarifliche Leistungen 1949-1999 für den Bereich Textilindustrie Baden-Württemberg ohne Südbaden, in: WSI-Tarifarchiv, 50 Jahre Taifpolitik, Online in Internet, URL: http://www.boeckler.de/wsi/tarchiv/50jahre/printopt_18.htm, Stand: 4.5.2000, S. 1-2.

81 Inzwischen werden mit der Verschärfung der wirtschaftlichen Entwicklung und sinkenden Aktienkursen allerdings auch in den Unternehmen der New Economy die Rufe nach entsprechenden Absicherungen wieder lauter bzw. die Arbeitsplätze in traditionellen Konzernen wieder attraktiver. Vgl. z. B. Jung, Alexander, Großer Schwund, in: Der Spiegel, Nr. 16 v. 14.4.2001, S. 88.

82 Vgl. Tornow, Ingo, Die deutschen Unternehmerverbände 1945-1950. Kontinuität oder Diskontinuität?, in: Becker, Josef, Stammen, Theo, Waldmann, Peter (Hrsg.), Vorgeschichte der Bundesrepublik. Zwischen Kapitulation und Grundgesetz, München 1979, S. 235-260, hier S. 238; Vgl. Engelhardt, Ulrich, Das deutsche industrielle Verbandswesen und seine Stellung in der westdeutschen Marktwirtschaft, Diss. Bonn 1954, S. 34; Himmelreich, Fritz-Heinz, Die deutschen wirtschaftlichen Interessenverbände und ihr Verhältnis zur staatlichen Wirtschaftspolitik, Diss. Freiburg 1959, S. 5; Reuss, Erich, Die Verbände der Bauindustrie, ihr Werden, Wesen und Wirken, Wiesbaden, Berlin 1966, S. 111; Sörgel, Werner, Konsensus und Interessen. Eine Studie zur Entstehung des Grundgesetzes für die Bundesrepublik Deutschland, Stuttgart 1969, S. 101; Für die Spitzenverbände der Arbeitgeber Erdmann, S. 227.

Textilindustrie wiederfindet und Einfluß auf die Entwicklung der tarifpolitischen Beziehungen in diesem Bereich hatte.[83]
Die Entwicklung dieses Verhältnisses der Gewerkschaften und Arbeitgeberverbände in der Textilindustrie der drei Länder ist Gegenstand des dritten und vierten Kapitels der vorliegenden Arbeit.
Dabei bleibt der Untersuchungsgegenstand Tarifpolitik begrenzt auf Lohnpolitik als bestimmender Faktor des untersuchten Zeitraums, die qualitative Lohnpolitik blieb bis zu diesem Zeitpunkt eher zweitrangig.
Die Einteilung der Kapitel orientiert sich an der wirtschaftlichen und wirtschaftspolitischen Zäsur der Währungsreform in den drei westlichen Besatzungszonen am 20. Juni 1948. Bis zu diesem Zeitpunkt war die Entwicklung in der Textilindustrie Württemberg-Badens, Badens und Württemberg-Hohenzollerns maßgeblich durch die Umstellung von der Kriegs- auf die Friedenswirtschaft geprägt. Während die Textilindustrie im Zuge des Zweiten Weltkriegs Roh- und Hilfsstoffe, Arbeitskräfte und sogar ganze Produktionsstätten an Rüstungsbetriebe abgeben mußte, kam ihr nach 1945 innerhalb der französischen und amerikanischen Wirtschafts- und Besatzungspolitik als Versorgungs- und Exportfaktor wesentliche Bedeutung zu. Die Implikationen dieser wirtschaftspolitischen Schwerpunktverschiebung für den Bereich der Tarifpolitik bilden einen wesentlichen Bestandteil der Untersuchung.[84]
Mit der Währungsreform begann in den westlichen Besatzungszonen der Abbau von Bewirtschaftungssystemen und damit der Übergang von der Zwangs- zur Marktwirtschaft. Der weitgehenden Aufhebung des Preisstopps folgte wenige Monate später die Aufhebung des Lohnstopps. Anhand der Entwicklungen im tarifpolitischen Bereich innerhalb der Textilindustrie ist im Hinblick auf die aufgestellte These zu untersuchen, ob und inwieweit sich das Verhältnis der Interessenvertretungen von Arbeitnehmern und Arbeitgebern nach Aufhebung des Lohnstopps und der rechtlichen Durchsetzung des Prinzips der Tarifautonomie änderte. Nachdem die Gesetze zur Aufhebung des Lohnstopps die Tarifautonomie in den drei westlichen Besatzungszonen rechtlich wiederherstellten, markiert das Inkrafttreten des Tarifvertragsgesetzes 1949 als materieller

[83] Der Gewerkschaftsbund Württemberg-Baden brachte diese Haltung beispielsweise in einem offenen Brief an den Wirtschaftsminister deutlich zum Ausdruck. Vgl. "Schreiben des Gewerkschaftsbunds Württemberg-Baden an das Wirtschaftsministerium für Württemberg-Baden v. 25.9.1946 betr. Bildung von Unternehmerorganisationen", in: Gewerkschafts-Zeitung, 1. Jg. (1946), Nr. 4 v. 15.10.1946, S. 53.
[84] Im Rahmen der zeithistorischen Forschung zur Vor- und Frühgeschichte der Bundesrepublik Deutschland findet die Umstellung von der Kriegs- auf die Friedenswirtschaft lediglich im Kontext der Determinanten des sogenannten Wirtschaftswunders Beachtung. Vgl. Abelshauser, Werner, Wirtschaft in Westdeutschland 1945-1948. Rekonstruktion und Wachstumsbedingungen in der amerikanischen und britischen Zone, Stuttgart 1977; Uffelmann, Uwe, Der Weg zur Bundesrepublik. Wirtschaftliche, gesellschaftliche und staatliche Weichenstellungen 1945-1949, Düsseldorf 1988, S. 19-23.

Rahmen für die Ausgestaltung der tarifpolitischen Beziehungen den zeitlichen Endpunkt der Untersuchung.

Mangels entsprechender Vorarbeiten bildet Archivmaterial die Basis dieser Untersuchung. Insgesamt ist die Quellenlage als schwierig zu bezeichnen, insbesondere die Existenz organisationsinterner Unterlagen bei Gewerkschaften und Arbeitgeberverbänden als nichtstaatlichen Akteuren ist allein vom Interesse einzelner Funktionsträger abhängig.[85]

Für die Arbeitnehmervertretungen konnte diese Studie erstmalig auf Material der Gewerkschaft Textil-Bekleidung, Tarifbezirk Baden-Württemberg zu den einzelnen Lohnbewegungen im Betrachtungsraum zurückgreifen. Hierbei handelt es sich überwiegend um Protokolle zu den einzelnen Lohnverhandlungen, Entwürfe der Tarifparteien zu Tarifverträgen und Lohnkatalogen sowie begleitendes Material. Hingegen fehlen Aufzeichnungen zum gewerkschaftsinternen Willensbildungsprozeß.[86] Gleiches gilt für die lokalen Gewerkschaftsgründungen.

Für die Untersuchung des Wiederaufbaus der Arbeitgeberverbände stand ebenfalls organisationsinternes Material beim Verband der Baden-Württembergischen Textilindustrie e.V. zur Verfügung.[87] Im Gegensatz zur Gewerkschaftsseite sind hier auch Gründung und Aufbau der Verbände dokumentiert. Zu den Lohnbewegungen findet sich dagegen nur wenig Material.[88] Ebenfalls nicht dokumentiert ist die interne Willensbildung.

Ergänzend hierzu wurden im Hinblick auf die Rolle der Industrie- und Handelskammern als erste unternehmerische Interessenvertretungen der unmittelbaren Nachkriegszeit die Bestände der IHK Stuttgart, Reutlingen und Schopfheim im Wirtschaftsarchiv Baden-Württemberg herangezogen.[89]

Insgesamt erlaubt das vorhandene organisationsinterne Material der Tarifparteien die Untersuchung der Rekonstruktion der tarifpolitischen Beziehungen nicht nur anhand des rechtlichen Rahmens, sondern innerhalb des unmittelbaren industriellen Tätigkeitsfelds. Allerdings bleiben durch diesen Zuschnitt der

---

[85] Naturgemäß ist das Tagesgeschäft in diesen Organisationen wichtiger als die Sammlung und Archivierung der alten Unterlagen. Für den Betrachtungszeitraum ist darüber hinaus aufgrund des nachkriegsbedingten Papiermangels nur wenig schriftlich festgehalten worden. Vgl. zu den Problemen im einzelnen auch Braun, S. 17ff.; Lattard, S. 10f.

[86] Auf eine Binnenstrukturanalyse mußte daher verzichtet werden.

[87] Ein Teil der Unterlagen zum Badischen Textilverband e.V. befindet sich ebenfalls im Archiv des Landesmuseums für Technik und Arbeit. Hierbei handelt es sich allerdings überwiegend um Material zu Fragen der Bewirtschaftung, Demontage und ähnlichen Problembereichen der Wirtschaftsverwaltung.

Darüber hinaus verfügt auch der Verband der Baden-Württembergischen Textilindustrie e.V. noch über Aktenbestände des betreffenden Zeitraums.

[88] Für diesen Zeitraum überwiegen im Hinblick auf die Situation der Textilindustrie Unterlagen zu Problemen der Bewirtschaftung, Rohstoffbeschaffung und der Produktion allgemein.

[89] Die Auswahl der Bestände erfolgte nach den Gründungsorten der Arbeitgeberverbände.

Arbeit sowie aufgrund der ohnehin schwierigen Quellenlage zu diesem Zeitraum die persönlichen Sinnhorizonte und Aktivitäten einzelner Akteure weitgehend außer Betracht.
Die Einbeziehung des administrativen Bereichs, insbesondere der Arbeits- und Wirtschaftsministerien der drei Länder, erfolgte auf der Grundlage der einschlägigen Aktenbestände in den Staatsarchiven Freiburg und Sigmaringen sowie dem Hauptstaatsarchiv Stuttgart.[90] In ihrer Funktion als Bindeglied zwischen Besatzungsmacht und Gewerkschaft bzw. Arbeitgeberverband ermöglichen die Unterlagen der Ministerien die Einbettung der Untersuchung in den besatzungspolitischen Rahmen des jeweiligen Landes.[91]
Darüber hinaus wurde die zeitgenössische allgemeine Wirtschaftspresse sowie die speziellen Periodika für die Textilwirtschaft herangezogen.[92]
Schließlich ermöglichte die Gewerkschaftspresse der drei Länder Württemberg-Baden, Württemberg-Hohenzollern und Baden die Einordnung der untersuchten Einzelverbände in den gesamtgewerkschaftlichen Kontext.

---

[90] Darüber hinaus wurden zum Teil auch noch Bestände anderer Ministerien sowie der Landesarbeitsämter berücksichtigt.
[91] Die Akten des Office of Military Government U. S., Wurttemberg-Baden (OMGWB) im Hauptstaatsarchiv Stuttgart geben darüber leider nur wenig Aufschluß.
[92] Hier ist die Überlieferung allerdings zum Teil lückenhaft bzw. gerade für die unmittelbare Nachkriegszeit 1945/46 überhaupt nicht vorhanden. Neben dem allgemeinen Papiermangel ist dies insbesondere auf die Kontrolle des Pressewesens und die nur schleppende Erteilung von Lizenzen durch die Besatzungsmächte zurückzuführen. Zum Lizensierungswesen in der US-Zone vgl. Liedtke, Rüdiger, Die verschenkte Presse. Die Geschichte der Lizensierung von Zeitungen nach 1945, Berlin 1982; Zur französisch besetzten Zone Wrobel, Christian, Medien, Politik und Öffentlichkeit im Land Südbaden. Ein Beitrag zur Nachkriegsgeschichte in Südwestdeutschland 1945-1951, Pfaffenweiler 1991.

I. Die politische und wirtschaftliche Ausgangsbasis

1. Die staatliche Neugliederung des Wirtschaftsraums

1.1. Die Teilung Württembergs und Badens

Am 5. Juni 1945 verkündeten die Oberbefehlshaber der alliierten Streitkräfte in der sogenannten Berliner Erklärung die Übernahme der öffentlichen Gewalt sowie die Einrichtung von vier Besatzungszonen in Deutschland.[93]
Die grundsätzliche Einigung über die Teilung Deutschlands wurde seitens der Vertreter der drei Alliierten Großbritannien, USA und Sowjetunion bereits auf den Konferenzen in Moskau und Teheran erzielt.[94] Über die Einzelheiten der Einteilung und Durchführung sollte nach dem Willen der Alliierten ein Konsens durch die dafür eigens gebildete "European Advisory Commission" (EAC) gefunden werden. Daran fehlte es jedoch noch bei Kriegsende. Während die britische Besatzungszone im Norden, die sowjetische im Osten des deutschen Territoriums liegen sollte, herrschte zwischen Frankreich und den USA Dissens bezüglich der Aufteilung des Südwestens.
In diesem Konflikt versuchte Frankreich mit der Besetzung weiter Teile Badens und Württembergs seine Ansprüche auf diese Gebiete gegenüber den USA zu manifestieren.[95] Am 21. April 1945 besetzten französische Truppen entgegen den amerikanischen Befehlen Stuttgart.[96] Trotz der Aufforderung seitens des zunächst in Schwäbisch-Gmünd von Colonel William W. Dawson errichteten "Regional Military Government Wuerttemberg-Baden", die Stadt zu räumen, begann Frankreich mit dem Aufbau einer Militärregierung.[97]
Nach schwierigen Verhandlungen und der Drohung Trumans, sämtliche Materialzuwendungen an die französischen Streitkräfte einzustellen, räumten die

[93] Vgl. Ruhm von Oppen, Beate, Documents under Occupation 1945-1954, London, New York, Toronto 1955, S. 28ff.
[94] Eingehender dazu Hillgruber, Andreas, Europa in der Nachkriegszeit 1945-1963, 4. Auflg., München 1993.
[95] Damit war genau das eingetreten, was die EAC durch die frühzeitige Festlegung der Besatzungszonen verhindern sollte: ein politisch motivierter Wettlauf der alliierten Streitkräfte um günstige Territorien bei der Besetzung Deutschlands. Vgl. Manz, Mathias, Stagnation und Aufschwung in der französischen Besatzungszone 1945-1948, hrsg. v. Werner Abelshauser, Ostfildern 1985, S. 7.
[96] Vgl. Balfour, Michael, Viermächtekontrolle in Deutschland 1945-46, Düsseldorf 1959, S. 62.
[97] Zu den Auswirkungen des französischen Alleingangs auf die amerikanischen Planungen vgl. Schöntag, Wilfried, Office of Military Government for Württemberg-Baden, in: Weisz, Christoph (Hrsg.), OMGUS-Handbuch. Die amerikanische Militärregierung in Deutschland 1945-1949, München 1994, S. 455-596, hier S. 459-463.

Franzosen am 8. Juli 1945 schließlich doch Stuttgart und Karlsruhe.[98] Mit der Unterzeichnung des 3. Zonenprotokolls am 26. Juli 1945 trat Frankreich die besetzten Gebiete Nordwürttembergs und Nordbadens formell an die USA ab. Die Grenzlinie zwischen der französischen und der amerikanischen Zone verlief südlich der Autobahn Karlsruhe-Stuttgart-Ulm.
Mit der Teilung Deutschlands in vier alliierte Besatzungszonen ging somit auch die Teilung Badens und Württembergs im deutschen Südwesten einher.
Der von den Alliierten zuvor gefundene Konsens, bestehende Landes- oder Provinzgrenzen in Deutschland nicht mit Zonengrenzen zu durchschneiden, mußte wirtschaftlichen und politischen Interessen weichen.[99]

1.2. Die amerikanische Besatzungszone

Die amerikanische Besatzungszone umfaßte einen Großteil Hessens, Gesamt-Bayern mit Ausnahme des Kreises Lindau sowie Nordbaden und Nordwürttemberg.[100] Nach dem Abzug der französischen Truppen wurden die verbliebenen Landesteile mit der Proklamation Nr. 2 des Obersten Befehlshabers der amerikanischen Streitkräfte, General Eisenhower, vom 19. September 1945 zu neuen Ländern zusammengefaßt.[101]
Das Land Württemberg-Baden umfaßte gemäß Art. I der Proklamation die württembergischen Kreise Aalen, Backnang, Böblingen, Crailsheim, Esslingen, Gmünd, Göppingen, Hall, Heidenheim, Heilbronn, Künzelsau, Leonberg, Ludwigsburg, Mergentheim, Nürtingen nördlich der Autobahn, Öhringen, Stuttgart, Ulm, Vaihingen und Waiblingen sowie die badischen Kreise Bruchsal, Karlsruhe Stadt und Land, Pforzheim Stadt und Land sowie den Landeskommissariatsbezirk Mannheim.

---

[98] Zu der Kontroverse zwischen Frankreich und den USA vgl. eingehender Konstanzer, Eberhard, Die Entstehung des Landes Baden-Württemberg, Stuttgart u. a. 1969, S. 13-20.

[99] Nach den Festlegungen des 3. Zonenprotokolls wurde dieser Grundsatz für Südwestdeutschland gleich mehrfach durchbrochen. Vgl. Abelshauser, Wirtschaft in Westdeutschland 1945-1948. Rekonstruktion und Wachstumsbedingungen in der amerikanischen und britischen Zone, Stuttgart 1977, S. 70.

[100] Vgl. Karte von Heydenreuther, Reinhard, Office of Military Government for Bavaria, in: Weisz, OMGUS-Handbuch, S. 143-315, hier S. 159.

[101] Vgl. Proklamation Nr. 2, General Dwight D. Eisenhower, Oberster Befehlshaber der amerikanischen Streitkräfte in Europa vom 19.9.1945, in: Sammlung der Länderratsgesetze, Stuttgart, Stand: 1.1.1950, S. VII.

1.3. Die französische Besatzungszone

Die französische Besatzungszone gliederte sich geographisch in zwei Dreiecke. Der nördliche Teil setzte sich zusammen aus dem Bezirk Birkenfeld (Oldenburg), den Regierungsbezirken Koblenz und Trier (vormals Preußische Rheinprovinz), aus vier Landkreisen des Bezirks Montabaur (Hessen-Nassau), dem Regierungsbezirk Rheinhessen, der Pfalz und dem Saargebiet.[102] Mit Ausnahme des Saargebiets waren diese Teile alle von ihren ehemaligen Provinzen bzw. Ländern getrennt. Der südliche Teil bestand aus den südlich der Autobahn Karlsruhe-Stuttgart-Ulm gelegenen Teilen Badens und Württembergs, der preußischen Enklave Hohenzollern mit den beiden Landkreisen Sigmaringen und Hechingen sowie dem bayerischen Landkreis Lindau. Insgesamt standen 66% des früheren Badens und 48% des früheren Württembergs unter französischer Kontrolle.[103]

Im Zuge des administrativen Aufbaus faßte Frankreich die in seiner Zone verbliebenen Landkreise und Bezirke Badens und Württembergs zu den Verwaltungseinheiten Baden mit der Hauptstadt Freiburg und Württemberg-Hohenzollern mit der Hauptstadt Tübingen zusammen.[104] Im Gegensatz zur amerikanischen Besatzungszone erhielten diese erst später den Status von Ländern.

2. Die industriellen Rahmenbedingungen

2.1. Weichenstellungen 1933-1945

Die Untersuchung der Ausgangsbedingungen für den wirtschaftlichen Wiederaufbau der südwestdeutschen Textilindustrie nach 1945 als Bezugsrahmen der tarifpolitischen Rekonstruktion erfordert zunächst einen Blick zurück.

Struktur und Produktionsbedingungen der Wirtschaft unterlagen während der NS-Diktatur einschneidenden Veränderungen. Hitlers zentrale politische Zielsetzungen, die "Selbstbehauptung der Nation" und die Eroberung des "Lebensraums im Osten", konnten nur mit einem darauf ausgerichteten Wirtschaftssystem erreicht werden.[105] Bereits unmittelbar nach der nationalsozialistischen Machtergreifung formulierte Hitler als Ziel der zukünftigen Wirtschaftspolitik

---

[102] Vgl. Manz, Stagnation und Aufschwung, S. 8ff.
[103] Vgl. ebd., S. 10.
[104] Vgl. Eschenburg, Theodor, Die Entstehung des Landes Baden-Württemberg, in: Hermann Bausinger u. a., Baden-Württemberg. Eine politische Landeskunde, 4. Auflg., Stuttgart 1996, S. 43-66, hier S. 46.
[105] Vgl. Lampert, Heinz, Staatliche Sozialpolitik im Dritten Reich, in: Hamburger Jahrbuch für Wirtschafts- und Gesellschaftspolitik, 25 (1980), S. 149-175, hier S. 152.

die "Wiederwehrhaftmachung des deutschen Volkes".[106] Mit der Verkündung des Vierjahresplans im September 1936 verstärkte sich die Einflußnahme von Staat und Partei auf die Wirtschaft.[107] Der Plan sah zur Vorbereitung des Kriegs die weitgehende Unabhängigkeit des Deutschen Reichs in allen kriegswirtschaftlich wichtigen Bereichen durch Steigerung der Eigenproduktion, Anlegen von Vorräten bestimmter Rohmaterialien und Herstellung chemischer Ersatzstoffe vor.[108]

Für die stark importabhängige Textilindustrie bedeutete dies den vermehrten Einsatz heimischer Rohstoffe wie Flachs und Hanf sowie synthetisch hergestellter Kunstfasern wie Zellwolle und Kunstseide.[109]

Gleichzeitig förderte der Staat den Ausbau der Kapazitäten und die Rationalisierung der industriellen Fertigung in den rüstungswichtigen Produktions- und Investitionsgüterindustrien.[110] Die Konsumgüterindustrien blieben aufgrund der staatlichen Investitionslenkung und Rohstoffverknappung dagegen deutlich hinter dem konjunkturellen Aufschwung in diesem Bereich zurück und konnten erst in den letzten zwei Vorkriegsjahren in engen Grenzen daran partizipieren.[111]

Die kriegswirtschaftliche Entwicklung Deutschlands wird allgemein in drei Phasen unterteilt.[112]

---

[106] Siehe Swatek, Dieter, Unternehmenskonzentration als Ergebnis und Mittel nationalsozialistischer Wirtschaftspolitik, Berlin 1972, S. 34.

[107] Vgl. Herbst, Ludolf, Das nationalsozialistische Deutschland 1933-1945. Die Entfesselung der Gewalt: Rassismus und Krieg, Frankfurt a. M. 1996, S. 160-177, hier S. 168; Petzina, Dieter, Autarkiepolitik im Dritten Reich. Der nationalsozialistische Vierjahresplan, Stuttgart 1968, S. 57-90. Die rechtliche Grundlage für die Durchführung des Vierjahresplans bildete die "Verordnung zur Durchführung des Vierjahresplans" vom 18.10.1936, in: RGBl. I 1936, S. 887.

[108] Die Haupttätigkeitsgebiete des Plans hinsichtlich Investitions- und Organisationsaufwand waren entsprechend den Bedürfnissen der Kriegswirtschaft die Mineralöl- und Treibstoffproduktion auf der Grundlage der Hydrier- und Fischer-Tropsch-Verfahren, die Buna-Herstellung (Ersatzgummi), die Eisen- und Stahlerzeugung, die Förderung und Produktion von Stahlveredlern und die landwirtschaftliche Erzeugung. Vgl. Herbst, S. 171; Milward, Alan S., Die deutsche Kriegswirtschaft 1939-1945, Stuttgart 1966, S. 18.

[109] Zur Steigerung des Rohstoffangebots wurden im Rahmen des Vierjahresplans die Anbauflächen für Flachs und Hanf erhöht. Vgl. Herbst, S. 175. Die Erweiterung der deutschen Rohstoffproduktion war aufgrund der natürlichen Grenzen allerdings überwiegend auf synthetische Verfahren der Herstellung, die "Industrialisierung der Rohstoffproduktion" angewiesen. Vgl. Wagenführ, Rolf, Die deutsche Industrie im Kriege 1939-1945, Berlin 1954, S. 17.

[110] Die Rationalisierung der Produktion sollte durch Typenbereinigung, Normung, Erhöhung der Arbeitsleistung pro Stunde und richtige Auswahl der Betriebsgröße erfolgen. Vgl. Wagenführ, S. 21. Eine eingehendere Darstellung am Beispiel der Fließfertigung findet sich bei Hachtmann, Rüdiger, Industriearbeit im "Dritten Reich". Untersuchungen zu den Lohn- und Arbeitsbedingungen in Deutschland 1933-1945, Göttingen 1989, S. 67-81.

[111] Vgl. Hachtmann, S. 27.

[112] Vgl. ebd.

In der Zeit der "friedensähnlichen Kriegswirtschaft" von Kriegsbeginn 1939 bis zum Winter 1941/42 setzte sich die Vorkriegsentwicklung in den verschiedenen Industriebereichen weiter fort. Aufgrund der bis zu diesem Zeitpunkt erfolgreichen sogenannten Blitzkriegstrategie brauchten die wirtschaftlichen Kapazitäten des Deutschen Reichs nicht vollständig ausgeschöpft zu werden.[113] Der Arbeitskräftemangel sowie die Rohstoffkürzungen im Bereich der Konsumgüterindustrien wie der Textil- und Bekleidungsindustrie konnten ab 1941 durch die Ausbeutung der eroberten Gebiete ausgeglichen werden, so daß die zwischen 1939 und 1941 rückläufigen Produktionszahlen bis zum Ende des Jahres 1941 wieder leicht anstiegen.[114]
Das mit der Niederlage der deutschen Armee vor Moskau eingeleitete Scheitern der Blitzkriegstrategie und der Kriegseintritt der wirtschaftlich eindeutig überlegenen USA machten ab Winter 1941/42 gesteigerte kriegwirtschaftliche Anstrengungen erforderlich.[115] Hitler willigte ein, die Verbrauchsgüterherstellung zugunsten der Rüstungsproduktion einzuschränken.[116] Den größten Erfolg in dieser Hinsicht erzielte der Reichsminister für Wiederbewaffnung und Munition, Albert Speer, bei der Textilindustrie.[117] Nachdem dieser Industriezweig bereits in der ersten Phase durch Einziehungen zur Wehrmacht und durch sogenannte Auskämmungen einen Teil seiner Arbeitskräfte an Rüstungsbetriebe abgeben mußte, sollten durch die drastische Einschränkung der Produktion bis hin zur Stillegung von Betrieben sowohl für die Wehrmacht als auch die Rüstungsproduktion weitere Arbeitskräfte freigesetzt werden.[118] Speers Bemühungen in den Jahren 1943 und 1944 gingen sogar dahin, die deutsche Textilproduktion völlig einzustellen und sich auf die französische Erzeugung zu verlassen.[119] Freigesetzte Produktionsstätten wie Arbeitskräfte wurden in die Rüstungsindustrie integriert.
Mit dem totalen kriegswirtschaftlichen Einsatz ab Sommer 1944 wurden als Ersatz für die eingezogenen Arbeitskräfte im Rahmen der "Aktion ziviler Sektor" nochmals Beschäftigte aus den weniger kriegswichtigen Betrieben der

---

[113] Vgl. Gimbel, S. 31; Hachtmann, S. 27.
[114] Der Produktionsindex (1939=100) der deutschen Textilindustrie sank 1939/40 auf 94,3 ab, stieg 1941 aber wieder auf 95,5 an. Vgl. Wagenführ, S. 36.
[115] Vgl. Hachtmann, S. 27.
[116] Bis dahin hatte Hitler zur Sicherung des inneren Friedens - neben anderen Maßnahmen wie Terror und polizeiliche Überwachung - den Konsumgüterbereich nicht übermäßig eingeschränkt. Vgl. Hildebrand, Klaus, Das Dritte Reich, 4. Auflg., München 1991, S. 73f.; Herbst, S. 160-177.
[117] Vgl. Gimbel, S. 98.
[118] Zu den Auswirkungen der Auskämmungsaktionen in der badischen Industrie vgl. Peter, Roland, Rüstungspolitik in Baden. Kriegswirtschaft und Arbeitseinsatz in einer Grenzregion im Zweiten Weltkrieg, München 1995, S. 217-270.
[119] Vgl. Gimbel, S. 113.

Konsumgüterindustrie in die Rüstungsbetriebe umgesetzt.[120] Ersatz hierfür war nicht mehr zu bekommen. Infolge der Kriegszerstörungen durch die alliierten Luftangriffe wurde die Versorgung der Betriebe mit Roh- und Hilfsstoffen immer schwieriger. Die Folge waren weitere Produktionseinbrüche.[121] Nach Schätzung Rolf Wagenführs hätte die deutsche Bevölkerung im Laufe des Jahres 1945 insgesamt eine Verbrauchsgütermenge von etwa 10 bis 15% des Vorkriegsstands zu erwarten gehabt.[122]
Bei Kriegsende war die deutsche Wirtschaft demnach an den Erfordernissen eines "totalen Kriegs" ausgerichtet. Für die deutsche Bevölkerung bedeutete dies den weitgehenden Zusammenbruch der Versorgung mit Nahrungsmitteln und zivilen Verbrauchsgütern. Für die alliierten Siegermächte ging von der deutschen Rüstungswirtschaft eine erhebliche Kriegsgefahr aus. Die Konsequenz daraus mußte nach der Besetzung Deutschlands im Mai 1945 die Umstellung der deutschen Wirtschaft auf eine Friedenswirtschaft sein, orientiert an den Bedürfnissen einer Zivilbevölkerung und nicht an denen der Kriegführung.

2.2. Wirtschaftspolitische Zielsetzungen der Alliierten

Auf Seiten der vier Alliierten gab es zur wirtschaftlichen Zukunft Deutschlands sehr unterschiedliche wirtschaftspolitische Konzeptionen und Planungen, die allerdings schon bald nach der Besetzung den wirtschaftlichen Erfordernissen der besetzten Gebiete angepaßt werden mußten.[123]
Für den deutschen Südwesten waren entsprechend der Zoneneinteilung die Konzepte der USA und Frankreichs maßgeblich.
Besatzungspolitisches Ziel der USA war die endgültige Beseitigung der von Deutschland ausgehenden Gefahr für den Weltfrieden und grundlegende "Umerziehung" und Umorientierung der deutschen Bevölkerung auf die Werte, Einrichtungen und Spielregeln der Demokratie westlicher bzw. amerikanischer

---

[120] Mit seiner Ernennung zum "Reichsbevollmächtigten für den totalen Kriegseinsatz" am 25.7.1944 verfolgte Joseph Goebbels das Ziel, der Wehrmacht bis Dezember 850.000 Mann zur Verfügung zu stellen. Die Einberufungen sollten neben der "Aktion ziviler Sektor" durch die Meldepflicht für Frauen zwischen 45 und 50 Jahren sowie die Abgabe von 30% aller Verwaltungskräfte der Betriebe und Behörden ausgeglichen werden. Vgl. Peter, S. 296, 299.
[121] Vgl. Wagenführ, S. 111f.
[122] Vgl. ebd., S. 112.
[123] Vgl. Boelcke, Willi A., Der Wirtschaftliche Wiederaufbau Nachkriegsdeutschlands. Pläne, Konzeptionen, Probleme, in: Erich Volkmann (Hrsg.), Ende des Dritten Reiches - Ende des Zweiten Weltkriegs. Eine perspektivische Rückschau, München, Zürich 1995, S. 489-523, hier S. 491-495; Zu den verschiedenen Interessen der Siegermächte Eschenburg, Theodor, Jahre der Besatzung 1945-1949. Geschichte der Bundesrepublik Deutschland, Bd. 1, Stuttgart, Wiesbaden 1983, S. 28-44.

Provenienz.[124] Die Richtlinien für die Umsetzung dieses Ziels legte im ersten Besatzungsjahr die Direktive JCS 1067 fest.[125]
Für den Bereich der Wirtschaft bestimmte die Direktive zum einen die industrielle Abrüstung und Entflechtung Deutschlands, um dem Land das Potential zur Kriegsführung zu entziehen.[126] Zum anderen verbot sie für die gesamte Wirtschaft Deutschlands Schritte, "(a) looking towards the economic rehabilitation of Germany, or (b) designed to maintain or strengthen the German economy."[127]
Lediglich die landwirtschaftliche Produktion, die Fertigung leichter Verbrauchsgüter und die Kohleförderung sollten aufrechterhalten und gefördert werden.[128]
Dies diente allein dem Zweck, die Bedürfnisse der Besatzungstreitkräfte zu befriedigen und nach der "disease and unrest"-Formel die öffentliche Ruhe zu bewahren und Massenhunger zu verhindern.[129] Demgegenüber genoß der Wiederaufbau der vom Dritten Reich verwüsteten Länder sowie die Versorgung der alliierten Kriegsgefangenen und Verschleppten Vorrang.[130]
Für Frankreich stellte aufgrund der Erfahrungen aus zwei Weltkriegen die Sicherheit vor Deutschland das oberste besatzungspolitische Ziel dar.[131]
Politisch sollte dieses Ziel neben der Schaffung möglichst dezentraler Strukturen auch mittels langfristiger Kooperationsmechanismen durch eine reformorientierte Demokratisierungs-, "Umerziehungs-" und Kulturpolitik erreicht werden. Wirtschaftlich sollten das französische Sicherheitsbedürfnis und das politische Integrationskonzept durch die relative ökonomische Vormachtstellung Frankreichs gegenüber Deutschland abgesichert werden.

---

[124] Vgl. Benz, Deutschland unter alliierter Besatzung, S. 35.
[125] Vgl. Mausbach, Wilfried, Zwischen Morgenthau und Marshall. Das wirtschaftspolitische Deutschlandkonzept der USA 1944-1947, Düsseldorf 1996, S. 97-102. Die Abkürzung "JCS" stand für die Vereinigten Stabschefs (Joint Chiefs of Staff), der Beratungsinstanz des amerikanischen Präsidenten in militärstrategischen Fragen. Aufgrund ihrer Koordination und Zustimmung zur Planungsarbeit anderer Organisationen und Abteilungen gaben sie vielen Direktiven ihren Namen. Vgl. dazu eingehender Waibel, Dieter, Von der wohlwollenden Despotie zur Herrschaft des Rechts. Entwicklungsstufen der amerikanischen Besatzung Deutschlands 1944-1949, Tübingen 1996, S. 49-58.
[126] Vgl. Benz, Deutschland unter alliierter Besatzung, S. 350. Im 2. Teil der Direktive wurden die in Ziffer 5 festgelegten Ziele präzisiert. Danach sollte die deutsche Wirtschaft weitmöglichst dezentralisiert (Ziff. 18), die Produktion von Kriegsmaterial, Flugzeugen, Handelsschiffen, synthetischem Gummi (Buna) und Treibstoffen, Aluminium und Magnesium verboten werden. Darüber hinaus bestimmte die Direktive ein vorläufiges Produktionsverbot für Eisen, Stahl, Chemikalien, Nichteisenmetalle, Werkzeugmaschinen, Rundfunk- und elektrische Geräte, Kraftfahrzeuge und schwere Maschinen. Vgl. Waibel, S. 53.
[127] Zitiert nach Waibel, S. 53.
[128] Vgl. Benz, Deutschland unter alliierter Besatzung, S. 350.
[129] Vgl. Schmidt, Wolfgang, Vom Feind zum Partner. Amerikanische Deutschlandpolitik von 1944 bis 1949, Bonn 1996, S. 91.
[130] Vgl. Waibel, S. 51.
[131] Vgl. Benz, Deutschland unter alliierter Besatzung, S. 60.

Diese Konzeptionen der einzelnen Alliierten bildeten zunächst in den besetzten Gebieten den Bezugsrahmen für die weiteren Maßnahmen im Bereich der Wirtschaft. Die gemeinsamen Festlegungen der vier Alliierten bestimmten lediglich grundlegende Richtlinien. Zwischen den USA, der Sowjetunion und Großbritannien war die Demilitarisierung Deutschlands auf der Konferenz in Jalta im Februar 1945 vereinbart worden.[132] Das Potsdamer Abkommen legte weitere Einzelheiten zu den wirtschaftlichen Grundsätzen fest. Die Formulierungen hierzu blieben allerdings sehr abstrakt. Deutschland sollte während der Besatzungszeit als "wirtschaftliche Einheit" betrachtet werden. Hinsichtlich der Erzeugung und Verteilung lebenswichtiger Güter sowie eines "Import- und Exportprogrammes für Deutschland als Ganzes" seien gemeinsame Richtlinien aufzustellen sowie eine alliierte Kontrolle über das deutsche Wirtschaftsleben zu errichten, um ein ausgeglichenes Wirtschaftsleben in ganz Deutschland zu schaffen und die Einfuhrnotwendigkeiten einzuschränken.[133] Die deutsche Produktion von Waffen, Kriegsausrüstung, Seeschiffen und Flugzeugen wurde verboten, die übrige Produktion sollte auf die Nachkriegsbedürfnisse der deutschen Bevölkerung beschränkt und entsprechend kontrolliert werden.[134] Überschüssige Kapazitäten sollten entweder für Reparationszwecke abgebaut oder zerstört werden.

Schließlich sahen die Beschlüsse eine Dezentralisierung der deutschen Wirtschaft durch die Auflösung von Kartellen, Syndikaten, Trusts und anderen Monopolvereinigungen vor.[135] Das wirtschaftspolitische Hauptgewicht sollte auf die Entwicklung der Landwirtschaft und der Friedensindustrie für den inneren Bedarf gelegt werden.[136]

Eine einheitliche Ausgestaltung und Umsetzung dieser Grundsätze durch den Alliierten Kontrollrat als oberstes Regierungs-, Kontroll-, Koordinations- und Verwaltungsorgan scheiterte allerdings an der, ebenfalls im Potsdamer Abkommen legitimierten, Besatzungsautonomie in den einzelnen Zonen.[137]

Bereits unmittelbar nach der Besetzung hatten die Militärregierungen in ihren Zonen Sofortmaßnahmen ergriffen, um den totalen Zusammenbruch der Versorgung mit Nahrungsmitteln und lebenswichtigen Verbrauchsgütern zu

---

[132] Vgl. Schmidt, Wolfgang, Vom Feind zum Partner, S. 52-63.

[133] Vgl. Eschenburg, Jahre der Besatzung, S. 49.

[134] Vgl. Benz, Deutschland unter Alliierter Besatzung, S. 342-346.

[135] Vgl. Benz, Deutschland unter Alliierter Besatzung, S. 336-338.

[136] Vgl. Steininger, Deutsche Geschichte, Bd. 1, S. 91.

[137] Vgl. Boelcke, Der wirtschaftliche Wiederaufbau, S. 497. Zur strukturellen Schwäche und den politischen Beschränkungen der Handlungsfähigkeit des Alliierten Kontrollrats vgl. auch Badstübner, Rolf, Zur Tätigkeit des Alliierten Kontrollrats 1945 bis 1948, in: ZfG, 34 (1986), S. 581-598; Kraus, Elisabeth, Ministerien für das ganze Deutschland? Der Alliierte Kontrollrat und die Frage gesamtdeutscher Zentralverwaltungen, München 1990; Mai, Gunther, Der Alliierte Kontrollrat in Deutschland 1945-1948. Von der geteilten Kontrolle zur kontrollierten Teilung, in: APuZ, B 23 (1988), S. 3-14.

verhindern. Aufgrund des unzureichenden Warenangebots hielten die Besatzungsmächte am nationalsozialistischen Preisstopp und am Bewirtschaftungssystem fest.[138]
Allerdings wurde in der amerikanischen wie auch in der französischen Zone bald deutlich, daß die deutsche Eigenproduktion zur Versorgung der Bevölkerung nicht ausreichte und zusätzliche Einfuhren insbesondere an Nahrungsmitteln notwendig waren.[139] Die Finanzierung dieser Importe stellte beide Besatzungsmächte vor ein Problem.[140]
Die USA verfügten zwar grundsätzlich über die erforderlichen Mittel, waren aber nicht bereit, den amerikanischen Steuerzahler mit diesen Ausgaben übermäßig zu belasten.[141] Die notwendigen Importe mußten also über Exporte aus den Ländern der jeweiligen Besatzungszonen finanziert werden.
Frankreich war infolge der Schäden, die durch die deutsche Besatzung entstanden waren, zum einen nicht in der Lage, Importe in das besetzte Gebiet zu finanzieren, zum anderen fehlte hierzu auch die Bereitschaft. Vielmehr boten Einfuhren an Nahrungsmitteln und Verbrauchsgütern aus dem besetzten Gebiet eine Möglichkeit zur Verbesserung der schlechten Versorgungslage im eigenen Land. Als Devisenquelle für Einfuhren in die Länder der französischen Zone standen ebenfalls nur die deutschen Exporte zur Verfügung.
Beide Besatzungsmächte wollten daher die Produktions- und damit Exportkapazitäten in ihren Besatzungszonen erhalten und möglichst noch ausbauen. Dies widersprach aber dem Ziel, insbesondere der Sowjetunion, sich über Demontagen und im Zuge der Reparationspolitik schadlos zu halten.
Eine Lösung dieses Problems sollte der auf der Grundlage des Potsdamer Abkommens vom Alliierten Kontrollrat erarbeitete Industrieniveauplan vom 26. März 1946 beinhalten.[142] Der Plan legte die Höhe des deutschen Industrieniveaus fest, die zur Aufrechterhaltung der deutschen Friedenswirtschaft und Erhaltung eines mittleren Lebensstandard in Deutschland als unentbehrlich betrachtet wurde. Die gesamten deutschen Industriekapazitäten sollten auf 50% bis 55% des Wertes von 1938 reduziert und die überschüssigen Kapazitäten zur

---

[138] Vgl. Benz, Deutschland unter alliierter Besatzung, S. 366.
[139] Vgl. ebd., S. 349.
[140] Dieses Problem galt so auch für die englische Besatzungszone. Vgl. zur britischen Haltung gegenüber der Wiederaufnahme des Exports aus der Besatzungszone Buchheim, Christoph, Die Wiedereingliederung Westdeutschlands in die Weltwirtschaft 1945-1948, München 1990, S. 17-24.
[141] Zur Verhinderung von "Seuchen und Unruhen" hatte das Kriegsministerium bereits Dollarmittel zur Verfügung gestellt, vor allem für die Einfuhr von Nahrungsmitteln. Vgl. Buchheim, Die Wiedereingliederung Westdeutschlands, S. 52f.
[142] Vgl. Peterson, Birgit, Die amerikanische Reparationspolitik in Deutschland 1945-1949 im Spannungsfeld der deutschlandpolitischen Zielsetzungen der vier Mächte, Diss. Würzburg 1999, S. 220-231.

Demontage freigegeben werden.[143] Betroffen hiervon waren insbesondere die ersten zwei der insgesamt vier Industriekategorien des Plans.[144] Die Textilindustrie Deutschlands zählte zur dritten Kategorie des Industrieniveauplans. Industrieanlagen sollten hier nur nach vorheriger Entscheidung des Kontrollrats, daß die überschüssigen Kapazitäten weder für den deutschen Bedarf noch für den Export benötigt wurden, abgebaut werden.[145] Grundsätzlich bestand demnach die Möglichkeit von Entnahmen in der südwestdeutschen Textilindustrie.

Aufgrund der Besatzungsautonomie der vier Alliierten in ihren Zonen hatte der Plan allerdings nur Richtliniencharakter.[146] Die Entnahmepraxis hing somit ebenso wie die wirtschaftspolitische Entwicklung von den einzelnen Besatzungsmächten ab. Eine verbindliche Durchsetzung des Plans durch den Alliierten Kontrollrat war nicht möglich.[147]

Die Festlegungen des Industrieniveauplans existierten daher schon bald nur noch auf dem Papier. Unter Hinweis auf sowjetische und französische Verstöße gegen die Vereinbarungen stoppte der amerikanische Militärgouverneur Lucius D. Clay bereits im Mai 1946 die Demontage und Lieferung von Industrieanlagen aus der US-Zone.[148] Danach wurden keine ernsthaften Versuche mehr unternommen, in der Reparations- und damit auch in der Wirtschaftspolitik nach einheitlichen Grundsätzen zu verfahren.

Vor diesem Hintergrund gestalteten sich die Ausgangsbedingungen für den wirtschaftlichen Wiederaufbau der südwestdeutschen Textilindustrie im amerikanisch besetzten Württemberg-Baden und den französisch besetzten Ländern Baden und Württemberg-Hohenzollern sehr unterschiedlich.

---

143 Vgl. Peterson., S. 228. Nach Eschenburg entsprach dies 70-75% des Wertes von 1936. Vgl. Eschenburg, Jahre der Besatzung, S. 272.

144 Die erste Kategorie umfaßte im wesentlichen rüstungswichtige Produktionen von Investitionsgütern wie schwere Werkzeugmaschinen und Kriegsmaterial aller Art sowie von Grundstoffen. Die zweite Kategorie umfaßte die sogenannten eingeschränkten Industrien, die im Vergleich zum Vorkriegsstand nur noch sehr begrenzt produzieren durften. Vgl. dazu eingehend Peterson, S. 228-230.

145 Vgl. Eschenburg, Jahre der Besatzung, S. 272.

146 Vgl. Peterson, S. 220.

147 Vgl. Benz, Deutschland unter alliierter Besatzung, S. 163.

148 Vgl. ebd.

3. Die Ausgangsbedingungen für den wirtschaftlichen Wiederaufbau in den drei Ländern

3.1. Württemberg-Baden

3.1.1. Die Industriestruktur

Die amerikanisch besetzten Teile Württembergs wie auch Badens umfaßten die jeweiligen Industriezentren beider Regionen, namentlich Stuttgart, Heilbronn, Göppingen, Mannheim und Pforzheim.
In Nord-Württemberg waren 1939 45,3% der erwerbstätigen Bevölkerung in Industrie und Handwerk beschäftigt, 1946 noch 40,5%. In Nordbaden arbeiteten in diesen Wirtschaftszweigen 1939 44,3%, 1946 noch 38,4% der Beschäftigten.[149] Im Vergleich dazu waren in Südwürttemberg im Jahr 1946 lediglich ca. 25,7% der Erwerbstätigen in Industrie und Handwerk beschäftigt, in Südbaden arbeiteten nur 15% in der Industrie.[150]
Nach der Beschäftigtenzahl stand 1946 im württembergischen Landesteil der Maschinenbau an erster Stelle, gefolgt von der Textilindustrie und der elektrotechnischen Industrie.[151] Letztere war in Nordbaden führend. An zweiter Stelle stand hier der Maschinenbau, gefolgt von der Nahrungs- und Genußmittelindustrie.[152]
Im Vergleich zu 1936 waren 1946 allerdings in allen Industriezweigen des Landes deutlich weniger Menschen beschäftigt.[153]
Die Auswirkungen des Krieges auf die Situation der württembergisch-badischen Industrie nach 1945 spiegelt sich auch in den Produktionszahlen wider.[154] Im ersten Halbjahr 1947 erreichte die Produktion noch nicht einmal ein Drittel des Vorkriegstands. Vor dem Hintergrund, daß das Basisjahr 1936 noch nicht die

---

149 Vgl. Statistische Monatshefte Württemberg-Baden, 2. Jg. (1948), Tabelle 6, S. 199.

150 Vgl. Württemberg in Zahlen, 1946 Nr. 3, Übersicht 2b, S. 66; Statistische Mitteilungen des Landes Baden, Jahresheft 1948, S. 11.

151 Vgl. Statistische Monatshefte Württemberg-Baden, 1. Jg. (1947), Tabelle 3, S. 270 u. Tabelle 8, S. 274.

152 Vgl. ebd.

153 Vgl. hierzu eingehender Statistische Monatshefte Württemberg-Baden, 2. Jg. (1948), Tabelle 11, S. 202. Aufgrund der abweichenden Ländereinteilung nach Beendigung des Kriegs fehlte es an Datenmaterial für die jeweiligen Länder der amerikanischen und der französischen Besatzungszone. Aus diesem Grund wurden seitens der Statistischen Landesämter Stuttgart und Karlsruhe die wichtigsten Ergebnisse der Produktionserhebung in der gewerblichen Wirtschaft für das Kalenderjahr 1936, veröffentlicht in der Schriftenreihe des Reichsamts für wehrwirtschaftliche Planung H. 1/1939, Die Deutsche Industrie – Gesamtergebnisse der amtlichen Produktionsstatistik, auf die neuen Landesteile umgerechnet.

154 Vgl. dazu den Index der industriellen Produktion 1946/47 (1936=100) Statistisches Handbuch Württemberg-Baden 1950, hrsg. v. den Statistischen Landesämtern Stuttgart und Karlsruhe, Stuttgart 1951, S. 142.

Steigerungen der industriellen Produktion im Rahmen der eigentlichen Kriegswirtschaft umfaßt, zeigen allein diese Zahlen deutlich die schwierige Situation der württembergisch-badischen Industrie in der unmittelbaren Nachkriegszeit.

3.1.2. Die Ausgangsbedingungen in der Textilindustrie

3.1.2.1. Der Produktionsfaktor Kapital

Die Hauptzentren der Textilindustrie Württemberg-Badens lagen in den württembergischen Kreisen Göppingen, Nürtingen, Heidenheim, Esslingen und Ludwigsburg sowie in Stuttgart.[155] Im Jahr 1939 gab es im amerikanisch besetzten Teil Württembergs insgesamt 4.320 Betriebe mit 55.019 Beschäftigten.[156] In Nordbaden waren es dagegen zur gleichen Zeit nur 934 Betriebe mit 8.881 Beschäftigten. In beiden Region waren kleine und mittlere Betriebe bis 200 Beschäftigte vorherrschend.[157]
Detaillierte Angaben bezüglich der Betriebsgrößenstruktur in Württemberg nach Kriegsende liegen erst für das Jahr 1949 vor.[158] Danach trat während und nach dem Krieg eine deutliche Konzentration der Betriebe ein. Zwar lag das Schwergewicht immer noch bei den kleinen und mittleren Betrieben. Absolut verringerte sich jedoch die Zahl der Betriebe auf 12% gegenüber 1939. Der größte Teil der Beschäftigten entfiel auf Großbetriebe mit mehr als 200 Arbeitnehmern. Die Verringerung der absoluten Betriebszahl ist auf Stillegungen in der württembergischen und badischen Textilindustrie zugunsten von Rüstungsbetrieben zurückzuführen.[159] Die Unternehmen standen hinsichtlich der Arbeitskräfte hier in direkter Konkurrenz zu den kriegswirtschaftlich wichtigen Betrieben der Rüstungsindustrie wie BBC in Mannheim oder den Werken der Daimler-Benz AG in Gaggenau, Untertürkheim und Sindelfingen.
Darüber hinaus trat mit dem kriegsbedingten Mangel an Rohstoffen eine Konzentration der Betriebe in der Textilindustrie ein.[160] Die leistungsfähigeren Großbetriebe wurden regelmäßig bei der Rohstoffzuteilung bevorzugt, so daß

---

[155] Vgl. Statistische Monatshefte Württemberg-Baden, 4. Jg. (1950), S. 145f.

[156] Vgl. Wirtschaftszahlen der amerikanischen und französischen Zone von Württemberg und Hohenzollern, Teil II, hrsg. v. Württembergischen Statistischen Landesamt Stuttgart, März 1946, Übersicht 43.

[157] Vgl. Statistische Monatshefte Württemberg-Baden, 4. Jg. (1950), S. 145f.

[158] Vgl. Statistisches Handbuch Württemberg-Baden 1950, S. 119. Gezählt wurden die sogenannten örtlichen Einheiten. Sofern ein Betrieb mehrere technische Einheiten (Betriebsteile) umfaßte, geschah die Einordnung in das systematische Industriegruppenverzeichnis unter der Industriegruppe, dem der Betriebsteil mit der größten Beschäftigtenzahl (sog. hauptbeteiligte Industriegruppe) angehörte. Statistisches Handbuch, S. 114.

[159] Vgl. "Textilnot hält an", in: Wirtschaftsrevue, 1. Jg. (1946), Nr. 6 v. 1.11.1946, S. 3.

[160] Vgl. Swatek, S. 94-97.

kleinere Unternehmen ihr Überleben nur durch Angliederung an diese Betriebe sichern konnten.[161]
Schließlich wurden Textilbetriebe in diesem Gebiet durch direkte Kriegseinwirkungen in ihrer Produktion eingeschränkt oder sogar vollständig zerstört. Das Ausmaß dieser Einwirkungen auf den industriellen Kapitalstock ist mangels amtlicher Zahlen umstritten. Nach unterschiedlichen Schätzungen lag die durchschnittliche Zerstörung in der späteren Bizone zwischen 15% und 25% des Anlagevermögens.[162]
Unter Berücksichtigung der überdurchschnittlich hohen Investitionen im Rahmen der Kriegswirtschaft kommt Werner Abelshauser in seiner Untersuchung der Bedingungen des Wiederaufbaus im Vereinigten Wirtschaftsgebiet dennoch zu einem Anwachsen des Kapitalstocks von 1936 bis 1945 um 20,6%.[163] Für die Textilindustrie als reine Konsumgüterindustrie ist diese Zahl allerdings zu relativieren, da hier die Investitionstätigkeit weit hinter der in den kriegswichtigen Industriezweigen zurückblieb.[164]
Unmittelbar nach dem Krieg wurde das industrielle Anlagevermögen durch Demontagen[165] und Restitutionen[166] weiter reduziert. Auch hier fehlt eine

---

[161] Vgl. Swatek, S. 94-97.
[162] Nach Einschätzung im Detmolder Memorandum vom 17. November 1945 war der Produktionsapparat nahezu auf die Anfangszeiten der Industrialisierung Deutschlands zurückgeworfen. Vgl. bei Möller, Zur Vorgeschichte der Deutschen Mark, S. 117. Harmssen geht von einer Verminderung des Anlagevermögens um durchschnittlich 20-25% im alten Reichsgebiet, wobei die Zerstörungen in den Industriezentren Westdeutschlands weit über dem Durchschnitt lägen. Vgl. Harmssen, Reparationen, Lebensstandard, Sozialprodukt, H. 3, S. 69. Etwas niedriger liegt die Schätzung Piéttres mit 15-20%, der lediglich für das Ruhrgebiet eine Zerstörung des Kapitalstocks um 25% annimmt. Piéttre, L'Economie Allemande Contemporaire (Allemagne Occidentale) 1945-1952, S. 69.
[163] Vgl. Abelshauser, Werner, Wirtschaft in Westdeutschland 1945-1948. Rekonstruktion und Wachstumsbedingungen in der amerikanischen und britischen Zone, Stuttgart 1975, S. 116f. Die Berechnung Abelshausers stützt sich auf die Arbeit von Rolf Krengel, Anlagevermögen, Produktion und Beschäftigung der Industrie im Gebiet der Bundesrepublik von 1924 bis 1956, Berlin 1958. Die Berechnung Abelshausers gilt für die amerikanische und die britische Zone. Im Hinblick auf die Industriestruktur Württemberg-Badens ist dieses Ergebnis jedoch auf diesen Teil der späteren Bizone übertragbar.
[164] Vgl. die Aussage von Fr. Walz zum Produktionsumfang der deutschen Textilindustrie nach dem Krieg, ein Vergleich mit den letzten Jahren vor dem Krieg sei bei der Textilindustrie nicht angebracht, da diese schon mehrere Jahre vor dem Krieg stark gedrosselt gewesen sei. Walz, Fr., Der zukünftige Produktionsumfang der Textilindustrie Deutschlands, in: Textil-Praxis, 1. Jg. (1946), H. 1/2, S. 3-4, hier S. 3. So auch Drexler, Alexander, Planwirtschaft in Westdeutschland 1945-1948, Stuttgart 1985, S. 46 für die britische Zone sowie Venker, Helmut, Die Kapazität der Textilindustrie der Westzonen, Diss. Münster 1949, S. 82f.
[165] Abbau und Entnahme industriellen Anlagevermögens.
[166] Rückgabe widerrechtlich angeeigneter Vermögenswerte.

amtliche Statistik. Die verfügbaren Daten entstammen unterschiedlichen Quellen, die unterschiedlichen Interessen dienten.[167]
Im Hinblick auf die zurückhaltende Reparationspolitik der USA, insbesondere gegenüber den Forderungen des Sowjetunion, sowie die Festlegungen im ersten Industrieniveauplan und der modifizierten Demontageliste von 1947 ist davon auszugehen, daß die Textilindustrie Württemberg-Badens von Maschinenentnahmen zu Reparationszwecken verschont blieb.[168] Dafür spricht auch die Bedeutung der Textilindustrie innerhalb des wirtschaftspolitischen Konzepts der USA.[169] Mit Ausschaltung und Einschränkung der kriegswichtigen Industrien nach der Niederlage 1945 lag das Hauptgewicht auf den schon vor dem Krieg exportorientierten Bereichen der Konsumgüterindustrie. Hierzu gehörte auch die Textilindustrie Württemberg-Badens.
Insgesamt ist die Ausgangssituation für die württembergisch-badische Textilindustrie hinsichtlich ihres Kapitalstocks als ausreichend für die Wiederaufnahme der Produktion zu beurteilen. Allerdings waren die vorhandenen Maschinen mangels Investitionen vor und während des Kriegs überaltert und somit nur eingeschränkt leistungsfähig.[170]

---

[167] Von Besatzungsseite liegen 1. Zahlen der IARA , Rapport du secrétaire General pour l'Année 1949, sowie 2. der amerikanischen Militärregierung, OMGUS, Three Years of Reparations, Progress of Reparations from Germany in the Form of Capital Industrial Equipment, Special Report of the Military Governor, Frankfurt a. M., Nov. 1948 vor. Von deutscher Seite ist hier der Bericht von Gustav Harmssen, Am Abend der Demontage. Sechs Jahre Reparationspolitik, Bremen 1951 zu nennen.

[168] Vgl. Die Demontageliste. Amerikanische und Britische Zone, Sonderdruck der Stuttgarter Nachrichten, Stuttgart o. J. Zur Rolle der Textilindustrie im Nachkriegsdeutschland vgl. u. a. Martin, R., Forschung, Organisation und Betrieb, in: Textil-Praxis, 1. Jg. (1946), H. 3/4, S. 33-36, hier S. 33.
Die USA selbst hatten kein Interesse an den veralteten deutschen Maschinen. Sie verfügten über weitaus modernere und leistungsfähigere Anlagen. Vgl. Angerbauer, Eduard, Lage und Aussichten der deutschen Textilindustrie. Von der britischen Zone aus gesehen, in: Textil-Praxis, 1. Jg. (1946), H.1/2, S. 30-32, hier S. 32.

[169] Dieser Grundsatz beeinflußte auch die Reparationspolitik der USA maßgeblich. Nach dem sogenannten first charge principle sollten die deutsche Gegenleistungen für die Importe grundsätzlich Vorrang vor Reparationen haben. Vgl. Benz, Deutschland unter alliierter Besatzung, S. 162.

[170] Nach einem Bericht Mr. Veits, Leiter der Textilabteilung der amerikanischen Militärregierung in Deutschland, im Daily News Record sei ein Problem seiner Arbeit "die immer fühlbarer werdende Abnützung der maschinellen Einrichtungen in den Spinnereien." Im Augenblick seien die deutschen Spinnereien nur zu 30 bis 40% ihrer Kapazität ausgenützt. Vgl. "Mr. Veit vor alten Maschinen", in: Textil-Wirtschaft, 3. Jg. (1948), Nr. 1, S. 6. Die Alltäglichkeit dieses Problems spiegelt auch der Artikel "Selbsthilfe", in: Textil-Praxis, 2. Jg. (1947), H. 2, S. 33-34 wider, der Hinweise zur Reparatur von Textilmaschinen enthält.

3.1.2.2. Der Produktionsfaktor Arbeit

Die Textilindustrie hatte als nicht kriegswichtige Industrie seit 1936 Arbeitskräfte an andere Industriezweige abgeben müssen und war stark von Einberufungen in die Wehrmacht betroffen gewesen. Aus diesem Grund sowie aufgrund fehlender Produktionsstätten arbeiteten 1946 in diesem Industriezweig lediglich 1/3 der Beschäftigten von 1936.[171]
Nach Abelshauser ist hinsichtlich der Qualifikation der Arbeitnehmerschaft nach dem Krieg grundsätzlich davon auszugehen, daß sich diese im Vergleich zu den Vorkriegsjahren nicht wesentlich geändert hatte.[172] Allerdings gilt für die Textilindustrie die Besonderheit, daß sie als nicht kriegswichtige Industrie zum einen keinen Schutz vor der Einberufung in die Wehrmacht bot und zum anderen unterdurchschnittliche Löhne zahlte, somit gerade für junge männliche Arbeitskräfte wenig attraktiv war.[173] In Verbindung mit dem kriegsbedingten Aderlaß führte dies nach 1945 neben dem grundsätzlichen Mangel an qualifizierten Arbeitskräften auch zu einer Überalterung der vorhandenen Belegschaften.[174] Gleichzeitig war der bereits vor dem Krieg überdurchschnittlich hohe Anteil weiblicher Beschäftigter im Zuge der kriegswirtschaftlichen Arbeitseinsatzmaßnahmen weiter gestiegen.[175]
Auch waren die vorhandenen Arbeitskräfte aufgrund der allgemein schlechten Versorgungslage in ihrer Leistungsfähigkeit stark eingeschränkt.[176]

3.1.2.3. Weitere Faktoren

3.1.2.3.1. Die Versorgung mit Roh- und Hilfsstoffen

Nachdem die Ersatzstoffproduktionen von Zellwolle und Kunstseide aufgrund der Beschränkungen der chemischen Industrie nach der Besetzung wegfielen und Lumpen zur Wiederverwertung in der deutschen Bevölkerung nur noch

---

[171] Zu 1936 vgl. Statistische Monatshefte Württemberg-Baden, 2. Jg. (1948), S. 263; Zu 1946 vgl. Statistisches Handbuch Württemberg-Baden 1950, S. 121.
[172] Vgl. Abelshauser, Die Wirtschaft in Westdeutschland, S. 106.
[173] Vgl. "Der Engpaß Arbeitskräfte", in: Textil-Wirtschaft, 1. Jg. (1946), Nr. 3 v. 6.11.1946, S. 4; Hachtmann, S. 48.
[174] Vgl. "Der Engpaß Arbeitskräfte", in: Textil-Wirtschaft, 1. Jg. (1946), Nr. 3 v. 6.11.1946, S. 4.
[175] Vgl. ebd. Im Zuge des "totalen Kriegseinsatzes" ab Juli 1944 mußten sich auch Frauen zwischen 45 und 50 Jahren zum Arbeitseinsatz melden. Vgl. Peter, Rüstungspolitik in Baden, S. 299.
[176] Zum einen wirkte sich dieser Umstand auf die allgemeine Produktivität der Arbeiter aus, zum anderen fanden sich aus diesem Grund für schwere Arbeiten, wie z. B. Bügeln, keine Arbeitskräfte. Vgl. "Facharbeiter und Fachfragen", in: Textil-Wirtschaft, 2. Jg. (1947), Nr. 19 v. 16.9.1947, S. 4.

eingeschränkt verfügbar waren, benötigte die Textilindustrie Württemberg-Badens zur Wiederaufnahme der Produktion Rohstoffimporte.[177]
Mit Kriegsende unterlag die gesamte Planung und Lenkung der Wirtschaft in der amerikanischen Besatzungszone wie in den übrigen Zonen der Bewirtschaftung durch die Militärregierung.[178]
Die ersten Importe an Textilrohstoffen aus den USA trafen in den Ländern der US-Zone bereits Ende 1945 ein.[179] Allerdings handelte es sich hierbei neben kleineren Mengen Sulfatzellulose und Hanffasern lediglich um Rohbaumwolle zu Veredlungszwecken.[180] Nach der wirtschaftspolitischen Konzeption der USA sollten über den Re-Export der Endprodukte die zur Versorgung der deutschen Zivilbevölkerung notwendigen Importe finanziert werden.[181] Die Voraussetzungen für den Absatz deutscher Produkte auf dem Weltmarkt waren infolge der weltweiten Textilknappheit gegeben.
Neben diesen Lieferungen an die Textilindustrie Württemberg-Badens sicherten in der unmittelbaren Nachkriegszeit jedoch im wesentlichen noch vorhandene Lagerbestände der Betriebe die - stark eingeschränkte - Fortsetzung der Produktion.[182]

3.1.2.3.2. Außenhandel

Gemäß Abschnitt III, Ziffer 5 der Proklamation Nr. 2 des Kontrollrats war der deutschen Bevölkerung jede Verbindung mit dem Ausland untersagt, nach dem Gesetz Nr. 53 über die Devisenbewirtschaftung darüber hinaus auch Geschäfte mit Ausländern.[183]

---

177 Vgl. Harmssen, Reparationen, Sozialprodukt, Lebensstandard, H. 3, S. 76f.
178 Allerdings war das amerikanische System weniger straff organisiert. Vgl. Drexler, S. 99.
179 Vgl. Jerchow, Friedrich, Deutschland in der Weltwirtschaft. Alliierte Deutschland- und Reparationspolitik und die Anfänge der westdeutschen Außenwirtschaft, Düsseldorf 1978, S. 365.
180 Vgl. ders., S. 407.
181 Nach einer Schätzung General W. Drapers, Wirtschaftsberater General Clays und Leiter der OMGUS-Wirtschaftsabteilung, bedurfte es zur Ingangsetzung der deutschen Wirtschaft auf einen Stand, der die unbedingt lebensnotwendigen Bedürfnisse der deutschen Zivilbevölkerung decken würde, Rohstoffeinfuhren im Gesamtwert von 1 Mrd. Dollar.Vgl. Jerchow, S. 265.
182 Vgl. zur Existenz von Lagerbeständen in den einzelnen Sparten der Textilindustrie Württemberg-Badens das Protokoll zur Sitzung des Fachausschusses Textil- und Bekleidungsindustrie mit den Fachbeauftragten in Wendlingen am 9.7.1945, in: Archiv des Textilverbands, Bd. FA Textil-Bekleidung, Beratungsausschuß Heidelberg, 1945. Offensichtlich konnten die Betriebe trotz der kriegswirtschaftlichen Einschränkungen Lagerbestände zur Sicherung der Produktion über einen bestimmten Zeitraum anlegen.
183 Vgl. Institut für Besatzungsfragen (Hrsg.), Einwirkungen der Besatzungsmächte auf die westdeutsche Wirtschaft, Tübingen 1949, S. 111.

In der amerikanischen Besatzungszone lag das Außenhandelsmonopol zunächst beim OMGUS, mit Zusammenschluß zur Bizone bei der Joint Export-Import Agency (JEIA).[184] Zwischen deutschem Verkäufer und ausländischem Käufer stand ein kompliziertes und langwieriges Verfahren für die Genehmigung und Durchführung des jeweiligen Geschäfts.[185] Im Hinblick auf die saisonalen Einflüsse im Textilbereich waren die deutschen Exporteure daher wenig attraktiv. Darüber hinaus mußten die deutschen Ausfuhren in Dollar bezahlt werden.[186] Insbesondere die europäischen Länder waren hierzu jedoch nicht in der Lage.[187]
Zwar bemühte sich die amerikanische Militärregierung um die Wiederbelebung des deutschen Exports. Neben den feinmechanischen und elektrotechnischen Erzeugnissen kam hier auch der Textilindustrie eine große Bedeutung zu.[188] Tatsächlich bestand 1946 aber der Export aus der US-Zone zu 88% aus Rohstoffen und Halbfabrikaten, insbesondere Holz, nur zu 12% aus Fertigerzeugnissen.[189]

3.1.3. Zusammenfassung

Die Textilindustrie Württemberg-Badens bildete innerhalb der amerikanischen Zone eines der Zentren dieses Industriezweigs. Nach der besatzungspolitischen Wirtschaftskonzeption kam der Textilindustrie eine besondere Bedeutung zu. Ihre Erzeugnisse sicherten nicht nur die Eigenversorgung der Bevölkerung in der Besatzungszone, reduzierten somit also den Anteil der notwendigen Importe. Die Produkte der Textilindustrie Württemberg-Badens konnten darüber hinaus auch exportiert werden. Voraussetzung für diese Möglichkeit zum Ausgleich der Handelsbilanz war allerdings die Versorgung der Betriebe mit Rohstoffen. Diese setzte in Württemberg-Baden schon bald nach der Besetzung ein.

---

[184] Vgl. Erhard, Ludwig, Deutschlands Rückkehr zum Weltmarkt, Düsseldorf 1953, S. 69-89.

[185] Siehe "Entfesselung der Exportwirtschaft", in: Wirtschafts- und Finanzzeitung, 2. Jg. (1947), Nr. 7/8 v. 28.8.1947, S. 9.

[186] Zur sogenannten Dollar-Klausel vgl. Kollmer-von Oheimb-Loup, Wirtschaft in der Nachkriegszeit, in: Besatzer - Helfer - Vorbilder. Amerikanische Politik und deutscher Alltag in Württemberg-Baden 1945 bis 1949. Dokumentation des Symposiums vom 11.10.1996 im Stuttgarter Rathaus, hrsg. v. Haus der Geschichte Baden-Württemberg und der Landeszentrale für politische Bildung, 1996, Online in Internet, URL: http://www.lpb.bwue.de/publikat/besatzer/us-pol1.htm; Stand: 8.8.2000, S. 1-15, hier S. 3. Erschwerend kam noch hinzu, daß OMGUS wie JEIA versuchten, für westdeutsche Exportwaren maximale Preise auf dem Weltmarkt zu erzielen. Die deutschen Lieferanten erhielten dagegen nur einen möglichst niedrigen Reichsmark-Satz zu Inlandsfestpreisen, so daß dieses System für sie nicht sonderlich attraktiv war. Vgl. Erhard, S. 70.

[187] Siehe Kollmer-von Oheimb-Loup, Wirtschaft in der Nachkriegszeit, S. 4.

[188] Vgl. Erhard, S. 63.

[189] Vgl. Baker, John H., Priming the German Economy, Durham N.C. 1971, S. 123. Zahlen für 1945 liegen nicht vor.

Auf deutscher Seite standen für die Wiederaufnahme der Produktion trotz der Dezimierungen infolge der nationalsozialistischen Kriegswirtschaft und der direkten Kriegseinwirkungen noch ausreichend Kapazitäten, insbesondere an Spinnereien, zur Verfügung.
Schwieriger gestaltete sich aber die Situation bei den Arbeitskräften. Der kriegsbedingte Aderlaß war durch Frauen und ältere Arbeitnehmer ausgeglichen worden, die mit Kriegsende nicht mehr zur Verfügung standen. Die Stammbelegschaften der Betriebe waren überaltert und es fehlten Facharbeiter.
Eine Wiederaufnahme der Produktion war daher zunächst nur eingeschränkt möglich. Zur Auslastung der vorhandenen Kapazitäten waren neben Materialien insbesondere auch geeignete Arbeitskräfte notwendig.

3.2. Baden

3.2.1. Die Industriestruktur

Der französisch besetzte Teil Badens war im Gegensatz zum Norden kleingewerblich-agrarisch geprägt, in der Industrie waren 1946 nur ca. 15% der insgesamt 563.347 Erwerbstätigen beschäftigt.[190] Bedingt durch die Rohstoffarmut des Landes hatten sich hier überwiegend weiterverarbeitende Industrien und Veredelungsbetriebe angesiedelt.[191]
Größte Arbeitgeber waren 1946 die Textilindustrie mit 12.796 Beschäftigten sowie die Tabakindustrie mit 6.902 und der Maschinenbau mit 6.555 Arbeitnehmern.[192]
Insgesamt hatte auch die badische Industrie infolge des Krieges einen deutlichen Rückgang ihrer Produktion zu verzeichnen.[193] Aufgrund der Grenzlage wurden die Unternehmen der badischen Industrie bei der staatlichen Auftragsvergabe nur wenig berücksichtigt.[194] Gleichzeitig stellten die Belegschaften der hier

---

[190] Vgl. Statistische Mitteilungen des Landes Baden, Jahresheft 1948, S. 11.
[191] Vgl. Schwarz, Eva, Der Wiederanfang nach dem Zweiten Weltkrieg in der französisch besetzten Zone am Beispiel der Badischen Textilindustrie, Dipl.-Arbeit Reutlingen 1985, S. 21.
[192] Vgl. Statistische Mitteilungen des Landes Baden, Jahresheft 1948, S. 10. Die Industriestruktur von 1946 entspricht weitgehend der von 1936. Allerdings ist zu berücksichtigen, daß einige Industriezweige im Zuge der Hochrüstung bis 1944 überdurchschnittlich gewachsen sind. Vgl. Laufer, Industrie und Energiewirtschaft, S. 30-33.
[193] Vgl. Fabricius, Helmut, Die südbadische Industrie im Spiegel der Statistik, Diss. Freiburg 1948.
[194] Eine Ausnahme bildet hier die Fahrzeugindustrie. Der Umsatzrückgang 1944 ist hier auf direkte Kriegseinwirkungen zurückzuführen. Hiervon waren insbesondere das Daimler-Benz-Werk in Gaggenau sowie die Waggonfabrik in Rastatt betroffen. Vgl. hierzu Müller, Karl-Friedrich, Das Jahr 1945 in Südbaden, Frankfurt a. M. u. a. 1987, S. 120.

ansässigen Konsumgüterindustrien ein "Menschenreservoir" für Wehrmacht und Rüstungsindustrie dar.[195]

3.2.2. Die Ausgangsbedingungen in der Textilindustrie

3.2.2.1. Der Produktionsfaktor Kapital

Die Zentren der südbadischen Textilindustrie befanden sich im Landkreis Emmendingen sowie in den drei Kreisen am Hochrhein, Lörrach, Säckingen und Waldshut.[196] Im Jahr 1938 gab es in diesem Landesteil insgesamt 115 Textilbetriebe mit 32.634 Beschäftigten, 1946 117 Betriebe mit 13.566 Beschäftigten.[197] Charakteristisch für die südbadische Textilindustrie war zum einen die Dominanz kleiner und mittlerer Betriebe sowie der traditionell hohe Anteil ausländischer, insbesondere schweizerischer Kapitalbeteiligungen an den Unternehmen.[198]

Während des Kriegs war die badische Textilindustrie stark von den kriegswirtschaftlichen Maßnahmen der Nationalsozialisten betroffen. Für das Reichswirtschaftsministerium bildeten die Belegschaften der südbadischen Textilindustrie ein Arbeitskräftepotential für die Rüstungsbetriebe.[199] Durch Stillegung von Betrieben sollte dieses freigesetzt werden. Diese Maßnahmen trafen jedoch nicht nur auf den Widerstand der Betriebe, sondern auch der badischen NS- und Verwaltungsspitze.[200] Für diese stand eine an den Interessen des Landes Baden ausgerichtete ökonomische Strukturpolitik im Vordergrund. Die Betriebe wehrten sich gegen die drohenden Stillegungen durch die Übernahme branchenfremder Aufträge der höchsten Dringlichkeitsstufe.[201] Die Umstellung der Fertigung auf Rüstungsprodukte sicherten den Unternehmen zumindest einen Teil ihrer Beschäftigten und vor allem ihre Selbständigkeit. Vor diesem Hintergrund blieb die Zahl der stillgelegten Betriebe in der südbadischen Textilindustrie gering. Von den Zerstörungen des Zweiten Weltkriegs wurde die Region

---

[195] Vgl. Peter, Rüstungspolitik in Baden, S. 200.

[196] Vgl. Laufer, Industrie und Energiewirtschaft, S. 21-28.

[197] Vgl. Fabricius, S. 48 und 51.

[198] Vgl. Laufer, Rudolf, Die südbadische Industrie unter französischer Besatzung 1945-1949, in: Claus Scharf und Hand-Jürgen Schröder (Hrsg.), Die Deutschlandpolitik Frankreichs und die französische Zone 1945-1949, Wiesbaden 1983, S. 141-153, hier S. 141-143. Die schweizerischen Kapitalbeteiligungen waren in der Nachkriegszeit von besonderer Bedeutung, da sie die Betriebe vor Demontagen schützten.

[199] Siehe Peter, Rüstungspolitik in Baden, S. 217-270.

[200] Der „Gaupartikularismus", namentlich der Ministerpräsident Köhler, sorgten für den Ausgleich der Benachteiligung Badens durch die Reichspolitik. Vgl. Peter, Rüstungspolitik in Baden, S. 218f.

[201] Siehe Peter, Rüstungspolitik in Baden, S. 264.

weitgehend verschont.[202] Nach Bohn mußte die südbadische Industrie aufgrund direkter Kriegseinwirkungen lediglich 6% Kapazitätsminderung hinnehmen.[203] Die Quantifizierung der indirekten Kriegsschäden erweist sich insbesondere im Hinblick auf die sogenannten wilden Entnahmen der französischen Besatzungsmacht vor Beginn der offiziellen Demontagen als problematisch.[204]

Nach Lore Fünfgelt hätten gemäß den Festlegungen der Produktionskapazitäten für das Jahr 1949 im Ersten Industrieniveauplan 33% der Kapazität der südbadischen Textilindustrie als Reparationen entnommen werden können.[205] Im Gegensatz zur Bizone blieb dieser Plan in der französischen Besatzungszone bis Ende 1948 verbindlich.[206] Allerdings mußten die Entnahmen aus Industriezweigen dieser Plan-Kategorie durch den Alliierten Kontrollrat gesondert beschlossen werden.[207] Zudem setzte dies voraus, daß das vorgesehene Niveau in der südbadischen Textilindustrie auch erreicht wurde, die Kapazitäten also tatsächlich ausgelastet waren. Dies konnte in der unmittelbaren Nachkriegszeit in keinem Industriezweig erreicht werden, so daß keine "überschüssigen Kapazitäten" für den Abbau zur Verfügung standen.[208]

Die Situation im eigenen Land veranlaßte die französische Militärregierung jedoch schon kurz nach Kriegsende zur Entnahme von Maschinen aus der südbadischen Textilindustrie.[209] Diese Entnahmen wurden von den Unternehmen - Belegschaften wie Unternehmer - zwar als besonders einschneidend wahrgenommen, die Wiederaufnahme der Produktion 1945 wurde dadurch aber nicht maßgeblich beeinträchtigt.[210]

---

202 Vgl. Müller, Das Jahr 1945, S. 120ff.

203 Vgl. Bohn, Axel, Die Entwicklung der badischen Textilindustrie in der französisch besetzten Zone von 1945 bis 1952. Deutsche Programme, Außenhandel, Dipl.-Arbeit Reutlingen 1985, S. 6.

204 Zu diesem Aspekt vgl. Benz, Deutschland unter alliierter Besatzung, S. 165.

205 Auf diese Zahl kommt Lore Fünfgelt unter Zugrundelegung der Prozentsätze nach dem Ersten Industrieplan. Vgl. Fünfgelt, Lore, Problem der Planung der südbadischen Industrie nach der Besetzung Deutschlands durch die Alliierten Truppen im Jahre 1945, Diss. Freiburg 1948, S. 40f.

206 Der sogenannte revidierte Industrieplan vom 29.8.1947 galt nur für die Bizone. Vgl. Harmssen, Reparationen, Sozialprodukt, Lebensstandard, H. 2, S. 79ff.

207 Vgl. Peterson, S. 230.

208 Siehe Laufer, Industrie und Energiewirtschaft, S. 61f.

209 Vgl. Archiv LTA, Bestand Textilverband, Nr. 40: Innerdeutscher Spinnmaschinenausgleich und Spinnmaschinenabgabe nach Frankreich, 1954.

210 Nach Einschätzung von Helmut Fabricius auf der Grundlage einer Befragung der Industriebetriebe betrug die Kapazitätsminderung durch Kriegsschäden und "Ausräumung der Betriebseinrichtung" Anfang 1946 in der badischen Textilindustrie lediglich 6%. Vgl. Fabricius, S. 70.

3.2.2.2. Der Produktionsfaktor Arbeit

Wie bereits erwähnt, hatte die badische Textilindustrie in den Kriegsjahren einen großen Teil ihrer Stammbelegschaft verloren. Aufgrund der Industriestruktur und der Grenzlage Südbadens stellte das Land für das Reichswirtschaftsamt in Berlin ein Reservoir für Arbeitskräfte und Soldaten dar.[211] Während die Unternehmen im Reichsgebiet infolge der Wehrmachtseinberufungen auf 40% ihrer Stammarbeiter verzichten mußten, betrug die Zahl in Baden 45%.[212] Im Gegensatz zu anderen Industriezweigen waren in der südbadischen Textilindustrie auch die Facharbeiter von den Einberufungen betroffen. Textilfirmen erreichten für praktisch keinen ihrer Facharbeiter eine Anerkennung als "unabkömmlich".[213] Nachdem der Großteil der für die Wehrmacht tauglichen Beschäftigten eingezogen wurde, unterlag der übrige Teil sogenannten Auskämmungen für die Rüstungsindustrie. In den Betrieben der Textilindustrie blieben nur noch die für den Einsatz in der Rüstungsindustrie untauglichen Arbeitnehmer.[214] Im Jahr 1944 betrug der Beschäftigungsstand in der Textilindustrie Südbadens nur noch 60% des Vorkriegsstands.[215] Besonders schwer wog der Mangel an Fachkräften, deren technisches Wissen beim Anlernen nicht qualifizierter Arbeitskräfte fehlte.[216] Darüber hinaus waren die vorhandenen Arbeitskräfte aufgrund der mangelhaften Versorgungslage nicht so leistungsfähig wie vor dem Krieg.[217]

Trotz Aufrechterhaltung des Arbeitszwangs und Heranziehung von Frauen, Rentnern und Jugendlichen zur Arbeit, sank die Zahl im Jahr 1946 weiter auf 46% des Beschäftigungsstands von 1936.[218]

Für den Wiederaufbau der südbadischen Textilindustrie standen somit in Zahl, Alter und Qualifikation eingeschränkte Arbeitskräfte zur Verfügung.

---

[211] Vgl. auch Peter, Roland, "Mit Zwangsmitteln gegen gewachsene Strukturen", in: Badische Zeitung Nr. 47 v. 25./26.2.1989, S. 11.

[212] Vgl. Peter, Rüstungspolitik in Baden, S. 207. Insgesamt wurden 36.000 Mann mehr als im Reichsdurchschnitt eingezogen.

[213] Vgl. ebd., S. 226.

[214] Vgl. ebd.

[215] Vgl. Die Industrie in Südbaden, hrsg. v. Statistischen Landesamt Baden, Freiburg 1950, S. 165.

[216] Vgl. Schwarz, S. 49f.

[217] Vgl. Manz, S. 53.

[218] Vgl. Statistik von Maschinen und Produktion in der französischen Besatungszone 1946-1950, in: Archiv LTA, Bestand Textilverband, Nr. 39. Die Zahl umfaßt die Textil- und die Bekleidungsindustrie.

3.2.2.3. Weitere Faktoren

3.2.2.3.1. Die Versorgung mit Roh- und Hilfsstoffen

Wie die Betriebe in den anderen Teilen Deutschlands war auch die südbadische Textilindustrie grundsätzlich auf Zufuhren aus dem In- und Ausland angewiesen.[219]
Mit der Verordnung Nr. 5 vom 4. September 1945 unterstellte Frankreich die gesamte Wirtschaft der Besatzungszone der Kontrolle durch die Militärregierung. Das französische Bewirtschaftsungssystem kennzeichnete eine "weitgehende unmittelbare Verwaltung durch die Besatzungsmacht."[220]
Die gesamte Verteilung der Rohstoffe und Erzeugnisse wurde mit der Verfügung Nr. 67 vom 29. Mai 1946 dem Direktor der "Production Industrielle" unterstellt.[221] Das Zuteilungsverfahren für Roh- und Hilfsstoffe bildete die sogenannte Déblocage, das heißt die auf dem gesamten Herstellungs- und Verteilungsweg beschlagnahmten Güter bedurften für die Weiterleitung zur jeweils nächsten Produktionsstufe der Freigabe mittels eines "Bon de Déblocage".
Die Lenkung der Textilrohstoffe als "produits directeurs" (Leitstoffe) lag zentral bei der Militärregierung in Baden-Baden.[222] Die Produktion selbst wurde seitens der Besatzungsmacht durch detaillierte Produktionsprogramme gesteuert.[223] Die ersten Rohstofflieferungen an Unternehmen der badischen Textilindustrie, insbesondere an die Spinnereien erfolgten bereits kurz nach Kriegsende im Rahmen von Lohnaufträgen für die Besatzungsmacht und die Schweiz.[224] Diese Versorgung sicherte zwar die Beschäftigung in den Betrieben, bot jedoch keine Möglichkeit zur Wiederaufnahme des Eigengeschäfts.[225]
Hinsichtlich der Versorgung mit Hilfsstoffen ist davon auszugehen, daß auch in Baden die Produktionsbeschränkungen und -verbote für die chemischen Industrie die Angebotslage verschärften.

3.2.2.3.2. Der Außenhandel

Die südbadische Textilindustrie war ebenso wie die württembergisch-badische vor dem Krieg stark exportorientiert. Hauptabnehmer waren die Schweiz und Frankreich.

---

219 Vgl. Laufer, Industrie und Energiewirtschaft, S. 179, 69.
220 Vgl. Schwarz, S. 23; Bohn, S. 14ff.
221 Vgl. Journal Officiel, 2. Jg. (1946), No 27 v. 29.6.1946, S. 225f.
222 Vgl. Laufer, Industrie und Energiewirtschaft, S. 75.
223 Vgl. ebd., S. 77-79.
224 Vgl. "Lohngeschäfte in Südbaden", in: Textil-Wirtschaft, 2. Jg. (1947), Nr. 10 v. 14.5.1947, S. 2.
225 Vgl. ebd.

Nachdem durch die Proklamation Nr. 2 des Alliierten Kontrollrats vom 20. September 1945 deutschen Behörden und Staatsangehörigen jegliche Verbindung mit dem Ausland untersagt worden war, verfügte die französische Besatzungsmacht in ihrer Zone über das Außenhandelsmonopol. Zur Durchführung der Im- und Exporte wurde für die Besatzungszone im Dezember 1945 ein Außenhandelszentralamt, das "Office du Commerce Extérieur" (OFICOMEX) errichtet.[226]
Bis Ende des Jahres 1947 liefen alle Geschäfte des französischen Besatzungsgebiets mit dem Ausland, einschließlich der anderen Besatzungszonen über das Zentralamt. Die inländischen Produzenten konnten mit Geschäftspartnern nicht in Kontakt treten. Dem Warenaustausch selbst war ein kompliziertes und langwieriges Ausfuhrverfahren vorgeschaltet.[227] Im Hinblick auf die saisonalen Unterschiede der textilen Produkte beeinträchtigte dies die Konkurrenzfähigkeit der badischen Unternehmen im Verhältnis zu denen der anderen Besatzungsgebiete.[228] Finanziell war der Export wenig attraktiv. Die französische Besatzungsmacht vergütete den deutschen Herstellern lediglich den Inlandsstopppreis, unabhängig vom Weltmarktpreis.[229] Ferner erhielten sie lediglich Reichsmark. Der Devisenerlös wurde zur Finanzierung der Importe in die französische Zone verwendet.[230]
Mangels Eigenerzeugung wurden von der badischen Textilindustrie in der unmittelbaren Nachkriegszeit nur die Erzeugnisse aus den Lohnaufträgen exportiert. Insgesamt wurden auch aus Südbaden in der Zeit vom 1. August 1945 bis zum 31. März 1946 überwiegend Rohstoffe, insbesondere Holz ausgeführt.[231]

---

[226] Die Schaffung des OFICOMEX erfolgte am 29.12.1945 durch die Verordnung Nr. 28.
[227] Vgl. Bohn, S. 41.
[228] Da die Waren in der Saison auf den Markt mußten, für die sie vorgesehen waren, war die Zuverlässigkeit der Lieferungen in dem jeweiligen Zeitfenster für die Käufer unabdingbar. Diese war jedoch durch die bürokratische Verfahrensweise des OFICOMEX nicht immer gewährleistet. Zudem kam für die badischen Textil-Exporteure erschwerend hinzu, daß die Lieferungen grundsätzlich, also auch im Interzonen-Handel, in Devisen bezahlt werden mußten. Vgl. Bohn, S. 40ff.
[229] Für die Importe mußte allerdings der Weltmarktpreis gezahlt werden. Vgl. Laufer, Industrie und Energiewirtschaft, S. 90-95.
[230] Dementsprechend forderten in einer Entschließung vom 18.3.1947 die Handelskammern, Industrie- und Handelsverbände Südbadens, daß den Exporteuren ein Teil des Devisenerlöses (10-15%) zur Beschaffung betrieblicher Hilfsmittel für die Exportproduktion und für soziale Zwecke zur Verfügung gestellt werden sollte. Vgl. "Das Problem der Exportpreise", in: Die Industrie- und Handelskammer. Mitteilungsblatt der südbadischen Handelskammern Baden-Baden, Lahr, Freiburg, Konstanz u. Schopfheim, 1. Jg. (1947), Nr. 3 v. März 1947, S. 78.
[231] Vgl. "Handelsbilanz der französischen Zone", in: Industrie-, Handels- und Gewerbekammer, Rundschreiben Nr. 9 v. Okt./Nov. 1946, S. 13; Bosch, Manfred, Der Neubeginn. Aus deutscher Nachkriegszeit - Südbaden 1945-1950, Konstanz 1988, S. 133.

3.2.3. Zusammenfassung

Trotz der kriegswirtschaftlichen Eingriffe in die südbadische Textilindustrie hatte ein Großteil der Betriebe den Krieg überstanden. Im Gegensatz zur amerikanischen Besatzungszone war aber die südbadische Textilindustrie von Maschinenentnahmen Frankreichs betroffen. Gleichzeitig wurden auch die Anlagen, insbesondere die Spinnereien, in Baden durch Lohnaufträge oder über das System der sogenannten Prioritätsbetriebe in die französische Produktion integriert. Für die Wiederaufnahme der Fertigung spielten die ausländischen Lohnaufträge eine bedeutende Rolle. Die Eigenerzeugung aufgrund vorhandener Lagerbestände blieb sehr gering.
Durch den kriegsbedingten Aderlaß, Wehrmachtseinziehungen und insbesondere auch Auskämmungen der Belegschaften zugunsten der Rüstungsindustrie, herrschte in den Betrieben der südbadischen Textilindustrie akuter Arbeitskräftemangel. Die vorhandene Belegschaften waren in der Regel überaltert und in ihrer Leistungsfähigkeit eingeschränkt. Darüber hinaus fehlten Fachkräfte. Die Gewinnung neuer Arbeitskräfte und der Aufbau eines qualifizierten Nachwuchs stellten somit für den Wiederaufbau der südbadischen Textilindustrie, ebenso wie in Württemberg-Baden, eine unabdingbare Notwendigkeit dar.

3.3. Württemberg-Hohenzollern

3.3.1. Die Industriestruktur

Der kleinstädtisch-agrarisch geprägte Süden Württembergs bildete traditionell das Umland für die Industriezentren im Norden.[232] Neben der Versorgung mit landwirtschaftlichen Erzeugnissen stellte Württemberg-Hohenzollern den Industriezentren im Norden Pendler zur Verfügung. Im Jahr 1946 waren ca. ⅓ der Erwerbstätigen Württemberg-Hohenzollerns in der Landwirtschaft beschäftigt, mehr als ¾ der Einwohner lebten in Gemeinden mit weniger als 10.000 Einwohnern.[233]
Größere Industrieansiedlungen gab es in den Kreisen Reutlingen, Balingen, Tuttlingen, Rottweil und Tübingen, deren Entwicklung eng mit der Stuttgarts als Ballungsraum verbunden war.[234] Hinsichtlich der Betriebsgrößenstruktur waren Klein- und Mittelbetriebe vorherrschend, die zumeist aus kleinen Handwerksbetrieben entstanden waren.[235] Aufgrund der eigenen Rohstoffarmut hatten sich

[232] Vgl. Hecker, S. 19.
[233] Vgl. Württemberg-Hohenzollern in Zahlen, 3. Jg. (1948), Nr. 2/3, S. 26f.
[234] Vgl. Hecker, S. 27, 29.
[235] Vgl. ebd., S. 29.

hier wie in Südbaden vorwiegend Weiterverarbeitungs- und Veredlungsindustrien angesiedelt.[236] Im Jahr 1946 stellten Maschinenbau und Metallverarbeitung die meisten Beschäftigten, gefolgt von der Textil- und der Holzindustrie.[237]

3.3.2. Die Ausgangsbedingungen in der Textilindustrie

3.3.2.1. Der Produktionsfaktor Kapital

Die Hauptzentren der Textilindustrie Württemberg-Hohenzollerns lagen in den Kreisen Reutlingen, Balingen und Tübingen.[238] Insgesamt gab es 1939 in diesem Gebiet 3.373 Betriebe mit 49.213 Beschäftigten.[239] Im Jahr 1946 waren es dagegen nur noch 31.932 Beschäftigte[240], 1947 nur noch 24.273 Beschäftigte in 564 Betrieben.[241]

Im Zuge der Kriegswirtschaft waren auch die Betriebe der Textilindustrie im Gebiet Württemberg-Hohenzollerns von Wehrmachtseinberufungen, Auskämmungen und Stillegungen betroffen. Allerdings konnte auch hier ein Teil die Schließung durch die Umstellung auf branchenfremde Rüstungsproduktion verhindern. Im September 1944 fertigten in Württemberg-Hohenzollern 28,6% der in der Textilindustrie Beschäftigten Rüstungsprodukte.[242]

Aufgrund direkter Kriegseinwirkungen wurde nach einer Aufstellung von 1946 die Erzeugungskapazität der Textilindustrie in diesem Gebiet um 9,7% gemindert.[243] Allerdings berücksichtigt die Aufstellung neben den direkten Kriegsschäden auch die mittelbaren Folgen des Kriegs, wie in der Textilindustrie der überalterte und damit ungenügende Facharbeiterstamm.[244] Von den Einschränkungen am stärksten betroffen waren die Kreise Freudenstadt, Calw sowie der vormals bayerische Kreis Lindau.[245]

---

[236] Vgl. Hecker, S. 31.

[237] Vgl. Württemberg in Zahlen, 1. Jg. (1946), Nr. 3, Tab. 1/Blatt 1 u. 2.

[238] Vgl. Hecker, S. 29-34.

[239] Vgl. Wirtschaftszahlen der amerikanischen und französischen Zone von Württemberg und Hohenzollern, Teil II, hrsg. v. Württembergischen Statistischen Landesamt Stuttgart, März 1946, Übersicht 43. Die Zahlen gelten für das Gebiet Württemberg und Hohenzollern ohne Lindau.

[240] Vgl. Württemberg in Zahlen, 1. Jg. (1946), Nr. 3, Tab. 1, Blatt 1 u.2. Mit dem Kreis Lindau waren am 1.1.1946 insgesamt 34.096 Personen in der Textilindustrie des Landes Württemberg-Hohenzollern beschäftigt.

[241] Stand: 30.6.1947

[242] Vgl. Peter, Rüstungspolitik in Baden, Tabelle 17, S. 265.

[243] Vgl. Württemberg in Zahlen, 1. Jg. (1946), Nr. 1, S. 12f.

[244] Vgl. ebd.

[245] Vgl. ebd.

In den übrigen Kreisen Süd-Württembergs und Hohenzollerns waren die Kapazitätsminderungen weitaus geringer.
Die Maschinenentnahmen in den Betrieben durch die Besatzungsmacht fanden weitgehende Beachtung in der Öffentlichkeit.[246] Der Fachverband der Textilindustrie Württemberg-Hohenzollern sowie die Fachpresse berichten über umfangreiche Maschinenentnahmen, insbesondere der neuen Fabrikate.[247] Die Wirtschafts-Zeitung schätzte Anfang des Jahres 1946 den Gesamtverlust im französisch besetzten Teil Württembergs bis zum Ende der ersten Demontagephase Mitte Juni 1946 ungefähr auf 20% bis 25% der industriellen Kapazität, "den größten Teil davon in Werkzeug- und Textilmaschinen."[248]
Die Entnahme der Maschinen aus der laufenden Produktion hinterließ in den betroffenen Betrieben Lücken, die durch den vorhandenen Bestand zum Teil nicht ausgeglichen werden konnten. Um die industrielle Fertigung jedoch weiter aufrechtzuerhalten, erließ das Landesdirektorium zu Beginn des Jahres 1946 die Rechtsanordnung zur Wirtschaftslenkung. Gemäß § 7 der Anordnung konnte das Landesdirektorium zur Erhaltung lebenswichtiger Industrien Betriebe schließen oder zusammenlegen, sowie über Maschinen, Werkzeuge, Betriebseinrichtungen und Vorräte einzelner industrieller Betriebe zugunsten anderer Betriebe verfügen.[249] Inwieweit von dieser Möglichkeit im Bereich der Textilindustrie Gebrauch gemacht wurde, geht nicht aus den vorhandenen Unterlagen hervor.

3.3.2.2. Der Produktionsfaktor Arbeit

Die Kriegswirtschaft hatte auch bei den Belegschaften der textilindustriellen Betriebe in Württemberg-Hohenzollern deutliche Spuren hinterlassen. Der gegenüber anderen Industriezweigen überdurchschnittlich hohe Anteil weiblicher Beschäftigter hatte sich während des Zweiten Weltkriegs weiter erhöht. Facharbeiter gab es dagegen nur noch wenige. Insgesamt waren die

---

[246] Vgl. dazu allgemein Gustav v. Schmoller, Württemberg-Hohenzollern unter der Last der französischen Besetzung, in: Das Land Württemberg-Hohenzollern 1945-1952. Darstellungen und Erinnerungen, hrsg. v. Max Gögler u. Gregor Richter, Sigmaringen 1982, S. 217-232. Zur kollektiven Erinnerung vgl. auch Wolfrum, Französische Besatzungspolitik und Deutsche Sozialdemokratie, S. 21.

[247] Vgl. Innerdeutscher Spinnmaschinenausgleich und Spinnmaschinenabgabe nach Frankreich, 1954, in: Archiv LTA, Bestand Textilverband, Nr. 40.

[248] Siehe "Im Schatten der Demontage. Wirtschaftslenkung und Wirtschaftorganisation in Südwürttemberg", in: Wirtschafts-Zeitung, 1. Jg. (1946), Nr. 13 v. 2.8.1946, S. 2. Nach diesem Bericht lag die Untergrenze der demontierten Maschinen beim Baujahr 1937. In den Unterlagen des Textilverbands finden sich jedoch Aufstellungen einzelner südwürttembergischer Betriebe, nach denen auch Maschinen älteren Baujahrs nach Frankreich abgegeben werden mußten. Vgl. Innerdeutscher Spinnmaschinenausgleich und Spinnmaschinenabgabe nach Frankreich, 1954, in: Archiv LTA, Bestand Textilverband, Nr. 40.

[249] Vgl. Innerdeutscher Spinnmaschinenausgleich und Spinnmaschinenabgabe nach Frankreich, 1954, in: Archiv LTA, Bestand Textilverband, Nr. 40.

Belegschaften überaltert und nur eingeschränkt leistungsfähig.[250] Die Ausnutzung der vorhandenen Kapazitäten in der Textilindustrie setzte demnach auch in Württemberg-Hohenzollern neben zusätzlichen auch die Ausbildung und Qualifizierung junger Arbeitskräfte voraus.[251]

3.3.2.3. Weitere Faktoren

3.3.2.3.1. Die Versorgung mit Roh- und Hilfsstoffen

Die Wirtschaft Württemberg-Hohenzollerns unterlag ebenso wie die Südbadens der Bewirtschaftung durch die französische Militärregierung.[252] Für die Zuteilung der Strom- und Rohstoffkontingente für die Textilindustrie gab es eine eigene Lenkungsstelle, die dem Landeswirtschaftsamt im Wirtschaftsministerium angegliedert war.[253]
Entsprechend ihrer Bedeutung für die Wirtschaft Württemberg-Hohenzollerns oder Frankreichs waren die industriellen Unternehmen in Kategorien eingeteilt. In der Textilindustrie gehörten die Spinnereien zur ersten, die übrigen Produktionsstufen zur zweiten Kategorie.[254]
Eine ausreichende Rohstoffversorgung war bei Lohnaufträgen aus Frankreich und der Schweiz sowie bei den sogenannten Prioritätsbetrieben gewährleistet. Im Zuge dessen kam es zu einer weitgehenden Kapazitätsauslastung der Spinnereien und Webereien.[255]
Dagegen fehlten Gespinste zur Weiterverarbeitung.[256] In Württemberg-Hohenzollern hatten sich in Arbeitsteilung zum Norden verstärkt weiterverarbeitende Textilzweige, insbesondere Wirkereien, Strickereien und Trikotagenindustrie entwickelt.[257] Aufgrund der Zonenteilung fehlten aber die Lieferungen der überwiegend im Norden Württembergs angesiedelten Woll- und

---

[250] Vgl. "Französische Zone gut beschäftigt" in: Textil-Wirtschaft, 2. Jg. (1947), Nr. 15 v. 22.7.1947, S. 2.

[251] Gleichzeitig wurde den Betrieben, die in den französischen Produktionsplänen eine maßgebliche Rolle spielten, verfügbare Arbeitskräfte zugewiesen. Vgl. "Französische Zone gut beschäftigt" in: Textil-Wirtschaft, 2. Jg. (1947), Nr. 15 v. 22.7.1947, S. 2.

[252] Vgl. dazu die Ausführungen zu Baden.

[253] Vgl. Bericht über die wirtschaftliche Lage in Württemberg-Hohenzollern im Jahre 1947, bearbeitet vom Volkswirtschaftlichen und Statistischen Büro bei den Industrie- und Handelskammern Reutlingen, Rottweil und Ravensburg, Reutlingen o. J., S. 4.

[254] Vgl. ebd.

[255] Vgl. "Französische Zone gut beschäftigt", in: Textil-Wirtschaft, 2. Jg. (1947), Nr. 4 v. 22.7.1947, S. 2. Die Überschrift dieses Zeitungsartikels bezieht sich gerade auf diese Sparten der Textilindustrie in Württemberg-Hohenzollern.

[256] Vgl. ebd.

[257] Vgl. "Textilzentrum mitten auf der Zollernalb", in: Textil-Wirtschaft, 4. Jg. (1949), Nr. 45 v. 10.11.1949, S. 8.

Baumwollspinnereien.[258] Dementsprechend schlecht waren diese Zweige ausgelastet.[259]
Die Versorgung mit Hilfsstoffen war in Südwürttemberg wie in den anderen Landesteilen auch durch Produktionseinschränkungen, Demontagen sowie der mangelnden Rohstoffversorgung der entsprechenden Chemieindustrie beeinträchtigt.[260]

3.3.2.3.2. Der Außenhandel

Als Teil des französischen Besatzungsgebietes erfolgte jeglicher Handel Württemberg-Hohenzollerns mit anderen Zonen oder dem Ausland über das OFICOMEX. Die am Export interessierten Firmen durften Handelsgeschäfte nur nach den Weisungen und mit Zustimmung der französischen Behörde tätigen. Darüber hinaus waren hier noch die jeweiligen Außenhandelsämter der Länder zwischengeschaltet.[261] "Die damit verbundene schwerfällige Handhabung des Außenhandelsgeschäfts hat auch die interessierten Firmen im Ausland vielfach davon abgehalten, ihre Bemühungen zu intensivieren."[262] Erschwerend kam noch der von den französischen Militärregierung festgelegte Umrechnungskoeffizient, der die Güter aus Württemberg-Hohenzollern auch finanziell für das Ausland unattraktiv machte.[263] Für das Land galten insofern die gleichen Schwierigkeiten wie für Südbaden.
Aufgrund des geringen Industrieanteils in Württemberg-Hohenzollern stellten die Erzeugnisse aus diesem Bereich in der unmittelbaren Nachkriegszeit nur einen kleinen Teil der Ausfuhr. Die Textilindustrie exportierte im wesentlichen die Produkte aus den ausländischen Lohnaufträgen. Den überwiegenden Anteil

---

[258] Vgl. zur Verflechtung der Landesteile Württembergs und Badens die Schrift Württemberg-Baden. Historisch, wirtschaftlich und kulturelle eine Einheit - Heute durch Zonengrenzen in zwei Teile gerissen, Stuttgart 1948; Zu den Verflechtungen in der Textilindustrie vgl. insbesondere S. 15.

[259] Dieser Zustand dauerte bis in das Jahr 1949 an. Vgl. dazu "Die Entwicklung in Süd-Württemberg", in: Textil-Wirtschaft, 4. Jg. (1949), Nr. 11 v. 17.3.1949, S. 4. Danach waren auch zu diesem Zeitpunkt lediglich 30% der betrieblichen Kapazitäten in der Trikotagen- und Strickwarenindustrie ausgelastet. Eine Verbesserung des Interzonenhandels brachte erst eine Vereinbarung der Landeswirtschaftsämter Stuttgart und Tübingen 1949, nach der gegenseitig Fertigwaren geliefert und Lohnveredelungsgeschäfte durchgeführt werden konnten. Vgl. "Zwischen Stuttgart und Tübingen", in: Textil-Wirtschaft, 4. Jg. (1949), Nr. 14 v. 7.4.1949, S. 4.

[260] Vgl. dazu auch Vierteljahresbericht über die wirtschaftliche Lage in Württemberg-Hohenzollern Januar-März 1948, hrsg. v. der Arbeitsgemeinschaft der Industrie- und Handelskammern des Landes Württemberg-Hohenzollern. Volkswirtschaftliches und Statistisches Büro 1948, S. 3.

[261] Vgl. Bericht über die wirtschaftliche Lage 1947, S. 8.

[262] Vgl. ebd.

[263] Vgl. ebd.

an der Ausfuhr Württemberg-Hohenzollerns nahmen allerdings Rohstoffe, insbesondere Holz ein. Im Jahr 1945/46 betrug deren Anteil an der Ausfuhr 61%.[264]

3.3.3. Zusammenfassung

Die Textilindustrie im Gebiet Württemberg-Hohenzollern hatte wie die anderen beiden Länder auch den überwiegenden Teil ihrer Betriebe vor dem kriegswirtschaftlichen Zugriff der Nationalsozialisten und den Zerstörungen des Kriegs retten können. Die Kapazitäten reichten für die Wiederaufnahme der Produktion aus. Allerdings setzten auch hier bald nach der Besetzung die ersten Maschinenentnahmen zugunsten Frankreichs oder aber der anderen französisch besetzten Länder, insbesondere des Saargebiets, ein.

Die vorhandenen Kapazitäten für die Herstellung von Gespinsten wurden mittels Prioritätssystem oder französischer Lohnaufträge in die textilindustrielle Produktion Frankreichs integriert. Wie in Baden stellte sich die Rohstoffversorgung in diesen Bereichen für das Wiederanlaufen der Produktion als ausreichend dar. Strukturell ergab sich durch diese Einbindung der Spinnereikapazitäten jedoch für die anderen Sparten der Textilindustrie Württemberg-Hohenzollerns ein Problem. Hier fehlten Gespinste zur Weiterverarbeitung und Veredlung, dies um so mehr, als die Gespinstzufuhr aus den Spinnereien Nordwürttembergs durch die Zonengrenze unterbunden war. In diesen Bereichen sicherten zunächst die Lagerbestände die Weiterproduktion.

Neben einer ausreichenden Versorgung mit Rohstoffen und Energie fehlten für die Auslastung der Kapazitäten auch in diesem Teil des Südwestens die Arbeitskräfte, insbesondere ein qualifizierter Nachwuchs.

Die Lösung dieses Problems bildete somit auch in Württemberg-Hohenzollerns eine wesentliche Voraussetzung für den Auf- und Ausbau der textilindustriellen Produktion.

4. Zusammenfassung

Mit der Besetzung Deutschlands ging eine wirtschaftspolitische Schwerpunktverschiebung einher. Während die Nationalsozialisten die gesamte Wirtschaft auf die Erfordernisse einer leistungsfähigen Rüstungsindustrie ausgerichtet hatten, standen ab Mai 1945 die Erzeugnisse der Friedenswirtschaft im Vordergrund. Neben der Versorgung der deutschen Bevölkerung stellten sie einen Exportfaktor und damit eine Devisenquelle für notwendige Importe dar.

[264] Im Jahr 1936/37 betrug der Anteil der Rohstoffe an der Gesamtausfuhr hingegen nur 10,4%. Vgl. Bericht über die wirtschaftliche Lage 1947, S. 2. Von der Gesamtausfuhr gingen ¾ nach Frankreich.

Die Textilindustrie spielte hierbei sowohl in der französischen als auch der amerikanischen Besatzungspolitik eine wichtige Rolle. Als reine Konsumgüterindustrie unterlagen ihre Erzeugnisse nicht den besatzungsrechtlichen Produktionseinschränkungen. Der Absatz der Produkte war aufgrund der kriegsbedingten großen Nachfrage nach textilen Erzeugnissen auf dem Weltmarkt unproblematisch.
Allerdings war die nationalsozialistische Kriegswirtschaft nicht spurlos an der südwestdeutschen Textilindustrie vorübergegangen. In den Betrieben herrschte allgemein akuter Mangel an Arbeitskräften. Die vorhandenen Belegschaften waren überaltert und in der Regel nicht ausreichend qualifiziert. Die Sicherung und Erweiterung der Produktion setzte insbesondere die Ausbildung eines qualifizierten Nachwuchses voraus.
Die Gewinnung neuer, junger Arbeitskräfte für die Textilindustrie spielte somit sowohl für die Betriebe als auch für die Besatzungsmächte, Frankreich und USA, eine bedeutende Rolle beim Wiederaufbau der deutschen Friedenswirtschaft.

II. Der Wiederaufbau der Tarifparteien

1. Die Ausgangsbasis

Die zwölf Jahre nationalsozialistischer Diktatur hatten im Bereich der kollektiven Interessenvertretung von Arbeitnehmern und Arbeitgebern die eigenständigen Organisationen vollständig beseitigt.
Nachdem das System freier und autonomer Kollektivvereinbarungen bereits im letzten Jahrzehnt der Weimarer Republik an mehreren Seiten bröckelte, wurde es 1933 im Zuge der Machtübernahme durch die Nationalsozialisten vollständig liquidiert.[265]
Zunächst lösten die neuen Machthaber Gewerkschaften und Arbeitgeberverbände auf, an ihre Stelle trat die Deutsche Arbeitsfront (DAF) als "Gliederung der NSDAP".[266]
Die Gestaltung der Lohn- und Arbeitsbedingungen war jedoch nicht auf die Deutsche Arbeitsfront übertragen worden. An die Stelle der Kollektivvereinbarungen trat die staatliche Lohnfestsetzung durch die sogenannten Treuhänder der Arbeit.[267]
Der NS-Staat behielt damit zunächst die überbetriebliche Regelung der Lohn- und Arbeitsbedingungen bei. Die Festsetzung erfolgte jedoch durch staatliche Rechtsetzung in den sogenannten Tarifordnungen.[268] Die endgültige Festlegung der nationalsozialistischen Wirtschafts- und Sozialverfassung durch das "Gesetz zur Ordnung der nationalen Arbeit" vom 20. Januar 1934 bestimmte dann aber die "Betriebsgemeinschaft" als Bezugspunkt für die Regelung der Arbeits-

---

[265] Vgl. Broszat, Martin, Grundzüge der gesellschaftlichen Verfassung des Dritten Reiches, in: Das Dritte Reich. Herrschaftsstruktur und Geschichte, hrsg. v. Martin Broszat und Horst Möller, München 1983, S. 38-63, hier S. 44f.

[266] Die Freien Gewerkschaften wurden am 2. Mai 1933 gewaltsam zerschlagen, die übrigen Gewerkschaften unterstellten sich zwei Tage später freiwillig dem NS-Regime. Vgl. Winkler, Der Weg in die Katastrophe, S. 928f. Die Auflösung der Arbeitgeberverbände erfolgte erst Ende 1933 durch Selbstliquidation der Organisationen unter dem Druck von Regierung und Partei. Vgl. Erdmann, S. 214-217. Der DAF fehlte eine rechtliche Legitimation. Nach einem Erlaß Hitlers vom 24.10.1934 war sie "die Organisation der schaffenden Deutschen der Stirn und Faust", in der "insbesondere die Angehörigen der ehemaligen Gewerkschaften, der ehemaligen Angestelltenverbände und der ehemaligen Unternehmervereinigungen als gleichberechtigte Mitglieder" zusammengeschlossen sein sollten. Vgl. Erdmann, S. 211. Zur Frage der Akzeptanz der DAF bei den Arbeitern und Angestellten vgl. Schönhoven, Die deutschen Gewerkschaften, S. 188-190.

[267] Vgl. "Gesetz über die Treuhänder der Arbeit"v. 19.5.1933, in: RGBl. I S. 185.

[268] Die "Tarifordnung" war mangels Tarifparteien kein schuldrechtlicher Vertrag mehr. Sie beinhaltete ausschließlich normative Bestimmungen. Ihr Geltungsbereich erstreckte sich auf die Betriebe als solche, das heißt für sämtliche darin Beschäftigte, die unter den fachlichen Geltungsbereich fielen. Vgl. dazu Hueck, Nipperdey, S. 219 m.w.N.

bedingungen.[269] In sogenannten Betriebsordnungen konnte der jeweilige Arbeitgeber neben dem zwingenden Regelungsgehalt gemäß § 27 Abs. 1 des Gesetzes zur Ordnung der nationalen Arbeit unter anderem auch Bestimmungen über die Höhe des Arbeitsentgelts und Arbeitsbedingungen festlegen (§ 27 Abs. 3). Die "Tarifordnungen" sollten hierzu subsidiär sein.[270] In der Umsetzung blieb es jedoch bei der betriebsübergreifenden Regelung der Lohn- und Arbeitsbedingungen über die "Tarifordnungen" durch die Treuhänder der Arbeit. Materiell beinhalteten diese vielfach unverändert die Tarifverträge aus der Zeit vor 1933, die aufgrund einer Anordnung des Reichsarbeitsministers vom 28. März 1934 in "Tarifordnungen" übergeleitet wurden.[271]

Insgesamt beseitigte das Gesetz zur Ordnung der nationalen Arbeit die Rechte der Arbeitnehmer auf betrieblicher und überbetrieblicher Ebene endgültig und festigte die Stellung des Unternehmers als "Herr im Haus".[272]

Mit zunehmender Ausrichtung der deutschen Industrie auf kriegswirtschaftliche Erfordernisse wurde die Position der Arbeitnehmerschaft nochmals geschwächt. Die Treuhänder der Arbeit erhielten auf dem Verordnungsweg zunächst für die Rüstungswirtschaft die Möglichkeit der Einführung eines Lohnstopps per "Tarifordnung", mit Beginn des Zweiten Weltkriegs wurde die Befugnis auf alle Wirtschaftszweige ausgedehnt.[273] Lohnerhöhungen, auch in Form von Gratifikationen oder betrieblichen Sozialleistungen, wurden grundsätzlich verboten.[274]

Die Durchsetzung des kriegswirtschaftlichen Lohnstopps gestaltete sich allerdings schwierig. Zum einen fehlte den Reichstreuhändern der Arbeit die Struktur und das Personal für eine effektive Kontrolle, zum anderen waren weder Arbeitgeber, die Arbeitskräfte brauchten, noch Arbeitnehmer, welche die

---

269 Vgl. RGBl. I S. 45; Vgl. Schönhoven, S. 187.

270 Vgl. Englberger, S. 273f.

271 Vgl. Anordnung des Reichsministers über die Weitergeltung von Tarifverträgen vom 28.3.1934, in: RGBl. I S. 85. Gemäß Ziff. 1 Abs. 1 dieser Anordnung galten die am 30.4.1934 in Kraft befindlichen Tarifverträge bis zur Anordnung ihres Ablaufs oder ihrer Änderung durch den zuständigen Treuhänder der Arbeit als Tarifordnungen unverändert weiter. Die von den Treuhändern der Arbeit vorzunehmende Umstellung der Tarifverträge auf Tarifordnungen kam nur langsam voran. In der Regel wurden daher lediglich einzelne tarifvertraglichen Bestimmungen in den Tarifordnungen abgeändert. Vgl. Kranig, Andreas, Lockung und Zwang. Zur Arbeitsmarktverfassung im Dritten Reich, Stuttgart 1983, S. 183.

272 Das Gesetz regelte auch die Betriebsverfassung neu. Vg. dazu z. B. Englberger, S. 272ff.

273 Die rechtlichen Grundlagen für die Festlegung von Löhnen und Gehältern sowie sonstigen Arbeitsbedingungen "nach oben" bildeten die Verordnung über die Lohngestaltung vom 25.6.1938 (RGBl. I S. 691) mit der Durchführungsverordnung vom 23.4.1941 (RGBl. I S. 222) sowie § 18 der Verordnung über die Kriegswirtschaft vom 4.9.1939 (RGBl. I S. 1609).

274 Vgl. die sogenannte Lohnstopp-Verordnung v. 12.10.1939, in: RGBl. I S. 2028, RABl. I S. 486. Zur Diskussion um eine neue Lohnordnung zu Beginn des Zweiten Weltkriegs vgl. eingehender Recker, Marie-Louise, Nationalsozialistische Sozialpolitik im Zweiten Weltkrieg, München 1985, S. 223-250.

ungünstige Arbeitsmarktsituation zur Verbesserung ihrer Löhne ausnutzten, diesbezüglich kooperationsbereit.[275] Dementsprechend verlagerte sich die lohn- und tarifpolitische Ebene zunehmend auf die Einzelarbeitsverhältnisse, trotz des Lohnstopps stiegen die Effektivlöhne auch nach 1939 weiter an.[276]
Nach der "Gleichschaltung" der Gewerkschaften und Arbeitgeberverbände beseitigte die nationalsozialistische Lohnpolitik mit der Lohnstopp-Verordnung auch das System der flächendeckenden Tarifverträge und trug so zu der intendierten Segmentierung der Arbeiter in Gruppen und Grüppchen bei.[277]
Die DAF existierte bereits bei der Besetzung Deutschlands faktisch nicht mehr. Endgültig beseitigt wurde diese Form der "Interessenorganisation" von Arbeitnehmern und Arbeitgebern mit dem Kontrollratsgesetz Nr. 2 vom 10. Oktober 1945.[278]

2. Die Neugründung der Arbeitnehmervertretung

2.1. Grundzüge der Besatzungspolitik

2.1.1. Die interalliierte Politik

Die Demokratisierung Deutschlands nach Beendigung des Kriegs stellte für die Alliierten einen wesentlichen Faktor zur Vermeidung eines erneuten deutschen "Griffs nach der Weltmacht" dar.[279] Neben der Entnazifizierung der deutschen Gesellschaft, Wirtschaft und Politik setzte dies den Aufbau neuer, demokratischer Strukturen in diesen Bereichen voraus. Dabei spielten Gewerkschaften als legitimierte Interessenvertretungen der Arbeitnehmer in der Politik der Westmächte wie auch der Sowjetunion eine wichtige Rolle.[280] Das unterschiedliche Demokratieverständnis der Alliierten, insbesondere zwischen Ost und West, verhinderte jedoch auch in dieser Frage ein einheitliches Vorgehen.
Auf Seiten der West-Alliierten versuchten die USA und Großbritannien im Rahmen des Alliierten Oberkommandos der Expeditionsstreitkräfte (SHAEF) einheitliche Richtlinien festzulegen. Mit dem Übergang in die entscheidende Kriegsphase im Frühjahr 1944 erging am 28. April 1944 eine erste Besatzungsdirektive, die "Combined Directive for Military Government in Germany Prior

---

[275] Vgl. Kranig, Lockung und Zwang, S. 180.
[276] Vgl. Englberger, S. 277.
[277] Vgl. Siegel, Tilla, Lohnpolitik im nationalsozialistischen Deutschland, in: Carola Sachse u. a., Angst, Belohnung, Zucht und Ordnung. Herrschaftsmechanismen im Nationalsozialismus, Köln, Opladen 1982, S. 54-139, hier S. 137.
[278] Vgl. Gesetz Nr. 2 "Auflösung und Liquidierung der Naziorganisationen", in: Amtsblatt des Kontrollrats in Deutschland, Nr. 1 v. 29.10.1945, S. 19-21.
[279] Vgl. Benz, Deutschland unter alliierter Besatzung, S. 22.
[280] Vgl. ebd., S. 108.

to Defeat or Surrender" (CCS 551) an General Eisenhower.[281] Neben Anweisungen zur Aufrechterhaltung der für die Versorgung der Bevölkerung notwendigen Industrie beinhaltete der "Economic and Relief Guide for Germany" dieser Direktive auch die Anweisung, die Gründung "of a democratic trade union movement and other forms of free democratic association" zu gestatten.[282] Die Direktive bildete die Grundlage für ein "Handbook for Military Government in Germany". Danach waren Gewerkschaften zwar grundsätzlich zugelassen, in ihrer Tätigkeit jedoch durch Streikverbot und Lohnstopp erheblich eingeschränkt. Nachdem Großbritannien die weiteren Nachkriegsplanungen der European Advisory Commission (EAC) unter Einbeziehung der Sowjetunion überlassen wollte, endete die Planungsarbeit des SHAEF in dieser Frage. Die Direktive CCS 551 wurde auf amerikanischer Seite durch die Direktive JCS 1067 ersetzt. Somit blieb aus den Vorarbeiten des Alliierten Oberkommandos von den verschiedenen Initiativen beider Länder lediglich das "Handbook for Military Government in Germany".
Im Rahmen der EAC wurde kein Konsens zu einer gemeinsamen Politik für den Wiederaufbau der Gewerkschaften im Nachkriegsdeutschland gefunden.[283] Ebenso scheiterten die Bemühungen auf der Ebene der Alliierten Kontrollbehörden. Das Potsdamer Abkommen beinhaltete lediglich ein grundsätzliches Bekenntnis der USA, der Sowjetunion und Großbritannien für die Schaffung freier Gewerkschaften in Nachkriegsdeutschland.[284] Die weiteren Bemühungen im Rahmen dieses Gremiums um ein gesamtdeutsches Gewerkschaftsgesetz scheiterten zum einen am Widerstand Frankreichs, das die Schaffung gesamtdeutscher Gewerkschaften grundsätzlich ablehnte, zum anderen an den grundsätzlichen Differenzen der übrigen Alliierten in der Gewerkschaftsfrage.[285]

2.1.2. Die amerikanische Besatzungspolitik

Die besatzungspolitische Planungsphase der USA hatte im Rahmen des SHAEF bereits 1944 begonnen. Grundsätzlich prägend für die Richtlinien und Direktiven bezüglich des Wiederaufbaus von Gewerkschaften im Nachkriegsdeutschland waren auf amerikanischer Seite zwei Leitgedanken.[286] Zum einen sollte das Aufgabenfeld der Gewerkschaften ausschließlich auf Kollektiv-

---

[281] Vgl. Auszug abgedruckt in Quellen zur Geschichte der deutschen Gewerkschaftsbewegung, Bd. 6, Dok. 8, S. 125f.
[282] Vgl. ebd., S. 126. Die Direktive enthielt neben dem Economic and Relief Guide noch einen Political und einen Financial Guide. Vgl. Waibel, S. 42f.
[283] Vgl. Quellen zur Geschichte der deutschen Gewerkschaftsbewegung, Bd. 6, S. 17.
[284] Vgl. Deutscher Text in Deuerlein, Ernst, Die Einheit Deutschlands, Frankfurt a. M. 1961, S. 246ff.
[285] Vgl. dazu Quellen zur Geschichte der deutschen Gewerkschaftsbewegung, Bd. 6, S. 19f.
[286] Vgl. Fichter, S. 76-78.

verhandlungen über die unmittelbaren ökonomischen Interessen ihrer Mitglieder begrenzt bleiben, also jegliche politische Betätigung der Gewerkschaften ausgeschlossen sein. Zum anderen schlug sich die Sorge der USA vor weiterem nationalsozialistischem Einfluß auf Gewerkschaften und Arbeiterschaft in den Plänen als rigide Kontrollmaßnahmen nieder.
Die grundsätzlichen Handlungsprämissen für die amerikanischen Besatzungskräfte normierte die Direktive JCS 1067, "Directive to Commander-in-Chief of United States Forces of Occupation Regarding the Military Gouvernment of Germany", von April/Mai 1945.[287] Unter dem Einfluß Morgenthaus war der Grundtenor dieser Direktive im Vergleich zu CCS 551 gegenüber Deutschland weitaus destruktiver. Das Recht der Arbeitnehmer, freie Gewerkschaften zu bilden und Kollektivverhandlungen über Löhne, Arbeitszeiten und Arbeitsbedingungen zu führen, sollte jedoch auch danach grundsätzlich gewährleistet werden.[288]
Obwohl es sich bei JCS 1067 lediglich um eine vorübergehende Leitlinie für die zuständigen Militärstellen handeln sollte, blieb die Direktive bis zum Juli 1947 in Kraft.[289]
Ergänzend dazu wurde eine nach ihren Richtlinien überarbeitete Fassung des bereits erwähnten "Handbook for Military Government in Germany" des SHAEF sowie das "Technical Manual for Labor Officers" der Manpower Division in der Praxis angewendet.[290]
Entsprechend der grundsätzlichen Bedeutung der Gewerkschaften als wesentliche Träger für den Aufbau eines demokratischen Systems in Deutschland in der amerikanischen Besatzungspolitik ordneten auch die Handbücher hinsichtlich der Gründung ein "generally favorable attitude" an.
Während auf der lokalen Ebene die Arbeitsoffiziere für die Durchführung zuständig waren, oblag die rechtliche Umsetzung der Richtlinien bei der Manpower Division innerhalb der Militärregierung. Die weitere Ausdifferenzierung der allgemeinen Vorgaben scheiterte jedoch zunächst an einem Streit innerhalb der Manpower Division.[291] Hierbei standen sich die sogenannte grassroots-Fraktion einerseits und die Porter-Rutz-Fraktion andererseits gegenüber.
Die grassroots-Fraktion innerhalb der Division forderte im Hinblick auf das "Versagen" der Gewerkschaften der Weimarer Republik vor dem Nationalsozialismus sowie die Prägung der Arbeiterschaft durch die zwölf Jahre

---

[287] Vgl. Waibel, S. 49-58.
[288] Vgl. den Auszug in Quellen zur Geschichte der deutschen Arbeiterbewegung, Bd. 6, Dok. 120, S. 445.
[289] Vgl. Waibel, S. 50. Über den oben genannten Zweck hinaus sollte die Direktive sowohl auf der Potsdamer Konferenz als auch im Alliierten Kontrollrat die amerikanische Politik repräsentieren und auf eine zonenübergreifende Anwendung hinwirken.
[290] Vgl. Fichter, S. 96-99.
[291] Eine eingehende Behandlung dieses Konflikts findet sich bei Fichter, Kapitel IV-VI.

nationalsozialistischer Diktatur einen absoluten Neubeginn der Bewegung in Deutschland "from the grassroots", also von der Ebene der Betriebe, ausgehend. Im Gegensatz dazu stand die Auffassung der Porter-Rutz-Fraktion, die neben anderen Maßnahmen eine schnellstmögliche Wiedererrichtung der Weimarer nichtkommunistischen Gewerkschaften propagierte, um die weitere Einflußnahme der Sowjetunion auf die Arbeiter in Deutschland zu verhindern. Diese internen Meinungsverschiedenheiten der Manpower Division bestimmten die Gewerkschaftspolitik bis zum Beginn des Jahres 1946.
Die Lösung des Konflikts zugunsten der Porter-Rutz-Fraktion markierte der Übergang der amerikanischen Gewerkschaftspolitik zum sogenannten free-trade-unionism.[292] Entsprechend den oben genannten Grundprinzipien sollte das Aufgabengebiet der Gewerkschaften auf tarifrechtliche Fragen begrenzt bleiben.[293] Gleichzeitig gab die Manpower Division jedoch die Politik der strengen Kontrollmaßnahmen auf und beschränkte sich auf die Festlegung von "organisatorischen und politischen Rahmenbedingungen in Verbindung mit punktuellen Eingriffen an den Stellen (...), an denen man kommunistische 'Penetration' aufgespürt hatte."[294]

2.1.3. Die französische Besatzungspolitik

Die Politik Frankreichs gegenüber dem staatlichen und gesellschaftlichen Neuanfang in ihrer Besatzungszone blieb vor der eigentlichen Besetzung unbestimmt. Neben de Gaulles öffentlichkeitswirksamer Maxime einer harten Deutschlandpolitik und der Wiederherstellung der "grandeur" Frankreichs kristallisierten sich drei Handlungsfelder heraus, mittels derer das französische Sicherheitsbedürfnis gegenüber dem Nachbarn gewährleistet werden sollte.[295] Im politischen Bereich sollten zonal wie auch in Gesamtdeutschland möglichst dezentrale Strukturen geschaffen werden. Wirtschaftlich verfolgte Frankreich langfristig das Ziel einer relativen ökonomischen Vormachtstellung gegenüber Deutschland. Das kurzfristige Ziel einer wirtschaftlichen Nutzung der Besatzungszone, um die wirtschaftlichen Schäden der Besatzungzeit im eigenen Land wieder auszugleichen und die Versorgung der französischen Bevölkerung sicherzustellen, fügte sich in diese Planungen ein. Während so eine Schwächung

---

292 Vgl. Fichter, S. 19.
293 Vgl. Kolb, S. 123.
294 Vgl. Fichter, S. 24.
295 De Gaulle setzte sich mit seinem sogenannten Dominanzkonzept für die Politik Frankreichs gegenüber Deutschland nach Beendigung des Zweiten Weltkriegs gegenüber dem Integrationskonzept der Résistance durch. Vgl. Kubitza, Joachim, Frankreichs widersprüchliche Besatzungspolitik, in: Alltagsnot und politischer Wiederaufbau. Zur Geschichte Freiburgs und Südbadens in den ersten Jahren nach dem 2. Weltkrieg, hrsg. v. Stadtarchiv Freiburg, Arbeitskreis Regionalgeschichte Freiburg, Freiburg 1986, S. 55-57.

Deutschlands gegenüber Frankreich erreichen werden sollte, zielte die französische Besatzungspolitik in anderen Bereichen mittels einer reformorientierten Demokratisierungs-, Kultur- und Bildungspolitik auf die Schaffung einer langfristigen Kooperation zwischen beiden Ländern.[296]
Der Wiederaufbau von Gewerkschaften ist im Zusammenhang mit diesen besatzungspolitischen Grundlinien zum einen als demokratischer Faktor beim gesellschaftlichen und politischen Neuaufbau, zum anderen als Interessenvertretung der Arbeitnehmer innerhalb der Wirtschaft zu sehen.
Demnach bildeten Dezentralisierung und ökonomische Nutzung den besatzungspolitischen Rahmen für die Rekonstruktion der Gewerkschaften innerhalb der französischen Zone.
Im Gegensatz zur amerikanischen Besatzungszone hatten diese Grundsätze keinen Niederschlag in konkreten Handlungsanweisungen für die Militärregierungen gefunden. Die französische Planungsphase für die Besetzung ihrer Zone war sehr viel kürzer.[297] Zwischen der Entscheidung auf der Konferenz von Jalta, eine eigene französische Besatzungszone in Deutschland zu etablieren, und dem Einmarsch französischer Truppen in Deutschland lagen noch nicht einmal sechs Wochen. Dementsprechend fehlte es an ausreichend geschultem Personal für die Militärregierungen, an Handbüchern, Hintergrundstudien oder einer der amerikanischen Direktive JCS 1067 vergleichbaren grundsätzlichen Richtlinie für die Arbeit der Militärverwaltung in Deutschland.[298]

2.2. Die Entwicklung in den einzelnen Ländern

2.2.1. Württemberg-Baden

Die Entwicklung der Industriegewerkschaften vollzog sich in Württemberg-Baden im Kontext der widerstreitenden Interessen zwischen deutschen Gewerkschaftsfunktionären und der amerikanischen Militärregierung.
Kennzeichnend für die erste Phase spontaner Gewerkschaftsgründungen in Nord-Württemberg und Nord-Baden war die Bildung sogenannter Gewerkschaftsbünde, lokal begrenzter zentralistischer Einheitsgewerkschaften mit

---

[296] Vgl. Benz, Deutschland unter alliierter Besatzung, S. 65f.
[297] Vgl. Willis, Roy F., The French in Germany 1945-1949, Stanford 1962, S. 80-83; Henke, Klaus-Dietmar, Aspekte französischer Besatzungspolitik in Deutschland nach dem Zweiten Weltkrieg, in: Miscellanea. Festschrift für Helmut Krausnick, hrsg. v. Wolfgang Benz, Stuttgart 1980, S. 169-191, hier S. 169.
[298] Vgl. Henke, Klaus-Dietmar, Politik der Widersprüche. Zur Charakteristik der französischen Militärregierung in Deutschland nach dem Zweiten Weltkrieg, in: Claus Scharf und Hans-Jürgen Schröder (Hrsg.), Die Deutschlandpolitik Frankreichs und die französische Zone 1945-1949, Wiesbaden 1983, S. 49-89, hier S. 56.

verschiedenen Berufs- oder Fachgruppen.[299] In der Regel gründeten frühere Funktionäre auf lokaler Ebene diese Gewerkschaftsbünde, die sowohl die verschiedenen Richtungen als auch Industrie- und Berufszweige umfaßten. Hintergrund dafür waren zum einen praktische Gründe in Ermangelung einer gewerkschaftlichen Infrastruktur, zum anderen die Erfahrungen der ehemaligen Funktionäre der Richtungsgewerkschaften, die durch ihre Zersplitterung der Auflösung durch den Nationalsozialismus nichts entgegenzusetzen gehabt hatten.[300]

Die spontanen Gewerkschaftsgründungen in Nord-Württemberg und Nord-Baden beruhten auf einer Erklärung Eisenhowers vom 28. März 1945, in der er den deutschen Arbeitern die Erlaubnis zur Bildung freier Gewerkschaften in Aussicht stellte.[301]

So trafen sich beispielweise in Stuttgart bereits Ende April 1945 in einzelnen Stadtteilen frühere Gewerkschafter, um den Aufbau einer gewerkschaftlichen Organisation vorzubereiten.[302]

Auf Besatzungsseite lag die Gewerkschaftspolitik in diese Phase mangels einer zoneneinheitlichen Regelung im ausschließlichen Verantwortungsbereich der regionalen und örtlichen Militärregierungen.[303]

---

[299] Zur Entwicklung in den einzelnen Städten Nord-Württembergs und Nord-Badens vgl. Seifert, S. 34-64; Zum "Allgemeinen freien Gewerkschaftsbund Heidelberg" Reutter, S. 141-150; Zu den Anfängen der Arbeiterbewegung in Mannheim im "Allgemeinen Deutschen Gewerkschaftsbund Groß-Mannheim" vgl. Dokumente 1-12 in: Jetzt erst recht!, Dokumente zur Geschichte der Arbeiterbewegung in Mannheim 1945-1990, hrsg. v. der Industriegewerkschaft Metall, Verwaltungsstelle Mannheim, bearb. v. Josef Kaiser, Mannheim 1993, S. 42-67 sowie Dokumente 94 a-d in: Säumt keine Minute!, Dokumente zur Geschichte der Arbeiterbewegung in Mannheim 1848-1949, bearb. v. Wolfgang Brach und Fritjof Kleff, Mannheim 1986, S. 520-528.

[300] Vgl. Schönhoven, Die deutschen Gewerkschaften, S. 199.

[301] Vgl. Der deutsche Südwesten zur Stunde Null. Zusammenbruch und Neuanfang im Jahr 1945 in Dokumenten und Bildern, hrsg. v. Generallandesarchiv Karlsruhe in Verbindung mit der Arbeitsgemeinschaft geschichtliche Landeskunde am Oberrhein, Karlsruhe 1975, S. 210. Für Nord-Württemberg fand diese Erklärung ihren Niederschlag in den zwei Gewerkschaftsdirektiven des zuständigen Detachments E1C3. Vgl. Fichter, S. 110f. In Nord-Baden setzte die Entwicklung auf lokaler Ebene etwas später ein. Eine offizielle Erlaubnis zur Bildung örtlich begrenzter Gewerkschaften gab es hier erst im August 1945, ab Oktober durften die Organisationen ihre Tätigkeit auf die umliegenden Landkreise erstrecken. Vgl. dazu den Bericht der provisorischen Gewerkschaftsleitungen über den Aufbau der Württembergischen und Badischen Gewerkschaften vom Mai 1945 bis August 1946, hrsg. v. Gewerkschaftsbund Württemberg-Baden (Bundesvorstand), Stuttgart 1946, S. 27.

[302] Vgl. "Die Verbände berichten: Textil und Bekleidung", in: Gewerkschafts-Zeitung, 1. Jg. (1946), Nr. 1 v. 30.8.1946, S. 13-14, hier S. 13.

[303] Die Richtlinien des Technical Manual for Labor Officers der Manpower Division sowie des Handbook for Military Government in Germany von SHAEF hatten lediglich Empfehlungscharakter.

Im amerikanisch besetzten Teil Württembergs schuf eine detaillierte Gewerkschaftsdirektive des Detachments E1C3 vom 4. Juni 1945 Rechtssicherheit.[304] Entsprechend den Richtlinien des "Technical Manual" und des "Handbook" erkannte die Direktive ausdrücklich das Recht der Arbeiter an, demokratische Gewerkschaften oder andere Formen freier wirtschaftlicher Vereinigungen zu bilden. Der Militärregierung sollte lediglich ein Aufsichtsrecht bezüglich der Zugehörigkeit der Mitglieder zu NS-Organisationen sowie der Einhaltung der geltenden Direktiven für Versammlungen, Lohnvereinbarungen und Streiks zustehen. Eine ergänzende Direktive regelte Einzelheiten des Gründungsverfahrens sowie der Betätigung der Gewerkschaften.
In Nordbaden fehlte es an einer solchen Rechtsgrundlage. Die Auslegung der Richtlinien lag hier bei den örtlichen Militärkommandanten, deren Einstellung zu Gewerkschaften von positiver Zusammenarbeit bis striktem Verbot reichte.[305] Bis Ende des Jahres 1945 organisierten sich in verschiedenen Orten Nord-Württembergs und Nord-Badens bereits 86.932 bzw. 71.061 Arbeitnehmer in lokal begrenzten Zentralgewerkschaften mit verschiedenen Berufs- oder Fachgruppen, darunter auch der Textil- und Bekleidungsindustrie.[306] Die Vertreter dieses Industriezweigs waren bereits unmittelbar nach Beendigung des Kriegs am Aufbau der Gewerkschaftsbünde in Stuttgart, Mannheim und Heidelberg aktiv beteiligt.[307] Diese Gruppen stellten keine selbständigen Organisationen dar, sondern Untergliederungen des Gesamtverbands.[308] Die Entscheidungsgewalt wie auch die Finanzhoheit lag ausschließlich bei den Gewerkschaftsbünden.
Obwohl die Entscheidung zugunsten der Einheitsgewerkschaft aus den Reihen der Arbeitnehmer selbst kam und von ihnen getragen wurde, somit also in diesem Bereich einen demokratischen Neubeginn signalisierte, akzeptierte die Militärregierung in Stuttgart diese nicht als Grundlage für die weitere besatzungspolitische Ausgestaltung des gewerkschaftlichen Wiederaufbaus.
Beginnend mit den ersten zoneneinheitlichen Direktiven der Manpower Division vom 1. und 18. August 1945 waren alle gewerkschaftspolitischen Verlautbarungen dieser Division eindeutig gegen zentralistische Gewerkschaften gerichtet.[309] Hinsichtlich des Organisationsprinzips wurde darin die Gleichbe-

[304] Vgl. Fichter, S. 110.
[305] Vgl. Seifert, S. 40.
[306] Vgl. ebd., S. 48 u. 52. Der Aufbau dieser Industriegruppe vollzog sich im wesentlichen in den großen Textilbezirken Stuttgart, Göppingen, Heidenheim und Geislingen. Vgl. "Die Verbände berichten: Textil und Bekleidung", in: Gewerkschafts-Zeitung, 1. Jg. (1946), Nr. 1 v. 30.8.1946, S. 14.
[307] Vgl. ebd., S. 13f.
[308] Vgl. Reutter, S. 145f.
[309] Vgl. Fichter, S. 193. Zur Direktive vom 18.8.1945 vgl. Quellen zur Geschichte der deutschen Gewerkschaftsbewegung, Bd. 6, Dok. 125, S. 452-456. Neben den grundsätzlichen

handlung von Industrie- und Berufsverband (§ b Abs. 2, lit. e) betont. Darüber hinaus sollten innerhalb eines Industrie- oder Berufszweigs auch konkurrierende Organisationen zugelassen werden. Die Organisation innerhalb eines zentralen Gewerkschaftsbunds war dagegen nicht berücksichtigt.
Die "Military Government Regulations, Title 15 Labor Relations" des OMGUS vom 7. November 1945 legte mit der Formulierung "trade unions may be organized along craft or industrial lines" das Industrie- oder Berufsverbandsprinzip für die Gewerkschaften in der Besatzungszone fest.[310] Allerdings konnten von der Militärregierung bereits genehmigte Gewerkschaften ohne erneute Antragsstellung auf Genehmigung weiterarbeiten. Damit wurde der Status quo in Württemberg-Baden zunächst toleriert.
Mit der Anordnung zur Demokratisierung von Gewerkschaften in Württemberg-Baden vom 17. Dezember 1945 begann allerdings der direkte Angriff der Militärregierung in Stuttgart auf die zentralistischen Einheitsgewerkschaften im Land.[311] Danach sollten die Leiter der Industriefachgruppen des Württembergischen Gewerkschaftsbunds sowie der unabhängigen Fachgruppen Pläne "für die unmittelbare und demokratische Wahl örtlicher Gewerkschaftskartelle aller ihnen angeschlossenen Gewerkschaften" erarbeiten (§ 1).[312] Ergänzt wurde diese Anordnung im Februar 1946 durch eine Direktive, die explizit die Bildung von Gewerkschaften auf Fachverbände beschränkte.[313] Im Gegensatz zu der Direktive vom 18. August 1945 galt die Direktive auch für die schon bestehenden Gewerkschaften, das heißt die bestehenden Einheitsgewerkschaften mußten ihre Organisationen an diesem Prinzip ausrichten und neue Wahlen abhalten.
Zu diesem Zeitpunkt gab es allerdings auch innerhalb der Gewerkschaftsbewegung bereits Ansätze einer Entwicklung zur Errichtung selbständiger Industrieverbände.[314] Auf dem ersten offiziellen Zonentreffen von Spitzengewerkschaften der amerikanischen Besatzungszone am 14. April 1946 in Frankfurt am Main stimmten die Gewerkschaftsvertreter für weitgehend autonome Industrieverbände. Friederike Reutter schließt aus der Tatsache, daß der Abstimmung keine größeren Auseinandersetzungen vorausgingen und auch

---

Festlegungen zum Aufbau der Gewerkschaften in Württemberg-Baden legte die Direktive insbesondere die Einzelheiten für das Genehmigungsverfahren fest.

[310] Vgl. Quellen zur Geschichte der deutschen Gewerkschaftsbewegung, Bd. 6, Dok. 128, S. 460-461.

[311] Vgl. ebd., Dok. 131, S. 469-471.

[312] Vgl. ebd., S. 469.

[313] Vgl. Fichter, S. 195; Quellen zur Geschichte der deutschen Gewerkschaftsbewegung, Bd. 6, Dok. 132, S. 471-472.

[314] Zu entsprechenden Tendenzen in den einzelnen Ländern vgl. Quellen zur Geschichte der deutschen Gewerkschaftsbewegung, Bd. 6., S. 38-46.

danach kein nennenswerter Widerspruch dagegen erfolgte, auf einen Umschwung innerhalb der Gewerkschaften.[315]
In Württemberg-Baden gingen entsprechende Tendenzen zur Gründung selbständiger Industriegewerkschaften vom Württembergischen Gewerkschaftsbund aus.[316] Die nordbadischen Gewerkschafter setzten sich dagegen mehrheitlich für eine zentralistische, alle Industriegruppen umfassende Einheitsgewerkschaft ein.[317] Die endgültige Entscheidung zugunsten der Industrieverbände fiel erst auf dem Gründungskongreß des Gewerkschaftsbunds Württemberg-Baden vom 30. August bis zum 1. September 1946.[318]
In der Zwischenzeit hatten sich allerdings bereits in zahlreichen Städten und Kreisen aus den Zentralorganisationen der Anfangsphase zunehmend Gewerkschaften der unterschiedlichen Industriegruppen entwickelt. Mitte Mai 1946 gab es in Württemberg-Baden von 15 Industrieverbänden offiziell genehmigte Ortsverwaltungen, darunter auch den Industrieverband Textil-Bekleidung.[319]
Der Zusammenschluß der lokal begrenzten Textil- und Bekleidungsgewerkschaften zu einer Landesgewerkschaft erfolgte schließlich am 15./16. Juni 1946 in Stuttgart.[320] Den Vorstandsvorsitz übernahm Karl Pöhlmann.[321]
Gemäß der Direktive vom 18. August 1945 waren die Industrieverbände auch grundsätzlich ermächtigt, Kollektivverhandlungen mit den Arbeitgebern oder deren Zusammenschlüssen zu führen.[322] Nach den besatzungsrechtlichen Vorschriften war die Gewerkschaft Textil-Bekleidung somit tariffähig.

---

[315] Vgl. Reutter, S. 150f.
[316] Vgl. Quellen zur Geschichte der deutschen Gewerkschaftsbewegung, Bd. 6, S. 40f.
[317] Vgl. Reutter, S. 150.
[318] Mit der Gründung des Gewerkschaftsbunds Württemberg-Baden als Dachverband von 15 Einzelgewerkschaften mit ca. 260.000 Mitgliedern vom 30. August bis 1. September 1946 war der gewerkschaftliche Organisationaufbau für Württemberg-Baden vorläufig abgeschlossen. Vgl. Seifert, S. 179-189.
[319] Vgl. Bericht der provisorischen Gewerkschaftsleitung, S. 16.
[320] Vgl. "Die Verbände berichten: Textil und Bekleidung", in: Gewerkschafts-Zeitung, 1. Jg. (1946), Nr. 1 v. 30.8.1946, S. 13f. Die rechtliche Grundlage hierfür bildete die Direktive vom 18.8.1945.
[321] Karl Pöhlmann war zu diesem Zeitpunkt bereits 67 Jahre alt. Er lernte zunächst das Weber- und Strickerhandwerk und konnte 1913 eine Verwaltungsstelle des Textilarbeiterverbands übernehmen. Im Jahr 1919 wurde er Geschäftsführer der Verwaltungsstelle in Stuttgart, 1925 Gauleiter des Textilarbeiterverbands für Rheinland-Westfalen. Von August 1933 bis März 1934 war er in zwei verschiedenen KZ's inhaftiert. Vgl. "Unser Bundesvorstand", in: Gewerkschafts-Zeitung, 1. Jg. (1946). Nr. 4 v. 15.10.1946, S. 57/58, hier S. 58.
[322] Vgl. Quellen zur Geschichte der deutschen Gewerkschaftsbewegung, Bd. 6, Dok. 130, S. 463-469. In dieser Direktive wurde der bereits in der Direktive JCS 1067 enthaltene Grundsatz, Kollektivverhandlungen der Gewerkschaften zu gestatten, von Seiten der Manpower Division kodifiziert.

2.2.2. Baden

In Baden gab es aufgrund der Erklärung Eisenhowers ebenfalls bereits unmittelbar nach Kriegsende auf lokaler Ebene Initiativen früherer Gewerkschafter zur Neugründung von Gewerkschaften.[323] Den Initiativen folgten schon in den ersten Nachkriegsmonaten in allen Teilen Südbadens Gesuche an die örtlichen Gouvernements Militaire, gewerkschaftliche Neugründungen zu genehmigen.[324]
Die offizielle Rechtsgrundlage für den Wiederaufbau von Gewerkschaften allgemein in der französischen Zone bildete die Verordnung Nr. 6 über die Wiederherstellung des Gewerkschaftsrechts vom 10. September 1945.[325] Nach dieser, gemäß Artikel 2 nur vorläufigen, Regelung war den Arbeitnehmern in der französischen Zone lediglich die Bildung von Ortsgruppen mit vorheriger Genehmigung seitens des Gouvernements Militaire gestattet. Artikel 4 der Verordnung begrenzte den Zweck der Gewerkschaften auf die Wahrnehmung der Berufsinteressen ihrer Mitglieder. Nach der natürlichen Auslegung des Begriffs "Beruf" schließt dieser unter anderem Fragen des Lohns und der Arbeitszeit ein. Allerdings blieb auch bei dieser Auslegung das Verbot einer dahingehenden Betätigung für die Gewerkschaften mit den Lohnstoppvorschriften bestehen.
Die grundsätzlichen Bestimmungen der Verordnung Nr. 6 wurden durch die Verfügung Nr. 6 des Adminstrateur Général vom gleichen Tag ergänzt und weiter ausgeführt.[326] Diese schrieb für die Gewerkschaften in Südbaden das Industrieverbandsprinzip vor, indem sie in Artikel 2, Satz 1 den Mitgliederkreis auf Personen des gleichen, ähnlichen oder eines mit ihrem Beruf zusammenhängenden Fachs begrenzte. Darüber hinaus stellte die Verfügung der Genehmigung ein langwieriges und kompliziertes Verfahren voran (Artt. 6-10). Die Letztentscheidungskompetenz bezüglich der Anträge behielt sich die Militärregierung vor.
Die französische Militärregierung stand dem Gewerkschaftsaufbau uneinheitlich gegenüber. Einerseits nahmen die Vertreter der Besatzungsmacht an Gründungsversammlungen gewerkschaftlicher Ortsgruppen teil, andererseits kritisierten sie den Mangel an fähigen Kadern und das politische Engagement der altgedienten Funktionäre.[327]

---

[323] Vgl. Unser, S. 33-35.
[324] Vgl. ebd.
[325] Vgl. Verordnung Nr. 6 betreffend Wiederherstellung des Gewerkschaftsrechts im französischen Besatzungsgebiet, in: Journal Officiel, 1. Jg. (1945), No 2 v. 17.9.1945, S. 8f.
[326] Vgl. Verfügung Nr. 6 betreffend Durchführung der Verordnung Nr. 6 vom 10.9.1945 über die Wiederherstellung des Gewerkschaftsrechtes im französischen Besatzungsgebiet, in: Journal Officiel, 1. Jg. (1945), No 2 v. 17.9.1945, S. 10f.
[327] Vgl. Unser, S. 38f.

Trotz dieser Verfahrensregeln und der schleppenden Bearbeitung der Gesuche seitens der französischen Militärbehörden kam es in der Folgezeit zur Bildung offiziell anerkannter Industriegewerkschaften auf lokaler Ebene.[328]
Aus einem Protokoll der provisorischen Vorsitzenden der einzelnen, noch zu bildenden Gewerkschaften in Säckingen vom 1. November 1945 geht hervor, daß hier die Arbeiter der Textilindustrie die Gründung einer "Gewerkschaft Textil" vorantrieben.[329] Nach Aussage des provisorischen Vorsitzenden Fritz Kaiser waren aber hinsichtlich der Gründung "harte Widerstände vorhanden".[330] Zum einen wolle niemand aus "Gedrücktheit und Furcht" eine aktive Tätigkeit übernehmen, zum anderen werde die Gründung noch als verfrüht angesehen, da nur sehr wenige Betriebe im Gange seien.[331] Die Gründungsversammlung der Gewerkschaft Textil sollte allerdings nach Kaisers Planung am 7. oder 8. November 1945 stattfinden.
Die Verfügung Nr. 54 vom 12. April 1946 zur Durchführung der Verordnung Nr. 6 vom 10. September 1945 ermöglichte in der gesamten französischen Zone den weiteren gewerkschaftlichen Organisationsaufbau.[332] Danach war zunächst die Bildung von übergeordneten Ortsausschüssen gestattet, sofern an einem Ort bereits mehrere Einzelgewerkschaften ordnungsgemäß gegründet worden waren. Desweiteren beinhalteten die Artikel 3 und 4 der Verfügung die Grundlage für den Zusammenschluß der Ortsgewerkschaften zu Landesindustriegewerkschaften sowie die Möglichkeit zur Bildung eines Dachverbands aller Gewerkschaften in Südbaden. Gemäß Artikel 7 blieben aber auch die Zusammenschlüsse in ihrem Zweck auf die Wahrnehmung beruflicher Interessen ihrer Mitglieder beschränkt. Beiden Arten von Zusammenschlüssen war wiederum ein detailliertes Genehmigungsverfahren vorangestellt. Wie schon bei den Ortsgruppen lag auch nach der Verfügung Nr. 54 die Letztentscheidungskompetenz bei der Militärregierung.
Bis Ende Februar 1947 entstanden so in Baden mehr als 160 örtliche Gewerkschaften, 22 Ortsausschüsse und neun Landesvereinigungen mit insgesamt etwa 60.000 Mitgliedern.[333] Seitens der französischen Militärregierung wurde diese

[328] Dies läßt sich zumindest aus den Beispielen lokaler Gewerkschaftsgründungen bei Margit Unser, S. 38f. schließen.
[329] Vgl. Protokoll über die Versammlung der provisorischen Vorsitzenden der einzelnen Gewerkschaften, die gebildet werden sollen, v. 1.11.1945, in: Archiv des LTA, Bestand GTB, Ordner 21, Tarifbewegung auf Anordnung der französischen Militärregierung, 1947.
[330] Siehe ebd.
[331] Siehe ebd.
[332] Vgl. Verfügung Nr. 54 des Adminstrateur Général über Durchführung der Verordnung Nr. 6 vom 10.9.1945 hinsichtlich der Bildung örtlicher und provinzialer Zusammenschlüsse von Gewerkschaften, in: Journal Officiel, 1. Jg. (1945), No 22 vom 8.5.1946, S. 170ff. Nach Margit Unser handelt es sich hierbei um die Verfügung Nr. 59. Vgl. Unser, S. 40f.
[333] Vgl. Unser, S. 57. Margit Unser datiert die Zahl auf Februar 1946. In Anbetracht der Tatsache, daß die Bildung von Ortsausschüssen und Landesvereinigungen erst mit der Verfügung

Entwicklung mit vorangetrieben. An das Badische Ministerium für Wirtschaft und Arbeit erging Mitte des Jahres 1946 die Aufforderung, nunmehr aufgrund der genehmigten Normalsatzung für Ortsausschüsse die offizielle Gründung von Ortsausschüssen vorzunehmen.[334] Der Vollzug dieser Gründungen sei der Militärregierung bis zum 1. September 1946 zu melden.[335]
Die nächste Phase des gewerkschaftlichen Wiederaufbaus umfaßte die Gründung von Landesvereinigungen der Industriegewerkschaften.
Für den Bereich der badischen Textilindustrie wurde im April 1947 in Freiburg die "Landesvereinigung für die Industrie-Gewerkschaften Textil und Bekleidung" unter der Leitung Fritz Eiches mit Sitz in Lörrach gegründet.[336] Allerdings umfaßte die Landesvereinigung im Mai 1947 lediglich sechs von den 15 Gewerkschaften dieses Industriezweigs im Land Baden.[337]
Mit Schreiben vom 28. Mai 1947 erteilte die französische Militärregierung schließlich ihre Genehmigung zur Bildung und Tätigkeit der Landesvereinigung

---

Nr. 54 vom 12. April 1946 überhaupt möglich wurde, muß diese Zahl für das Jahr 1947 stehen. Darüber hinaus bezieht sich Unser bei dieser Aussage auf eine Quelle vom 5. März 1947. Vgl. Unser, S. 57, Fn. 142.

[334] Vgl. Schreiben des Badischen Ministeriums für Wirtschaft und Arbeit an den Vorstand der provisorischen Ortsausschüsse der Gewerkschaften in Freiburg vom 22.8.1946 betr. Offizielle Gründung von Ortsausschüssen der Gewerkschaften, in: StA Freiburg, C 38/1, Nr. 554. Nach der Verfügung Nr. 54 war das Ministerium nicht mit in das Genehmigungsverfahren einbezogen. De facto fungierte es aber scheinbar als Mittler zwischen den Gewerkschaften und der Militärregierung.

[335] Vgl. ebd. Nach den in diesem Bestand beiliegenden Antwortschreiben wurden bis zum 1.9.1946 folgende Ortsausschüsse von Gewerkschaften in Baden gegründet: Konstanz, Villingen, Offenburg, Lahr, Neustadt, Furtwangen, Föhrenbach, Singen, Donaueschingen, Hornberg, Engen-Hegau, Schopfheim, Rheinfelden. Vgl. StA Freiburg, C 38/1, Nr. 554.

[336] Vgl. Schreiben Willi Zehnle, Industrie-Gewerkschaft Textil, Emmendingen an das Badische Ministerium für Wirtschaft und Arbeit, Direktion Arbeit vom 23.5.1947, in: StA Freiburg, C 38/1, Nr. 554. Fritz Eiche (1902-1967), Textilarbeiter, saß bis 1933 für die KPD im Stadtrat von Zell i. W. Unter den Nationalsozialisten wurde er 1933 und 1937 verhaftet und in einem KZ inhaftiert, schließlich 1941 für "wehrwürdig" erklärt und an die Front geschickt. Neben der hauptamtlichen Tätigkeit für die IGTB war Eiche bis 1951 Abgeordneter der KPD im Badischen Landtag, bis 1962 Stadtrat in Zell i. W. Vgl. Krause-Schmitt, Heimatgeschichtlicher Wegweiser zu Stätten des Widerstands und der Verfolgung 1933-1945, Bd. 5/2: Baden-Württemberg II. Regierungsbezirk Freiburg und Tübingen, hrsg. v. Studienkreis Deutscher Widerstand und der Vereinigung der Verfolgten des Naziregimes/Bund der Antifaschisten, Frankurt a. M. 1997, S. 84.

[337] Siehe Dienstanweisung A. R. Gouvernement Militaire en Allemagne Nr. 855 TRV an den Staatssekretär der Wirtschaft des Landes Baden, Direktion Arbeit vom 5.5.1947 betr. Schaffung des Gewerkschaftsbundes für das Textilgewerbe des Landes Baden, in: StA Freiburg, C 38/1, Nr. 553. Ferner war nach diesem Schreiben die Textilgewerkschaft Villingen noch gar nicht genehmigt. Die Landesvereinigung hat mit Schreiben vom 7.6.1947 die Gründe für den Nichtbeitritt der neun Gewerkschaften gegenüber der Militärregierung erläutert. Dieses Schreiben lag jedoch nicht bei den Akten.

für die Industrie-Gewerkschaften Textil und Bekleidung.[338] Im August 1947 waren der Landesvereinigung bereits zehn Ortsgewerkschaften beigetreten.[339] Hinsichtlich der Tariffähigkeit gilt das für Württemberg-Baden bereits Ausgeführte. Nach der natürlichen Auslegung des Begriffs "Beruf" umfaßte bereits die Verordnung Nr. 6 vom 10. September 1945 die tarifrechtliche Ermächtigung der Gewerkschaften.[340] Diese Ermächtigung stand jedoch unter dem Vorbehalt des Lohnstopps.

Mit dem ersten Bundestag des Badischen Gewerkschaftsbunds als Dachverband der 16 Industriegewerkschaften Badens fand der Gewerkschaftsaufbau in Südbaden im Juli 1947 seinen vorläufigen Abschluß.[341] Nach einer Liste der Mitglieder vom 17. Juni 1947 gehörte auch die Landesvereinigung der Gewerkschaften der Textil- und Bekleidungsindustrie dem Badischen Gewerkschaftsbund an.[342]

2.2.3. Württemberg-Hohenzollern

Nachdem Stuttgart bereits vor 1933 das Zentrum für die Gewerkschaftsbewegung in Württemberg gewesen war, stand der Wiederaufbau von Gewerkschaften in Südwürttemberg zunächst unter dem Einfluß des noch unter französischer Besatzung in Stuttgart gegründeten Württembergischen Gewerkschaftsbunds.[343]

Mit der Teilung Württembergs und dem Abzug der französischen Truppen aus Stuttgart gestaltete sich jedoch die Zusammenarbeit im Hinblick auf die Zonengrenzen sowie die Verkehrs- und Kommunikationssituation nach Kriegsende

---

[338] Vgl. Schreiben des Gouvernement Militaire en Allemagne, Délégation Superieur pour le Gouvernement Militaire de Bade, Service du Travail, la Main d'Oeuvre et des Assurances Sociales an den Statssekretär für Wirtschaft des Landes Baden, Direktion Arbeit vom 28.5.1947 betr. Textilgewerkschaft, Verband der Landes Baden, in: StA Freiburg, C 38/1, Nr. 553.

[339] Vgl. Schreiben der Landesvereinigung der Industriegewerkschaft Textil und Bekleidung an das Badische Ministerium für Wirtschaft und Arbeit, Direktion Arbeit vom 18.8.1947 betr. Adressen und Mitgliederzahlen der Ortsgewerkschaften der Landesvereinigung Textil und Bekleidung, in: StA Freiburg, C 38/1, Nr. 553. Noch nicht beigetreten waren danach Freiburg. Konstanz, Radolfzell und Waldshut. Villingen taucht gar nicht auf. Somit ist davon auszugehen, daß diese Ortsgewerkschaft auch im August 1947 noch nicht genehmigt war.

[340] Die eigentliche Legitimation zum Abschluß von Tarifverträgen mit Wirkung für und gegen die Mitglieder ergab sich jedoch aus den Satzungen der einzelnen Industriegewerkschaften.

[341] Vgl. Unser, S. 57-60.

[342] Vgl. Schreiben des Badischen Gewerkschaftsbunds an das Gouvernement Militaire de Bade, Capt. Andrez, Chef du Bureau Travail vom 17.6.1947 betr. Vereinigung der Gewerkschaftsverbände des Landes Baden, in: StA Freiburg, C 38/1, Nr. 552.

[343] Zum Versuch einer einheitlichen Gewerkschaftsgründung für die amerikanische und französische Besatzungszone vgl. Hecker, S. 59-70.

schwierig.[344] Darüber hinaus stand das Konzept eines gewerkschaftlichen Neubeginns des Württembergischen Gewerkschaftsbunds grundsätzlich im Widerspruch zu dem in der Verordnung Nr. 6 festgeschriebenen Richtlinien. Während der Gewerkschaftsbund als übergeordnete Zentralorganisation den Aufbau der Gewerkschaften in Württemberg von "oben nach unten" vorantreiben wollte, begrenzte die Verordnung Nr. 6 in Verbindung mit der Verfügung Nr. 6 gewerkschaftliche Organisationen auf die örtliche Ebene sowie auf jeweils eine Industriegruppe.[345]
Trotz der eindeutigen Vorgaben orientierten sich die Gründungsinitiativen auf örtlicher Ebene dennoch an dem Konzept des Württembergischen Gewerkschaftsbunds.[346]
Seitens der französischen Militärregierung wurde jedoch sehr genau darauf geachtet, daß keine zentralistischen Strukturen entstanden und die Gewerkschaften streng nach dem Industrieverbandsprinzip aufgebaut waren.[347] Die von diesen Grundsätzen abweichenden Satzungsentwürfe der örtlichen Gründungsinitiativen mußten ausnahmslos geändert werden. Dadurch zogen sich die Genehmigungsverfahren zusätzlich in die Länge. Hecker charakterisiert diese Phase aus diesem Grund als restriktiv seitens der französischen Militärregierung.[348] Offiziell forderten allerdings die verantwortlichen Stellen der Besatzungsmacht Ende 1945, daß in der Gewerkschaftsfrage von deutscher Seite mehr Initiative entfaltet werden muß.[349]
Nüske wertet diese Äußerung lediglich als Verschleierung der wahren Absicht der französischen Militärregierung, mit dem möglichst dezentralen Organisation "einen organisierten Widerstand der Arbeitnehmer gegen die rücksichtslose französische Wirtschaftspolitik von vornherein unmöglich zu machen."[350] Dieses Urteil ist allerdings im wesentlichen geprägt von dem Bild der Besatzungszone als französische "Ausbeutungskolonie" und ist so nicht haltbar.

---

[344] Vgl. dazu auch Bericht über die Konferenz der Abgeordneten des Weltgewerkschaftsbunds mit den Vertretern der württembergisch-badischen Gewerkschaften am 15.2.1946 in Stuttgart, in: BWHStA, EA 8/001, Nr. 786.
[345] Siehe Verordnung Nr. 6 betreffend Wiederherstellung des Gewerkschaftsrechts im französischen Besatzungsgebiet, in: Journal Officiel, 1. Jg. (1945), No 2 v. 17.9.1945, S. 8f.; Verfügung Nr. 6 des Administrateur Général betreffend Durchführung der Verordnung Nr. 6 vom 10.9.1945 über die Wiederherstellung des Gewerkschaftsrechtes im französischen Besatzungsgebiet, in: Journal Officiel, 1. Jg. (1945), No 2 v. 17.9.1945, S. 10f.
[346] Zu den daraus resultierenden Konflikten mit der Militärregierung vgl. die näheren Ausführungen Heckers zu Tuttlingen, Rottweil und Reutlingen, S. 70-92.
[347] Vgl. Hecker, S. 55.
[348] Vgl. ebd.
[349] Niederschrift über die 16. Landesdirektoren-Sitzung am 7.12.1945, in: StA Sigmaringen, Wü 2, Nr. 774.
[350] Vgl. Nüske, Gerd, Friedrich, Gewerkschaften, in: Das Land Württemberg-Hohenzollern 1945-1952. Darstellungen und Erinnerungen, hrsg. v. Max Gögler, Gregor Richter in Zusammenarbeit mit Gebhard Müller, Sigmaringen 1982, S. 189-192, hier S. 189.

Vielmehr stellten die Gewerkschaften für die Besatzungsmacht hinsichtlich der ökonomischen Nutzung ihrer Zone einen sozialen Ordnungsfaktor dar.[351] Im Vergleich zu den USA, die ihre Zone nicht unmittelbar für eigene Zwecke wirtschaftlich nutzen wollten und dennoch ebenfalls zunächst nur lokale Gewerkschaftsgründungen genehmigte, läßt sich aber ein anderes bestimmendes Motiv der französischen Besatzungspolitik erkennen. Der Aufbau möglichst dezentraler Strukturen in Deutschland diente dem Sicherheitsbedürfnis Frankreichs gegenüber dem Nachbarland und beeinflußte auch den Aufbau der Gewerkschaften.[352]

Im Ergebnis kam es allerdings in dieser Zeit nur zu wenigen Gründungsversammlungen örtlicher Berufsgewerkschaften in Württemberg-Hohenzollern.[353] Eine offiziell genehmigte Gewerkschaft gab es bis Januar 1946 nicht.

Eine Änderung der Zulassungspolitik auf Seiten der Besatzungsmacht trat im Februar und März 1946 ein.[354] Nachdem die französische Militärregierung bereits im November 1945 einen einheitlichen Gewerkschaftsaufbau in Württemberg nach den Richtlinien des WüGB abgelehnt hatte, endete auch auf gewerkschaftlicher Seite die Zusammenarbeit zwischen Nord- und Süd-Württemberg endgültig mit dem Widerruf der Genehmigung des WüGB durch die amerikanische Militärregierung im Dezember 1945.[355]

Damit ging die Bereitschaft der Gewerkschaftsfunktionäre einher, sich den Vorstellungen der Besatzungsmacht anzupassen.

Allerdings dauerte es auch mit dieser Annäherung beider Seiten nach dem Erlaß der Verordnung Nr. 6 am 10. September 1945 in Württemberg-Hohenzollern noch sieben bis dreizehn Monate, bis alle beantragten Gewerkschaften zugelassen waren.[356]

In der Textilindustrie entwickelte sich die Gewerkschaftsbewegung nach den genannten Vorschriften. Zunächst wurden verschiedene sogenannte Ortskartelle der Textil- und Bekleidungsindustrie gegründet.[357] Im nächsten Schritt setzte mit der Verfügung Nr. 54 vom April 1946 in Württemberg-Hohenzollern die Bil-

---

[351] Vgl. Wolfrum, Französische Besatzungspolitik und deutsche Sozialdemokratie, S. 64.

[352] Vgl. Lattard, S. 100.

[353] Vgl. Hecker, S. 70.

[354] Siehe ebd., S. 95

[355] Siehe Hecker, S. 92. Am 29.1.1946 trafen sich die Mitglieder eines seitens des Württembergischen Gewerkschaftsbunds eingesetzten Koordinationsausschusses für die Neugründungen in der französischen Zone zu einem ersten Treffen in Tuttlingen. Auf diesem Treffen entschieden die Gewerkschaftsvertreter Süd-Württembergs, erstens die Anträge auf Gewerkschaftsgründungen auf der Grundlage der Bildung von Industriegruppen (Berufsgruppen) einzureichen und zweitens als Einheitssatzung die in Konstanz eingeführte und bereits von der Militärregierung genehmigte Mustersatzung heranzuziehen. Damit war die Entscheidung zugunsten der Anpassung an die französischen Vorgaben gefallen.

[356] Vgl. Hecker, S. 96.

[357] So z. B. in Reutlingen, vgl. Hecker, S. 88f.

dung von Ortsausschüssen ein. Bis Mitte Oktober waren auf Orts- bzw. Kreisebene 13 allgemeine Berufsgewerkschaften mit insgesamt 26.624 Mitgliedern zugelassen.[358]
Zum gleichen Zeitpunkt begann, ebenfalls auf der Grundlage der Verfügung Nr. 54, in Süd-Württemberg die Konstituierung von Landes-Berufsgewerkschaften. Die Landesberufsgewerkschaft "Textil und Bekleidung" wurde am 20. Oktober 1946 in Reutlingen unter dem Vorsitz von Christian Benz gegründet.[359] Zu diesem Zeitpunkt hatten die Ortskartelle ca. 2.000 Mitglieder, Ende 1947 waren es bereits 7.385 Mitglieder von insgesamt 12.944 Beschäftigten.[360]
Das vorläufige Ende des gewerkschaftlichen Neubeginns kennzeichnete in Württemberg-Hohenzollern ebenfalls die Gründung eines Dachverbands, des Gewerkschaftsbunds Süd-Württemberg-Hohenzollern, am 15. Februar 1947.[361]

3. Die Neugründung der Arbeitgebervertretung

3.1. Grundzüge der Besatzungspolitik

3.1.1. Die interalliierte Politik

Die Politik der westlichen Besatzungsmächte gegenüber dem Wiederaufbau von Arbeitgebervertretungen ist als ambivalent zu charakterisieren.
Zum einen sahen die Alliierten das deutsche Unternehmertum, insbesondere der Großindustrie, als mitschuldig am Zweiten Weltkrieg an.[362] Neben der Unterstützung der NS-Herrschaft stellten die Unternehmerverbände für sie ebenso wie die großen Konzerne eine Zusammenballung wirtschaftlicher Macht dar, die den

---

[358] Vgl. Hecker, S. 104. Der Begriff der "Berufsgewerkschaft" deckt sich allerdings nicht mit der ursprünglichen Definition des Begriffs. Die Gewerkschaften umfaßten nicht lediglich eine Berufsgruppe. Vielmehr bildete auch hier die Industriegruppe den Bezugsrahmen. Die Landesberufsgewerkschaft Textil und Bekleidung umfaßte die verschiedenen Berufsgruppen der Arbeiter innerhalb der beiden Industriezweige, vom Hilfs- bis zum Facharbeiter. Vgl. Tarifvertrag für die Textilindustrie des Landes Württemberg-Hohenzollern (französisch besetzte Zone) abgeschlossen zwischen dem Fachverband Textil- und Bekleidungsindustrie und der Landesberufsgewerkschaft "Textil und Bekleidung" v. 16.4.1948, in: Archiv LTA Bestand GTB, Ordner 1, 1. Tarifbewegung Süd-Württemberg, 1948.
[359] Vgl. "Das Arbeitsjahr einer Gewerkschaft. Rechenschaftsbericht der Landesberufsgewerkschaft Textil und Bekleidung", in: Die Schaffenden, 2. Jg. (1946), Nr. 14 v. 15.12.1947, S. 5. Christian Benz war gleichzeitig auch Mitglied des sogenannten engeren Vorstands des Gewerkschaftsbunds Südwürttemberg-Hohenzollern.
[360] Vgl. ebd.
[361] Vgl. Hecker, S. 108-115.
[362] Vgl. Sörgel, S. 214.

alliierten Bestrebungen zur Entflechtung der deutschen Wirtschaft zuwider lief.[363]
Zum anderen erforderte die Organisation und Kontrolle der Nachkriegswirtschaft die Mitarbeit deutscher Stellen, die als Mittler zwischen den Unternehmern und den Besatzungsbehörden fungierten.[364]
Vor diesem Hintergrund überlebten die Industrie- und Handelskammern als älteste Form unternehmerischer Zusammenschlüsse den Zusammenbruch der nationalsozialistischen Herrschaft in den drei westlichen Besatzungszonen weitgehend unbeschadet. Sie boten sich als Vermittlungsinstanzen zwischen staatlicher Wirtschaftsverwaltung und den Einzelbetrieben an, "da sie über die entsprechende Sachkenntnis und Erfahrung in diesem Bereich verfügten, das Vertrauen der Unternehmerschaft besaßen und schließlich, oftmals als einzige Organisationen auf bezirklicher Ebene, sofort arbeitsfähig und arbeitsbereit waren [.]"[365] Darüber hinaus stellten die Kammern als Selbstverwaltungskörperschaften für die westlichen Alliierten ein Element einer demokratischen Wirtschaftsverfassung dar und kamen mit ihren regionalen Begrenzungen auch ihren Vorstellungen von dezentralen Organisationsformen entgegen.[366]
Der "Plan for Economic Control" des Alliierten Oberkommandos von Dezember 1944 dehnte die Einbeziehung der früheren Organisationen in die Wirtschaftsverwaltung jedoch über die Industrie- und Handelskammern hinaus aus. "If still in existence, the machinery of the local agencies for the self-adminstration of industry (the Economic Chambers and local organizations of Economic Groups, Reichsvereinigungen, cartels or other industrial or trade associations) was suggested for use in carrying out initial action."[367] Die Empfehlung ging jedoch von bestehenden Vereinigungen aus. Selbständige Arbeitgeberverbände im eigentlichen Sinne existierten zu diesem Zeitpunkt jedoch nicht mehr.
Über die Auflösung der Deutschen Arbeitsfront als nationalsozialistische Organisation bestand grundsätzliche Einigkeit, die sich in dem genannten Kontrollratsgesetz Nr. 2 vom Oktober 1945 niederschlug. Sonstige zonenübergreifende Planungen hinsichtlich der unternehmerischen Interessenvertretungen gab es nicht.

---

[363] Die Dekartellisierungspolitik der westlichen Alliierten verzögerte insbesondere den Aufbau der sogenannten Spitzenverbände, also von Verbänden oberhalb der Landes- oder Zonenebene. Vgl. Tornow, S. 246.
[364] Vgl. History of OMGWB, Chapter XI: Economics, in: BWHStA, RG 260 OMGWB 3/408-3/5/1 of 2.
[365] Vgl. Schulze, Rainer, Unternehmerische Interessenvertretung in Westdeutschland nach dem Ende des Zweiten Weltkriegs, in: Tel Aviver Jahrbuch für deutsche Geschichte XIX/1990, S. 283-311, hier S. 292.
[366] Vgl. ebd.
[367] Siehe History of OMGWB, Chapter XI: Economics, in: BWHStA, RG 260 OMGWB 3/408-3/5/1 of 2.

3.1.2. Die amerikanische Besatzungspolitik

Seitens der USA existierten zwar schon im Juli 1944 grundsätzliche Empfehlungen des War Department, die Bildung von Arbeitgeberverbänden als Tarifpartner der Gewerkschaften unter bestimmten Voraussetzungen zu erlauben.[368] Allerdings wurde diese nicht in konkrete Richtlinien umgesetzt. Somit fehlte es bei der Besetzung Deutschlands an konkreten Vorgaben für die amerikanischen Behörden.

Der Rückgriff auf die Industrie- und Handelskammern war somit kein Resultat vorausgegangener Planungen, sondern durch die einfache Notwendigkeit motiviert, angesichts der Lage in Deutschland mittels bestehender Strukturen in der Wirtschaftsverwaltung die Produktion und die Versorgung der Bevölkerung sicherzustellen.

3.1.3. Die französische Besatzungspolitik

Seitens der französischen Besatzungsmacht gab es ebenfalls keine konkreten Pläne hinsichtlich der Arbeitgebervertretungen. Dies ist zum einen auf das grundsätzliche Planungsdefizit Frankreichs bezüglich der Besetzung Deutschlands zurückzuführen.[369] Zum anderen ist davon auszugehen, daß Frankreich im Hinblick auf die Entschädigungsansprüche gegenüber Deutschland kein großes Interesse an einer funktionierenden Interessenvertretung der Unternehmerschaft hatte.

Wie in der amerikanischen Zone ergab sich aber schnell die Notwendigkeit, im Bereich der Wirtschaftsverwaltung auf noch bestehende oder gerade entstehende Organisationen der unternehmerischen Selbstverwaltung zurückzugreifen.

Somit nahmen auch in den französisch besetzten Teilen Deutschlands die Industrie- und Handelskammern unmittelbar nach Kriegsende als erste Interessenvertretung der Unternehmer ihre Tätigkeit wieder auf.

---

[368] Vgl. War Department Pamphlet No. 159, Civil Affairs Guide "Labor Relations and Military Government", War Department, 22 July 1944, in: BWHStA, RG 260 OMGWB 3/411-2/11/1 of 3.

[369] Vgl. Lattard, S. 13-15.

3.2. Die Entwicklung in den einzelnen Ländern

3.2.1. Württemberg-Baden

Bedingt durch die grundsätzliche Haltung der USA gegenüber deutschen Unternehmerorganisationen vollzog sich der Aufbau der Arbeitgebervertretung in der Textilindustrie Württemberg-Badens stufenweise.
Unmittelbar nach der Besetzung mußte zunächst die Produktion wieder in Gang gesetzt werden, damit die Versorgung der Bevölkerung mit dem Lebensnotwendigsten sichergestellt werden konnte.
Daher war auf Weisung des Hauptquartiers der amerikanischen Armee für den Bereich der württembergischen Textilindustrie bereits im Juli 1945 in Heidelberg ein "Beratungsausschuß für die Textil- und Bekleidungsindustrie" gegründet worden.[370]
Im Hinblick auf seine Aufgaben, den Textilherstellern die Möglichkeit zu geben, Vorschläge und Stellungnahmen über das Wiederanlaufen der Produktion, Kapazitäten und Rohstoffversorgung über dieses Gremium an die Militärregierung heranzutragen, stellte der Ausschuß eine erste Form unternehmerischer Interessenvertretung dar. Allerdings blieb diese auf Fragen der Wirtschaftsverwaltung beschränkt. Bereits 1946 wurde der Beratungsausschuß auf Beschluß des Länderrats wieder liquidiert, fand auf der behördlichen Ebene aber eine gewisse Fortsetzung im Unterausschuß Textil des Länderrats.[371]
Den eigentlichen Ausgangspunkt für den Aufbau unternehmerischer Interessenvertretung in Württemberg-Baden bildeten die traditionellen Selbstverwaltungsorganisationen der Wirtschaft.
Noch unter französischer Besatzung nahmen in Württemberg verschiedene Industrie- und Handelskammern ihre Tätigkeit unmittelbar nach der Besetzung wieder auf. Die Initiativen hierfür kamen in der Regel aus den Reihen deutscher Unternehmer.[372]
Parallel dazu hatte der Oberbürgermeister der Stadt Stuttgart, Arnulf Klett, die Direktion der Robert Bosch GmbH als größten Stuttgarter Betrieb gebeten, "die

---

[370] Vgl. Schreiben des Heidelberger Büros an den Länderrat in Stuttgart v. 7.2.1946, in: Archiv des Textilverbands, Bd. FA Textil-Bekleidung Beratungsausschuß Heidelberg 1945; Schreiben Heinz Mathée an die Firma Edgar Neubauer v. 4.9.1946, in: Archiv des Textilverbands, Bd. FA Textil-Bekleidung, Beratungsausschuß Heidelberg, 1945.

[371] Vgl. Schreiben Heinz Mathée an die Firma Edgar Neubauer v. 4.9.1946, in: Archiv des Textilverbands Bd. FA Textil-Bekleidung, Beratungsausschuß Heidelberg, 1945.

[372] Nach einem Schreiben der Stadtverwaltung Stuttgart bemühte sich Gustav Kilpper, von 1932-1934 Präsident der Handelskammer Stuttgart, bereits am 28.4.1945, also acht Tage nach der Besetzung der Stadt, wieder um den Aufbau einer neuen Wirtschaftskammer. Vgl. bei Winkel, Harald, Geschichte der Württembergischen Industrie- und Handelskammern Heilbronn, Reutlingen, Stuttgart/Mittlerer Neckar und Ulm 1933-1980. Zum 125jährigen Bestehen, Stuttgart 1980, S. 185.

Wiederaufnahme der Tätigkeit der Wirtschaft und friedensmäßigen Industrie führend in die Hand zu nehmen [.]"[373] Aus dieser Initiative bildeten am 30. April 1945 23 Unternehmer den "Vorläufigen Württembergischen Wirtschaftsrat", um die dringendsten Probleme beim Wiederanlaufen des Wirtschaftslebens zu beseitigen.[374] Bereits im Mai/Juni des Jahres waren als Untergliederung des Wirtschaftsrats zwanzig Fachausschüsse nach Wirtschaftsgruppen und -zweigen gebildet worden.[375] Unter den zehn industriellen Fachausschüssen gab es auch einen Fachausschuß der Textilindustrie unter der Leitung Heinz Mathées (Firma Vereinigte Trikotfabriken R. Vollmoeller AG, Stuttgart-Vaihingen).[376] Seitens der Unternehmerschaft wurde der Fachausschuß jedoch lediglich als vorläufiges Gremium angesehen, um "der Textilindustrie innerhalb des vorläufigen württembergischen Wirtschaftsrates überhaupt eine Vertretung zu geben..."[377] Mit der endgültigen Klärung der Besatzungsgrenzen sei vielmehr zu erwarten, daß "auch bald die Verhältnisse in der Landesverwaltung und hinsichtlich der Unternehmerorganisationen so geklärt werden, daß im Rahmen des Möglichen mit aufbauender Arbeit begonnen werden kann."[378]

Im Gegensatz zu den Industrie- und Handelskammern stand die Genehmigung des Wirtschaftsrats durch die französische Militärregierung bis zum Wechsel der Besatzungsmacht allerdings noch aus. Die Militärregierung zögerte die Genehmigungserteilung bewußt hinaus.[379]

Auch seitens der deutschen Stellen der staatlichen Wirtschaftsverwaltung gab es die Tendenz, den Dualismus von Kammern und Rat zugunsten der Kammern zu entscheiden. Die Fachausschüsse des Vorläufigen Wirtschaftsrats sollten allerdings als freie Fachverbände weiter existieren.[380] Neben den Industrie- und

---

[373] Vgl. Winkel, S. 186f.

[374] Vgl. Bericht über die 1. Sitzung des Vorläufigen Wirtschaftsrats am 30.4.1945 (Plenum), in: Wirtschaftsarchiv Baden-Württemberg, Bestand IHK Stuttgart, Nr. 2. Debatin, Otto, Der Vorläufige Württembergische Wirtschaftsrat des Jahres 1945. Eine Chronik, Stuttgart o. J. (1955), S. 16-27; Winkel, S. 186-188.

[375] Vgl. Schreiben Alfred Knoerzer an das Wirtschaftsministerium, z. Hd. Minister André v. 25.9.1945, in: Wirtschaftsarchiv Baden-Württemberg, Bestand IHK Stuttgart, Nr. 6. Alfred Knoerzer, ebenfalls Angehöriger, später Mitglied der Geschäftsleitung der Robert Bosch GmbH war Hauptgeschäftsführer des Vorläufigen Württembergischen Wirtschaftsrat. Vgl. Winkel, S. 189.

[376] Vgl. Bericht über die Sitzung des Hauptausschusses des Vorläufigen Wirtschaftsrats am 15.5.1945, in: Wirtschaftsarchiv Baden-Württemberg, Bestand IHK Stuttgart, Nr. 2.

[377] Vgl. Protokoll der Sitzung des Fachausschusses Textil- und Bekleidungsindustrie mit den Fachbeauftragten in Wendlingen am 9. Juli 1945, in: Archiv des Textilverbands, Bd. FA Textil-Bekleidung, Beratungsausschuß Heidelberg, 1945.

[378] Vgl. ebd.

[379] Vgl. Debatin, S. 37-39.

[380] Vgl. Schreiben Wilhelm Haspels an Alfred Knoerzer v. 1.10.1945, in: Wirtschaftsarchiv Baden-Württemberg, Bestand IHK Stuttgart, Nr. 6; Winkel, S. 197.

Handelskammern wollten die Verantwortlichen somit wie vor 1933 ein System von spezifischen Unternehmerverbänden aufbauen.
Mit dem Abzug der französischen Militärregierung aus Stuttgart kam die Diskussion über den organisatorischen Aufbau der wirtschaftlichen Selbstverwaltung jedoch zunächst zum Stillstand.[381] Die bis zu diesem Zeitpunkt gebildeten Kammern sowie der Vorläufige Wirtschaftsrat blieben mit Duldung der amerikanischen Militärregierung weiterhin tätig.[382]
Mit der Anordnung des Hauptquartiers der US-Militärregierung betreffend Auflösung von Zusammenschlüssen in Württemberg vom 1. August 1945 wurden die nationalsozialistischen Organisationen der gewerblichen Wirtschaft formell in Württemberg aufgehoben.[383] Tatsächlich bestanden diese Organisationen allerdings schon seit dem Ende des Krieges nicht mehr.[384] Nach Ziffer 7 der Anordnung sollten die von den aufgelösten Organisationen bisher durchgeführten Verwaltungsaufgaben, insbesondere die Produktionsplanung, -lenkung und -überwachung, auf das Wirtschaftsministerium und die ihm unterstellten Dienststellen übergehen.[385]
Die Industrie- und Handelskammern blieben weiterhin bestehen. Gleichzeitig hofften die Unternehmer, neben diesen Selbstverwaltungskörperschaften wieder eigenständige Wirtschafts- und Arbeitgeberverbände sowie deren Spitzenverbände gründen zu können. Diese Hoffnung gründete sich auf eine Äußerung Colonel William W. Dawsons, Chef des Regional Military Government in Stuttgart, von Anfang August 1945, nach der auch den Unternehmern "der Weg zur Gründung oder Wiedererrichtung genehmigter Vertretungen von Handel und Industrie offen stand."[386]
Mit dem Befehl USFET AGO 14,1 GEC-AGO vom 14. August 1945 betreffend deutsche Kontrollstellen begrenzte die amerikanische Militärregierung die unternehmerische Interessenvertretung in Württemberg-Baden auf die Industrie- und Handelskammern.[387] Die Wirtschafts-, Fach- und Bezirksgruppen der gewerb-

---

[381] Vgl. Winkel, S. 213.
[382] Vgl. Schreiben Alfred M.Bingham, Capt. USA Labor Officer, Headquarters US Military Government Württemberg-Baden an Alfred Knoerzer v. 5.9.1945 betr. Wirtschaftsrat, in: Wirtschaftsarchiv Baden-Württemberg, Bestand IHK Stuttgart, Nr. 6; Bericht über die Sitzung des Präsidiums des Vorläufigen Württembergischen Wirtschaftsrat am 23.8.1945 v. 17.9.1945, in: Wirtschaftsarchiv Baden-Württemberg, Bestand IHK Stuttgart, Nr. 6.
[383] Vgl. Bekanntmachung des Wirtschaftsministeriums für Nord-Württemberg und Nord-Baden über die Auflösung wirtschaftlicher Organisationen vom 9.1.1946, in: BWHStA, EA 6/103, Nr. 404/1.
[384] Vgl. Winkel, S. 227.
[385] Vgl. Bekanntmachung über die Auflösung wirtschaftlicher Organisationen vom 9.1.1946, in: BWHStA, EA 6/103, Nr. 404/1.
[386] Zitiert nach Winkel, S. 226.
[387] Vgl. Bekanntmachung über die Auflösung wirtschaftlicher Organisationen vom 9.1.1946, in: BWHStA, EA 6/103, Nr. 404/1.

lichen Wirtschaft waren aufzulösen, andere Organisationen von Arbeitgebern nicht wieder erlaubt.[388]
Die effiziente Um- und Durchsetzung der Zwangswirtschaft machte aber eine weitere Aufspaltung der wirtschaftlichen Selbstverwaltung notwendig. Auf dieses Erfordernis reagierte die amerikanische Militärregierung mit dem Erlaß der Grundsätze über die Bildung deutscher Wirtschaftsvereinigungen durch USFET am 8. Oktober 1945.[389] Gemäß Ziffer 2 der Grundsätze umfaßte die Ermächtigung die Bildung von Vereinen, "die auf horizontaler Basis organisiert sind und unabhängige Firmen des gleichen Tätigkeitsfeldes in Industrie oder Handel umfassen."[390] Im Gegensatz zu den Industrie- und Handelskammern sollten diese Vereinigungen demnach auf einzelne Zweige der Wirtschaft beschränkt bleiben. Gleichzeitig blieb die Organisation auf vertikaler Basis verboten, regional sollten sie jeweils auf den Bereich der sie beaufsichtigenden bezirklichen Wirtschaftsbehörde beschränkt bleiben.[391] Das Aufgabengebiet umfaßte nach Ziffer 5 der Grundsätze nur beratende Tätigkeiten, die Verfügung oder Kontrolle bezüglich Verkauf, Verteilung, Marktregelung, Preise, Material- und Auftragsverteilung sowie Herstellungsquoten war hingegen ausdrücklich verboten.[392] Hierin spiegeln sich die Bestrebungen der amerikanischen Besatzungsmacht wider, im Rahmen der Dekartellisierung der deutschen Wirtschaft übermäßiger Marktmacht auch von Seiten der Unternehmensverbände entgegenzuwirken. Im Gegensatz zu den nationalsozialistischen Bestimmungen legten die Grundsätze weiterhin die freiwillige Mitgliedschaft der Unternehmen in den Vereinen fest.[393]
Damit bestand in Württemberg-Baden bereits fünf Monate nach der Besetzung Deutschlands wieder die grundsätzliche Möglichkeit zur Verbandsbildung auf Unternehmerseite. Allerdings beschränkte sich der Aufgabenbereich der Vereine auf rein wirtschaftliche Fragestellungen. Den Unternehmern boten sich darin aber Gremien, die abweichend von den Industrie- und Handelskammern speziell die Interessen ihres Fachbereichs vertraten.

---

388 Vgl. ebd. Nach Aussage Winkels erhielt der Oberbürgermeister von Stuttgart seitens der Militärregierung für Württemberg-Baden erst mit Schreiben vom 18. September 1945 Kenntnis dieses Befehls. Vgl. Winkel, S. 229.
389 Vgl. Schreiben des Hauptquartiers USFET an die Kommandierenden Generäle des östlichen und westlichen Militärbezirks v. 8.10.1945 betr. Deutsche Wirtschaftsvereinigungen, BWHStA, EA 6/103, Nr. 2500/3.
390 Vgl. ebd.
391 Vgl. Ziff. 3 der Grundsätze, vgl. Schreiben des Hauptquartiers USFET an die Kommandierenden Generäle des östlichen und westlichen Militärbezirks v. 8.10.1945 betr. Deutsche Wirtschaftsvereinigungen, BWHStA, EA 6/103, Nr. 2500/3.
392 Vgl. ebd.
393 Vgl. Ziff. 4 in Schreiben des Hauptquartiers USFET an die Kommandierenden Generäle des östlichen und westlichen Militärbezirks v. 8.10.1945 betr. Deutsche Wirtschaftsvereinigungen, BWHStA, EA 6/103, Nr. 2500/3..

Die Ermächtigung für die Zulassung entsprechender Vereine richtete sich an die "bezirklichen Wirtschaftsbehörden", das heißt die Verantwortung für den Wiederaufbau der Verbände lag bei den deutschen Stellen.
Die Fachvereine der gewerblichen Wirtschaft sollten nach der Intention der Besatzungsmacht lediglich eine weitere Stelle in der Wirtschaftsverwaltung bilden. Das Gebiet der Tarifpolitik blieb zu diesem Zeitpunkt ausgeklammert.
Seitens der Gewerkschaften bestanden gegen diese wirtschaftlichen Vereinigungen der Unternehmer zunächst keine Bedenken.[394] Die Gründung sollte lediglich nach den gleichen Richtlinien erfolgen wie die der Gewerkschaften. Allerdings wurde die Frage der Fachverbände auf gewerkschaftlicher Seite in der weiteren Entwicklung zu einem Politikum innerhalb des Streits um paritätisch besetzte Arbeitskammern anstelle der Industrie- und Handelskammern.[395] Nach ihrer Auffassung waren neben einseitig besetzten Kammern gesonderte Unternehmerverbände nicht notwendig und stellten eine Benachteiligung der Arbeitnehmer dar, die mit den Gewerkschaften nur eine Interessenvertretung hätten.[396]
Die Anordnung vom 8. Oktober 1945 bildete die Grundlage für die Fachausschüsse des Vorläufigen Württembergischen Wirtschaftsrats, unabhängig von diesem Gremium wieder eine Verbandsstruktur in Württemberg-Baden herzustellen.
Gleichzeitig bedeutete die Anordnung jedoch auch das Ende für den Wirtschaftsrat. Dieser hatte mit dem Hinweis, er werde von Behörden und Gewerkschaften als Arbeitgeberverband in Anspruch genommen, weil ein solcher nicht bestehe, seine offizielle Genehmigung bei der Militärregierung beantragt.[397] Der Antrag wurde abschlägig beschieden mit der Begründung, daß "nur die Gründung von Industrie- und Handelskammern auf einer örtlichen Ebene erlaubt" sei, nicht aber anderer "Arbeitgeberverbände".[398] Die Militärregierung stufte demnach die Industrie- und Handelskammern als Arbeitgeberverbände ein. Dies

[394] Vgl. Rundschreiben des WüGB vom 15.5.1946 an die Bezirksleiter der Industrie- und Berufsgruppen des Württembergischen Gewerkschaftsbunds und die Ortskartelle betr. Bericht über die 1. Tagung des Zonenausschusses für das amerikanisch besetzte Gebiet Deutschlands, abgehalten am 4. und 5.5.1946 in Frankfurt am Main, in: BWHStA, EA 8/001, Nr. 807. Die Äußerung datiert ein Jahr nach Ergehen der Rechtsgrundlage. Allerdings begannen die Verbandsgründungen auch erst im Laufe des Jahres 1946, so daß diese Äußerung als aussagekräftig hinsichtlich der Einstellung der Gewerkschaften zu bewerten ist.
[395] Vgl. Schreiben des Gewerkschaftsbunds Württemberg-Baden an das Wirtschaftsministerium für Württemberg-Baden vom 25.9.1956 betr. Bildung von Unternehmerorganisationen, in: Archiv des Textilverbands, Bd. LV Textil-Industrie Württemberg-Baden, Bewirtschaftung.
[396] Vgl. Bericht über die Konferenz der Abgeordneten des Weltgewerkschaftsbunds mit den Vertretern der württemberg-badischen Gewerkschaften am 15.2.1946 in Stuttgart, in: BWHStA, EA 8/001, Nr. 786.
[397] Vgl. Winkel, S. 214.
[398] Vgl. ebd.

entsprach allerdings weder der Tradition noch dem Selbstverständnis dieser Organisationen.[399] Insofern war nicht davon auszugehen, daß diese ohne weiteres, also freiwillig, auch die Aufgaben von Arbeitgeberverbänden übernahmen.

Nachdem die Grundsätze vom 8. Oktober 1945 ausdrücklich ein Verbot von Vereinen auf vertikaler Basis, das heißt aus verschiedenen Industriezweigen, beinhalteten, löste sich der Vorläufige Württembergische Wirtschaftsrat am 10. Oktober 1945 auf.[400] Aus seinen Untergliederungen bildeten sich die neuen Fachverbände entsprechend den Richtlinien der amerikanischen Militärregierung vom 8. Oktober 1945. Die eigentliche Gründungsphase der Fachverbände begann allerdings erst 1946. Bis zu diesem Zeitpunkt setzten die Fachausschüsse ihre Tätigkeit ungehindert fort.[401]

Weitere Initiativen deutscher Stellen zum Ende des Jahres 1945, die früheren Arbeitgeberverbände wieder als Tarifpartner der Gewerkschaften zu etablieren, scheiterten am Widerstand der amerikanischen Militärregierung.[402]

Grundsätzlich wurde zu diesem Zeitpunkt seitens der Militärregierung jedoch auch den Arbeitgebern wieder das Recht zu Lohn- und Tarifverhandlungen zugestanden. Hierfür könnten die Industrievereinigungen jederzeit besondere Ausschüsse bilden oder die Industrie- und Handelskammern bzw. Handwerkskammern bis auf weiteres die Vertreter für die Lohn- und Tarifverhandlungen ernennen.[403] Die Aufforderung des Arbeitsministeriums Württemberg-Baden an die IHK Stuttgart, die dazu notwendigen organisatorischen Maßnahmen zu ergreifen, gab diese an die Verbände der Industrie und des Handels als Rat weiter, möglichst rasch innerhalb eines jeden Verbands einen sozialpolitischen Ausschuß zur Behandlung aller Fragen dieses Gebiets zu bilden.[404] Ihre eigene Beteiligung hingegen sollte bis zum Vollzug auf die aushilfsweise Benennung von Vertretern für einzelne Gruppen beschränkt bleiben.[405]

---

399 Zu den Spannungen zwischen Kammern und Militärregierung am Beispiel Bayerns vgl. Fuchs, Rainer, Die bayerischen Industrie- und Handelskammern im Wiederaufbau 1945 bis 1948 zwischen amerikanischem Demokratisierungswillen und eigener Selbstverwaltungstradition, München 1988.

400 Vgl. Winkel, S. 217.

401 Vgl. Schreiben Hans Roser an die Herren Leiter der Fachausschüsse des Vorläufigen Württembergischen Wirtschaftsrats v. 10.10.1945, in: Wirtschaftsarchiv Baden-Württemberg, Bestand IHK Stuttgart, Nr. 8.

402 So zum Beispiel eine Initiative der Vertreter der Landesregierungen im Sozialpolitischen Ausschuß beim Länderrat in der amerikanischen Besatzungszone, vgl. Schreiben des Arbeitsministeriums Württemberg-Baden an die IHK Stuttgart v. 17.12.1945, in: BWHStA, EA 8/001, Nr. 1094.

403 Vgl. Schreiben des Arbeitsministeriums Württemberg-Baden an die IHK Stuttgart v. 17.12.1945, in: BWHStA, EA 8/001, Nr. 1094.

404 Vgl. Schreiben der IHK Stuttgart an das Arbeitsministerium Württemberg-Baden v. 28.12.1945, BWHStA, EA 8/001, Nr. 1094.

405 Vgl. ebd.

Während die amerikanische Militärregierung die Neugründung von Arbeitgeberverbänden im alten Maßstab verhindern wollte, legten die deutschen Stellen die alliierten Anweisungen demnach so aus, daß unter dem Deckmantel der zugelassenen Wirtschaftsvereinigungen Ausschüsse mit den Aufgaben von Arbeitgeberverbänden gebildet werden konnten.
Allerdings blieb in dieser Frage die tatsächliche Entwicklung hinter den Initiativen der Wirtschaftsverwaltung zurück.[406]
Für den Bereich der württembergischen Textilindustrie trafen sich am 17. Januar 1946 Vertreter dieses Industriezweigs.[407] Initiator des Treffens war Heinz Mathée, der Leiter des Fachausschusses.[408] Vor dem Hintergrund der Auflösung des Fachausschusses wurde in dieser Zusammenkunft der Beschluß zur Gründung eines "Zusammenschlusses in einem Landesverband" gefaßt, "um eine Plattform zu bekommen für die Aufgaben, die sich zwangsläufig für die Textilindustrie ergeben werden."[409] Gleichzeitig mit dem Gründungsbeschluß wurden auch die Organe des "Landesverbands Württemberg/Baden der Textilindustrie" gewählt sowie die Mitglieder des Hauptausschusses berufen.[410] Zum Vorstand wurde Heinz Mathée gewählt, die Geschäftsführung Willy Köhler übertragen.
Darüber hinaus wurde in dieser Zusammenkunft nach der Empfehlung der IHK vom Dezember 1945 auch der Sozialpolitische Ausschuß des Landesverbands gebildet. Hierbei handelte es sich "gegenüber früher um ein vollkommen neues Instrument, das sich nicht nur mit Lohnpolitik, sondern auch mit allgemeinen wirtschaftlichen Fragen zu befassen haben" würde.[411] Die Arbeit des Ausschusses wurde als besonders wichtig für die Industrie angesehen, so daß "hierfür nur Herren berufen werden sollten, die mit der nötigen Ruhe und Sachlichkeit an die verschiedenen Probleme herangehen könnten."[412] Damit spielte

---

[406] Nach Aussage des Wirtschaftsministeriums vom 28.8.1946 sind "seit wenigen Monaten Fachverbände im Entstehen begriffen, welche sich auf das Gebiet Württemberg-Baden erstrecken". Bis zu diesem Zeitpunkt sei es zur Gründung von rund 60 Fachverbänden gekommen. "Diese Fachverbände haben noch keinerlei Recht, einzelne Tarifverhandlungen zu führen." Vgl. Aktennotiz v. 29.8.1946 betr. Sitzung am 28.8.1946 im Wirtschaftsministerium Stuttgart betr. Fachwirtschaftliche Vereinigungen der Unternehmer, in: BWHStA, EA 8/001, Nr. 751.

[407] Insgesamt trafen sich Vertreter von 25 Firmen der Textilindustrie, wobei dieser Industriezweig in Württemberg-Baden etwa 400 Firmen umfaßte. Vgl. Rede Heinz Mathées anläßlich der Gründungsversammlung des Landesverbands der Textilindustrie am 18.4.1946, in: Archiv des Textilverbands, Bd. LV Textilindustrie Württemberg-Baden I.

[408] Vgl. ebd.

[409] Vgl. Protokoll über die Zusammenkunft von Vertretern der württembergischen Textilindustrie am 17. Januar 1946, in: Archiv des Textilverbands, Ordner o. T.

[410] Vgl. ebd.

[411] Vgl. Protokoll über die Zusammenkunft von Vertretern der württembergischen Textilindustrie am 17. Januar 1946, in: Archiv des Textilverbands, Ordner o. T.

[412] Vgl. ebd.

Mathée auf die zugespitzte Lage zwischen den Tarifparteien am Ende der Weimarer Republik an.
Dieser Ausschuß nahm innerhalb des Fachverbands die Aufgaben eines Arbeitgeberverbands wahr. Für den Bereich der Textilindustrie in Württemberg-Baden war also die tarifrechtliche Handlungsfähigkeit bereits Anfang 1946 wiederhergestellt. Allerdings fehlte dem Ausschuß in dieser Angelegenheit sowohl die Legitimation der deutschen wie auch der amerikanischen Stellen.
Nach "langen Verhandlungen" wurde der Verband am 26. März 1946 "als freier Unternehmerverband zur satzungsgemäßen Vertretung der Interessen der gewerblichen Unternehmungen der Textilindustrie mit Ausnahme der Bekleidungsindustrie innerhalb des B[esatzungs]-Gebietes Nordwürttemberg und Nordbaden" durch das Wirtschaftsministerium zugelassen.[413] Strittig bezüglich der Satzung des Landesverbands Württemberg/Baden der Textilindustrie war insbesondere der § 9 des Entwurfs, der die Möglichkeit der Untergliederung des Verbands in Bezirksorganisationen vorsah. Das Wirtschaftsministerium als zulassende Stelle sah hierin "getarnte Bezirksverbände".[414] Als solche standen die Untergliederungen im Widerspruch zu der Anordnung der Militärregierung vom 8. Oktober 1945, die ausdrücklich die Wiedererrichtung von Fachgruppen und Fachuntergruppen verbot.[415]
Damit war die Rekonstruktion der kollektiven Interessenvertretung auf Arbeitgeberseite aber noch nicht abgeschlossen. Die weitere Entwicklung stand zunehmend unter dem Einfluß des Wirtschafts- und des Arbeitsministeriums für Württemberg-Baden.
Im Laufe des Jahres 1946 gingen auch auf dem Gebiet der Wirtschaftsverwaltung immer mehr Kompetenzen auf die deutschen Stellen über. Mit der Einsetzung einer Vorläufigen Volksvertretung, die erstmals am 16. Januar 1946 tagte, und der Wahl einer Verfassungsgebenden Versammlung am 30. Juni 1946 schuf die Militärregierung die Voraussetzungen für eine demokratisch gewählte Vertretung auf Landesebene.[416] Die Tätigkeit des OMGWB gegenüber der

---

[413] Vgl. Rede Heinz Mathées anläßlich der Gründungsversammlung des Landesverbands der Textilindustrie am 18.4.1946, in: Archiv des Textilverbands, Bd. LV Textilindustrie Württemberg-Baden I.

[414] Vgl. Aktenvermerk vom 30.1.1946 über eine Besprechung mit Heinz Mathée und Willi Köhler über den Fachverband der Textilindustrie am 26.1.1946, in: Archiv des Textilverbands, Bd. LV Textilindustrie Württemberg-Baden II.

[415] Nach Ziff. 6 der Anordnung sollte nichts "hierbei als eine Vollmacht für die Errichtung von Kartellen, kartellähnlichen Organisationen, Wirtschaftsgruppen, Fachgruppen, Fachuntergruppen und ähnlichen Behörden, die verboten sind, gedeutet werden." Vgl. Schreiben des Hauptquartiers USFET an die Kommandierenden Generäle des östlichen und westlichen Militärbezirks v. 8.10.1945 betr. Deutsche Wirtschaftsvereinigungen, BWHStA, EA 6/103, Nr. 2500/3.

[416] Vgl. Die Entstehung des Bundeslandes Baden-Württemberg. Eine Dokumentation, hrsg. v. Landtag von Baden-Württemberg in Verbindung mit dem Hauptstaatsarchiv Stuttgart, bearb.

Landesregierung beschränkte sich auf "observation, inspection, reporting and advising."[417] Die amerikanische Militärregierung gab nur noch die Richtlinien vor. Die Umsetzung in Rechtssätze oblag der Landesregierung.
Entlang der traditionellen Trennung von Wirtschafts- und Arbeitgeberverbänden spaltete sich auch die Rechtsetzungsbefugnis der Ministerien Württemberg-Badens auf.
Hinsichtlich der sogenannten fachwirtschaftlichen Vereinigungen sowie der Industrie- und Handelskammern war das Wirtschaftsministerium zuständig.[418]
Dagegen fiel der weitere Aufbau der unternehmerischen Interessenvertretung auf dem Gebiet des kollektiven Arbeitsrechts in die Zuständigkeit des Arbeitsministeriums.
Mit der Lockerung des Lohnstopps im September 1946 wurde seitens der fachwirtschaftlichen Vereinigungen von Industrie, Handel, Banken und Versicherungen auch die Forderung nach Schaffung von Gremien lauter, die für den Abschluß von tariflichen Vereinbarungen zuständig und von den Fachverbänden legitimiert sein sollten.[419] Gemäß Teil 6 des Titels 4 der Military Government Regulation (MGR) über "Deutsche aufsichtsführende Wirtschaftsbehörden" war der Ministerpräsident grundsätzlich ermächtigt, den Fachverbänden die Durchführung von Kollektivverhandlungen namens und mit Wirkung für ihre Mitglieder mit den jeweiligen Gewerkschaften zu genehmigen.[420] Die Fachverbände wie auch das Arbeitsministerium befürworteten jedoch die Errichtung spezieller "Arbeitsrechtlicher Ausschüsse", die gegebenenfalls analog zu den Gewerkschaftsverbänden auch mehrere Fachverbände umfassen sollten.[421]

---

v. Paul Sauer, Ulm 1977, S. 18; Vgl. Sauer, Paul, Demokratischer Neubeginn in Not und Elend. Das Land Württemberg-Baden von 1945 bis 1952, Ulm 1978, S. 80-96.

417 Zitiert nach Schöntag, in: Weisz, OMGUS-Handbuch, S. 475.

418 Als grundlegende Anordnung sind hier die Grundsätze und Richtlinien über die Errichtung der fachwirtschaftlichen Vereinigungen und der Industrie- und Handelskammern zu nennen. Vgl. Rundschreiben des Wirtschaftsministeriums Württemberg-Baden an sämtliche genehmigten fachwirtschaftlichen Verbände vom 23.8.1946, in: BWHStA, EA 8/001 Nr. 753. Für den zum Zeitpunkt des Erlasses dieser Grundsätze bereits gegründeten und genehmigten Landesverband der Textilindustrie brachten die Vorschriften allerdings keine Neuerungen. Auch blieben die Befugnisse der Fachverbände weiterhin auf beratende Tätigkeiten im Rahmen der Wirtschaftsverwaltung beschränkt.

419 Vgl. Schreiben des Arbeitsministers Rudolf Kohl an den Ministerpräsidenten Reinhold Maier, Staatsministerium, vom 30.8.1946 betr. Fachwirtschaftliche Vereinigungen der Unternehmer, in: BWHStA, EA 8/001, Nr. 751. Die Ergänzung zu § 3 der Kontrollrats-Direktive Nr. 14 vom September 1946 eröffnete zumindest für die Löhne von Frauen und Jugendlichen sowie in sogenannten Problemindustrien einen ersten Handlungsspielraum. Vgl. Quellen zur Geschichte der deutschen Gewerkschaftsbewegung, Bd. 6, Dok. 26, S. 166f.

420 Vgl. Schreiben des Arbeitsministeriums an den Landesarbeitsgerichtspräsidenten Brennert vom 9.4.1947 betr. Lohnvereinbarung für Löhne der Arbeiterinnen in der Textilindustrie, in: BWHStA, EA 8/001, Nr. 1238.

421 Vgl. ebd.

Diese Bestrebungen zielten - im Widerspruch zur Politik der amerikanischen Besatzungsmacht - auf die Wiederherstellung des Dualismus von Wirtschafts- und Arbeitgeberverbänden.
Diese Tendenz setzte sich auch auf zonaler Ebene fort. Am 26. September 1946 beschloß der Unterausschuß Arbeitsrecht des Sozialpolitischen Ausschusses des Länderrats den Entwurf eines Gesetzes über die Bildung Sozialrechtlicher Gemeinschaften der Arbeitgeber.[422] Der Entwurf gestattete den fachwirtschaftlichen Vereinigungen der Unternehmer die Bildung sogenannter Sozialrechtlicher Fachgemeinschaften, die analog den fachlichen Gliederungen der Gewerkschaften zusammengesetzt sein sollten. Am 13. November des Jahres wurde der Entwurf im Ministerrat angenommen.[423] Gleichzeitig erhielten die Arbeitsminister der Länder den Auftrag, den Entwurf auf dem Verordnungsweg in Kraft zu setzen.
Für Württemberg-Baden schuf die Verordnung Nr. 73 des Arbeitsministeriums über die Bildung von "Sozialrechtlichen Gemeinschaften der Arbeitgeber" vom 12. Dezember 1946 mit den entsprechenden Durchführungsbestimmungen die rechtliche Grundlage für den Zusammenschluß der Unternehmer auch für den sozialpolitischen Bereich.[424]
Die Sozialrechtliche Fachgemeinschaft der Textilindustrie in Württemberg-Baden konstituierte sich bereits am 10. Januar 1947.[425] Satzungsgemäßer Zweck der Fachgemeinschaft war neben der Vertretung ihrer Mitglieder in sozialrechtlichen Angelegenheiten insbesondere der Abschluß von Tarifverträgen mit den Gewerkschaften.[426] Mit Schreiben vom 14. Januar 1947 beantragte der Landesverband beim Arbeitsministerium die Genehmigung der Satzung der Fachgemeinschaft sowie gleichzeitig die durch deren Gründung erforderlich gewordene Satzungsänderung des Landesverbands.[427]
Das Wirtschaftsministerium versagte jedoch zunächst das erforderliche Einvernehmen mit der Satzung der Sozialrechtlichen Fachgemeinschaft der Textil-

---

[422] Vgl. Schreiben des Arbeitsministeriums Württemberg-Baden an die Württembergisch-Badische Landesvereinigung der Elektrotechnischen Industrie vom 1.10.1946 betr. Bildung von Sozialrechtlichen Gemeinschaften, in: BWHStA, EA 8/001, Nr. 751.
[423] Vgl. Schreiben des Arbeitsministeriums Württemberg-Baden vom 8.2.1947, in: BWHStA, EA 8/001, Nr. 752.
[424] Vgl. Mitteilungen des Arbeitsministeriums Nr. 9 vom 15.12.1946, S. 99f.
[425] Vgl. Schreiben des Landesverbands der Textilindustrie Württemberg-Baden an das Arbeitsministerium vom 14.1.1947 betr. Bildung der Sozialrechtlichen Fachgemeinschaft der Textilindustrie in Württemberg-Baden, in: BWHStA, EA 8/001, Nr. 752.
[426] Vgl. § 2 der Satzung der Sozialrechtlichen Fachgemeinschaft der Textilindustrie Württemberg-Baden, in: BWHStA, EA 8/001, Nr. 752.
[427] Vgl. Schreiben des Landesverbands der Textilindustrie Württemberg-Baden an das Arbeitsministerium vom 14.1.1947 betr. Bildung der Sozialrechtlichen Fachgemeinschaft der Textilindustrie Württemberg-Baden, in: BWHStA, EA 8/001, Nr. 752.

industrie in Württemberg-Baden.[428] Zwar sei es grundsätzlich einverstanden mit der Gründung der Fachgemeinschaft, jedoch widerspreche § 3 der Satzung, nach dem Mitglied der Gemeinschaft nur eine Firma werden könne, die Mitglied des Landesverbands sei, dem Grundsatz der Freiwilligkeit der Mitgliedschaft. Aus diesem Grund sei die Satzung der Fachgemeinschaft dahingehend zu ändern, daß jede im Handelsregister eingetragene Firma der Textilindustrie im Gebiet des Landesverbands Württemberg-Baden Mitglied werden könne.[429] Das Arbeitsministerium schloß sich den Bedenken des Wirtschaftsministeriums an und verlangte von der Fachgemeinschaft die Änderung der Satzung.[430] Seitens des Landesverbands wurde dagegen eingewendet, aus § 1 in Verbindung mit § 4 der Verordnung Nr. 73 sei die organische Verknüpfung beider vereinsrechtlicher Gebilde in dem Sinne zu schließen, daß die Sozialrechtlichen Gemeinschaften aus den fachwirtschaftlichen Unternehmervereinigungen erwüchsen.[431] Nach Sinn und Zweck der Verordnung sollten die Fachgemeinschaften auch deshalb an die Fachverbände gebunden sein, um den früheren Zustand einer vollständigen Trennung der Unternehmervereinigung auf der einen und der Arbeitgebervereinigung auf der anderen Seite nicht wieder aufleben zu lassen.[432]
Gegen diese Auffassung spricht jedoch, daß die Verordnung des Arbeitsministeriums insbesondere auch den Zusammenschluß mehrerer fachwirtschaftlicher Vereinigungen zu einer Sozialrechtlichen Fachgemeinschaft ermöglichte, um so den Abschluß von einheitlichen Tarifverträgen in Industriezweigen wie der Metallindustrie zu gewährleisten.[433] Die Ministerien hielten an dem Änderungsvorschlag bezüglich der Satzung fest.[434]

[428] Vgl. Schreiben des Wirtschaftsministeriums Württemberg-Baden an das Arbeitsministerium Württemberg-Baden vom 18.2.1947 betr. Sozialrechtliche Fachgemeinschaft der Textilindustrie, in: BWHStA, EA 8/001, Nr. 752.
[429] Vgl. ebd.
[430] Vgl. Schreiben des Arbeitsministeriums an das Wirtschaftsministerium vom 28.2.1947 betr. Sozialrechtliche Fachgemeinschaft der Textilindustrie sowie Schreiben des Arbeitsministeriums an den Landesverband der Textilindustrie vom 28.2.1947, in: BWHStA, EA 8/001, Nr. 752.
[431] Siehe Schreiben des Landesverbands der Textilindustrie an das Wirtschaftsministerium vom 21.3.1947 betr. Bildung der Sozialrechtlichen Fachgemeinschaft der Textilindustrie Württemberg-Baden, in: BWHStA, EA 8/001, Nr. 752.
[432] Vgl. ebd.
[433] Gemäß § 1 der Verordnung Nr. 73 konnte die Bildung der Sozialrechtlichen Fachgemeinschaften "entsprechend den fachlichen Gliederungen der Gewerkschaften" erfolgen, d. h. also über den Organisationsbereich einer fachwirtschaftlichen Unternehmervereinigung hinaus. Vgl. Verordnung Nr. 73 des Arbeitsministeriums über die Bildung von "Sozialrechtlichen Gemeinschaften der Arbeitgeber" vom 12.12.1946, in: BWHStA, EA 8/001, Nr. 752. Für die Textilindustrie hatte dies insofern keine Bedeutung, als der Organisationsbereich von Landesverband und Fachgemeinschaft identisch waren, so daß sich hier zwangsläufig eine Verbindung beider Vereinigungen ergeben mußte.

Bevor jedoch die Mitgliederversammlung des Landesverbands über diesen Vorschlag Beschluß fassen konnten, trat eine Änderung der rechtlichen Vorgaben ein. Eine Überprüfung der Verordnung Nr. 73 seitens der amerikanischen Militärregierung hatte ergeben, daß diese zum einen in der bindenden Wirkung der von der Vereinigung abgeschlossenen Tarifverträge für ihre Mitglieder gemäß § 3 Abs. b der Verordnung, zum anderen in der Möglichkeit zur Bildung einer zonalen Gemeinschaft gemäß § 1 Abs. 1 mit den amerikanischen Richtlinien nicht im Einklang stand.[435] Vor dem Hintergrund, daß die Verordnung im Benehmen mit Heinz Guradze, Advisor des OMG beim Länderrat, festgelegt und von diesem gutgeheißen wurde, bat das Arbeitsministerium den Ministerpräsidenten um entsprechende Intervention bei der Militärregierung.[436] Dieser sah hierzu jedoch keine Möglichkeit.[437]

Als Reaktion auf diese Differenzen ist die Herausgabe neuer Richtlinien für die Bildung privater Wirtschaftsorganisationen durch die Military Government Regulation 13-120 seitens der Militärregierung am 8. Mai 1947 zu werten.[438] Diese bildeten trotz des Richtliniencharakters nach Auslegung der deutschen Regierung die neue Rechtsgrundlage für die Bildung sozialrechtlicher Arbeitgebervertretungen. Nachdem schon die Regierungsvertreter der drei Länder der US-Zone in der Sitzung des Sozialpolitischen Ausschusses am 28. April 1947 ihren Gesetzesentwurf über die Bildung von Sozialrechtlichen Gemeinschaften der Arbeitgeber zurückgezogen hatten, hob auch das Arbeitsministerium Württemberg-Baden die umstrittene Verordnung Nr. 73 auf.[439]

---

[434] Am 31.3.1947 erging eine dahingehende Entscheidung des Wirtschaftsministeriums. Vgl. Schreiben des Landesverbands an das Arbeitsministerium vom 3.5.1947 betr. Bildung der Sozialrechtlichen Fachgemeinschaft der Textilindustrie Württemberg-Baden, in: BWHStA, EA 8/001, Nr. 752.

[435] Vgl. Schreiben OMGWB an das Staatsministerium Württemberg-Baden, Ministerpräsident Maier, vom 18.1.1947 betr. die Verordnung Nr. 73 (Übersetzung), in: BWHStA, EA 8/001, Nr. 752.

[436] Vgl. Schreiben des Arbeitsministeriums an OMGWB, Manpower Division vom 8.2.1947 betr. Ordinance No 73, Establishment of "Social Legal Associations" of employers, in: BWHStA, EA 8/001, Nr. 752; Schreiben des Arbeitsministeriums an das Staatsministerium vom 8.2.1947 betr. Verordnung Nr. 73, Schreiben des OMGWB vom 18.1.1947, in: BWHStA, EA 8/001, Nr. 752.

[437] Vgl. Schreiben des Staatsministeriums an das Arbeitsministerium vom 14.2.1947 betr. Verordnung Nr. 73, in: BWHStA, EA 8/001, Nr. 752.

[438] Zu Inhalt und Auslegung der MGR 13-120 vgl. Sonderdruck aus der RWP-Blattei des Forkel-Verlags, Stuttgart v. 28.5.1952, Besatzungsvorschriften für Verbände und Genossenschaften. Jetzige Rechtlage, in: BWHStA, EA 6/103, Nr. 2500, Bd. 3.

[439] Vgl. Schreiben des Arbeitsministeriums an das Wirtschaftministerium vom 12.5.1947 betr. Wirtschaftsorganisationen sowie Schreiben desselben an den Landesverband der Textilindustrie vom 23.5.1947 betr. Bildung der Sozialrechtlichen Fachgemeinschaft der Textilindustrie in Württemberg-Baden, beides in: BWHStA, EA 8/001, Nr. 752.

Gemäß Abschnitt i) der Military Government Regulation 13-120 hatten die Verbände das Recht, Arbeitgebervertretungen zu bilden, die im Auftrag ihrer Mitglieder mit den Gewerkschaften und deren Vertretern verhandelten.[440] Entsprechend der Verordnung Nr. 73 war auch nach der MGR der Zusammenschluß mehrerer Verbände zum Zweck der Kollektivverhandlung möglich, sofern sich die Zuständigkeit einer Gewerkschaft über den Arbeitsbereich eines bestimmten Verbands erstreckte. Die Zusammenschlüsse waren ausdrücklich auf diesen Zweck begrenzt. Die territoriale Zuständigkeit eines Verbands wie auch der Arbeitgebervertretungen blieb auf ein Land beschränkt. Zonale Zusammenschlüsse waren dagegen nicht mehr möglich.
Mit diesen Richtlinien änderte sich auch die Zuständigkeit auf deutscher Seite hinsichtlich Genehmigung und Kontrolle der Arbeitgebervertretungen. Diese lag nun wieder ausschließlich beim Wirtschaftsministerium Württemberg-Baden.[441] Damit sollte der Dualismus von Arbeitgeber- und Wirtschaftsverbänden auch in der Zuständigkeitsverteilung auf ministerialer Ebene beseitigt werden.
Die Vertreter des Arbeits- und des Wirtschaftsministeriums legten Wortlaut und Sinn der neuen Richtlinien so aus, daß danach grundsätzlich drei Möglichkeiten zur Bildung von Arbeitgebervertretungen bestanden.[442] Erstens könnten die bestehenden Fachvereinigungen durch Änderungen und Ergänzungen ihrer Satzungen selbst die Funktion eines Arbeitgeberverbands übernehmen, zweitens könnten sie besondere Einrichtungen in der Form der Sozialrechtlichen Fachgemeinschaften bilden, oder aber die Unternehmer könnten drittens unabhängig von den bestehenden Fachvereinigungen selbständige Arbeitgeberverbände errichten und diesen die Bearbeitung sozialrechtlicher Aufgaben übertragen.[443] Nach ihrer Auffassung waren jedoch die beiden erstgenannten Lösungen "die gegebene Form für die Schaffung von Arbeitgeberverbänden", während die Bildung von selbständigen Arbeitgeberverbänden nur in Ausnahmefällen in Betracht kommen sollte.[444]

---

[440] Vgl. MGR 13-120, in: Archiv des Textilverbands, Bd. LV Textilindustrie Württemberg-Baden II.

[441] Vgl. Aktenvermerk vom 23.5.1947 zur Besprechung zwischen Vertretern des Arbeits- und des Wirtschaftsministeriums Württemberg-Baden vom 20.5.1947 betr. Bildung von Arbeitgeberverbänden, in: BWHStA, EA 8/001, Nr. 753.

[442] Vgl. ebd.

[443] Vgl. ebd.

[444] Nach weiteren Besprechungen mit den Fachverbänden und der Militärregierung gab das Wirtschaftsministerium Württemberg-Baden schließlich nur diese zwei Lösungen an die fachwirtschaftlichen Vereinigungen weiter. Vgl. Rundschreiben Nr. 2 - A 43/13 des Wirtschaftsministeriums an alle Fachverbände vom 30.6.1947 betr. Bildung von Arbeitgebervertretungen, in: BWHStA, EA 8/001, Nr. 753.

Von gewerkschaftlicher Seite wurde dieser Auffassung nicht widersprochen. Grundsätzlich sei dies eine Angelegenheit der Arbeitgeber.[445] Allerdings war nach Auffassung des Präsidenten des Gewerkschaftsbunds Württemberg-Baden, Markus Schleicher, die Bildung gesonderter Arbeitgeberverbände nicht von den Richtlinien der Militärregierung gedeckt und von gewerkschaftlicher Seite im Hinblick auf das zahlenmäßige Verhältnis von Arbeitgeber- und Arbeitnehmervertretungen nicht besonders erwünscht. Dies ist als Anspielung Schleichers auf die Industrie- und Handelskammern zu deuten, die ebenfalls ausschließlich den Unternehmern als Interessenvertretung dienten.[446] Mit gesonderten Arbeitgeberverbänden hätten die Unternehmerseite drei Interessenvertretungen gehabt, die Arbeitnehmer mit den Gewerkschaften aber nur eine.

Im Ergebnis bestand demnach für den Landesverband der Textilindustrie auch weiterhin die Möglichkeit der Gründung einer Sozialrechtlichen Gemeinschaft für Württemberg-Baden. Allerdings finden sich für die Weiterverfolgung dieses Vorhabens weder in den Beständen des Arbeits- noch des Wirtschaftsministeriums Württemberg-Baden Anzeichen.[447] Gleichzeitig trat als Tarifpartner der Gewerkschaft weiterhin der Landesverband bzw. der ursprünglich für diesen Aufgabenbereich gebildete Sozialrechtliche Ausschuß des Verbands auf.[448] Somit blieb es in Württemberg-Baden im Bereich der Textilindustrie bei der Union von Wirtschafts- und Arbeitgeberverband. Als Erklärung hierfür ist zu vermuten, daß die MGR 13-120 sowie die damit verbundene Auslegung seitens der deutschen Stellen nun auch den fachwirtschaftlichen Vereinigungen die Möglichkeit einräumte, die sozialrechtlichen Belange ihrer Mitglieder wahrzunehmen, wohingegen die Verordnung Nr. 73 hierfür die Bildung gesonderter Gremien vorsah.

In dieser Organisationsform nahm der Landesverband der Textilindustrie Württemberg-Baden e.V. die tarifpolitischen Interessen seiner Mitglieder in dem betrachteten Zeitraum wahr.

---

445 Vgl. Aktenvermerk des Wirtschaftsministeriums vom 16.6.1947, in: BWHStA, EA 6/103, Nr. 923.

446 Wie in anderen Ländern forderte auch der Gewerkschaftsbund Württemberg-Baden die paritätische Besetzung der Kammern. Vgl. "Schreiben des Gewerkschaftsbund Württemberg an das Wirtschaftsministerium für Württemberg-Baden", in: Gewerkschafts-Zeitung, 1. Jg. (1946), Nr. 4 v. 15.10.1946, S. 53-54. Bericht über die Konferenz der Abgeordneten des Weltgewerkschaftsbunds mit den Vertretern der württemberg-badischen Gewerkschaften am 15.2.1946 in Stuttgart, in: BWHStA, EA 8/001, Nr. 786.

447 Im einem Schreiben der Gewerkschaft v. 9.3.1948 findet sich allerdings die Bezeichnung "Sozialrechtliche Arbeitsgemeinschaft". Dies ist aber wohl lediglich auf eine begriffliche Unschärfe zurückzuführen. Vgl. Schreiben des Industrieverbands Textil und Bekleidung an die Sozialrechtliche Arbeitsgemeinschaft des Landesverbands der Textilindustrie Nord-Württemberg und Nord-Baden e.V. vom 9.3.1948, in: BWHStA, EA 8/001, Nr. 1359.

448 Vgl. Vereinbarung zwischen dem Landesverband der Textilindustrie Württemberg-Baden und dem Industrieverband Textil und Bekleidung v. 3.12.1947, in: Archiv LTA, Bestand GTB, Ordner 1, 1. Tarifbewegung Württemberg-Baden, 1947.

3.2.2. Baden

In Baden vollzog sich der Aufbau der Unternehmervertretung ebenfalls in den Stufen "Fachverband" und "Arbeitgeberverband".
Neben den Industrie- und Handelskammern kam hier dem Landesarbeitsamt eine wichtige Rolle in der Entwicklung zu.[449] Seitens der französischen Besatzungsmacht bestand seit dem 12. Dezember 1945 mit der Verordnung Nr. 22 des Commandant en Chef Français en Allemagne sowie der Durchführungsverordnung des Adminstrateur Général vom gleichen Tag betreffend die Wiederherstellung des Vereinsrechts die Rechtsgrundlage für die Errichtung von Fachverbänden in der traditionellen Form des eingetragenen Vereins.[450]
Von deutscher Seite ergriff zu Beginn des Jahres 1946 das Landesarbeitsamt die Initiative zur Bildung einer Unternehmervertretung für den Bereich der Textilindustrie. Hierbei sollte es sich allerdings lediglich um eine lose Interessengemeinschaft der bedeutendsten Textilfabrikanten handeln, "um einerseits die Richtlinien des Landesarbeitsamtes Freiburg schneller zur Kenntnis der einzelnen Unternehmen zu bringen, und andererseits die Wünsche der Arbeitgeber einheitlicher beim Landesarbeitsamt vorbringen zu können."[451] Die badischen Unternehmer begrüßten diesen Vorschlag grundsätzlich, allerdings wollten sie vorsorglich die Genehmigung der Militärregierung für eine solche Gemeinschaft einholen, "um hier jedes Mißverständnis von vornherein auszuschließen."[452]
Mit der Gründung der Landesstelle für Textil bei der IHK Schopfheim kam diese Initiative zunächst zum Stillstand.[453] Seitens der Unternehmerschaft schien die Landesstelle zu diesem Zeitpunkt die beste Möglichkeit, eine engere Zusammenarbeit in arbeitsrechtlichen Fragen zwischen den einzelnen Textilunternehmen sowie eine gemeinsame Vertretung ihrer Interessen gegenüber dem Landesarbeitsamt zu verwirklichen.[454] Theodor Toeche-Mittler, späterer

[449] Nach Auflösung der Wirtschaftskammer Freiburg 1945 wurden die Industrie- und Handelskammern Südbadens (Baden-Baden, Freiburg, Lahr, Schopfheim, Konstanz mit der Nebenstelle Villingen) von der französischen Militärregierung mit den laufenden Aufgaben der Wirtschaftsverwaltung auf deutscher Seite betraut. Vgl. Laufer, Industrie und Energiewirtschaft, S. 72.
[450] Vgl. Journal Officiel, 1. Jg. (1945), No v. 21.12.1945, S. 53 und S. 56.
[451] Siehe Brief von Theodor Toeche-Mittler an Philipp Hessel, Landesarbeitsamt Freiburg vom 9.1.1946, in: Archiv des Textilverbands, Bd. An Alle 1946-1949, Sammelband des Verbands der Badischen Textilindustrie, Schriftwechsel ab 9.1.1946 und Rundschreiben 23.10.1946 bis Dez. 1949/Nr. 1-43.
[452] Siehe ebd.
[453] Vgl. Brief von Theodor Toeche-Mittler an Herrn Wirth vom 12.1.1946, in: Archiv des Textilverbands, Bd. An Alle 1946-1949, Sammelband des Verbands der Badischen Textilindustrie, Schriftwechsel ab 9.1.1946 und Rundschreiben 23.10.1946 bis Dez. 1949/Nr. 1-43.
[454] Vgl. ebd.

Geschäftsführer des Verbands der Badischen Textilindustrie e.V., wollte diese Aufgaben als "Referent für soziale Fragen" innerhalb der Landesstelle wahrnehmen.[455] Auf staatlicher Seite wurden jedoch weitere Schritte für die Rekonstruktion eines Verbandssystems auch auf Arbeitgeberseite vorgenommen. Am 25. Juli 1946 erging durch das Wirtschaftsministerium die Anordnung betreffend die Satzung der Fachvereinigungen.[456] Gemäß § 1 sollten die "associations professionelles" eine Zusammenfassung von Betrieben des gleichen Fachzweigs darstellen. Das Aufgabengebiet umfaßte nach § 2 der Anordnung die Beratung der Mitglieder in allen fachlichen Fragen sowie deren Unterstützung bei der Durchführung ihrer Aufgaben. Sozial- und arbeitsrechtliche Fragen waren damit nicht ausdrücklich genannt. Die sehr weit gefaßte Aufgabenstellung schloß diese Bereiche allerdings mit ein. Im Gegensatz zu Fachverbänden im eigentlichen Sinne konnten neben den Unternehmern jedoch nach dieser Anordnung auch Arbeiter und Angestellte Mitglieder der Fachvereinigungen werden. Während das Gewerkschaftsrecht die Mitgliedschaft auf Arbeitnehmer beschränkte, sollten die Vereinigungen nach der Anordnung sowohl Arbeitgebern wie Arbeitnehmern offenstehen.[457] Diese Erweiterung ging auf eine Initiative des Gouvernement Militaire zurück mit dem Zweck, "die Klassengegensätze zwischen Arbeitnehmern und Arbeitgebern nicht wieder aufleben" zu lassen.[458] Damit sollte von rechtlicher Seite die Bildung reiner Unternehmerorganisationen verhindert werden.

Mit der Anordnung über die Bildung von Fachkommissionen vom gleichen Tag schuf das badische Ministerium für Wirtschaft und Arbeit eine weitere Organisation im Rahmen der Wirtschaftsverwaltung.[459] Die Kommissionen sollten

---

[455] Mit dem Begriff "sozial" implizierte diese Bezeichnung allerdings schon ein über die reine Wirtschaftsverwaltung hinausgehendes Tätigkeitsgebiet.

[456] Vgl. Anordnung des Wirtschaftsministeriums betr. die Satzung der Fachvereinigungen, in: Amtsblatt der Landesverwaltung Baden, Jg. 1946, S. 61.

[457] Gemäß Art. 2 Satz 3 der Verfügung Nr. 6 vom 10.9.1945 war der Zusammenschluß von Arbeitgebern und Arbeitnehmern ausdrücklich verboten, Vgl. Journal Officiel, 1. Jg. (1945), No 2 v. 17.9.1945, S. 10f.

[458] Vgl. dazu die Ausführungen Friedrich Leibbrandts, Ministerialdirektor, auf der Gründungsversammlung des Verbands der Badischen Textilindustrie, in: Protokoll über die Gründungsversammlung einer Fachvereinigung der Textilindustrie in der französisch besetzten Zone Badens am 30.9.1946 in Schopfheim/Baden, in: Archiv des Textilverbands, Ordner Gründung des Verbandes der Badischen Textilindustrie in der französischen Zone am 30.9.1946 und Bildung der Fachkommission Textil, Herbst 1946. Leibbrandt schloß sich anläßlich seiner Rede zur Gründungsversammlung dem Grundgedanken hinter dieser Initiative dahingehend an, daß der Arbeitgeber in der derzeitigen Situation mit seinen Arbeitern durch dick und dünn gehen und die schlechten Zeiten mit ihnen tragen müßte. Inwieweit das Wirtschaftsministerium jedoch mit der Öffnung der Fachvereinigungen auch für Arbeitnehmer mit der Militärregierung übereinstimmte, ist aus der Aktenlage nicht ersichtlich.

[459] Vgl. Anordnung des Wirtschaftsministeriums über die Bildung von Fachkommissionen, in: Amtsblatt der Landesverwaltung Baden, Jg. 1946, S. 68.

anders als die Fachvereinigungen jedoch nicht die Mitglieder ihres Wirtschaftszweigs, sondern das Wirtschaftsministerium insbesondere in Fragen der Produktionsplanung und -lenkung beraten.
Der "Verband der Badischen Textilindustrie in der französisch besetzten Zone e.V." wurde am 30. September 1946 als Fachvereinigung für die Textilindustrie Badens gegründet.[460] Zum Präsidenten des Verbands wurde Fritz Lorenz (Druckerei und Appretur Brombach AG, Brombach) gewählt.[461] Die Geschäftsführung übernahm Theodor Toeche-Mittler.
Entsprechend den Vorgaben der Anordnung vom 25. Juli 1946 bestand der satzungsgemäße Zweck des Verbands in der Beratung der Mitglieder in allen fachlichen Fragen sowie ihrer Unterstützung bei der Durchführung ihrer Aufgaben.[462] Die Mitgliedschaft stand sowohl Arbeitgebern wie Arbeitnehmern offen (§ 3 der Satzung).
Die Satzung wurde am 12. Dezember 1946 durch das Badische Wirtschaftsministerium genehmigt.[463]
Auf Beschluß des Ministeriums wurde im Herbst 1946 ebenfalls die Fachkommission Textil mit Sitz beim Verband der Badischen Textilindustrie in Schopfheim gegründet.[464] Entsprechend eng war die Zusammenarbeit zwischen den beiden Organisationen.[465]

---

[460] Vgl. Protokoll über die Gründungsversammlung einer Fachvereinigung der Textilindustrie in der französisch besetzten Zone Badens am 30.9.1946 in Schopfheim/Baden, in: Archiv des Textilverbands, Ordner Gründung des Verbandes der Badischen Textilindustrie in der französischen Zone am 30.9.1946 und Bildung der Fachkommission Textil, Herbst 1946.

[461] Die Wahl des Präsidenten bei der Gründungsversammlung des Verbands ergab Stimmengleichheit für Fritz Lorenz und Hans Mez (Mez AG, Freiburg i. Br.). Nach Aussage Friedrich Leibbrandts kam Mez jedoch für das Amt nicht in Frage, da dieser im Rahmen der Entnazifizierungsverfahren durch den Ermittlungsausschuß "beanstandet" worden sei. Siehe Protokoll über die Gründungsversammlung einer Vereinigung der Textilindustrie in der französisch besetzten Zone Badens am 30.9.1946 in Schopfheim/Baden, in: Archiv des Textilverbands, Ordner Gründung des Verbandes der Badischen Textilindustrie in der französischen Zone am 30.9.1946 und Bildung der Fachkommission Textil, Herbst 1946.

[462] Vgl. 3. Entwurf der Satzung des Verbands der Badischen Textilindustrie (zur Vorlage beim W. M.), in: Archiv des Textilverbands, Ordner Gründung des Verbandes der Badischen Textilindustrie in der französischen Zone am 30.9.1946 und Bildung der Fachkommission Textil, Herbst 1946.

[463] Vgl. Schreiben Dr. Koberstein, Badisches Wirtschaftsministerium, Abt. Produktion an Herrn Lorenz vom 12.12.1946, in: Archiv des Textilverbands, Ordner Gründung des Verbandes der Badischen Textilindustrie in der französischen Zone am 30.9.1946 und Bildung der Fachkommission Textil, Herbst 1946.

[464] Vgl. Schreiben der Fachkommission Textil vom 13.11.1946, in: Archiv des Textilverbands, Ordner Gründung des Verbandes der Badischen Textilindustrie in der französischen Zone am 30.9.1946 und Bildung der Fachkommission Textil Herbst 1946.

[465] So machte z. B. das Wirtschaftsministerium mit Schreiben vom 8.12.1947 aus gegebenem Anlaß auf die Aufgabenverteilung zwischen Fachkommission und Fachvereinigung gemäß den Anordnungen vom 25.7.1946 aufmerksam. Vgl. Schreiben des Wirtschaftsministeriums

Mit der Bildung des Verbands der Badischen Textilindustrie als Fachvereinigung sowie der Fachkommission Textil war die erste Stufe des Wiederaufbaus unternehmerischer Interessenvertretung im Herbst 1946 auch in Baden abgeschlossen. Beide Vereinigungen dienten lediglich der Optimierung der Wirtschaftsverwaltung im Bereich der Textilindustrie. Dies um so mehr, als gerade dieser Industriezweig mit Lohnaufträgen aus Frankreich und der Schweiz gut beschäftigt und somit ein Funktionieren für die Besatzungsmacht besonders wichtig war.
Zwar gelang es, insbesondere auch durch die enge Zusammenarbeit der beiden Organisationen, die Interessen der badischen Textilunternehmen gegenüber den deutschen und französischen Stellen zu vertreten, im Hinblick auf die Öffnung des Fachverbands auch für Arbeitnehmer mußte diese Situation aber auf die Dauer für die Unternehmerschaft unbefriedigend werden.
Die Arbeitnehmerschaft wollte ebenfalls nicht dauerhaft an diesem Zustand festhalten. Sie hatte in den Gewerkschaften ihre traditionelle Vertretung. Die Mitgliedschaft in einer Fachvereinigung war somit für die meisten Arbeitnehmer eher fremd. Mit der Lockerung des Lohnstopps durch die Ergänzung zu § 3 der Kontrollratsdirektive Nr. 14 machte sich zudem auch in Baden das Fehlen von Verhandlungspartnern auf Seiten der Unternehmer bemerkbar.
Mit Inkrafttreten der Badischen Verfassung am 22. Juni 1947 bestand gemäß Artikel 38 sowohl für die Arbeitnehmer als auch die Arbeitgeber wieder Koalitionsfreiheit. Demnach hätten die Arbeitgeber grundsätzlich wieder ausschließliche Unternehmervertretungen bilden können.
Mit den Fachvereinigungen gab es jedoch seit einem Jahr funktionierende Organisationen mit qualifiziertem Personal. Die Einbindung der Vereinigungen als Tarifpartner lag somit sowohl für die Gewerkschaften als auch für die Vereinigungen selbst nahe.
Von gewerkschaftlicher Seite wurde auf einer Konferenz am 28./29. Juni 1947 über die grundsätzliche Bereitwilligkeit hinaus, mit den Unternehmern in Kollektivverhandlungen zu treten, zur Führung von Verhandlungen die Bildung von Sozial-Ausschüssen bei den Fachvereinigungen vorgeschlagen.[466] .
Auch seitens der Unternehmerschaft wurden die Fachvereinigungen als geeignete Partner für die in den entsprechenden Gewerkschaften bestehenden Vertretungen der Arbeitnehmer angesehen.[467] Gleichzeitig hätte diese Erweiterung des

an Verband der Badischen Textilindustrie vom 8.12.1947 sowie die Erwiderung des Verbands vom 11.12.1947, in: Archiv des Textilverbands, Ordner Badisches Wirtschaftsministerium, Freiburg/Breisgau von 1946-1952.

[466] Vgl. Schreiben der Fachvereinigungen der Industrie an das Badische Wirtschaftsministerium vom 12.7.1947 betr. Bildung von Vereinigungen der Unternehmer, in: StA Freiburg, C 38/1, Nr. 437.

[467] Vgl. ebd.

Aufgabenkreises der Fachvereinigungen zur Folge, daß nicht noch weitere Organisationen entstünden.
Rechtlich stand dieser Lösung jedoch die Anordnung des Wirtschaftsministeriums vom 25. Juli 1946 betreffend die Satzung der Fachvereinigungen entgegen.[468]
Im Hinblick auf ihr beiderseitiges Interesse an Kollektivverhandlungen kamen die Gewerkschaften und die Fachvereinigungen am 26. August 1947 überein, gemeinschaftlich beim Wirtschaftsministerium den Antrag auf Umbildung der bestehenden Fachvereinigungen in "Unternehmervereinigungen" zu stellen.[469]
Gleichzeitig verzichtete die Unternehmerschaft auf die Bildung selbständiger Arbeitgeberverbände. Die bestehenden und zu erwartenden sozialpolitischen Fragen sollten unter Vermeidung der früheren Bürokratisierung und Formalisierung des Arbeitgeber-Arbeitnehmer-Verhältnisses gelöst werden. Mit dieser Formulierung knüpften die Parteien an das gespannte Verhältnis von Gewerkschaften und Arbeitgeberverbänden in der Weimarer Republik an.[470]
Die Zusammenarbeit und Kommunikation zwischen den Tarifparteien sollte weiterhin durch ein neu zu bildendes Gremium aus Vertretern beider Parteien in den einzelnen Branchen gefördert werden. In Ausschüssen sollten sozialpolitischen Probleme diskutiert, allgemein gültige Richtlinien für einen Wirtschaftszweig aufgestellt und Vereinbarungen getroffen werden.[471]
Als zweite Instanz waren nach den Vereinbarungen Schiedsausschüsse aus Vertretern der Arbeitnehmer und -geber sowie der obersten für Wirtschafts- und Arbeitsfragen zuständigen Behörden vorgesehen.[472]
Gleichzeitig stimmten die Unternehmer der Umbildung der Fachkommissionen zu.[473] Deren Zusammensetzung sollte nunmehr paritätisch aus Vertretern der Unternehmer und der Arbeitnehmer erfolgen, unter Beibehaltung ihres bis-

---

[468] Die Fachvereinigungen baten daher mit o. g. Schreiben das Wirtschaftsministerium um Aufhebung der Anordnung. Vgl. Schreiben der Fachvereinigungen der Industrie an das Badische Wirtschaftsministerium vom 12.7.1947 betr. Bildung von Vereinigungen der Unternehmer, in: StA Freiburg, C 38/1, Nr. 437.
[469] Vgl. Niederschrift über eine Besprechung zwischen Vertretern verschiedener Fachvereinigungen und Industriegewerkschaften im Badischen Wirtschaftsministerium vom 26.8.1947, in: StA Freiburg, C 38/1, Nr. 437.
[470] Vgl. Winkler, Heinrich August, Der Schein der Normalität. Arbeiter und Arbeiterbewegung in der Weimarer Republik 1924 bis 1930, Berlin, Bonn 1985, S. 557-572; Quellen zur Geschichte der deutschen Gewerkschaftsbewegung im 20. Jahrhundert, Bd. 4: Die Gewerkschaften in der Endphase der Republik 1930-1933, hrsg. v. Hermann Weber, Klaus Schönhoven, Klaus Tenfelde, bearb. v. Peter Jahn unter Mitarbeit v. Detlev Brunner, Köln 1988, S. 24ff.
[471] Vgl. Niederschrift über eine Besprechung zwischen Vertretern verschiedener Fachvereinigungen und Industriegewerkschaften im Badischen Wirtschaftsministerium vom 26.8.1947, in: StA Freiburg, C 38/1, Nr. 437.
[472] Vgl. ebd.
[473] Vgl. ebd.

herigen Aufgabenkreises. Die Arbeitgeber machten den Gewerkschaften damit ein Zugeständnis, die mit der Zustimmung zur Aufhebung der Anordnung ihre Einflußmöglichkeit in den Fachvereinigungen aufgaben.[474]
Trotzdem Gewerkschaften und Fachvereinigungen sich in diesen Punkten einig waren, erfolgte die Aufhebung der betreffenden Anordnung erst mit Landesverordnung vom 14. November 1948.[475]
Der Verband der Badischen Textilindustrie hatte per Mitgliederbeschluß jedoch schon am 2. Dezember 1947 seine Satzung dahingehend geändert, daß nur noch Unternehmer Mitglieder werden konnten.[476] Aus den Akten geht allerdings nicht hervor, inwieweit diese Satzungsänderung von offizieller Seite genehmigt wurde.
Als Interessenvertretung der Arbeitgeber in Lohnfragen der Textilindustrie war der Verband bereits im Mai 1947 bei einer Besprechung mit den Gewerkschaften aufgetreten.[477]
Die französische Militärregierung schaltete sich im November des Jahres in die Entwicklung mit dem Hinweis ein, daß die Schaffung von Arbeitgeberverbänden denselben Bestimmungen unterläge, die für die Errichtung der Gewerkschaften seitens der Militärregierung erlassen worden seien.[478] Demnach

---

[474] Allerdings wurde dieses Zugeständnis nicht von allen Arbeitnehmern gebilligt. Der Verzicht auf die Mitgliedschaft in den Fachvereinigungen und damit auf die Mitwirkung bei der Planung sowie Verteilung von Kontingenten und Produktion stünde in keinem Verhältnis zu dem, was die Gewerkschaften erhalten würden. Auch würde damit die Bildung von Arbeitgeberverbänden nicht verhindert werden. Vgl. Schreiben Erwin Hohlegger in Firma Maggi, Singen an Philipp Martzloff, Ministerium für Wirtschaft und Arbeit, Direktion Arbeit vom 23.9.1947 betr. Tarifkontrahent, in: StA Freiburg, C 38/1, Nr. 437.
[475] Vgl. Landesverordnung über die Aufhebung der Anordnung des Wirtschaftsministeriums betr. Satzung der Fachvereinigungen vom 14.11.1948, in: Badisches Gesetz- und Verordnungsblatt, 3. Jg. (1948), S. 206.
[476] Vgl. Protokoll über die ordentliche Mitgliederversammlung des Verbandes der Badischen Textilindustrie am 2.12.1947, in: Archiv des Textilverbands, Ordner Gründung des Verbandes der Badischen Textilindustrie in der französischen Zone am 30.9.1946 und Bildung der Fachkommission Textil, Herbst 1946.
[477] Diese Besprechung von Vertretern der Landesvereinigung für die Industrie-Gewerkschaft Textil und Bekleidung und des Verbands der Badischen Textilindustrie fand am 9.5.1947 in Freiburg auf Einladung des Landesarbeitsamts statt. Vgl. Archiv des LTA, Bestand GTB, Ordner 21, 1. Tarifbewegung Südbaden, 1948. Den ersten freien Tarifvertrag in der badischen Textilindustrie nach 1945 unterzeichnete ebenfalls auf Arbeitgeberseite am 1. Juni 1948 der Verband der Badischen Textilindustrie. Vgl. Lohntarifvertrag für die Badische Textilindustrie abgeschlossen zwischen dem Verband der Badischen Textilindustrie e.V. in der französisch besetzten Zone und der Landesvereinigung der Industriegewerkschaften Textil und Bekleidung, in: Archiv des LTA, Bestand GTB, Ordner 21, 1. Tarifbewegung Südbaden, 1948.
[478] Vgl. Schreiben Le Commisaire de la République, Délégué Superieur pour le Gouvernement Militaire de Bade, Service du Travail, de la Main d'Oeuvre et des Assurances Sociales Nr. 2839 REF/TRV an den Minister der Wirtschaft und Arbeit, Baden, Direktion Arbeit vom

bildeten neben der Badischen Verfassung auch die Verordnungen Nr. 6 und 180 sowie die Verfügungen Nr. 6, 72, 197 und 91 der französischen Militärregierung den rechtlichen Rahmen für die Rekonstruktion der Arbeitgeberverbände in Baden. Formell galten somit für beide Tarifpartner die gleichen Bedingungen.
Während der Verband der Badischen Textilindustrie im Laufe des Jahres 1948 weiterhin als Interessenvertretung der Arbeitgeber bei Tarifverhandlungen auftrat, stoppte die Entwicklung auf offizieller Seite zunächst. Durch die Währungsreform und die damit einhergehenden Preissteigerungen wurde jedoch auch in Baden die Frage der Löhne und damit der Kollektivverhandlungen zwischen Arbeitgebern und Arbeitnehmern immer dringlicher.
Nachdem durch die französische Militärregierung schon im Oktober 1948 die Zulassungsvoraussetzungen für Wirtschaftsverbände gelockert wurden, markierte für die Arbeitgeberverbände die Aufhebung der Anordnung betreffend die Satzung der Fachvereinigungen durch das Badische Ministerium für Wirtschaft und Arbeit den Neubeginn.[479]
Der Badische Verband der Textilindustrie schickte bereits mit Schreiben vom 5. November 1948 eine geänderte Satzung an die Industriellen Fachvereinigungen Südbadens zur Vorlage bei der Militärregierung. Grundlage hierfür bildete eine Rahmensatzung der Industriellen Fachvereinigungen Südbadens.[480] Diese war zuvor bei der Militärregierung vorgelegt und von dieser genehmigt worden.[481]
Dementsprechend verfügte die Militärregierung lediglich geringe Änderungen des Entwurfs hinsichtlich der Einstufung von Beiratsmitgliedern im Entnazifi-

---

3.11.1948 betr. Satzungen der Arbeitgebervereinigungen (Übersetzung), in: StA Freiburg, C 38/1, Nr. 560.

479 Die Genehmigungserteilung stand danach lediglich noch unter dem Widerspruchsvorbehalt der Militärregierung innerhalb einer Frist von 20 Tagen. Vgl. Verordnung Nr. 179 betr. Abänderung der Verordnung Nr. 22 über die Wiederherstellung des Vereinsrechts, der Verordnung Nr. 25 betr. Genehmigung von Jugendvereinen sowie der Verordnung Nr. 33 über die Genehmigung der Gründung von Sportvereinen im französischen Besetzungsgebiet, in: Journal Officiel, 4. Jg. (1948), S. 1712f.; Verordnung Nr. 180 betr. Abänderung der Verordnung Nr. 6 über die Wiederherstellung des Gewerkschaftsrechts im französischen Besatzungsgebiet, in: Journal Officiel, 4. Jg. (1948), S. 1716; Verfügung Nr. 91 über Abänderung der Verfügung Nr. 6 des Administrateur Général vom 10.9.1945, in: Journal Officiel, 4. Jg. (1948), S. 1718f. Landesverordnung über die Aufhebung der Anordnung des Wirtschaftsministeriums betr. die Satzung der Fachvereinigungen v. 4.11.1948, in: Amtsblatt der Landesverwaltung, 1948, S. 206.

480 Vgl. Anlage zum Schreiben der Industriellen Fachvereinigungen an den Verband der Badischen Textilindustrie e.V. vom 30.10.1948, in: Archiv des Textilverbands, Ordner Gründung des Verbands der Textilindustrie in der französischen Zone am 30.9.1946 und Bildung der Fachkommission Textil, Herbst 1946.

481 Vgl. Niederschrift zur Vollversammlung der Fachvereinigungen am 10.9.1948 vom 15.9.1948, in: Archiv des Textilverbands, Ordner Die industriellen Fachvereinigungen Südbadens.

zierungsverfahren sowie deren Alter.[482] Diese Änderungen des Entwurfs wurden auf der Mitgliederversammlung vom 16. November 1948 beschlossen.[483]
Gemäß § 2 der Satzung umfaßten die Aufgaben und Ziele des Verbands nunmehr auch die Vertretung der Mitglieder in sozialpolitischen und tarifrechtlichen Fragen.[484]
Damit war im November 1948 auch formalrechtlich die Tariffähigkeit des Verbands der Badischen Textilindustrie wiederhergestellt. Der Abschluß der zweiten Stufe der Rekonstruktion unternehmerischer Interessenverbände hatte jedoch in Baden ebenfalls zu keinem selbständigen Arbeitgeberverband im Bereich der Textilindustrie geführt. Vielmehr bildeten Wirtschafts- und Arbeitgeberverband auch hier eine Einheit.

3.2.3. Württemberg-Hohenzollern

Die erste unternehmerische Interessenvertretung im Bereich der Textilindustrie stellte auch für den südlichen Teil Württembergs der bereits erwähnte Fachausschuß Textil des Vorläufigen Württembergischen Wirtschaftsrats dar.
Zum Zeitpunkt der Gründung dieses Gremiums war Württemberg noch nicht in zwei verschiedene Besatzungszonen geteilt. Dementsprechend waren in den Untergliederungen Industrielle aus beiden Teilen des Landes vertreten. Im Fachausschuß Textil- und Bekleidungsindustrie ging die Zusammenarbeit in der Hoffnung, "daß es gelingt, trotz der Zweiteilung des Landes Württemberg als wirtschaftliche Einheit zu erhalten", über die Teilung Württembergs hinaus.[485] In

[482] Vgl. Schreiben der Industriellen Fachvereinigungen an den Verband der Badischen Textilindustrie e.V. vom 9.11.1948 betr. Genehmigung der Satzung durch die Militärregierung, in: Archiv des Textilverbands, Ordner Gründung des Verbands der Textilindustrie in der französischen Zone am 30.9.1946 und Bildung der Fachkommission Textil, Herbst 1946.
[483] Vgl. Auszug aus dem Protokoll über die ordentliche Mitgliederversammlung am 16.11.1948, in: Archiv des Textilverbands, Ordner Gründung des Verbandes der Badischen Textilindustrie in der französischen Zone am 30.9.1946 und Bildung der Fachkommission Textil, Herbst 1946.
[484] Vgl. Satzung des Verbands der Badischen Textilindustrie e.V. (französische Fassung), in: Archiv des Textilverbands, Ordner Gründung des Verbandes der Badischen Textilindustrie in der französischen Zone am 30.9.1946 und Bildung der Fachkommission Textil, Herbst 1946. Die Satzung wurde in der vorliegenden Form von den Mitgliederversammlungen am 2.12.1947 und 16.11.1948 beschlossen. Allerdings ist nicht ersichtlich, welche Änderungen in der jeweiligen Versammlung beschlossen wurden. Da das Protokoll über die Mitgliederversammlung vom 2.12.1947 nur die Satzungsänderung wegen Umbildung des Verbands in eine Unternehmervereinigung beinhaltet, ist davon auszugehen, daß die Satzungsänderung betr. der sozialpolitischen und tarifrechtlichen Aufgaben des Verbands erst in der Versammlung vom 16.11.1948 beschlossen wurden.
[485] Siehe Protokoll zur Sitzung des Fachausschusses Textil- und Bekleidungsindustrie am 9.7.1945, in: Archiv des Textilverbands, Bd. LV Textilindustrie Württemberg-Baden II.

der Praxis gestaltete sich die zonenübergreifende Interessenvertretung aufgrund der divergierenden Besatzungspolitik Frankreichs und der USA jedoch zunehmend schwieriger.[486] Mit der Auflösung des Vorläufigen Wirtschaftsrats und dem Übergang der Fachausschüsse in Fachverbände gemäß den amerikanischen Vorgaben endete schließlich die Zusammenarbeit.[487]

Zu diesem Zeitpunkt hatten auch in Württemberg-Hohenzollern die Industrie- und Handelskammern des Landes wieder ihre Arbeit aufgenommen.[488] Darüber hinaus gab es für den Bereich der Textilindustrie mit der Gründung der Zentralstelle für Textilwirtschaft in Badenweiler noch ein weiteres Forum für die Unternehmer dieses Industriezweigs in der französischen Besatzungszone. Eine Sonderstellung nahm hier ferner die spätere "Fachvereinigung Wirkerei" in Ebingen ein.[489] Unternehmer dieser Sparte errichteten bereits unmittelbar nach Kriegsende im Bezirk Ebingen eine lokal begrenzte Interessenvertretung, von der allerdings für das restliche Land offensichtlich keine Impulse zur Gründung ähnlicher Verbände ausgingen.

Der Aufbau der Industrie- und Handelskammern erfolgte unmittelbar nach der französischen Besetzung im Herbst 1945 parallel zum Aufbau einer staatlichen Wirtschaftsverwaltung in Württemberg-Hohenzollern.[490] Allerdings machten die

---

[486] Vgl. Protokoll zur Sitzung des Fachausschusses Textil- und Bekleidungsindustrie am 9.7.1945, in: Archiv des Textilverbands, Bd. LV Textilindustrie Württemberg-Baden II.

[487] Ende des Jahres 1949 knüpften die Verbände Württemberg-Badens und Württemberg-Hohenzollerns allerdings wieder an diese Zusammenarbeit sowie an die traditionell enge Verbindung der beiden früheren Landesteile an. Vgl. Protokoll über eine Zusammenkunft der Vorstandsmitglieder des Landesverbands der Textilindustrie Württemberg-Baden und des Fachverbands Textil- und Bekleidungsindustrie für Württemberg-Hohenzollern v. 31.10.1949, in: Archiv des Textilverbands, Bd. Fusion Südwest, FV-Reutlingen II, 1949.
Am 2. Juni 1950 fand die Gründungsversammlung zum gemeinsamen "Landesverband der Südwestdeutschen Textilindustrie e.V." statt. Vgl. Chronologie der organisatorischen Entwicklung, in: Archiv des Textilverbands, Ordner o. T.

[488] Zu den Industrie- und Handelskammern in Württemberg-Hohenzollern vgl. Nüske, Gerd Friedrich, Handwerks-, Industrie- und Handelskammern, in: Das Land Württemberg-Hohenzollern 1945-1952. Darstellungen und Erinnerungen, hrsg. v. Max Gögler u. Gregor Richter in Zusammenarbeit mit Gebhard Müller, Sigmaringen 1982, S. 193-200.

[489] Vgl. Niederschrift über die Hauptausschuß-Sitzung des Fachverbands Textil- und Bekleidungsindustrie am 11.11.1949 v. 12.11.1949, in: Archiv Textilverband, Bd. Fusion Südwest, FV Reutlingen I, 1947-1950. Nachdem sich die Organisation mit Gründung des Fachverbands als Fachabteilung eingegliedert hatte, stellte sie Ende 1948 den Antrag auf Zulassung als selbständige Fachvereinigung. Vgl. Schreiben des Wirtschaftsministeriums an Monsieur le Délégué Supérieur pour le Gouvernement Militaire du Wurtemberg, Service de l'Economie et des Finances/Tübingen v. 28.9.1948 betr. Gründung der selbständigen Fachvereinigung Wirkerei von Württemberg-Hohenzollern. Die Fachvereinigung blieb jedoch an den Fachverband angeschlossen. Vgl. Organisationsübersicht v. 10.12.1949, in: Archiv des Textilverbands, Bd. Fusion Südwest, FV-Reutlingen II, 1949.

[490] Nachdem zunächst die Geschäfte in Tübingen von der durch das Wirtschaftsministerium in Stuttgart beauftragten "Württembergischen Landesverwaltung für Wirtschaft, Delegation für

Zonengrenzen die Neueinteilung der Kammerbezirke erforderlich. Die Kammern bildeten ebenso wie im übrigen Teil Württembergs ein wichtiges Bindeglied zwischen der französischen Militärregierung und den deutschen Unternehmern. Ihre rechtliche Grundlage fanden die Kammern allerdings erst in der Anordnung der Landesdirektion über die Industrie- und Handelskammern des französisch besetzten Gebiets Württembergs und Hohenzollerns vom 12. August 1946.[491]

Die Zentralstelle für Textilwirtschaft (ZfT) in Badenweiler wurde von der Abteilung Production Industrielle, Section Textile der französischen Militärregierung als erste deutsche Stelle auf zonaler Ebene errichtet und mit der Wahrnehmung der fachlichen Interessen der Textil- und Bekleidungsindustrie sowie des Textilgroßhandels in der gesamten französischen Zone betraut.[492] Aufgaben der ZfT waren die Rohstoffbewirtschaftung und Produktionslenkung.[493] Die Mitgliedschaft in der ZfT war zwingend.

Mit Genehmigung der Section Textile übernahmen ab Spätsommer 1945 sogenannte Landesstellen der ZfT in Süd-Württemberg, Süd-Baden, Pfalz und Rheinhessen diese Aufgaben.[494] Die Landesstelle in Württemberg-Hohenzollern wurde unter maßgeblicher Beteiligung der IHK Reutlingen errichtet.[495] Die Leitung übernahm der Geschäftsführer der IHK Reutlingen, Georg Stecher.[496]

---

die Französische Zone" erledigt worden waren, bedingte schließlich die endgültige Abgrenzung der Besatzungsgebiete den Aufbau einer selbständigen staatlichen Wirtschaftsverwaltung sowie der Selbstverwaltung der Wirtschaft in Württemberg-Hohenzollern. Mit der Gründung des "Staatssekretariats für das französisch besetzte Gebiet Württembergs und Hohenzollerns" am 16.10.1945 übernahm die "Landesdirektion der Wirtschaft" die staatliche Wirtschaftsverwaltung. Vgl. Entwürfe für das Schwäbische Tagblatt, in: StA Sigmaringen, Wü 140/1, Nr. 34.

491 Vgl. Amtsblatt des Staatssekretariats für das französisch besetzte Gebiet Württembergs und Hohenzollerns, Jg. 1946, S. 166.

492 Vgl. Sitzungsprotokolle der Zentralstelle für Textilwirtschaft in der französisch besetzten Zone Deutschlands, Badenweiler, 1947-1949, in: Archiv LTA, Bestand Textilverband, Nr. 45. Die südwürttembergische Textilindustrie nahm an der Gründung der ZfT über die IHK Reutlingen maßgeblichen Anteil. Vgl. Aufbau, Aufgaben und Tätigkeit der Landesstelle für Textilwirtschaft v. 3.1.1947, in: StA Sigmaringen, Wü 140/1, Nr. 804.

493 Vgl. Niederschrift über die Besprechung zwischen dem Landesdirektor der Wirtschaft, Gustav Kilpper, und der Landesstelle Württemberg für Textilwirtschaft, Reutlingen am 5.8.1946 über den Einbau der Landesstelle in die Landesdirektion der Wirtschaft, in: StA Sigmaringen, Wü 140/1, Nr. 804.

494 Vgl. ebd.

495 Vgl. Aufbau, Aufgaben und Tätigkeit der Landesstelle für Textilwirtschaft v. 3.1.1947, in: StA Sigmaringen, Wü 140/1, Nr. 804.

496 Vgl. Niederschrift über eine Besprechung am 5.8.1946 zwischen dem Landesdirektor der Wirtschaft, Gustav Kilpper, und der Landesstelle Württemberg für Textilwirtschaft, Reutlingen über den Einbau der Landesstelle in die Landesdirektion der Wirtschaft, in: StA Sigmaringen, Wü 140/1, Nr. 804. Die Landesstelle wurde zum 1.8.1946 als Referat Textil beim Landeswirtschaftsamt in die Landesdirektion der Wirtschaft eingegliedert. Allerdings

Die Zusammenfassung von Unternehmen der Industrie und des Handels sowie der Aufgabenkreis der ZfT spiegeln den Zuschnitt der Organisation auf die Bedürfnisse der Zwangswirtschaft wider.
Allerdings stellte die ZfT-Landesstelle Süd-Württemberg offensichtlich eine ausreichende Interessenvertretung für die Unternehmer der Textilindustrie im Land Württemberg-Hohenzollern dar.
Seitens der französischen Besatzungsmacht bestand seit dem 12. Dezember 1945 mit der Verordnung Nr. 22 und der dazu gehörigen Durchführungsverordnung die Rechtsgrundlage für die Errichtung von Fachverbänden.[497] Ein entsprechender Befehl, in Württemberg und Hohenzollern mit der Errichtung industrieller Fachverbände zu beginnen, erging von der französischen Militärregierung schon am 16. Januar 1946.[498]
Zu diesem Zeitpunkt gab es auch seitens der deutschen Stellen Initiativen zur Errichtung sogenannter Fach- oder Wirtschaftsverbände. Neben den Industrie- und Handelskammern betonte auch die Direktion der Wirtschaft die Notwendigkeit sogenannter Fachverbände gegenüber der Militärregierung.[499]
Der französische Befehl vom 16. Januar 1946 kam den verantwortlichen Stellen der deutschen Verwaltung, namentlich Gustav Kilpper als Leiter der Landesdirektion der Wirtschaft, nach eigener Aussage erstmals am 14. März 1946 zur Kenntnis.[500] Dementsprechend begann der Aufbau auch erst ab diesem

---

geht aus einem Schreiben dieses Referats vom 5.5.1949 hervor, daß die Landesstelle erst am 31.7.1948 aufgelöst wurde. Vgl. Schreiben des Referats Textil o. A. v. 5.5.1949 betr. Haushaltsplan 1949, in: StA Sigmaringen, Wü 140/1, Nr. 115. Dies deckt sich auch mit einem Schreiben des Fachverbands Textil- und Bekleidungsindustrie v. 17.2.1948 o. A. betr. Überleitung des Landestelle für Textilwirtschaft in den Fachverband Textil- und Bekleidungsindustrie, in: Archiv Textilverband, Bd. Fusion Südwest, FV Reutlingen I, 1947-1950.

[497] Vgl. Journal Officiel, 2. Jg. (1946), S. 53 und S. 56.

[498] Vgl. Schreiben Gustav Kilpper an Monsieur le Délégué Supérieur pour le Gouvernement Militaire du Wurtemberg, Service de l'Economie et des Finances/Tübingen vom 2.4.1946 betr. Brief der Section Economic No 11395 v. 21.3.1946, in: StA Sigmaringen, Wü 140/1, Nr. 467.

[499] Vgl. z.B. Schreiben Gustav Kilpper an Monsieur le Délégué Supérieur pour le Gouvernement Militaire du Wurtemberg, Service de l'Economie et des Finances/Tübingen v. 2.4.1946 betr. Brief der Section Economic No 11395 v. 21.3.1946, in: StA Sigmaringen, Wü 140/1, Nr. 467. Danach hat er der Militärregierung die "dringende Notwendigkeit" industrieller Fachverbände bereits mit Schreiben vom 21.1.1946 zum Ausdruck gebracht. Eine weitere Initiative in diese Richtung ging von der IHK Ravensburg aus. Vgl. Schreiben der IHK Ravensburg an die Landesdirektion für Wirtschaft, Gustav Kilpper, vom 4.3.1946 betr. Zusammenschluß der Industrie des Kammerbezirks Ravensburg zu Wirtschaftsgruppen, in: StA Sigmaringen, Wü 140/1, Nr. 456.

[500] Gustav Kilpper mußte sich dennoch den Vorwurf der französischen Militärregierung gefallen lassen, seine Dienststelle arbeite nicht rasch und sorgfältig genug. Vgl. Schreiben der IHK Ravensburg an die Landesdirektion für Wirtschaft, Gustav Kilpper, vom 4.3.1946 betr. Zusammenschluß der Industrie des Kammerbezirks Ravensburg zu Wirtschaftsgruppen, in: StA Sigmaringen, Wü 140/1, Nr. 456.

Zeitpunkt. Nach dem Befehl der Militärregierung sollten sich die Fachverbände auf einen Industriezweig sowie räumlich auf Süd-Württemberg beschränken.[501] Seitens der Landesdirektion der Wirtschaft wurde in Zusammenarbeit mit den Industrie- und Handelskammern die Gründung von ca. 24 Fachverbänden in Aussicht genommen.[502] In einem ersten Schritt legte Gustav Kilpper der französischen Militärregierung mit Schreiben vom 31. März 1946 zunächst nur zehn Vorschläge für zu gründende Fachverbände vor.[503]

Darunter war auch ein Fachverband für die Textilindustrie Württemberg-Hohenzollerns. Diesem Vorschlag ging eine Diskussion zwischen dem Landesdirektor der Wirtschaft und dem Unternehmer Gustav Werwag, Firma Büsing & Co. Strickwarenfabriken, voraus. Beide stimmten zunächst über die "Unzweckmäßigkeit eines Parallelverbandes [zur Landesstelle der ZfT], der sich seine Aufgaben erst suchen müßte" überein.[504] Am 22. März 1946 setzte Gustav Kilpper Gustav Werwag jedoch davon in Kenntnis, daß eine freiwillige Organisation der Textilindustrie doch aufgezogen werden solle.[505] Nach Auffassung Werwags gab es für diesen Verband keine Aufgaben und kein geeignetes Personal.[506] Damit stimmten auch die Vertreter der Landesstelle überein. Er sähe "deshalb für den Augenblick nur wieder die gleiche Lösung, zu der wir [G. Kilpper und G. Werwag] bei unserer Besprechung gekommen waren, daß der Militärregierung eben klargemacht werden muss, daß die von französischen Seite veranlasste Organisation nun nicht durch eine zweite gestört werden kann."[507]

Mit Schreiben vom 28. März 1946 übermittelte Werwag Gustav Kilpper dann allerdings doch eine Liste von Personen, "welche für eine Mitarbeit an der Fachorganisation für die Textilindustrie in Aussicht genommen werden können."[508] Die genannten Personen übten die entsprechenden Tätigkeiten allerdings auch

---

[501] Vgl. Kurzprotokoll v. 29.3.1946 über die Sitzung der drei Industrie- und Handelskammern Reutlingen, Rottweil und Ravensburg mit dem Landesdirektor Gustav Kilpper am 21.3.1946, in: StA Sigmaringen, Wü 140/2, Nr. 806.

[502] Vgl. ebd.

[503] Vgl. Schreiben von Gustav Kilpper an Monsieur le Délégué Supérieur pour le Gouvernement Militaire du Wurtemberg, Service de l'Economie et des Finances/Tübingen vom 2.4.1946 betr. Brief der Section Economic No 11395 v. 21.3.1946, in: StA Sigmaringen, Wü 140/1, Nr. 467.

[504] Vgl. Schreiben von Gustav Werwag an Gustav Kilpper, Landesdirektion der Wirtschaft vom 23.3.1946, in: StA Sigmaringen, Wü 140/1, Nr. 472.

[505] Vgl. ebd.

[506] Schon die Landesstelle der ZfT habe in Personalunion mit der Handelskammer aufgezogen werden müssen. Er selbst habe ebenfalls keine Zeit, sich für diese Aufgaben zur Verfügung zu stellen, sofern der Verband nicht in Personalunion mit der Landesstelle geführt würde. Vgl. ebd.

[507] Vgl. Schreiben von Gustav Werwag an Gustav Kilpper, Landesdirektion der Wirtschaft vom 23.3.1946, in: StA Sigmaringen, Wü 140/1, Nr. 472.

[508] Vgl. ebd.

schon in der Landesstelle aus. Die Gründung eines Fachverbands der Textilindustrie sei demnach lediglich formell erfolgt, die eigentlichen Aufgaben wie auch das Personal jedoch bei der Landesstelle verblieben. Diese schien somit für die verantwortlichen deutschen Unternehmer das geeignetere Forum zur Vertretung ihrer Interessen zu sein. Vor diesem Hintergrund ist auch die Äußerung Werwags zu werten, die Landesstelle Württemberg könne als Fachverband angesehen werden.[509]
In der weiteren Entwicklung erhielt die Initiative betreffend die Fachverbände mit der Rechtsanordnung über die Organisation der Wirtschaft vom 15. Juni 1946 auch von deutscher Seite eine rechtliche Grundlage.[510] Nach § 9 der Rechtsanordnung konnten die Unternehmungen der gewerblichen Wirtschaft zur Wahrnehmung ihrer wirtschaftlichen Interessen freie Fachverbände errichten. Damit war der Zweck der Vereinigungen eindeutig auf Wirtschaftsfragen begrenzt. Verbände zur Vertretung der Arbeitgeberinteressen auf sozial- und tarifrechtlichem Gebiet waren von dieser Ermächtigung nicht umfaßt.
In der Textilindustrie war es bis zu diesem Zeitpunkt noch zu keiner Verbandsgründung gekommen. Auch die weitere Ausdifferenzierung des rechtlichen Rahmens mit der Anordnung der Landesdirektion der Wirtschaft über die Bildung freier gewerblicher Fachverbände vom 2. Juli 1946 blieb ohne Umsetzung in diesem Industriezweig.[511]
Am 12. August 1946 forderte Gustav Kilpper auf einer Besprechung des Landesausschusses für Textilwirtschaft ausdrücklich die Gründung eines Fachverbands Textil, aufgegliedert in Abteilungen für Spinnerei, Weberei und Wirkerei, Strickerei sowie Bekleidung.[512] Zweck des Fachverbands sollte nach den Worten Kilppers die "Vertretung in Fragen der Tarif- und Sozialpolitik“ sein.[513]
Der Fachverband erhielt damit die Qualität einer echten Arbeitgebervertretung auf dem Gebiet der Arbeits- und Sozialpolitik. Hierfür fehlte allerdings die rechtliche Grundlage. Weder die Besatzungsvorschriften, noch die Anordnungen der Landesregierung sahen eine entsprechende Betätigung von Unternehmervereinigungen vor. Möglicherweise diente die Aussage Kilppers demnach

---

[509] Vgl. Schreiben von Gustav Werwag an Gustav Kilpper, Landesdirektion der Wirtschaft vom 23.3.1946, in: StA Sigmaringen, Wü 140/1, Nr. 472.
[510] Vgl. Rechtsanordnung des Landesdirektorium über Aufbau und Aufgaben der Wirtschaftsverwaltung und der Selbstverwaltung der Wirtschaft auf den Gebiet der gewerblichen Wirtschaft (Rechtsanordnung über die Organisation der Wirtschaft) v. 15.6.1946, in: Amtsblatt des Staatssekretariats für das französisch besetzte Gebiet Württembergs und Hohenzollerns, Jg. 1946, S. 87-89.
[511] Vgl. Anordnung über die Bildung freier gewerblicher Fachverbände vom 2.7.1946, in: Amtsblatt des Staatssekretariats für das französisch besetzte Gebiet Württembergs und Hohenzollerns, Jg. 1946, S. 138.
[512] Siehe Niederschrift betr. Besprechung des Landesausschusses für Textilwirtschaft am 12.8.1946 vom 25.8.1946, in: StA Sigmaringen, Wü 140/2, Nr. 806.
[513] Vgl. ebd.

lediglich als zusätzlicher Anreiz für die Unternehmer der Textilindustrie, um sie von ihrer ursprünglichen Auffassung abzubringen, neben der Landesstelle keine Parallelorganisation in Form eines Fachverbands zu errichten.
Schließlich befahl die französische Militärregierung am 24. September 1946 die Errichtung eines Fachverbands der Textil- und Bekleidungsindustrie in Württemberg-Hohenzollern vom 24. September 1946.[514] Unter Bezugnahme auf die Verordnung vom 15. Juni 1946 ordnete sie bis zum 15. Oktober die Gründung eines Fachverbands der Textilindustrie mit den Untergliederungen Spinnerei, Weberei, Trikotagen und Kurzwaren, Konfektion, Färbereien und Appretierungen sowie der Hutindustrie an.[515] Zweck dieser Vereinigungen sollte jedoch ausschließlich die Mitwirkung im Rahmen der Wirtschaftsverwaltung sein, zur Entlastung der Zentralstelle für Textilwirtschaft.[516]
In Ausführung dieses Befehls beauftragte der Landesdirektor der Wirtschaft am 7. Oktober 1946 erneut den Unternehmer Gustav Werwag mit der Bildung des Fachverbands sowie der geforderten Untergliederungen.[517] Im Hinblick auf die kurze Frist bis zum 15. Oktober 1946 war zu dem vorgegebenen Zeitpunkt für die Errichtung noch kein Fachverband gegründet worden. Dementsprechend wiederholte die Militärregierung mit Schreiben vom 25. November 1946 den Befehl.[518]
Schließlich fanden vom 4. bis zum 10. Dezember 1946 auf Einladung Werwags in den verschiedenen Zweigen der Textil- und Bekleidungsindustrie Versammlungen zur Gründung des Fachverbands sowie der jeweiligen Fachabteilungen statt.[519] Gemäß § 2 des Satzungsentwurfs sollte der Aufgabenkreis des Verbands neben der Vertretung der gemeinsamen fachlichen auch die der sozial- und

---

[514] Vgl. Schreiben No. 13458 der Délégation Supérieur pour le Gouvernement Militaire du Wurtemberg, Service de L'Economie et des Finances, Production Industrielle Sous-Section Textiles au Gouverneur, Délégue Supérieur pour le Gouvernement Militaire de Wurtemberg à Monsieur le Président du Sécrétariat d'Etat pour la Zone Française du Wurtemberg et le Hohenzollern, Tübingen vom 24.9.1946, in: StA Sigmaringen, Wü 140/2, Nr. 472.
[515] Vgl. ebd.
[516] Vgl. ebd.
[517] Vgl. Protokoll über die Besprechung des Fachausschusses bei der Landesstelle für Textilwirtschaft, Reutlingen am 7.10.1946 vom 12.10.1946, in: StA Sigmaringen, Wü 140/2, Nr. 806.
[518] Dieser Befehl lag nicht bei den Akten, jedoch wird darauf mehrfach Bezug genommen. Vgl. z. B. Schreiben des Wirtschaftsministeriums an den Fachverband der Textil- und Bekleidungsindustrie, Reutlingen vom 10.11.1947 betr. Satzungen der Fachverbands, ebenso Aktennotiz des Wirtschaftsministeriums vom 4.9.1947, beides in: StA Sigmaringen, Wü 140/1, Nr. 472.
[519] Vgl. Schreiben Gustav Werwag, Fachverband Textil- und Bekleidungsindustrie für das französisch besetzte Gebiet von Württemberg-Hohenzollern (e.V.) in Gründung an die Firmen der Textil- und Bekleidungsindustrie im französisch besetzten Teil von Württemberg und Hohenzollern sowie im Kreis Lindau o. D., in: Archiv des Textilverbands, Bd. Fusion Südwest, FV Reutlingen I, 1947-1950.

arbeitsrechtlichen Belange umfassen.[520] Die eigentliche Tariffähigkeit stand nach § 7 des Entwurfs jedoch den Fachabteilungen und – unterabteilungen des Verbands zu. Der Fachverband selbst konnte durch seinen Hauptausschuß, bestehend aus den Obleuten der Fachabteilungen sowie maximal der gleichen Anzahl von gewählten Mitgliedern, die Tarifverträge lediglich "billigen".[521]
Mit Schreiben vom 19. Dezember 1946 beantragte das Wirtschaftsministerium die Genehmigung des Fachverbands bei der französischen Militärregierung.[522] Diese wurde ausdrücklich nie erteilt.[523] Die deutschen Stellen schlossen die Genehmigung jedoch aus den Befehlen vom 24. September und 25. November 1946 sowie der Nennung des Verbands im offiziellen Schriftverkehr der Besatzungsmacht.[524]
Demnach fand in Württemberg-Hohenzollern die erste Stufe der Rekonstruktion eines Arbeitgeberverbands mit der Gründung des Fachverbands der Textil- und Bekleidungsindustrie für das französisch besetzte Gebiet von Württemberg-Hohenzollern im Dezember 1946 ihren Abschluß. Zum Vorsitzenden des Fachverbands der Textilindustrie wurde auf der ersten Hauptausschußsitzung am 31. März 1947 Gustav Werwag gewählt.[525] Die Geschäftsführung übernahm zunächst Carl Föhl, ab 1. April 1948 dann Karl Grün.
Mit der Lockerung des Lohnstopps wurde das Thema einer Arbeitgebervertretung in lohnpolitischen Fragen auch in Württemberg-Hohenzollern dringender.[526] Nach Bekanntgabe Eberhard Wildermuths zu Beginn des Jahres 1947

---

[520] Vgl. Entwurf der Satzung des Fachverbands der Textil- und Bekleidungsindustrie für das französisch besetzte Gebiet von Württemberg-Hohenzollern, in: Archiv des Textilverbands, Bd. Fusion Südwest, FV Reutlingen I, 1947-1950.

[521] Vgl. ebd. Allerdings ist davon auszugehen, daß dieses Recht des Hauptausschusses homogene tarifrechtliche Regelungen für den Organisationsbereich des Fachverbands gewährleisten sollte. Insofern ist über den unmittelbaren Wortlaut von "billigen" hinaus, entsprechend dem Sinn und Zweck, die Vorschrift als Prüfungsrecht des Hauptausschusses auszulegen.

[522] Vgl. Schreiben des Wirtschaftsministeriums Württemberg-Hohenzollern an Dr. Stahlberg vom 30.1.1947, in: StA Sigmaringen, Wü 140/1, Nr. 472.

[523] Entsprechend einer Weisung der Militärregierung vom 27. Januar 1947 sollte die Bildung der Fachverbände bis zum 12. Februar des Jahres endgültig abgeschlossen sein. Im Rückstand sei noch die Bildung des Fachverbands für die Textil- und Bekleidungsindustrie. Dessen Genehmigung wurde tatsächlich jedoch schon mit Schreiben vom 19.12.1946 durch das Wirtschaftsministerium beantragt. Vgl. Schreiben des Wirtschaftsministeriums Württemberg-Hohenzollern an Dr. Stahlberg vom 30.1.1947, in: StA Sigmaringen, Wü 140, Nr. 472.

[524] Vgl. Schreiben des Wirtschaftsministeriums Württemberg-Hohenzollern an den Fachverband der Textil- und Bekleidungsindustrie vom 10.11.1947 betr. Satzungen des Fachverbands, in: StA Sigmaringen, Wü 140/1, Nr. 472; Aktennotiz des Wirtschaftsministeriums vom 4.9.1947, in: StA Sigmaringen, Wü 140/1, Nr. 472.

[525] Vgl. Chronologie der organisatorischen Entwicklung, in: Archiv des Textilverbands Ordner o. T.

[526] Vgl. Ergänzung zu § 3 der Kontrollrats-Direktive Nr. 14 vom September 1946; Vgl. Quellen zur Geschichte der deutschen Gewerkschaftsbewegung, Bd. 6, Dok. 26, S. 166f.

bestanden gegen die Gründung von Arbeitgeberverbänden keine Bedenken.[527] Eine Aussprache zwischen Vertretern der württembergischen Industrie- und Handelskammern ergab, "daß das Bedürfnis nach der Bildung von Arbeitgeberverbänden in den einzelnen Gegenden und Industriezweigen verschieden groß ist und daß es im allgemeinen genügen wird, wenn zunächst die Fachverbände besondere Referate für dieses Fragengebiet einrichten."[528]
Die Fachverbände bildeten somit ebenfalls in Württemberg-Hohenzollern zunächst das Forum der Unternehmer für die Durchsetzung ihrer Interessen auch auf dem Gebiet der Sozial- und Tarifpolitik.
In der Textilindustrie hatte der Fachverband dieser Entwicklung schon vorgegriffen. Mit der Einbeziehung der Vertretung der Mitglieder auch in sozial- und arbeitsrechtlichen Belangen ging der Zweck des Verbands über den eines Wirtschaftsverbands hinaus. Gleichzeitig stand die Satzung mit dieser Erweiterung im Widerspruch zum geltenden Recht. Die tarifpolitische Handlungsfähigkeit lag nach der Verbandssatzung allerdings nicht beim Verband, sondern bei seinen Fachabteilungen. Indes beinhaltete die Geschäftsordnung betreffend den Aufbau und die Tätigkeit der Fachabteilungen des Fachverbandes Textil- und Bekleidungsindustrie keine weiteren Ausführungen zu diesem Aufgabenkreis. Vielmehr oblag nach § 6 der Geschäftsordnung der Mitgliederversammlung der Fachabteilungen und -unterabteilungen die Wahl der als Mitglieder der sozialrechtlichen Abteilung des Fachverbands vorzuschlagenden Vertreter.[529] Demnach fehlte es in der Frage der Tariffähigkeit zum Zeitpunkt der Gründung im Dezember 1946 noch an einer klaren Kompentenzzuweisung zwischen Verband und Fachabteilungen.
Aus einem Rundschreiben des Fachverbands Textil- und Bekleidungsindustrie vom 1. Oktober 1947 geht jedoch hervor, daß neben den Organen des Verbands sowie den Fachabteilungen und -unterabteilungen ein sogenannter Arbeitsrechtlicher Ausschuß gebildet wurde.[530] Dieser Ausschuß trat in der Folgezeit als

[527] Vgl. Niederschrift über die Besprechung mit den Präsidenten und Geschäftsführern der Industrie- und Handelskammern am 7.2.1947, in: StA Sigmaringen, Wü 140/2, Nr. 455. Eberhard Wildermuth war seit dem 24.7.1947 Wirtschaftsminister von Württemberg-Hohenzollern. Vgl. Breymayer, Ursula, "Was uns Bebenhausen war". Erinnerungen an den Landtag von Württemberg-Hohenzollern 1947-1952, Stuttgart 1992.
[528] Vgl. Niederschrift über die Besprechung mit den Präsidenten und Geschäftsführern der Industrie- und Handelskammern am 7.2.1947, in: StA Sigmaringen, Wü 140/2, Nr. 34.
[529] Vgl. Geschäftsordnung betreffend den Aufbau und die Tätigkeit der Fachabteilungen des Fachverbandes Textil- und Bekleidungsindustrie, in: Archiv des Textilverbands, Bd. Fusion Südwest, FV Reutlingen I, 1947-1950.
[530] Vgl. Rundschreiben Nr. 3 des Fachverbands Textil- und Bekleidungsindustrie an sämtliche Mitglieder vom 1.10.1947, in: Archiv des Textilverbands, Bd. Fusion Südwest, FV Reutlingen I, 1947-1950.

Tarifpartner der Gewerkschaft für den Bereich der Textilindustrie in Württemberg-Hohenzollern auf.[531]
Damit nahm in Württemberg-Hohenzollern der Fachverband ebenfalls die Aufgaben eines Arbeitgeberverbands wahr. Wie in Württemberg-Baden und Baden hatte sich demnach der Dualismus von Wirtschafts- und Arbeitgeberverband nicht durchgesetzt.

4. Zusammenfassung

Der Rekonstruktionsprozeß der Gewerkschaften im Bereich der Textilindustrie verlief aufgrund der unterschiedlichen Eingriffsintensität der Besatzungsmächte in der amerikanischen und französischen Besatzungszone sehr unterschiedlich. Auf deutscher Seite war die Entwicklung eng mit der Frage zentralistische Einheitsgewerkschaft oder Industrieverbandsprinzip verknüpft.
In Württemberg-Baden waren die Arbeiter der Textilindustrie zunächst nur innerhalb lokal begrenzter, zentralistischer Gewerkschaftsbünde vertreten. Die Gründung selbständiger Industriegewerkschaften erfolgte hier erst zu Beginn des Jahres 1946. Neben einer entsprechenden Anordnung seitens der amerikanischen Militärregierung für Württemberg-Baden ging dieser Entwicklung auch ein entsprechender Umschwung zum Industrieverbandsprinzip innerhalb der Gewerkschaftsbewegung insbesondere in Württemberg voraus. Die Landesgewerkschaft Textil-Bekleidung wurde schließlich am 15./16. Juni 1946 gegründet.
In der französischen Zone wurden Gewerkschaften erst im September 1945 zugelassen. Die Verordnung Nr. 6 ließ zunächst nur Gewerkschaftsgründungen auf lokaler Ebene und nach dem Industrieverbandsprinzip zu. Der weitere Aufbau mußte in Stufen erfolgen. Aufgrund der langwierigen Genehmigungsverfahren erfolgte der Zusammenschluß der Einzelorganisationen in der Textilindustrie zur Landesvereinigung für die Industrie-Gewerkschaften Textil und Bekleidung in Baden im April 1947, zur Landesberufsgewerkschaft Textil und Bekleidung in Württemberg-Hohenzollern im Januar 1947.
In den französisch besetzten Ländern des Südwestens existierten demnach erst sechs bzw. neun Monate später als im amerikanisch besetzten Württemberg-Baden Landesgewerkschaften für die Arbeiter der Textilindustrie.
Die restriktive Haltung der Militärregierung gegenüber den Gewerkschaften bildete in der Beurteilung der Politik Frankreichs lange Zeit einen der Kernpunkte "negativer" französischer Besatzungspolitik.[532] Die französische Besatzungsmacht habe es mit der Reorganisation der deutschen Arbeiterbewegung nicht eilig gehabt, solange sie ihre "wirtschaftliche Plünderungspolitik" von der

[531] Vgl. dazu das folgende Kapitel.
[532] Vgl. Wolfrum, Französische Besatzungspolitik und Deutsche Sozialdemokratie, S. 64.

Weltöffentlichkeit ungehindert habe fortsetzen können.[533] In neueren Arbeiten fällt das Urteil dagegen differenzierter aus.[534] Danach wurde die Politik in diesem Bereich lediglich von den besatzungspolitischen Zielen Frankreichs bestimmt. Die ökonomische Nutzung der Zone erforderte einen sozialen Ordnungsfaktor. Das Sicherheitsbedürfnis erforderte dessen dezentralen und reglementierten Aufbau.
Darüber hinaus sei die These einer gegen die Gewerkschaften gerichteten Besatzungspolitik Frankreichs im Zusammenhang mit der Entwicklung der Arbeitgeberverbände in den jeweiligen Ländern zu sehen.[535]
In Württemberg-Baden bildeten die Fachausschüsse des Vorläufigen Württembergischen Wirtschaftsrats die Grundlage für den Aufbau der Fachverbände. Die Ausschüsse konnten aus der Konkursmasse des Wirtschaftsrat selbständige Verbände bilden, deren Aufgabenfeld mit Unterstützung der Industrie- und Handelskammern auch die sozialrechtlichen Belange ihrer Mitglieder umfaßte. Für den Bereich der Textilindustrie bestand damit eine Interessenvertretung sowohl in wirtschaftlichen als auch sozialrechtlichen Fragen bereits ab 17. Januar 1946, letzteres ohne rechtliche Ermächtigung. Ansätze zur Errichtung selbstständiger Arbeitgeberverbände für die tarifpolitische Interessenvertretung in Form von Sozialrechtlichen Fachgemeinschaften seitens des Arbeitsministeriums Württemberg-Baden wurden durch gegensätzliche Richtlinien der Militärregierung unterbunden. Es blieb bei der Wahrnehmung der tarifpolitischen Interessen durch den Verband der Textilindustrie Württemberg-Baden e.V.
In Württemberg-Hohenzollern kam die Organisation unternehmerischer Interessenvertretung mit der Trennung vom Fachausschuß Textil in Stuttgart zunächst vollständig zum Erliegen. Die Unternehmer fanden ihre Interessen durch Industrie- und Handelskammern sowie ZfT-Landesstelle ausreichend vertreten. Demnach spielten Fragen des Arbeits- und Sozialrechts in der Textilindustrie Württemberg-Hohenzollerns in der unmittelbaren Nachkriegszeit nur eine untergeordnete Rolle. Die Gründung eines Fachverbands im Dezember 1946 erfolgte erst aufgrund eines Befehls der Militärregierung. Neben den wirtschaftlichen sollte der Verband satzungsgemäß auch die arbeits- und sozialrechtlichen Belange der Mitglieder wahrnehmen. Im Vergleich zu Württemberg-Baden kam damit der Rekonstruktionsprozeß der tarifpolitischen Interessenvertretung auf Arbeitgeberseite in der Textilindustrie Württemberg-Hohenzollerns ein Jahr später zum Abschluß.

---

[533] Vgl. Klein, Jürgen, Bürgerliche Demokraten oder christliche, sozialdemokratische oder kommunistische Gewerkschaften. Hand in Hand gegen die Arbeiter, Hamburg 1974, S. 328.
[534] Vgl. für Rheinland-Pfalz Lattard, Gewerkschaften und Arbeitgeber; Für Baden Unser, Der badische Gewerkschaftsbund; Für Württemberg-Hohenzollern Hecker, Der Gewerkschaftsbund Südwürttemberg-Hohenzollern.
[535] Vgl. Lattard, S. 298f.

In Baden ging die Initiative zur Gründung von Fachverbänden vom Ministerium für Wirtschaft und Arbeit aus. Allerdings sollten die sogenannten Fachvereinigungen Arbeitgebern wie Arbeitnehmern eines Industriezweigs offenstehen. Der gewerkschaftliche Gedanke paritätisch besetzter Wirtschaftsorganisationen fand hier seinen Niederschlag. Der Verband der Badischen Textilindustrie e.V. wurde am 12. Dezember 1946 genehmigt. Seit Dezember 1947 stand die Organisation nur noch Unternehmern offen. Die Ausweitung seines Aufgabenkreises auf arbeits- und sozialrechtliche Fragen erfolgte ein weiteres Jahr später durch eine entsprechende Satzungsänderung. Allerdings trat der Verband bereits vorher als Tarifpartei bei Lohnverhandlungen mit der Industriegewerkschaft Textil-Bekleidung auf.

Der direkte Vergleich zu den Gewerkschaftsgründungen zeigt für Württemberg-Baden die Parallelität der Entwicklung. Die Interventionen der Militärregierung zugunsten der Industrie- und Handelskammern verhinderten die Etablierung von Fachverbänden der Unternehmer nicht. Vielmehr unterstützen die Kammern diese Entwicklung aktiv, um so insbesondere die Aufgabenfelder der Arbeits- und Sozialpolitik an selbständige Organisationen der einzelnen Fachbereiche abgeben zu können.
In den Ländern der französischen Zone vollzog sich dagegen die Verbandsgründung auf Arbeitgeberseite mit erheblicher Verzögerung zu den Gewerkschaften. Bereits die Rechtsgrundlage für die Errichtung von Fachverbänden erging erst drei Monate nach der offiziellen Zulassung von Gewerkschaftsgründungen. Der schleppende Gang der weiteren Entwicklung war indes nicht allein der Militärregierung anzulasten. Während in Württemberg-Hohenzollern seitens der Unternehmer zunächst nur wenig Interesse an einem Fachverband bestand, wurde der Aufbau ausschließlicher Unternehmerverbände in Baden durch die Zulassung von Arbeitnehmern zu den Fachvereinigungen behindert. Zugunsten eines tarifpolitischen Handlungspartners verzichteten die Arbeitnehmer in Form der Gewerkschaften allerdings auf diese Möglichkeit. Die Wiederherstellung der Handlungsfähigkeit in der Tarifpolitik war demnach wichtiger als die Mitwirkung in den Fachvereinigungen. Rechtlich wurde dieser Konsens zwischen den Tarifparteien erst Ende 1948 fixiert.
Bereits im organisatorischen Bereich finden sich demnach Hinweise, daß das Handlungsfeld der Tarifpolitik schon vor 1948 wieder in den Mittelpunkt der kollektiven Interessenvertretung von Arbeitgebern und Arbeitnehmern rückte.

III. Die Anfänge der Tarifautonomie in der Textilindustrie. Die lohnpolitische Entwicklung bis zur Währungsreform

1. Die wirtschaftlichen und wirtschaftspolitischen Rahmenbedingungen

Der Neuanfang tarifpolitischen Handelns in der Textilindustrie stand im engen Zusammenhang mit der wirtschaftlichen und wirtschaftspolitischen Entwicklung dieses Industriezweigs.
Der Faktor Arbeit gewann mit dem Wiederanlaufen der Produktion in der südwestdeutschen Textilindustrie zunehmend an Bedeutung. Die Ausrichtung der Wirtschaft an den Erfordernissen der Rüstungsindustrie unter der NS-Herrschaft hatte in diesem Bereich über das Kriegsende hinaus Spuren hinterlassen. Die bei Kriegsende vorhandenen Belegschaften reichten nicht aus, waren überaltert, wenig bis gar nicht qualifiziert und nur eingeschränkt leistungsfähig.
Gleichzeitig sollte die Textilindustrie mit ihrer Produktion nicht nur die Bevölkerung mit Textilien versorgen, sondern auch durch den Export Devisen für den Import anderer lebenswichtiger Güter bringen.
Zunächst einmal mußten jedoch erst die Voraussetzungen, insbesondere hinsichtlich eines ausreichenden Potentials an qualifizierten und leistungsfähigen Arbeitskräften, geschaffen werden. Der Bereich der Tarifpolitik bot dafür eine Möglichkeit. Das Einkommen bildete auch nach 1945 neben Ersparnissen die wesentliche Grundlage zur Finanzierung des Lebensunterhalts.[536] Höhere Löhne stellten demnach trotz der Zuteilungswirtschaft und des Mangels an Waren einen Anreiz zur Aufnahme einer Tätigkeit innerhalb eines bestimmten Wirtschafts- oder Industriezweigs.

1.1. Württemberg-Baden

Die Lage der Textilindustrie in Württemberg-Baden war in der unmittelbaren Nachkriegszeit im wesentlichen durch die wirtschaftspolitische Funktion als Devisenquelle bestimmt.
Aufgrund der katastrophalen Versorgungslage in Deutschland begannen noch unter dem alliierten Oberkommando SHAEF im Juni 1945 die ersten Nahrungsmitteleinfuhren auch in das amerikanische Besatzungsgebiet.[537]
Um nicht Gefahr zu laufen, die Kosten dafür, daß der bisherige Feind nicht verhungerte, aus eigener Tasche bezahlen zu müssen, erging bereits Ende des Jahres 1945 zu diesem Zweck eine Aufforderung der amerikanischen Militärregierung an die Ministerpräsidenten der Länder der US-Zone, den Export

[536] Vgl. Quellen zur Geschichte der deutschen Gewerkschaftsbewegung, Bd. 7, S. 86f.
[537] Von Juni bis Dezember 1945 erhielt die amerikanische Besatzungszone 60.000 t Weizen und 221.000 t Weizenmehl. Vgl. Jerchow, S. 148-153.

beschleunigt zu mobilisieren, um mit den Erlösen die von den Amerikanern gelieferten Lebensmittel, Roh- und Treibstoffe bezahlen zu können.[538]
Nachdem zunächst die bei Kriegsende noch vorhandenen Lager abgebaut worden waren, trafen bereits Ende des Jahres 1945 die ersten Textilrohstoffe in den Ländern der US-Zone ein.[539] Im Spätsommer 1946 startete die amerikanische Militärregierung die sogenannten OMGUS-Programme.[540] Im Rahmen dieser Programme sollten Textilrohstoffe auf der Grundlage von Dollarkrediten der "Reconstruction Finance Corporation" in den amerikanisch besetzten Teil Deutschlands eingeführt werden.[541]
Darüber hinaus erhielt die Textilindustrie der US-Zone ab August 1946 umfangreiche Baumwolleinfuhren im Rahmen eines Baumwollveredelungsprogramms.[542] Der zur Finanzierung der Rohstoffe erforderliche Teil der veredelten Produkte sollte wieder exportiert werden, der Überschuß zur Bedarfsdeckung in Deutschland verbleiben.[543] Von deutscher Seite standen diesem Programm erhebliche Bedenken im Hinblick auf das finanzielle Risiko des Konzepts der "self liquidating imports" entgegen. Allerdings überwog schließlich die Aussicht auf Verbesserung der katastrophalen Rohstoffversorgung und Sicherung der Arbeitsplätze in der Textilindustrie, so daß der Länderrat der US-Zone dem Programm am 29. März 1946 zustimmte.[544]
Die Abwicklung dieser Programme zog sich bis in das Jahr 1948. Produktion wie Absatz gingen infolge Kohlen-, Strom-, Hilfsstoff- und Facharbeitermangels sowie wegen der zunehmenden Dollarknappheit im Ausland nur sehr schleppend voran.[545] Darüber hinaus bestanden auch die Probleme im Transportwesen fort.[546]
Zwar gelang es durch die Programme, einen Teilbereich der westdeutschen Wirtschaft wiederzubeleben, ein Devisenüberschuß für weitere Einfuhren konnte jedoch nicht erwirtschaftet werden.[547]

---

538 Vgl. "Auflockerung des Exportsystems", in: Wirtschaftsrevue, 2. Jg. (1947), Nr. 18 v. 1.2.1947, S. 6.
539 Vgl. Jerchow, S. 408.
540 Vgl. "Textilnot hält an", in: Wirtschaftsrevue, 1. Jg. (1946), Nr. 6 v. 1.11.1946, S. 3.
541 Vgl. Jerchow, S. 408.
542 Vgl. ders., S. 409, 412.
543 Vgl. ebd.
544 Vgl. Jerchow, S. 409.
545 Vgl. "Textil-Produktion der Doppelzone", in: Wirtschaftsrevue, 3. Jg. (1948), Nr. 8 v. 21.2.1948, S. 3; "Bilanz des OMGUS-Vertrages", in: Wirtschaftsrevue, 3. Jg. (1948), Nr. 3 v. 17.1.1948, S. 3.
546 Um den Export zu fördern, wurde schließlich in der zweiten Hälfte 1947 den Roh- und Hilfsstoffen sowie Halbfertigwaren, die für die Exportproduktion bestimmt waren, ebenfalls Priorität im Rahmen der Verkehrsplanung eingeräumt. Vgl. Buchheim, Wiedereingliederung Westdeutschlands, S. 52.
547 Vgl. "Bilanz des OMGUS-Vertrages", in: Wirtschaftsrevue, 3. Jg. (1948), Nr. 3 v. 17.1.1948, S. 3. Nach diesem Bericht trug der Vertrag auch dazu bei, eine, wenn auch be-

Die Ursachen für den Mißerfolg der Programme setzten sich über die Sparte der Baumwollspinnereien hinaus in der gesamten Textilindustrie Württemberg-Badens fort.
Hinsichtlich des Kapitalstocks mußten sich die Unternehmen in der Regel mit den vorhandenen Maschinen behelfen. Eine Erneuerung und Modernisierung war aus verschiedenen Gründen nicht möglich. Zum einen befand sich der Hauptteil der Textilmaschinenproduktion in der sowjetisch besetzten Zone (SBZ).[548] Sofern diese Betriebe nicht zerstört oder von der Demontage betroffen waren, diente ihre Produktion ausschließlich dem Wiederaufbau der Textilindustrie in der Ostzone.[549]
Zum anderen unterlagen die Betriebe der Textilmaschinenindustrie in den drei westlichen Besatzungszonen Produktionsbeschränkungen.[550] Nach dem 1. Industrieniveauplan war die Produktion des Textilmaschinenbaus als sogenannter leichter Maschinenbau auf 50% der Produktion von 1938 begrenzt.[551] Darüber hinaus fehlten neben den allgemeinen Produktionshemmnissen der Nachkriegszeit auch in diesem Industriezweig insbesondere Rohstoffe, vorwiegend Eisen.[552] Schließlich mußte aufgrund des erforderlichen Gesamtausgleichs zwischen deutscher Ein- und Ausfuhr ein Teil der Maschinenproduktion im Ausland abgesetzt werden.[553]

---

scheidene, Inlandsversorgung der Bevölkerung zu gewährleisten. Die deutschen Stellen lagen mit ihrer Einschätzung des Risikos richtig. Bis Mitte 1948 belief sich der Verlust durch das Programm für die deutsche Volkswirtschaft auf 16 Mio. Dollar, ohne die Verluste der Länder in Reichsmark. Vgl. Jerchow, S. 411-414.

[548] Vgl. "Zum Neuen Jahr!", in Textil-Praxis H. 1 v. 13.1.1947, S. 1/2. Der Maschinenbau unterlag schon vor 1936 starker regionaler Konzentration. So wurden z. B. bestimmte Textilmaschinen ausschließlich im Gebiet der späteren SBZ hergestellt. Vgl. "Wiederaufbau erfordert Maschinen", in: Wirtschaftsrevue, 2. Jg. (1947), Nr. 21/22 v. Feb. 1947, S. 3. Vom Gesamtumsatz der deutschen Textilmaschinenindustrie entfielen 1938 63% auf die sowjetisch besetzte Zone, 22% auf die britische, 6,8% auf die amerikanische und 7,2% auf die französische Besatzungszone. Vgl. "Bilanz des deutschen Textilmaschinenbaus", in: Textil-Wirtschaft, 2. Jg. (1947), Nr. 19 v. 16.9.1947, S. 8.

[549] Vgl. ebd. Nach diesem Bericht wurden 70% des Textilmaschinenbaus in der russischen Besatzungszone demontiert. Vgl. auch "Wann werden wir wieder Maschinen kaufen können?", in: Textil-Wirtschaft, 3. Jg. (1948), Nr. 29 v. 5.8.1948, S. 8.

[550] Vgl. "Bilanz des deutschen Textilmaschinenbaus", in: Textil-Wirtschaft, 2. Jg. (1947), Nr. 19 v. 16.9.1947, S. 8.

[551] Vgl. "Bilanz des deutschen Textilmaschinenbaus", in: Textil-Wirtschaft, 2. Jg. (1947), Nr. 19 v. 16.9.1947, S. 8.

[552] Vgl. "Wann werden wir wieder Maschinen kaufen können?", in: Textil-Wirtschaft, 3. Jg. (1948), Nr. 29 v. 5.8.1948, S. 8. Zum schleppenden Anlaufen der Produktion im Textilmaschinenbau vgl. auch "Forschung, Organisation und Betrieb", in: Textil-Praxis, H. 3/4 v. 1.9.1946, S. 33-36.

[553] Vgl. "Forschung, Organisation und Betrieb", in: Textil-Praxis, H. 3/4 v. 1.9.1946, S. 33-36. Im Jahr 1936 stand der Export von Maschinen für die Spinnstoffindustrie einschließlich Näh- und Wäschereimaschinen sowie Maschinen für die Lederindustrie mit

Aus den gleichen Gründen erwies sich auch die Beschaffung von Ersatzteilen für den vorhandenen Maschinenpark als schwierig.[554] Die Unternehmen mußten sich vielfach mit der Herstellung von Ersatzteilen in den eigenen Betrieben behelfen, um diesen Notstand auszugleichen und die Produktion aufrechterhalten zu können.[555]

Insgesamt bestanden diese Probleme hinsichtlich des Kapitalstocks in der Textilindustrie bis zur Währungsreform fort.[556]

Allerdings waren immer noch mehr Kapazitäten als Arbeitskräfte vorhanden. Der Mangel an Arbeitskräften, insbesondere an Facharbeitern, sowohl in den Baumwollspinnereien als auch in den anderen Bereichen der Textilindustrie, hemmte die Produktion nachhaltig. Nach Angaben des Landesarbeitsamts Württemberg-Baden fehlten in der Textilindustrie zu Beginn des Jahres 1947 insgesamt 3.000 Arbeitskräfte, davon 2.000 in den Baumwollspinnereien.[557] Zwar stand in den ersten Nachkriegsjahren mit den Flüchtlingen und Vertriebenen ein zahlenmäßig ausreichendes Arbeitskräftepotential zur Verfügung.[558] Jedoch kamen diese Menschen überwiegend aus der Landwirtschaft, so daß eine Integration in die württembergisch-badische Industrie nicht ohne weiteres möglich war.[559] Darüber hinaus wurden die Flüchtlinge nach Versorgungs- und

---

18% an der Gesamtausfuhr auf dem zweiten Platz hinter dem Export von Werkzeugmaschinen (25%). Vgl. "Wiederaufbau erfordert Maschinen", in: Wirtschaftsrevue, 2. Jg. (1947), Nr. 21/22 v. Feb. 1947, S. 3.

[554] Vgl. "Abfallende Produktionskurve in Württemberg-Baden", in: Wirtschaftsrevue, 2. Jg. (1947), Nr. 15 v. 4.1.1947, S. 6.

[555] Dementsprechend finden sich in den Artikeln der Fachzeitschriften aus dieser Zeit auch Anleitungen zur Selbsthilfe bzw. Warnungen vor unsachgemäßem Eigenbau. Vgl. z. B. "Selbsthilfe", in: Textil-Praxis, H. 2 v. Feb. 1947, S. 33/34. Allerdings ist davon auszugehen, daß diese Praxis schon in den Kriegsjahren für die Textilindustrie als nicht kriegswichtige Industrie zur Notwendigkeit wurde.

[556] Vgl. "Mr. Veit vor alten Maschinen", in: Textil-Wirtschaft, 3. Jg. (1948), Nr. 1 v. 6.1.1948, S. 6; "Werden es die Spinner schaffen", in: Textil-Wirtschaft, 3. Jg. (1948), Nr. 17 v. 13.5.1948, S. 1; "Wann werden wir wieder Maschinen kaufen können?", in: Textil-Wirtschaft, 3 Jg. (1948) Nr. 29 v. 5.8.1948.

[557] Vgl. "Textilkräfte aus dem Osten", in: Neue Textil-Zeitung, 2. Jg. (1947), Nr. 2 v. 10.1.1947, S. 1. Zu den Auswirkungen des Arbeitskräftemangels für die Abwicklung der OMGUS-Programme vgl. "Textilproduktion der Doppelzone", in: Wirtschaftsrevue, 3. Jg. (1948), Nr. 8 v. 21.2.1948, S. 3.

[558] Vgl. zur Flüchtlingsfrage in Württemberg-Baden Schraut, Sylvia, Flüchtlingsaufnahme in Württemberg-Baden 1945-1949. Amerikanische Besatzungsziele und demokratischer Wiederaufbau im Konflikt, München 1995. Ebenso Abelshauser, Wirtschaft in Westdeutschland, S. 104ff.; Schraut, Sylvia, Zwangswanderung nach 1945 und ihre sozialen Folgen. Die Aufnahme der Flüchtlinge und Ausgewiesenen in Württemberg-Baden 1945-1949, in: Grosser, Christiane u. a., Flüchtlingsfrage - das Zeitproblem. Amerikanische Besatzungspolitik, deutsche Verwaltung und die Flüchtlinge in Württemberg-Baden 1945-1949, S. 164-196.

[559] Vgl. "Textilkräfte aus dem Osten", in: Neue Textil-Zeitung, 2. Jg. (1947), Nr. 2 v. 10.1.1947, S. 1; Harmssen, Reparationen, Sozialprodukt, Lebensstandard, H. 3, S. 15.

Wohnlage, nicht nach industriellem Bedarf, auf die Orte der amerikanischen Besatzungszone verteilt.[560] Der überwiegende Teil wurde demnach in den ehemals bayerischen Landkreisen angesiedelt.[561]
Gleichzeitig war es aufgrund der niedrigen Löhne schwierig, Arbeitskräfte zur Aufnahme einer Tätigkeit in der Textilindustrie zu bewegen.[562] Die Unternehmen bemühten sich, durch zusätzliche Leistungen wie warme Mahlzeiten oder die Stellung von Unterkünften den Anreiz zu vergrößern.[563]
Diese Maßnahmen dienten auch der Sicherung der Leistungsfähigkeit bei den Textilarbeitern. Aufgrund der schlechten Versorgungslage verringerte sich aber der pro Kopf erbrachte Arbeitsertrag zunehmend.[564] Für einen gleichbleibenden Produktionsstand wurden mithin immer mehr Arbeitskräfte notwendig.
Ebenso fehlten die Hilfsstoffe für die Textilproduktion in Württemberg-Baden, insbesondere für die Veredlung. Zum einen herrschte hier Mangel an den erforderlichen Grundsubstanzen.[565] Zum anderen unterlagen die Betriebe der chemischen Industrie stärkeren Produktionseinschränkungen sowie Demontagen als die Betriebe der Textilindustrie.[566] Die Kompensation der fehlenden Eigenversorgung durch Importe aus dem Ausland war ausgeschlossen. Die dafür notwendigen Devisen waren nicht verfügbar.
Schließlich stand die Produktion der Textilindustrie häufig aufgrund der unzureichenden Energieversorgung, insbesondere mit Kohle und Strom, still.[567] Zwar wurde im Laufe des Jahres 1947 die Kohlenfördermenge gesteigert, bedingt durch die schwierige Transportlage konnten die benötigten Mengen nicht weiterbefördert werden.[568] Trotz der von den amerikanischen und britischen

---

[560] Vgl. Harmssen, Reparationen, Sozialprodukt, Lebensstandard, H. 3, S. 15; Mielke, Die Neugründung der Gewerkschaften, in: Hemmer, Schmitz, Geschichte der Gewerkschaften, S. 24.
[561] Vgl. Harmssen, Reparationen, Sozialprodukt, Lebensstandard, H. 3, S. 14f.
[562] Vgl. dazu die Nachweise im folgenden Teil.
[563] Vgl. "Textilkräfte aus dem Osten", in: Neue Textil-Zeitung, 2. Jg. (1947), Nr. 2 v. 10.1.1947.
[564] Vgl. allgemein zu diesem Problem in der deutschen Wirtschaft "Kritischer Wirkungsverlust der deutschen Arbeit", in: Wirtschafts- und Finanz-Zeitung, 2. Jg. (1947), Nr. 13/14 v. 9.10.1947, S. 11.
[565] Vgl. "Es geht nicht ohne die Textil-Chemie", in: Textil-Wirtschaft, 2. Jg. (1947), Nr. 14 v. 8.7.1947, S. 6.
[566] Vgl. ebd.
[567] Unter diesem Problem litt das gesamte produzierende Gewerbe in der US-Zone sowie in den anderen westlichen Besatzungszonen. Die Fördermengen insbesondere des Rhein-Ruhrgebiets reichten zur Deckung des deutschen Bedarfs nicht aus. Vgl. "Höhepunkt der Kohlenkrise", in: Wirtschaftsrevue, 2. Jg. (1947), Nr. 17 v. 18.1.1947, S. 1. Der Kohlenmangel bedingte wiederum die unzureichende Versorgung mit Strom, da in den Kraftwerken Brennmaterial fehlte. Vgl. ebd.
[568] Vgl. "Anwachsen der Kohlenhalden", in: Wirtschaftsrevue, 2. Jg. (1947), Nr. 57 v. 15.11.1947, S. 1.

Militärregierungen ergriffenen Maßnahmen bestand dieses Problem bis zur Währungsreform fort.[569]
Insgesamt blieb die Kapazitätsauslastung in den Betrieben der württembergisch-badischen Textilindustrie aus den oben genannten Gründen bis zum Juni 1948 unzureichend. Die Leistungsfähigkeit der Arbeiter wurde mit zunehmender Verbesserung der sonstigen Produktionsfaktoren zum drängenden Problem hinsichtlich der Wiedereinführung von normaler Arbeitszeit und Schichtarbeit.[570]
Das Hauptproblem beim Absatz der Textilprodukte aus den genannten Programmen wie auch der sonstigen Erzeugung lag in der Organisation des Außenhandels für die Länder der US-Zone über das OMGUS.[571] Kennzeichnend für das Außenhandelsgeschäft waren Staatlichkeit, Bürokratie und Anonymität.[572]
Mit dem Zusammenschluß zur Bizone gingen diese Aufgaben auf die JEIA in Minden über.[573] Im Laufe des Jahres 1947 wurde das Verfahren für Ein- und Ausfuhren wesentlich erleichtert. Die Genehmigung erfolgte ab diesem Zeitpunkt dezentral auf Landesebene.[574] Ferner konnten die deutschen Unternehmen wieder mit ihren ausländischen Geschäftspartnern direkt verhandeln.
Gleichzeitig verschärfte sich jedoch der Druck auf die deutschen Produkte. Die amerikanische Textilindustrie hatte die Märkte in Asien und Afrika fest in der Hand und wurde auch in Europa immer stärker.[575] Im Gegensatz zu Deutschland verfügten andere europäischen Länder über eine bessere technische Ausstattung und konnten so besser und billiger produzieren.[576] Darüber hinaus hatten sie im Vergleich zu Deutschland einen Währungsvorteil. Exporte aus Deutschland mußten nach der sogenannten Dollar-Klausel ausschließlich in amerikanischer

[569] Vgl. "Kohlenmangel gefährdet Marshall-Plan", in: Wirtschaftsrevue, 3. Jg. (1948), Nr. 20 v. 15.5.1948, S. 3.
[570] Vgl. "Schwaben bereit zum Aufholen", in: Neue Textil-Zeitung, 2. Jg. (1947), Nr. 17 v. 25.4.1947, S. 2.
[571] Vgl. "Entfesselung der Exportwirtschaft", in: Wirtschafts- und Finanzzeitung, 2. Jg. (1947), Nr. 7/8 v. 28.8.1947, S. 9. Die deutschen Unternehmen mußten ihre Anträge bei der Außenwirtschaftsabteilung zur Prüfung einreichen, diese gab die Anträge nach der Prüfung an das Außenhandelskontor weiter, von wo aus die Unterlagen an das OMGUS Berlin weitergereicht wurden. Der Vertragsschluß mit den ausländischen Geschäftspartnern erfolgte nicht durch die deutsche Firma, sondern durch das OMGUS. Vgl. "Auflockerung des Exportsystems", in: Wirtschaftsrevue, 2. Jg. (1947), Nr. 18 v. 1.2.1947, S. 6.
[572] Vgl. ebd.
[573] Vgl. Erhard, Ludwig, Deutschlands Rückkehr zum Weltmarkt, Düsseldorf 1953, S. 69-90.
[574] Vgl. "Auflockerung des Exportsystems", in: Wirtschaftsrevue, 2. Jg. (1947), Nr. 18 v. 1.2.1947, S. 6.
[575] Vgl. "Kampf um die Textilmärkte", in: Wirtschaftsrevue, 3. Jg. (1948), Nr. 15 v. 10.4.1948, S. 5.
[576] Nach einem Zeitungsbericht führte der zögernde Absatz der Produktion in Italien und der Tschechoslowakei bereits zu den Problemen bei den Textilbetrieben. Vgl. "Kampf um die Textilmärkte", in: Wirtschaftsrevue, 3. Jg. (1948), Nr. 15 v. 10.4.1948, S. 5.

Währung bezahlt werden.[577] Insbesondere die europäischen Länder waren hierzu jedoch aufgrund ihrer zunehmenden Dollar-Verknappung nicht in der Lage.[578] Schließlich genügten die Erzeugnisse der Textilindustrie auch qualitativ nicht mehr den Ansprüchen der ausländischen Abnehmer. Die verarbeiteten Rohstoffe waren oftmals minderwertig. Hinsichtlich Muster und Farben hatte Deutschland infolge des Kriegs den Anschluß an die modischen Trends verloren.[579]
Mit der zunehmenden Erholung der Weltwirtschaft waren die deutschen Produkte somit immer weniger konkurrenzfähig.[580] Gleichzeitig geriet auch die "Bilanz" der amerikanischen Besatzung immer mehr ins Soll. Die Erlöse aus den Exporten, die zu einem Großteil ohnehin nur aus Rohstoffen bestanden, reichten nicht zur Deckung der für den Wiederaufbau benötigten Importe. Die Produktion für den Verkauf wurde immer unattraktiver. Der Anteil der Kompensationsgeschäfte, Ware gegen Ware, der Firmen untereinander stieg weiter an.[581]
Insofern erholte sich die Textilindustrie Württemberg-Badens wie auch andere Industriezweige trotz der Bemühungen seitens der USA nur langsam. Neben der Rohstofflage lag ein wesentliches Problem für diese relative Stagnation in den fehlenden bzw. nur eingeschränkt leistungsfähigen Arbeitnehmern. Mit zunehmender Verbesserung der sonstigen Produktionsfaktoren wurde die Leistungsfähigkeit der Arbeiter zum drängenden Problem beim Wiederaufbau der Industrie.

---

577 Zur Dollar-Klausel vgl. Kollmer-von Oheimb-Loup, Wirtschaft in der Nachkriegszeit, S. 3. Erschwerend kam noch hinzu, daß OMGUS wie JEIA versuchten, für westdeutsche Exportwaren maximale Preise auf dem Weltmarkt zu erzielen. Der deutsche Lieferant erhielt dagegen nur einen möglichst niedrigen Reichsmark-Satz zu Inlandsfestpreisen, so daß dieses System auch für ihn nicht sonderlich attraktiv war. Vgl. Erhard, S. 70.

578 Vgl. Buchheim, Wiedereingliederung Westdeutschlands, S. 24-40; Die Folge hiervon waren allerdings nicht nur Schwierigkeiten beim Absatz, sondern auch wachsende Außenstände. Vgl. "Die hemmende Dollarklausel", in: Wirtschaftsrevue, 3. Jg. (1948), Nr. 14 v. 3.4.1948, S. 1.

579 Vgl. "Kampf um die Textilmärkte", in: Wirtschaftsrevue, 3. Jg. (1948), Nr. 15 v. 10.4.1948, S. 5. Darüber hinaus machte sich auch hier der Mangel an Chemikalien wie Druck- und Ätzfarben und sonstigen Druckhilfsmitteln in den Ausrüstungsanstalten deutlich bemerkbar.

580 Im Rahmen der OMGUS-Programme erhielten die deutschen Produzenten minderwertige kurzfibrige Rohbaumwolle. Dementsprechend minderwertig waren auch die daraus hergestellten Waren. Vgl. Jerchow, S. 411.

581 Zu diesem sogenannten Grauen Markt vgl. "Schwierige Durchführung des Exportprogramms", in: Wirtschaftsrevue 2. Jg. (1947), Nr. 26 v. 12.4.1947, S. 1.

1.2. Baden

Die badische Textilindustrie stand vor ähnlichen Problemen wie im benachbarten Norden.
Die Wirtschaftspolitik Frankreichs gegenüber dem besetzten Gebiet war grundsätzlich darauf gerichtet, daß im Hinblick auf die schwierige Nachkriegssituation im eigenen Land die Besatzungszone erstens keine Belastung für Frankreich werden durfte und zweitens zum Wiederaufbau Frankreichs beitragen sollte.[582]
Im Rahmen der erstgenannten Zielsetzung kam der Textilindustrie die Rolle des Devisenbringers für die Finanzierung zusätzlicher Einfuhren zu, insbesondere von Nahrungsmittel.[583]
Gleichzeitig war die Produktion der badischen Textilindustrie im Rahmen der zweiten Zielsetzung der Besatzungsmacht, dem Wiederaufbau Frankreichs, bis zur Währungsreform stark an den Interessen der französischen Besatzungsmacht ausgerichtet.
Den industriellen Output bestimmten grundsätzlich detaillierte Produktionsprogramme der Militärregierung.[584] Drei Großbetriebe der badischen Textilindustrie standen unter "contrôle direct de la Production Industrielle de Gouvernement Militaire", das heißt sie konnten sich hinsichtlich der Materialbeschaffung sowie sonstigen Problemen direkt an den zuständigen Kontrolloffizier wenden.[585] Schließlich gehörten zu Beginn des Jahres 1947 64 Unternehmen der Textilindustrie zu der Gruppe der sogenannten Prioritätsbetriebe.[586] Der Kategorie A, Textilbetriebe, die ausschließlich für das französische Programm arbeiteten, waren 19 Betriebe zugeordnet. Zur Kategorie B, Betriebe, deren Produktion zu mehr als 60% auf den Export, den Bedarf der Besatzungstruppen, der Militär-

---

[582] Zu Sachzwängen und strukturellen Rahmenbedingungen der französischen Besatzungspolitik vgl. Hudemann, Rainer, Sozialpolitik im deutschen Südwesten zwischen Tradition und Neuordnung 1945-1953. Sozialversicherung und Kriegsopferversorgung im Rahmen französischer Besatzungspolitik, Mainz 1988. Zu dem Bild der älteren Forschung der Besatzungszone als "Ausbeutungskolonie" vgl. Abelshauser, Wirtschaft und Politik in der Französischen Zone 1945-1949, S. 111-139.

[583] Vgl. "Die Wirtschaft der französischen Zone", in: Wirtschaftsrevue, 2. Jg., Nr. 18 v. 1.2.1947, S. 1.

[584] Vgl. Laufer,Industrie und Energiewirtschaft, S. 76f. In der Textilindustrie gab es bis 1949 allein für die Produktion des deutschen Zivilkontingents 14 sogenannte D-Programme. Vgl. Bohn, S. 68-82.

[585] Vgl. Aufstellung in der Badischen Zeitung v. 13.6.1947, S. 6. Es handelte sich hierbei um die MEZ AG in Bräunlingen, die Rhodiaseta AG in Freiburg sowie Lonzona in Säckingen.

[586] Insgesamt gab es im Februar 1947 383 Prioritätsbetriebe in Südbaden. Vgl. Landesverfügung Nr. 22/47 des Hauptwirtschaftsamtes des badischen Wirtschaftsministeriums v. 22.2.1947 mit der Liste der Prioritätsbetriebe Gruppe A und B, hrsg. v. Gouvernement Militaire de Bade am 15.2.1947, in: Archiv des Textilverbands, Ordner Gründung des Verbandes der Badischen Textilindustrie in der französisch besetzten Zone am 30.9.1946 und Bildung der Fachkommission Textil, Herbst 1946.

regierung oder der Wirtschaftsstellen des Heeres, der Reichsbahn oder -post sowie der saarländischen Bergwerke gerichtet war, zählten 45 Unternehmen. Die Prioritätsbetriebe genossen hinsichtlich der Versorgung mit Roh- und Hilfsstoffen absoluten Vorrang.[587] Gleichzeitig wurden auch die Belegschaften zur Sicherung der Arbeitsleistung bei der Zuteilung von Verbrauchsgütern und Lebensmitteln bevorzugt.[588]

Seitens der französischen Militärregierung wurde dieses System als unerläßlich bezeichnet, "um nach dem Zusammenbruch eine Massenarbeitslosigkeit zu vermeiden und wirtschaftliche Engpässe zu verhindern."[589] Die Lohnaufträge sicherten insbesondere Produktion und Beschäftigung in den badischen Baumwollspinnereien.[590] Dieses System wirkte sich jedoch bei den weiterverarbeitenden Industrien nachteilig aus, denn hier fehlten die Garne und Gespinste aus dieser Produktionsstufe.[591]

Die ausreichende Versorgung der Betriebe der badischen Textilindustrie stellte grundsätzlich ein Problem dar.[592] Die Bewirtschaftung erfolgte zentral über die Section Textil bei der Production Industrielle.[593] Ab November 1945 übernahm die Zentralstelle für Textilwirtschaft in Badenweiler die Produktionsanweisung sowie -lenkung und entsprechende Zuteilung der Rohstoffe.[594]

Das Eigengeschäft lief in den unterschiedlichen Sparten der badischen Textilindustrie insgesamt nur schleppend an. Zu Beginn des Jahres 1947 war das Hauptziel der badischen Textilindustrie, Eigengeschäft für die Bedarfsdeckung der Bevölkerung und den Export, "nur in kleinem Umfang erreicht."[595] Dadurch fehlten weiterhin Devisen, die zusätzliche Rohstoffeinfuhren oder andere Investitionen ermöglicht hätten.[596] Die Betriebe der Textilveredlung hatten neben

---

587 Vgl. Laufer, Industrie und Energiewirtschaft, S. 78.

588 Vgl. "Erzeugung und Außenhandel", in: Wirtschaftsrevue, 2. Jg. (1947), Nr. 55 v. 1.11.1947, S. 3.

589 So begründete General Laffon das "Prioritäts-System" vor den Ministerpräsidenten der Länder der französisch besetzten Zone in einer Besprechung am 21.10.1947. Vgl. "Erzeugung und Außenhandel", in: Wirtschaftsrevue, 2. Jg. (1947), Nr. 55 v. 1.11.1947, S. 3

590 Nach Angaben der Industrie- und Handelskammern zählte die Textilindustrie im Sektor der Baumwollspinnerei aufgrund der französischen Lohnaufträge zu den bestbeschäftigten Industriezweigen des Landes. Vgl. "Aus der badischen Textilindustrie", in: Die Industrie- und Handelskammer. Mitteilungsblatt der südbadischen Handelskammern Baden-Baden, Lahr, Freiburg, Konstanz und Schopfheim, 1. Jg. (1947), Nr. 1 v. Jan 1947, S. 11.

591 Vgl. ebd.

592 Vgl. "Lohngeschäfte in Südbaden", in: Textil-Wirtschaft, Nr. 10, 2. Jg. (1947), S. 2.

593 Vgl. Bohn, S. 14f.

594 Vgl. "Lohngeschäfte in Südbaden", in: Textil-Wirtschaft, Nr. 10, 2. Jg. (1947), S. 2. Über die ZfT erfolgte auch die Abwicklung der Lohngeschäfte. Vgl. Rundschreiben der Industrie-, Handels- und Gewerbekammern Südbaden Nr. 6 v. April/Mai 1946.

595 Vgl. "Aus der Textilindustrie", in: Die Industrie-und Handelskammer, 1. Jg. (1947), Nr. 2 v. Feb. 1947, S. 23.

596 Vgl. "Lohngeschäfte in Südbaden", in: Textil-Wirtschaft, Nr. 10, 2. Jg. (1947), S. 2.

dem allgemeinen Garnmangel zusätzlich das Problem fehlender Hilfsstoffe, insbesondere Farben.[597]
Darüber hinaus schränkten auch in Baden Strom- und Kohlenmangel sowie Transportprobleme die Produktion der Textilindustrie zum Teil erheblich ein.[598]
Während die genannten Probleme, zum Teil jahreszeitlich bedingt, unterschiedlich präsent waren, wirkte sich der Mangel an qualifizierten Arbeitskräften fortlaufend negativ auf die Produktionsentwicklung aus.[599] Der kriegsbedingte Aderlaß konnte trotz Prämiensystems und anderen Leistungsanreizen in der badischen Textilindustrie 1946 und 1947 nur schwer ausgeglichen werden.[600]
Insgesamt waren nach Berichten der Arbeitsämter in der badischen Wirtschaft zu Beginn des Jahres über 20.000 Stellen offen.[601] Die Textilindustrie sei sowohl für männliche als auch für weibliche Arbeitskräfte "verstärkt aufnahmefähig".[602]
Insbesondere die Nachfrage nach Fachkräften lag wesentlich über dem Angebot.[603] Für eine langfristige Produktionssteigerung mußte ferner ein qualifizierter Nachwuchs für die überalterten Belegschaften gesichert werden.[604]
Zusätzliche Arbeitskräfte durch die Ansiedlung von Flüchtlingen standen im Gegensatz zu Württemberg-Baden kaum zur Verfügung. Die französische Militärregierung lehnte bis 1949 die Aufnahme von Flüchtlingen in ihrer Zone ab.[605] Ebenso war die Anwerbung von Arbeitnehmern aus den Nachbarzonen aufgrund der Zuzugs- und Unterbringungsschwierigkeiten sowie der zum Teil

---

597 Vgl. "Aus der Textilindustrie", in: Die Industrie-und Handelskammer, 1. Jg. (1947), Nr. 2 v. Feb. 1947, S. 23.

598 Während viele Betriebe über eigene Wasserkraftwerke verfügten, die die Versorgung mit Strom - bei ausreichendem Wasserstand - sicherten, wirkte sich in Baden insbesondere der allgemein herrschende Kohlenmangel produktionshemmend aus. Vgl. "Aus der badischen Textilindustrie", in: Die Industrie- und Handelskammer. Mitteilungsblatt der südbadischen Handelskammern Baden-Baden, Lahr, Freiburg, Konstanz und Schopfheim, 1. Jg. (1947), Nr. 3 v. März 1947, S. 35-36.

599 Ein großer Teil der badischen Stromversorgung basierte auf Wasserkraftwerken, die in ihrer Leistungsfähigkeit vom Wasserstand abhingen. Vgl. Laufer, Industrie und Energiewirtschaft, S. 36-47.

600 Vgl. ebd., S. 79.

601 Vgl. "Die Arbeitslage", in: Die Industrie- und Handelskammer, 1. Jg. (1947), Nr. 1 v. Jan. 1947, S. 6/7.

602 Vgl. "Die Arbeitslage in Südbaden", in: Die Industrie- und Handelskammer, 1. Jg. (1947), Nr. 5 v. Mai 1947, S. 71.

603 Vgl. "Vom Arbeitsmarkt", in: Rundschreiben der Industrie-, Handels- und Gewerbekammern Südbaden Nr. 8 v. Aug./Sept. 1946, S. 4-5.

604 Vgl. "Aus der badischen Textilindustrie", in: Die Industrie- und Handelskammer, 1. Jg. (1947), Nr. 15 v. Jan. 1947, S. 11.

605 Vgl. Benz, Wolfgang, Die Gründung der Bundesrepublik. Von der Bizone zum souveränen Staat, München 1984, S. 44. Zwischen 1946 und 1948 lag der tatsächliche Netto-Zuzug unter 200.000 Personen. Vgl. Angaben in Bulletin Statistique, No. 10, Juni 1949, S. 1.

geringeren Löhne kaum möglich.[606] Darüber hinaus litt die Leistungsfähigkeit der Arbeiter erheblich unter der Mangelernährung sowie fehlender Arbeitskleidung und Schuhwerk.[607]
Die Arbeitsmarktlage in Südbaden spitzte sich im Laufe des Jahres 1947 weiter zu. Aufgrund der mangelhaften Ernährungslage und des geringen Leistungsanreizes der Stopplöhne bei steigenden Preisen nahmen Produktionsausfälle infolge Krankheit, Minderleistung und Abwesenheit der Arbeitnehmer beträchtlich zu.[608] Einzelne Versuche, die Produktion durch Verlängerung der Arbeitszeit zu steigern, stießen auf den Widerstand der Gewerkschaften, die solche Maßnahmen aufgrund der schlechten Versorgungslage ablehnten.[609] Der Arbeitsausfall konnte demnach nur durch die Einstellung neuer Arbeitskräfte kompensiert werden. Trotz steigender Beschäftigtenzahlen trat bis in die erste Hälfte des Jahres 1948 jedoch keine Produktionssteigerung ein.[610]
Im Verhältnis zum Produktionsfaktor Kapital wirkte sich der Mangel an leistungsfähigen Arbeitskräften wesentlich stärker einschränkend auf die Produktion der badischen Textilindustrie aus. Der bereits infolge der Kriegswirtschaft dezimierte Kapitalstock der badischen Textilindustrie hatte zwar auch 1947 und 1948 weiterhin unter Maschinenentnahmen für den Wiederaufbau der französischen Industrie zu leiden, so daß die badischen Textilbetriebe zunehmend auf einen veralteten und oftmals reparaturbedürftigen Maschinenbestand zurückgreifen mußten.[611] Neue Maschinen waren aus den gleichen Gründen wie in Württemberg-Baden nicht verfügbar.[612] Die Produktion wurde dadurch aber

---

606 Vgl. "Vom Arbeitsmarkt", in: Rundschreiben der Industrie-, Handels- und Gewerbekammern Südbaden Nr. 8 v. Aug./Sept. 1946, S. 4-5

607 Vgl. Laufer, Die südbadische Industrie, S. 149. In der französisch besetzten Zone war die Ernährungslage bedingt durch die direkten Nahrungsmittelentnahmen der Besatzungsmacht noch schlechter als in den zwei anderen Westzonen. Vgl. eingehender zu diesem Problem Schlange-Schöningen (Hrsg.), Im Schatten des Hungers. Dokumentarisches zur Ernährungspolitik und Ernährungswirtschaft in den Jahren 1945-1955, bearb. v. Justus Rohrbach, Hamburg u. Berlin 1955, S. 17ff. Zum Engagement der Gewerkschaften für die Verbesserung der Ernährungslage der badischen Arbeitnehmer ausführlich Unser, S. 103-128.

608 Vgl. "Die Arbeitslage", in: Die Industrie-und Handelskammer, 1. Jg. (1947), Nr. 1 v. Jan. 1947, S. 6-7; ebenso "Die Arbeitslage", in: Nr. 7/8 v. Juli/Aug. 1947, S. 105.

609 Vgl. "Die Arbeitslage", in: Die Industrie- und Handelskammer, 1. Jg. (1947), Nr. 1 v. Jan. 1947, S. 6/7. Inwieweit es entsprechende Versuche auch in Betrieben der badischen Textilindustrie gab, ist anhand des vorliegenden Materials nicht ersichtlich.

610 Vgl. "Die Arbeitslage", in: Die Industrie-und Handelskammer, 2. Jg. (1948), Nr. 5 v. Mai 1948, S. 68.

611 Vgl. dazu die Unterlagen Innerdeutscher Spinnmaschinenausgleich und Spinnmaschinenabgabe nach Frankreich, 1954 in: Archiv LTA, Bestand Textilverband, Nr. 40; Aufstellung von Prioritätsbetrieben, Requisitionen, Maschinenentnahmen, Baumwollzuteilungen, 1947-1951, in: ebd., Nr. 51. Zu dem Problem zeitgenössischer Wahrnehmung Wolfrum, Französische Besatzungspolitik und deutsche Sozialdemokratie, S. 21.

612 Neben dem ohnehin knappen Angebot aufgrund der Abtrennung der Textilmaschinenindustrie-Standorte in der SBZ, fehlten für derartige Neuinvestitionen die Devisen. Die mit

nicht eingeschränkt. Selbst für den zu den "bestbeschäftigten Industriezweigen des Landes" gehörenden Sektor der Baumwollspinnereien hieß es 1947, daß die Kapazitäten, soweit es der Stand der Versorgung mit Arbeitskräften zuließe, voll ausgelastet seien.[613] In den Berichterstattungen taucht das Problem der technischen Modernisierung und Ergänzung des Maschinenbestandes daher auch immer nach dem Arbeitskräftemangel auf.[614]
Neben den genannten Problemen auf der Produktionsseite blockierte auf der Absatzseite die strenge Reglementierung des Außenhandels einen schnelleren Aufschwung.
Zwar beruhten die Regelungen zum Großteil auf Kontrollratsbeschlüssen von 1945/46. Diese wurden im französischen Besatzungsgebiet jedoch weitaus rigoroser angewandt als in den beiden anderen Westzonen.[615] Die inländischen Produzenten konnten bis Ende des Jahres 1947 keinen Kontakt zu Geschäftspartnern aufnehmen.[616] Auch hinsichtlich des Verfahrens sowie der Abrechnungsweise der Geschäfte änderte sich bis zur Währungsreform nichts. Frankreich verkaufte die Produkte der Besatzungszone im Ausland gegen Dollar. Auf dem deutschen Konto wurde jedoch nur der Inlandsstopppreis in Reichsmark gutgeschrieben. Der einzelne Exporteur erhielt nichts von dem Devisenerlös.[617] Lediglich nach Erreichen eines bestimmten Mindestexportumsatzes erhielt jedes Land in der französischen Zone eine Prämie zugeteilt, von

---

den Exporten der französischen Besatzungszone erzielten Erlöse deckten zumindest im ersten Quartal 1946 gerade die Kosten für die Nahrungsmitteleinfuhren ab. Der restliche Betrag wurde für den Ankauf neuer Rohstoffe verwendet, um die noch vorhandenen industriellen Kapazitäten zumindest eingeschränkt auszulasten. Vgl. "Handelsbilanz der französischen Zone", in: Industrie-, Handels- und Gewerbekammer, Rundschreiben Nr. 9 v. Okt./Nov./Dez. 1946, S. 13.

[613] Vgl. "Aus der badischen Textilindustrie", in: Die Industrie- und Handelskammer, 1. Jg. (1947), Nr. 1 v. Jan. 1947, S. 11.

[614] Vgl. ebd.

[615] Vgl. Hudemann, Französische Besatzungszone 1945-1952, S. 233.

[616] Vgl. "Aus der Textilindustrie", in: Die Industrie-und Handelskammer, 1. Jg. (1947), Nr. 2 v. Feb. 1947, S. 23.

[617] Aufgrund dieser Tatsache erging seitens der Industrie- und Handelskammern am 18.3.1947 eine Entschließung, daß zur Erfüllung des deutschen Ausfuhrplans der Exporteur mit dem Verkäufer auf dem Inlandsmarkt unbedingt gleichgestellt werden müsse. Hierfür sei es notwendig, dem Exporteur, der nicht mittels Kompensation ("Tausch") und ähnlichen Möglichkeiten seine Substanz erhalten könnte, neben der Zuteilung von Rohstoffen, Kohle und dergleichen auch einen kleinen Teil des Devisenerlöses (5-10%) zur Beschaffung betrieblicher Hilfsmittel für die Ausfuhrfertigung sowie zu sozialen Zwecken zur Verfügung zu stellen. Vgl. "Das Problem der Exportpreise", in: Die Industrie-und Handelskammer, 1. Jg. (1947), Nr. 3 v. März 1947, S. 78.

der bis zu 50% nach dem Ermessen des Landesexportbeirats für den Ankauf zusätzlicher Rohstoffe verwendet werden konnten.[618]
Insgesamt nahm dennoch der Außenhandel in der französischen Zone seit 1946 kontinuierlich zu. Während die Handelsbilanz des Besatzungsgebiets 1947 noch im ersten Halbjahr ein Defizit von etwa acht Mio. Dollar aufwies, konnte bis Ende September des Jahres ein Überschuß in Höhe von 1,23 Mio. Dollar erwirtschaftet werden.[619]
Das Exportverfahren für den Absatz der Produktion aus den Eigengeschäften der badischen Textilindustrie wurde erst mit der Zusammenlegung des OFICOMEX mit der bizonalen Außenhandelsbehörde JEIA im Oktober 1948 gelockert.[620]
Der Absatz von Produkten setzte allerdings zunächst deren Erzeugung voraus. Die Entwicklung in diesem Bereich blieb jedoch bis zur Währungsreform schleppend. Im Vergleich zu den übrigen Produktionsfaktoren fiel der Rückgang der Arbeitsproduktivität vor dem Hintergrund der guten Kapazitätsauslastung mit Lohnaufträgen besonders ins Gewicht. Eine Steigerung der Produktion hing somit neben einer ausreichenden Rohstoffversorgung auch in der badischen Textilindustrie im wesentlichen vom Aufbau eines leistungsfähigen und qualifizierten Arbeitskräftepotentials ab.

1.3. Württemberg-Hohenzollern

Die Entwicklung der Textilindustrie in Württemberg-Hohenzollern war wie die in Baden stark von den wirtschaftlichen Interessen der Besatzungsmacht geprägt.
Produktionsplanung und -lenkung erfolgten hier ebenfalls ausschließlich über die von der Militärregierung eingesetzte ZfT, ebenso die Rohstoffzuteilung. Die Landesstelle hatte hier aber schon früh weitgehende Eigenverantwortlichkeit.
Produktionsanlagen standen trotz der Kriegseinwirkungen noch ausreichend zur Verfügung. Allerdings war die Textilindustrie in Württemberg-Hohenzollern ebenfalls von Maschinenentnahmen seitens der französischen Besatzungsmacht betroffen. Der verbleibende Bestand war oftmals technisch veraltet und reparaturanfällig.[621] Möglichkeiten zur Wiederbeschaffung gab es nicht.[622]

---

[618] Vgl. Die Industrie-und Handelskammer. Mitteilungsblatt der südbadischen Handelskammern Baden-Baden, Lahr, Freiburg, Konstanz und Schopfheim, 3. Jg. (1949), Nr. 1 v. Jan. 1949, S. 1-3.
[619] Vgl. "Außenhandel der französischen Zone", in: Wirtschaftsrevue, 4. Jg. (1949), Nr. 3 v. 17.1.1949, S. 3.
[620] Vgl. Bohn, S. 48.
[621] Vgl. "Der Druck auf die Alb", in: Neue Textil-Zeitung, 2. Jg. (1947), Nr. 1 v. 3.1.1947, S. 2.
[622] Vor diesem Hintergrund räumte § 7 der Rechtsanordnung zur Wirtschaftslenkung dem Landesdirektorium der Wirtschaft in Süd-Württemberg die Möglichkeit ein, zur Erhaltung

Den größten Teil der Textilproduktion stellten auch hier Lohnaufträge für Frankreich und die Schweiz.[623] Im Hinblick auf die Struktur der Textilindustrie in diesem Teil Württembergs machte sich die Inanspruchnahme der Spinnerei-Kapazitäten durch die französische Militärregierung für die Betriebe der Veredlungssparten besonders bemerkbar. Von der Gesamtproduktion der südwürttembergischen Spinnereien betrug 1946 der Anteil französischer Abnehmer 80%, bei den Webereien noch 60%.[624] Gleichzeitig waren die Betriebe in der Weberei nur zu 15% ihrer Gesamtkapazität ausgelastet.
Im Jahr 1947 betrug die betriebliche Ausnutzung bei den Spinnereien 45%, bei den Baumwollwebereien 35%, bei den Seidenwebereien 30%, bei den Wirkereien und Strickereien lediglich 9,5%.[625]
Die unzureichende Auslastung der Kapazitäten ist zum einen auf die schlechte Rohstoffversorgung der Textilindustrie in Württemberg-Hohenzollern zurückzuführen. Ausreichende Kontingente standen nur im Rahmen von Lohnaufträgen oder bei den Prioritätsbetrieben zur Verfügung. Hiervon profitierten im wesentlichen die Spinnereien und Webereien.[626] Dagegen fehlten in den Wirkereien und Strickereien sowie der Trikotagenindustrie Gespinste zur Weiterverarbeitung.[627] Zudem waren mit der Zoneneinteilung auch die Woll- und Baumwollspinnereien Nord-Württembergs als Lieferanten weggefallen.[628] Dementsprechend schlecht waren diese Zweige ausgelastet.[629] Eine Verbesserung der

---

lebenswichtiger Industrien Betriebe zu schließen oder zusammenzulegen, sowie über Maschinen, Werkzeuge, Betriebseinrichtungen und Vorräte einzelner industrieller Betriebe zugunsten anderer Betriebe zu verfügen. Vgl. ebd.

[623] Vgl. Aktenvermerk v. 10.7.1947 betr. prozentualer Anteil französischer Abnehmer an unserer Produktion (Landesdirektion der Wirtschaft, Landeswirtschaftsamt), in: StA Sigmaringen, Wü 140/1, Nr. 28

[624] Vgl. ebd.

[625] Die Bekleidungs- und die Hutindustrie waren zu 45% bzw. 24% ausgelastet. Vgl. Bericht über die wirtschaftliche Lage 1947, S. 5.

[626] Vgl. "Französische Zone gut beschäftigt", in: Textil-Wirtschaft, 2. Jg. (1947), Nr. 15 v. 22.7.1947, S. 2.

[627] Vgl. Aktenvermerk Wirtschaftsministerium v. 4.6.1947 (Gespräch mit Werwag, Merkle und Stecher), in: StA Sigmaringen, Wü 140/1, Nr. 472.

[628] Vgl. zur Verflechtung der Landesteile Württembergs und Badens die Schrift Württemberg-Baden. Historisch, wirtschaftlich und kulturell eine Einheit - Heute durch Zonengrenzen in zwei Teile gerissen, Stuttgart 1948. Zu den Verflechtungen in der Textilindustrie vgl. insbesondere S. 15.

[629] Dieser Zustand dauerte bis in das Jahr 1949 an. Vgl. dazu "Die Entwicklung in Süd-Württemberg", in: Textil-Wirtschaft, 4. Jg. (1949), Nr. 11 v. 17.3.1949, S. 4. Danach waren auch zu diesem Zeitpunkt lediglich 30% der betrieblichen Kapazitäten in der Trikotagen- und Strickwarenindustrie ausgelastet. Eine Verbesserung des Interzonenhandels brachte erst eine Vereinbarung der Landeswirtschaftsämter Stuttgart und Tübingen 1949, nach der gegenseitig Fertigwaren geliefert und Lohnveredelungsgeschäfte durchgeführt werden konnten. Vgl. "Zwischen Stuttgart und Tübingen", in: Textil-Wirtschaft, 4. Jg. (1949), Nr. 14 v. .4.1949, S. 4.

Rohstofflage trat in Württemberg-Hohenzollern erst im zweiten Quartal des Jahres 1948 ein.[630]
Zum anderen konnten die vorhandenen Kapazitäten durch das Fehlen von Arbeitskräften zum Bedienen der Maschinen nicht voll ausgenutzt werden. Gegenüber 1936 hatte sich die Zahl der Beschäftigten in der Textilindustrie Württemberg-Hohenzollerns im Jahr 1947 halbiert, die Zahl der Arbeiter sogar um 60% reduziert.[631] Neben der bereits geschilderten übermäßigen Beanspruchung der Textilindustrie als "Menschenreservoir" für Wehrmacht und Rüstung unter der NS-Herrschaft trat die Textilindustrie Württemberg-Hohenzollerns nach Kriegsende in direkte Konkurrenz zur Landwirtschaft. Aufgrund der ländlichen Struktur des Landes hatten viele Industriearbeiter noch einen landwirtschaftlichen Nebenerwerb.[632] Nach 1945 boten diese die direkte Möglichkeit zur Verbesserung der Ernährungssituation. Im Gegensatz dazu verlor der Geldlohn für die Industriearbeit trotz Preisstopps immer mehr an Wert. Der Nebenerwerb wurde daher nach Kriegsende nicht selten zur Hauptbeschäftigung. Trotz Prämiensystems und sonstigen Zusatzleistungen auf betrieblicher Ebene wuchs die Zahl der Beschäftigten in der Textilindustrie Württemberg-Hohenzollerns daher nur langsam an.[633]
Im Vergleich zu der amerikanischen Besatzungszone konnte der Arbeitskräftemangel in Württemberg-Hohenzollern aufgrund der restriktiven Haltung der französischen Militärregierung auch nicht durch die Zuwanderung von Flüchtlingen und Vertriebenen ausgeglichen werden.[634] Im Jahr 1947 erleichterte die französische Besatzungsmacht schließlich den Zuzug von Flüchtlingen,

---

630 Vgl. Vierteljahresbericht über die wirtschaftliche Entwicklung in Württemberg-Hohenzollern und Lindau-B., April-Juni 1948, S. 2. Allerdings verschlechterte sich die Situation bei den Hilfs- und Betriebsstoffen.

631 Im Jahr 1936 waren in der Textilindustrie Württemberg-Hohenzollerns 45.977, im Jahr 1947 lediglich noch 19.568 Personen beschäftigt. Die Zahl der Arbeiter sank von 41.778 (1936) auf 16.683 (1947).

632 Vgl. Württemberg-Hohenzollern in Zahlen, 5. Jg. (1950), Nr. 4, S. 224.

633 Bis 1949 hatte sich die Zahl der Beschäftigten in der Textilindustrie erst auf 36.339, die der Arbeiter erst 32.164 erhöht. Die Section Textil in Badenweiler hatte für alle Spinnereien grundsätzlich die Genehmigung zur Gewährung einer Naturalprämie erteilt. Vgl. Schreiben der Süddeutschen Spinnerei GmbH, Ebingen, an die Landesdirektion für Arbeit v. 14.11.1946 sowie Schreiben der Landesdirektion für Wirtschaft an die Landesdirektion für Arbeit v. 25.11.1946, beides in: StA Sigmaringen, Wü 180/1, Nr. 257.

634 Frankreich hatte weder das Potsdamer Abkommen unterzeichnet, noch war es an Umsiedlungsentscheidung beteiligt und weigerte sich daher, die Konsequenzen dieser Entscheidung zu tragen. Zur Politik der französischen Besatzungsmacht gegenüber den dennoch nach Württemberg-Hohenzollern gekommenen Flüchtlingen vgl. den damaligen Flüchtlingskommissar Eschenburg, Theodor, Letzten Endes meine ich doch. Erinnerungen 1933-1999, Berlin 2000, S. 86, 99f.

der Hauptstrom setzte allerdings erst im Laufe des Jahres 1949 ein.[635] Die Textilindustrie Württemberg-Hohenzollern bot insbesondere den weiblichen Flüchtlingen Arbeit. Annähernd 20% nahmen bis Ende des Jahres 1948 eine Beschäftigung in den Betrieben dieses Industriezweigs auf.[636] Insgesamt blieb der Anteil der Flüchtlinge an der Gesamtzahl der Lohnabhängigen in der Wirtschaft Württemberg-Hohenzollerns aber mit 6% (1948) gering, so daß auch mit den zugewanderten Arbeitskräften keine wesentliche Verbesserung auf dem textilindustriellen Arbeitsmarkt eintrat.[637] Die niedrige Zahl der Beschäftigten war demnach ein wesentlicher Grund für die geringe Auslastung der Gesamtkapazitäten und damit für den schleppenden Anstieg der Produktion bis zur zweiten Hälfte des Jahres 1948.

Auf der Absatzseite stand einem zügigen Wiederaufschwung der südwürttembergischen Textilindustrie das durch die französische Militärregierung reglementierte Exportverfahren entgegen. Wie im übrigen Besatzungsgebiet erfolgte auch in Württemberg-Hohenzollern jeglicher Handel mit anderen Zonen oder dem Ausland über das OFICOMEX. Die am Außenhandel interessierten Firmen durften Handelsgeschäfte nur nach den Weisungen und mit Zustimmung der französischen Behörde tätigen. Hier zwischen geschaltet waren darüber hinaus noch die jeweiligen Außenhandelsämter der Länder.[638] "Die damit verbundene schwerfällige Handhabung des Außenhandelsgeschäfts hat auch die interessierten Firmen im Ausland vielfach davon abgehalten, ihre Bemühungen zu intensivieren."[639]

Darüber hinaus waren die Güter aus Württemberg-Hohenzollern aufgrund des von der französischen Militärregierung festgelegten Umrechnungskoeffizienten auch finanziell für das Ausland nicht sonderlich attraktiv.[640] Die genannten Probleme spiegeln sich in der Zusammensetzung der Ausfuhr aus Württemberg-Hohenzollern deutlich wider. Im Jahr 1945/46 betrug der Anteil der Rohstoffe 61%.[641]

---

[635] Vgl. Binder, Friedrich, Vertriebenen- und Sozialwesen in Württemberg-Hohenzollern, in: Das Land Württemberg-Hohenzollern 1945-1952. Darstellungen und Erinnerungen, hrsg. v. Max Gögler u. Gregor Richter in Zusammenarbeit mit Gebhard Müller, Sigmaringen 1982, S. 339-350, S. 341; Hecker, S. 23.

[636] Vgl. Württemberg-Hohenzollern in Zahlen, 3. Jg. (1948), Nr. 4/5, S. 93.

[637] Vgl. ebd.

[638] Vgl. Bericht über die wirtschaftliche Lage 1947, S. 8.

[639] Vgl. ebd.

[640] Vgl. ebd.

[641] Im Jahr 1936/37 betrug der Anteil der Rohstoffe an der Gesamtausfuhr hingegen nur 10,4%. Vgl. Bericht über die wirtschaftliche Lage in Württemberg-Hohenzollern im Jahre 1947, bearbeitet vom Volkswirtschaftlichen und Statistischen Büro bei den Industrie- und Handelskammern Reutlingen, Rottweil und Ravensburg, Reutlingen o.J., S. 2. Von der Gesamtausfuhr gingen ¾ nach Frankreich.

Im Vergleich zu anderen Industriezweigen war in Württemberg-Hohenzollern die Textilindustrie aufgrund der Lohnaufträge aus Frankreich und der Schweiz gut beschäftigt.[642] Der Ausweitung der Produktion stand jedoch der Mangel an Arbeitskräften gegenüber. Zum Teil konnten die Unternehmen aus diesem Grund nicht einmal ihren Verpflichtungen aus den Lohnaufträgen rechtzeitig nachkommen.[643] Demnach mußten auch für die Textilindustrie Württemberg-Hohenzollerns zusätzliche Arbeitskräfte gewonnen und ein Nachwuchs ausgebildet werden, um einen deutlichen und nachhaltigen Produktionsanstieg zu ermöglichen.

2. Die rechtliche Ausgangsbasis

Wesentliches Kennzeichen der Tarifautonomie ist neben kollektiven Interessenvertretung der Abschluß von Tarifverträgen zwischen den Kollektivpartnern.[644] Mit der Machtübernahme durch die Nationalsozialisten war diese Möglichkeit sukzessiv zugunsten staatlicher Regelungsbefugnis von den neuen Machthabern abgeschafft worden. An die Stelle der Tarifverträge waren die sogenannten "Tarifordnungen" getreten, die weiteren Arbeitsbedingungen durch Gesetze geregelt.[645]

Auf dieser Grundlage funktionierte die deutsche Wirtschaft bis zum Zusammenbruch des nationalsozialistischen Regimes im Jahr 1945.

Um einen völligen Kollaps zu vermeiden, ordneten die Militärregierungen Frankreichs und der USA unmittelbar nach der Besetzung ihrer Zonen zunächst die Beibehaltung der nationalsozialistischen Lohnkontrollen und der Festsetzungen zu Arbeitszeiten und Arbeitsbedingungen mit Ausnahme von diskriminierenden Bestimmungen an. Die Grundlage hierfür bildete in der amerikanischen Zone das "Technical Manual for Labor, Appendix D" des SHAEF von Dezember 1944.[646] In der französisch besetzten Zone beinhaltete die Verordnung Nr. 5 vom September 1945 den Lohnstopp.[647]

Die Direktive Nr. 14 "Grundsätze für die Bestimmungen betreffs der Arbeitslöhne" des Alliierten Kontrollrats ordnete dann den Lohnstopp am 12. Oktober 1945 für alle vier Besatzungszonen verbindlich an.[648]

---

[642] Vgl. "Französische Zone gut beschäftigt", in: Textil-Wirtschaft 2. Jg. (1947), Nr. 15 v. 22.7.1947, S. 2.

[643] Vgl. ebd.

[644] Vgl. Gamillschegg, S. 263.

[645] Vgl. Englberger, S. 271-277. Vgl. oben, 2. Kapitel I.

[646] Vgl. Fichter, S. 252.

[647] Vgl. Journal Officiel 1. Jg. (1945), No. 2 v. 17.9.1945, S. 8.

[648] Vgl. Amtsblatt des Kontrollrats in Deutschland, hrsg. v. Alliierten Sekretariat, Nr. 3 v. 31.1.1946, S. 40f.

Gemäß § 3 der Direktive blieben die bestehenden Lohnsätze, einschließlich derer für Stückarbeit und Überstunden, sowie alle Sonderzulagen "auf ihrer gegenwärtigen Höhe" erhalten. Gleichzeitig beinhaltete dieser Paragraph in den lit. a)-d) eine enumerative Aufzählung der Ausnahmen zu diesem Stopp. Neben der Aufhebung diskriminierender Lohnbestimmungen in lit. a) verbot lit. b) die Zahlung von Prämien und sonstigen besonderen Vergütungen des Kriegsrisikos. Nach lit. d) waren die Stundenlöhne der tatsächlichen Arbeitszeit anzupassen. Lediglich lit. c) ermöglichte eine Erhöhung der bestehenden Lohnsätze innerhalb eines Betriebs bei Änderung der Herstellungsart, der Fabrikate oder bei ähnlichen Gründen. Die Obergrenze dieser Erhöhungen bestimmte § 8 der Direktive. Danach durfte die Einführung neuer Lohnsätze den durchschnittlichen Lohnsatz nicht erhöhen.
Gemäß § 4 waren in diesen Grenzen die Gewerkschaften ermächtigt, mit den Arbeitgebern oder Arbeitgeberverbänden Verhandlungen über die Änderung von Lohnsätzen zu führen. Darüber hinaus sollten nach der Errichtung "von repräsentativen und freien Gewerkschaften und Arbeitgeberverbänden" bei den Landesarbeitsämtern Körperschaften mit beratender Stimme zur Bearbeitung von Lohnfragen gebildet werden (§ 5).[649] Diese Zusammenarbeit zwischen staatlichen Stellen und den Tarifparteien sowie die damit verbundene faktische Einschränkung der Tariffreiheit ist vor dem Hintergrund der Validität des wirtschaftlichen Gefüges, insbesondere im Hinblick auf die Preisstabilität zu sehen.
Die aufsichtsführenden Behörden bezüglich dieser Grundsätze waren nach den §§ 2 und 4 die deutschen Arbeitsämter. Allerdings unterlagen ihre Verfügungen dem uneingeschränkten Zugriff der Militärregierungen.
Der lohnpolitische Spielraum der Tarifparteien war nach den Bestimmungen der Direktive Nr. 14 demnach auf den Bereich einzelner Betriebe beschränkt. Branchenbezogene Tarifverträge mit Lohnerhöhungen blieben weiterhin ausgeschlossen.
Allerdings eröffnete § 7 der Direktive zumindest eine Hoffnung auf mögliche Änderungen des Lohngefüges. Danach sollten die deutschen Behörden das Verhältnis der Lohnsätze in den verschiedenen Gegenden und Industrien überprüfen und den Alliierten Behörden Verbesserungsvorschläge unterbreiten. Den deutschen Behörden stand diesbezüglich jedoch kein Initiativrecht zu. Die Änderungsvorschläge durften nur auf "Anforderung der Militärregierung" unterbreitet werden.

---

[649] Siehe Direktive Nr. 14, in: Amtsblatt des Kontrollrats in Deutschland, hrsg. v. Alliierten Sekretariat, Nr. 3 v. 31.1.1946, S. 40f.

Die einheitliche Regelung der Arbeitszeit erfolgte erst am 26. Januar 1946 durch die Kontrollratsdirektive Nr. 26.[650]
Danach sollten die deutschen Behörden sofort die Einführung des regelmäßigen 8-Stunden-Arbeitstags oder der regelmäßigen 48-Stunden-Arbeitswoche für alle Arbeitnehmer in Angriff nehmen (§ 1). Seitens der deutschen Stellen konnten nach § 2 von diesem Grundsatz Ausnahmen für die Landwirtschaft sowie für Tätigkeiten gewährt werden, deren Eigenart die Einhaltung der regelmäßigen Arbeitszeit ungeeignet machte. Darüber hinaus räumte § 3 der Militärregierung das Recht ein, die Arbeitszeit im Interesse einer erhöhten Produktion, der Verringerung der Arbeitslosigkeit oder zur Förderung eines anderen Besatzungsziels abweichend von § 1 festzusetzen.
Gemäß § 8 waren die Gewerkschaften ermächtigt, mit den Arbeitgebern oder etwa bestehenden Arbeitgeberverbänden in diesem vorgegebenen Rahmen über eine Anpassung der Arbeitszeiten zu verhandeln. Eventuelle Änderungen standen allerdings noch unter dem Genehmigungsvorbehalt der deutschen Behörden.
Wie schon die Direktive Nr. 14 bestimmte auch die Direktive Nr. 26 in § 9 die Bildung beratender Körperschaften aus Vertretern der Gewerkschaften und Arbeitgeberverbänden. Demnach sollten auch hier die grundsätzlichen Richtlinien in Zusammenarbeit mit den Arbeitsbehörden gemeinsam festgelegt werden.

Einen ersten wirklichen tarifrechtlichen Handlungsspielraum eröffnete die Ergänzung zu § 3 der Direktive Nr. 14 vom 13. September 1946.[651]
Gemäß § 3 lit. e) konnten zunächst die Löhne von Frauen und Jugendlichen nach dem Grundsatz "Gleicher Lohn für gleiche Leistung" den Löhnen der erwachsenen männlichen Arbeitnehmer angepaßt werden. Darüber hinaus genehmigte lit. g) die Anhebung sogenannter Hungerlöhne unter RM 0,50, sofern diese nicht durch Kost und Logis oder andere geldwerte Vorteile ausgeglichen wurden.
Die weitestgehende Ermächtigung der Tarifparteien auf lohnpolitischem Gebiet beinhaltete allerdings § 3 lit. f). Danach waren allgemeine Lohnkorrekturen in bestimmten Industrien zulässig, um "Mißverständnisse [!] zu korrigieren und

---

[650] Vgl. Sammlung der vom Alliierten Kontrollrat und der Amerikanischen Militärregierung erlassenen Proklamationen, Gesetze, Verordnungen, Befehle, Direktiven im engl. Originalwortlaut mit deutscher Übersetzung, zusammengestellt von Ruth Hemken, 3. Auflg., Stuttgart, Losebl.-Slg. Stand: Feb. 1950.
[651] Siehe den Abdruck der ergänzten Fassung der Direktive Nr. 14 vom 13.9.1946 in: Sammlung der vom Alliierten Kontrollrat und der Amerikanischen Militärregierung erlassenen Proklamationen, Gesetze, Verordnungen, Befehle, Direktiven.

Ungerechtigkeiten zu beseitigen."[652] Zwar lag die Bestimmung der Industrien sowie der Grenze der Korrekturen bei der alliierten Kontrollbehörde, entsprechend der ursprünglichen Fassung der Direktive Nr. 14 ermächtigte § 4 jedoch die Gewerkschaften und Arbeitgeber bzw. deren Verbände zur Führung der eigentlichen Verhandlungen.
Schließlich räumte die Ergänzung der Direktive Nr. 14 in § 3 lit. h) im Sinne des § 3 der Direktive Nr. 26 den Zonenkommandeuren das Recht ein, Industriegebiete zum Zweck der Lohnkontrolle abändernd festzulegen, wo dies durch Veränderungen der Wirtschaftsbedingungen gerechtfertigt war. Die aufsichtsführenden Behörden blieben auch nach der Ergänzung die deutschen Arbeitsämter. Alle Änderungen der "Tarifordnungen" nach § 3 lit. e), g), h) waren darüber hinaus dem Direktorium der Manpower Division zu melden. Dagegen mußten die nach § 3 lit. f) geänderten "Tarifordnungen" innerhalb von 15 Tagen bei der alliierten Kontrollbehörde hinterlegt werden.
Mit der Ergänzung zu § 3 der Direktive Nr. 14 bestand demnach für die Arbeitnehmer- und Arbeitgebervertretungen grundsätzlich wieder ein Handlungsspielraum für Lohnverhandlungen innerhalb bestimmter Industriezweige. Die These Helga Grebings, Peter Pozorskis und Rainer Schulzes, daß das Haupttätigkeitsfeld der Gewerkschaften durch die Beibehaltung des Lohnstopps entfiel, ist demnach erheblich einzuschränken.[653]
Allerdings erlaubte die Ergänzung lediglich Berichtigungen in den genannten Fällen, sie ordnete diese aber nicht an. Die Entscheidung, wie und in welchem Umfang Erhöhungen durchgeführt werden konnten, lag bei den einzelnen Militärregierungen. Die Durchführung allgemeiner Lohnerhöhungen gemäß lit. f) hing darüber hinaus von der weiteren Entscheidung des Alliierten Kontrollrats ab.
In der südwestdeutschen Textilindustrie eröffnete die Ergänzung den Tarifparteien konkret die Möglichkeit zu Lohnberichtigungen. Aufgrund des hohen Anteils weiblicher Beschäftigter in diesem Industriezweig sowie auch innerhalb der gewerkschaftlichen Organisationen mußte die Angleichung der Löhne für Frauen und Jugendliche nach dem Grundsatz "Gleicher Lohn für gleiche Leistung" auf gewerkschaftlicher Seite von starkem Interesse sein. Gleichzeitig existierten zumindest nach den weiterhin geltenden "Tarifordnungen" Löhne unter der Hungerlohngrenze von RM 0,50.
Schließlich konnten die Interessenvertretungen von Arbeitnehmern und Arbeitgebern in diesem Bereich im Hinblick auf die Bedeutung der Textilindustrie für die Eigenversorgung und den Export auch mit der Anerkennung als sogenannte Problemindustrie rechnen.

---

[652] Im englischen Originalwortlaut heißt es "to correct maladjustments or eliminate inequities". Statt "Mißverständnisse" müßte es in der deutschen Übersetzung richtig "Mißverhältnisse" heißen. Vgl. ebd.
[653] Vgl. Grebing, Pozorski, Schulze, Politik und Gesellschaft, S. 103.

Für die Tarifparteien dieses Industriezweigs war das traditionelle Hauptttätigkeitsfeld, die Tarifpolitik, somit trotz der grundsätzlichen Weitergeltung des Lohnstopps nicht vollständig entfallen.

3. Die Auswirkungen des Lohnstopps

Mit dem Lohnstopp wurden für die Textilindustrie des sogenannten Wirtschaftsgebiets Südwest zum einen die "Tarif-Ordnung für die Textil-Industrie in Württemberg und Hohenzollern" vom 4. Dezember 1934 sowie der "Lohntarif der badischen Textilindustrie" vom 26. Juni 1933 auch nach 1945 weiterhin beibehalten.[654] Die "Tarifordnungen" waren zwar offiziell vom sogenannten Reichstreuhänder der Arbeit erlassen worden, beinhalteten jedoch im wesentlichen die seitens der Gewerkschaften und Arbeitgeberverbände Württemberg-Hohenzollerns und Badens geschlossenen, bis 1932 gültigen Tarifverträge.[655] Die Bestimmungen unterschieden sich aber hinsichtlich ihrer Rechtsnatur. Die "Tarifordnungen" enthielten nur noch Rechtsnormen, der schuldrechtliche Teil der früheren Tarifverträge fehlte mangels Tarifparteien.[656]
Trotz mehrfacher Änderungen der "Tarifordnungen" bis 1939 lag das Lohnniveau in der Textilindustrie als nicht kriegswichtige Konsumgüterindustrie weit hinter dem der Rüstungsindustrien.[657] Mit dem alliierten Lohnstopp wurde demnach für die deutsche Wirtschaft eine Lohnstruktur festgeschrieben, die in keiner Weise mehr den wirtschaftlichen Verhältnissen und gesellschaftlichen Bedürfnissen entsprach.[658] "Was bis 1945 produktionspolitisch interessant war, war es 1945 und danach meist nicht mehr. Berufe, die vor 1945 weniger im Blickfeld des Interesses standen, verdienten dagegen nach 1945 weitestgehender Förderungen."[659] Der Prozeß der vorangegangenen zwölf Jahre mußte demnach nicht nur durch die Verlagerung des industriellen Schwerpunkts auf die Friedensindustrien, sondern auch auf dem Arbeitsmarkt revidiert werden.[660] Neben

---

[654] Vgl. die gedruckten Ausgaben in: Archiv LTA, Bestand GTB, Ordner 1.

[655] Die rechtliche Grundlage für den Fortbestand bildete die Anordnung des Reichsarbeitsministers über die Weitergeltung von Tarifverträgen vom 28.3.1934, in: RGBl. I, S. 85.

[656] Vgl. ebd.

[657] Vgl. zur Frage der Auswirkungen der nationalsozialistischen Industriepolitik auf Löhne, Arbeitszeiten und -bedingungen in der Konsumgüter- bzw. Rüstungsindustrie Hachtmann, Rüdiger, Industriearbeit im "Dritten Reich". Untersuchungen zu den Lohn- und Arbeitsbedingungen in Deutschland 1933-1945, Göttingen 1989.

[658] Vgl. Die Gewerkschaftsbewegung in der britischen Besatzungszone, Geschäftsbericht des Deutschen Gewerkschaftsbundes (Britische Zone). 1947-1949, Köln 1949, S. 176f.

[659] Vgl. ebd.

[660] Vgl. Siegel, S. 68-132. Zu den Umschichtungen innerhalb der Arbeiterschaft während der NS-Herrschaft vgl. Werner, Wolfgang Franz, "Bleib übrig!". Deutsche Arbeiter in der nationalsozialistischen Kriegswirtschaft, Düsseldorf 1983, hier S. 120-123.

der Textilindustrie waren beispielsweise die Löhne in dem für den Wiederaufbau Deutschlands so wichtigen Baugewerbe deutlich hinter denen der Arbeiter in der eisenschaffenden Industrie zurückgeblieben.[661]
Die Kontrollrats-Direktiven Nr. 14 und 26 behielten Änderungen der Löhne und Arbeitsbedingungen jedoch zunächst weiterhin dem staatlichen Zugriff vor. Der Aktionsradius der Gewerkschaften und Unternehmerorganisationen beschränkte sich daher in der unmittelbaren Nachkriegszeit auf die Lösung dringender, alltäglicher Probleme. Breiten Raum nahmen hierbei die Versorgung der Bevölkerung mit dem Lebensnotwendigsten und die Wiederaufnahme der Produktion in den Betrieben ein.[662] Trotz Beibehaltung des nationalsozialistischen Systems der Produktions- und Konsumkontingentierung verschlechterte sich das bereits vor Beendigung des Krieges geringe Angebot an Lebensmitteln und Gebrauchsgütern in der unmittelbaren Nachkriegszeit weiter.[663] Angesichts der gravierenden Notlage der Bevölkerung bemühten sich die Gewerkschaften zunächst um eine Verbesserung der Versorgungslage. Gleichzeitig begannen sie auf betrieblicher Ebene mit dem Wiederaufbau der Betriebsstätten und der Wiederaufnahme der Produktion.[664]
Die Unternehmer versuchten insbesondere über die Industrie- und Handelskammern die Versorgung der Betriebe mit Rohstoffen und Hilfsmitteln sicherzustellen.[665]
Mit dem Lohnstopp waren zwar formell auch die Preise auf den Stand vom 8. Mai 1945 festgeschrieben worden.[666] Allerdings bildete sich unmittelbar nach dem Kriegsende neben dem offiziellen ein Schwarzmarkt mit galoppierenden Preisen.[667] "Der Schwarze Markt, entstanden aus dem allgemeinen Warenmangel einerseits und den reichlich vorhandenen Geldmitteln andererseits, verdeutlichte den Verfall der Währung, die außerhalb des Bewirtschaftungssystems nur noch einen Bruchteil ihres Nominalwertes besaß."[668]
Dadurch verlor auch der Nominallohn immer mehr an Kaufkraft und damit an Wert für die Arbeitnehmer. Vielfach blieben sie ihren Arbeitsplätzen fern, um

---

[661] Zur Entwicklung der Bruttostundenverdienste in den verschiedenen Gewerben von 1936 bis 1944 vgl. Siegel, Tabelle 6, S. 120-122.
[662] Vgl. Schuster, S. 16ff.
[663] Vgl. Müller, Lohnpolitik, S. 49f.; Grebing, Pozorski, Schulze, Die wirtschaftlichen Grundlagen, S. 26-30.
[664] Vgl. ebd., S. 103.
[665] Die Industrie- und Handelskammern fungierten als Vermittlungsstellen zwischen Militärregierung, deutschen Verwaltungsstellen und den Unternehmern. Vgl. Schulze, Rainer, Unternehmerische Interessenvertretung, S. 292-298.
[666] Vgl. Müller, Lohnpolitik, S. 32.
[667] Vgl. Grebing, Pozorski, Schulze, Die wirtschaftlichen Grundlagen, S. 36-39.
[668] Vgl. ebd., S. 37/39.

auf dem Schwarzmarkt oder durch die sogenannten Hamsterfahrten die Versorgung mit dem Lebensnotwendigsten zu gewährleisten.[669]
Im Zuge dieser Entwicklung, insbesondere aufgrund der zunehmenden Verschlechterung der Ernährungssituation, vergrößerte sich jedoch auch der Druck auf die Gewerkschaften, die Lage der Arbeiter durch Einkommenserhöhungen nachhaltig zu verbessern.[670]

4. Der Beginn tarifpolitischen Handelns

Der Sicherung der Koalitionsfreiheit und Zulassung kollektiver Interessenvertretungen seitens der Besatzungsmächte nach 1945 mußte konsequenterweise die Ermächtigung dieser Vertretungen zur Regelung ihrer Interessen folgen.[671]
Gleichzeitig machten die schwierigen wirtschaftlichen Verhältnisse der Nachkriegszeit ein hohes Maß an staatlicher Regulierung seitens der Besatzungsmächte notwendig. Vor diesem Hintergrund konnte eine Wiederaufnahme von Tarifverhandlungen nur in enger Zusammenarbeit mit den Besatzungsbehörden und den deutschen Verantwortungsträgern auf staatlicher Ebene erfolgen.

4.1. Württemberg-Baden

Der tarifpolitischen "Neubeginn" in Württemberg-Baden war zunächst durch die weitere Ausdifferenzierung der Besatzungsvorschriften auf dem Gebiet der Lohn- und Arbeitsbedingungen gekennzeichnet. Die amerikanische Militärregierung erließ in Ergänzung zur Direktive Nr. 14 des Alliierten Kontrollrats am 1. November 1945 eigene Richtlinien über Löhne, Arbeitszeit und Arbeitsbedingungen.[672]
In Bezug auf den Lohnstopp stimmten beide Anordnungen im wesentlichen überein, allerdings führten die Richtlinien der Militärregierung in § 1 lit. a) bis f) die Grundsätze der Direktive Nr. 14 hinsichtlich ihrer Durchführung weiter aus. Ergänzend beinhalteten sie Regelungen zu Fragen der Arbeitszeit und der Arbeitsbedingungen. Gemäß § 2 durfte die vor der Besetzung angeordnete

---

[669] Vgl. zur Ernährungssituation eingehender Sauer, Paul, Demokratischer Neubeginn in Not und Elend. Das Land Württemberg-Baden von 1945 bis 1952, Ulm 1987, S. 280-305.
[670] Vgl. z. B. "Löhne und Preise", in: Gewerkschafts-Zeitung, 2. Jg (1947), Nr. 4 v. 15.2.1947, S. 38.
[671] Nach Gamillschegg ist die Regelung der Arbeitsbedingungen durch Tarifvertrag "Raison d'être der Koalitionsfreiheit und einziger Grund, sie aus der Vereinsfreiheit herauszuheben [.]" Vgl. Gamillschegg, S. 263.
[672] Vgl. Richtlinien der Militärregierung über Löhne, Arbeitszeit und Arbeitsbedingungen, hrsg. v. der Dienststelle der Militärregierung (amerikanische Zone), 1.11.1945, in: BWHStA, EA 8/001, Nr. 974.

regelmäßige Arbeitszeit in Betrieben, die Waren für den Gebrauch der Alliierten herstellten, nicht reduziert werden. Nach § 3 waren auch die vor der Besetzung in Kraft gewesenen Regelungen der sonstigen Arbeitsbedingungen grundsätzlich weiter aufrecht zu erhalten. Allerdings konnten durch die Einigung von Arbeitgebern und Betriebsrat Änderungen herbeigeführt werden. Schließlich verfügte § 4 der Richtlinien die Beibehaltung der Arbeiterschutzgesetzgebung mit Ausnahme diskriminierender Vorschriften.
Diese Regelungen füllten auf zonaler Ebene eine Lücke. Mit der Besetzung waren die für die Kontrolle der Lohn- und Arbeitsbedingungen zuständigen staatlichen Dienststellen der Reichstreuhänder der Arbeit aufgelöst worden.[673] Nach Auffassung der Landesverwaltung für Arbeit und Sozialversicherung fielen lohnregelnde Maßnahmen nach der Besetzung in die alleinige Zuständigkeit der Arbeitgeber und Arbeitnehmer.[674] Damit fehlte auf deutscher Seite die Möglichkeit, die "von der Militärregierung angeblich angeordnete strikte Beibehaltung der Lohnstoppbestimmungen" von staatlicher Seite zu überwachen.[675] Unter der Aufsicht der amerikanischen Militärregierung und mit deren Billigung war es bis zum Erlaß der Richtlinien in Württemberg-Baden trotz des unmittelbar nach der Besetzung verhängten Lohnstopps zu Lohnerhöhungen insbesondere im Bereich des Baugewerbes gekommen.[676]
Die Richtlinien der Militärregierung sorgten ebenfalls nicht für eine absolute Einhaltung der Stoppvorschriften in diesem Bereich. Die Ebene verlagerte sich jedoch, wie schon unter der NS-Herrschaft, auf die Betriebe. Nach Aussage des Arbeitsministeriums traten noch zu Beginn des Jahres 1946 in verschiedenen Betrieben hinsichtlich der Lohnregelungen "untragbare Zustände" ein, die offensichtlich gegen die geltenden Vorschriften verstießen.[677]
Vor diesem Hintergrund erging am 4. April 1946 ein Erlaß des Arbeitsministeriums Württemberg-Baden in Ergänzung zu der Direktive Nr. 14 sowie

---

[673] Vgl. Gesetz Nr. 77 der Militärregierung. Vgl. Hueck, Nipperdey, S. 220.
[674] Vgl. Überwachung von Lohnbewegungen, Dr. Hotz vom 17.9.1945 (an Minister Josef André unter Bezugnahme auf den mündlichen Vortrag v. 18.9.1945 mit der Bitte um weitere Weisung vorgelegt, 18.9.1945), in: BWHStA, EA 6/103, Nr. 948/1.
[675] Vgl. ebd. Die Kritik richtete sich insbesondere gegen die fehlende Überprüfung der Auswirkungen von Lohnerhöhungen auf den Preisstand.
[676] Der neue Tarifvertrag für Gipser sah eine Lohnerhöhung von ca. 20%, für Maurer von ca. 13-22% vor. Vgl. Überwachung von Lohnbewegungen, Dr. Hotz vom 17.9.1945 (an Minister André unter Bezugnahme auf den mündlichen Vortrag v. 18.9.1945 mit der Bitte um weitere Weisung vorgelegt, 18.9.1945), in: BWHStA, EA 6/103, Nr. 948/1. Allgemein zu dem Problem der "Verbetrieblichung" vgl. "Auf dem Wege zur Lohnanarchie", in: Gewerkschafts-Zeitung, 1. Jg. (1946), Nr. 4 v. 15.10.1946, S. 62. Ebenso Unser, S. 143.
[677] Vgl. Erlaß des Arbeitsministeriums für Nord-Württemberg und Nord-Baden in Ergänzung zu den Richtlinien Nr. 14 des Kontrollrats vom 31.10.1945 und den Richtlinien der Militärregierung über Löhne, Arbeitszeit und Arbeitsbedingungen. hrsg. v. der Dienststelle Militärregierung (amerikanische Zone) v. 1.11.1945, 4.4.1946, in: BWHStA, EA 8/001, Nr. 974.

zu den Richtlinien der amerikanischen Militärregierung vom November 1945.[678] Der Erlaß begrenzte die Zuständigkeit für Lohnberichtigungen gemäß den Richtlinien auf den jeweiligen Arbeitgeber sowie die Arbeitnehmervertretung eines Betriebs unter Hinzuziehung eines Gewerkschaftsvertreters einerseits und der Arbeitsämter als Kontrollbehörden andererseits.

Im Gegensatz zu den alliierten Vorgaben benannte das Arbeitsministerium demnach als Verhandlungspartner für mögliche Anpassungen des Lohnsystems nicht die Gewerkchaften und Arbeitgeber oder deren Verbände, sondern Unternehmer und Betriebsrat. Die lohnpolitische Handlungsebene war demnach zu diesem Zeitpunkt auf die Betriebe begrenzt. Die Gewerkschaften waren nicht tariffähig, ein gestaltendes Handeln ihrerseits in Verbindung mit den Interessenvertretungen der Arbeitgeber ausgeschlossen.

Damit war jedoch nicht grundsätzlich eine Entwicklung zugunsten der betrieblichen Ebene vorgegeben. Die amerikanische Militärregierung Württemberg-Badens hielt grundsätzlich am System der Kollektivverhandlungen zwischen Gewerkschaften und Arbeitgebern fest.

Am 22. Mai 1946 stellte sie für die Arbeitsministerien detaillierte Richtlinien betreffend den Abschluß und Inhalt von Kollektivvereinbarungen auf.[679] Insgesamt sollte damit in den drei Ländern der amerikanischen Besatzungszone die Einheitlichkeit bezüglich Abschluß und Inhalts von Tarifverträgen sichergestellt werden (§ 8). Die Verordnung ließ Tarifverträge über Löhne und andere Arbeitsbedingungen ausdrücklich zu. Die durch die Kontrollrats-Direktiven Nr. 14 und 26 vorgegebenen Grenzen (§ 2) blieben zwar auch nach diesen Richtlinien weiterhin bestehen. Darüber hinaus beinhaltete sie jedoch in § 3 litt. a) bis i) eine Empfehlung an die Gewerkschaften und Arbeitgeberverbände hinsichtlich des grundsätzlichen Regelungsgehalts von Tarifverträgen.[680] Neben den eigentlichen Lohn- und Arbeitsbedingungen sollten danach in den Tarifverträgen auch die Einteilung verschiedener Lohngruppen, die Berufsausbildung, die Aufnahme und Kündigung von Arbeitsverhältnissen sowie das Verfahren der Kollektivverhandlungen selbst geregelt werden. Die umfassende Ermächtigung der Tarifparteien zur eigenverantwortlichen Regelung der arbeitsrechtlichen Bedingungen in ihrem Bereich wurde jedoch durch das Erfordernis der Registrierung der Tarifverträge eingeschränkt, die konstitutive Wirkung hatte.

---

[678] Vgl. Erlaß des Arbeitsministeriums für Nord-Württemberg und Nord-Baden in Ergänzung zu den Richtlinien Nr. 14 des Kontrollrats vom 31.10.1945 und den Richtlinien der Militärregierung über Löhne, Arbeitszeit und Arbeitsbedingungen. hrsg. v. der Dienststelle Militärregierung (amerikanische Zone) v. 1.11.1945, 4.4.1946, in: BWHStA, EA 8/001, Nr. 974.

[679] Vgl. Anlage zum Schreiben des OMGWB an das Arbeitsministerium vom 29.5.1946 betr. Abschluß und Inhalt von Tarifordnungen, in: BWHStA, EA 8/001, Nr. 1094.

[680] Der Empfehlungscharakter ist zu einem aus der Formulierung des § 3 S. 1 zu schließen. Hierin heißt es "Collective agreements *may* cover ...". Zum anderen bestimmt § 4, daß die Aufzählung des § 3 lit. a)-i) nicht abschließend ist. Vgl. ebd.

Mit dem Erlaß dieser Bestimmungen bestand formell wieder die Möglichkeit zum Abschluß von Tarifverträgen, also zum tarifautonomen Handeln für die Kollektivparteien. Hinsichtlich der inhaltlichen Gestaltung war diese Freiheit der Tarifpartner materiell rechtlich weiterhin ohne entsprechende gesetzliche Ausgestaltung. Die Lohnstoppvorschriften machten allerdings eine Regelung der diesbezüglichen Grenzen für den Zeitraum ihres Inkraftseins schlicht überflüssig.
Die Ausgestaltung der Richtlinien durch Tarifverträge ermöglichte erst die Lockerung der Stoppvorschriften mit der Ergänzung zur Direktive Nr. 14 vom September 1946. Zur gleichen Zeit wurden seitens der Gewerkschaften erstmals neben Währungsreform und Preisstabilisierung auch die Forderung zur Aufhebung des Lohnstopps laut.[681]
Die Militärregierung für Württemberg-Baden setzte das Arbeitsministerium mit Schreiben vom 24. Oktober 1946 von den Änderungen der Kontrollratspolitik offiziell in Kenntnis.[682]
Sofort zulässig waren danach die Angleichung der Löhne von Frauen und Jugendlichen an die Löhne erwachsener Männer nach dem Grundsatz "Gleicher Lohn für gleiche Leistung" sowie die Beseitigung sogenannter Hungerlöhne unter RM 0,50 pro Stunde. Nach dem Willen der Militärregierung sollten die Lohnerhöhungen zwischen den Gewerkschaften und den Arbeitgebern verhandelt werden. Im Gegensatz zu den Richtlinien vom November des Jahres 1945 erhielten damit die kollektiven Interessenvertretungen der Arbeitgeber und Arbeitnehmer die Tariffähigkeit und Tarifzuständigkeit. Allerdings blieb diese Ermächtigung weiterhin durch das Genehmigungserfordernis seitens der zuständigen Arbeitsbehörde eingeschränkt. In Industrien ohne Gewerkschaften sollte die Erhöhung nach Anhörung aller Beteiligten unmittelbar durch Verordnung der Arbeitsbehörden erfolgen.
Darüber hinaus umfaßten die Richtlinien auch die Lohnangleichungen in den sogenannten Problemindustrien. Verhandlungen diesbezüglich waren jedoch abhängig von der vorherigen Anerkennung des Industriezweigs durch den Alliierten Kontrollrat.
Der Selbstregulierung durch die Tarifparteien entzogen blieb nach diesen Regelungen jedoch noch die Neueinteilung der Ortsklassen. Diese war zwar grundsätzlich möglich, sofern veränderte Wirtschaftsverhältnisse dies rechtfertigten. Antragsbefugt waren diesbezüglich aber die deutschen Arbeitsbehörden, die Entscheidung erfolgte per Erlaß des OMGWB.

---

[681] Vgl. "So geht's nicht mehr weiter!", in: Gewerkschafts-Zeitung, 1. Jg. (1946), Nr. 2 v. 15.9.1946, S. 29.

[682] Vgl. Schreiben des OMGWB an den Arbeitsminister von Württemberg-Baden vom 24.10.1946 betr. Änderungen in der Lohnpolitik (Übersetzung), in: BWHStA, EA 8/001, Nr. 974.

Insgesamt beinhalteten die Richtlinien zumindest jedoch die Ermächtigung der Tarifpartner, sofort Verhandlungen über die Verbesserung der Löhne von Frauen und Jugendlichen sowie über die Anhebung der Minimallöhne auf RM 0,50 aufzunehmen.
Im Hinblick auf den Anteil weiblicher Beschäftigter in der Textilindustrie kam dieser Ermächtigung für die Belegschaften in den Betrieben der Textilindustrie wesentliche Bedeutung zu.[683] Die Textilindustrie war zunehmend von Abwanderungen in andere, besser bezahlte Berufe betroffen. Mittels Lohnerhöhungen konnten diese Arbeitskräfte gehalten werden. Gleichzeitig wurde damit aber auch die Textilindustrie als Arbeitgeber wieder attraktiver, insbesondere auch für den fehlenden Nachwuchs in diesem Bereich.
In der Frage der Lohnerhöhung für Arbeiterinnen sowie grundsätzlich in lohnmäßig zurückgebliebenen Gewerbezweigen hatte es in Württemberg-Baden im September 1946 seitens des Landesarbeitsamts eine Initiative gegenüber dem Länderrat gegeben.[684] Infolge ungenügender Löhne bestanden nach Auskunft der Behörde für den Arbeitseinsatz in der Landwirtschaft und Gärtnerei, der Industrie der Steine und Erden, der Metallindustrie, der chemischen Industrie, im Baugewerbe sowie im Holz- und Schnittstoffgewerbe erhebliche Schwierigkeiten. Ferner waren nach übereinstimmenden Berichten der Arbeitsämter die Löhne, insbesondere die der Frauen, in der Textilindustrie aus "arbeitseinsatzmäßigen Gründen unhaltbar."[685] Bei einem Lohnunterschied gegenüber der Metallindustrie von durchschnittlich RM 0,15 - RM 0,20 pro Stunde bedürfe es aller Überredungskunst der Vermittlerinnen, weibliche Arbeitskräfte zur Arbeitsaufnahme in der Textilindustrie zu überreden. Das lohnpolitische Ziel müsse demnach eine Angleichung an die Löhne der Metallindustrie sein. Die aufgrund der kriegswirtschaftlichen Bedeutung dieses Industriezweigs höheren Löhne führten demnach dazu, daß bereits zu diesem Zeitpunkt die Textilindustrie in Württemberg-Baden zur Metallindustrie in direkte Konkurrenz auf dem Arbeitsmarkt trat.[686]
Vor diesem Hintergrund nahmen mit dem Württembergischen Gewerkschaftsbund, Industrieverband Textil und Bekleidung und dem Sozialpolitischen Aus-

[683] Vgl. "Löhne und Preise", in: Gewerkschafts-Zeitung, 1. Jg. 81946), Nr. 4 v. 15.10.1946, S. 62.
[684] Vgl. Schreiben des Präsidenten des Landesarbeitsamts an den Länderrat, Sozialpolitischer Ausschuß, Unterausschuß 3 Arbeitslenkung vom 2.9.1946 betr. Lohnneuregelung für lohnmäßig zurückgebliebene Gewerbezweige und für Frauenarbeit, in: BWHStA, EA 8/001, Nr. 1096.
[685] Vgl. ebd.
[686] Diese Konkurrenzsituation verschärfte sich in der Folgezeit noch mit der wachsenden Nachfrage nach Kraftfahrzeugen im Rahmen des sogenannten Wirtschaftswunders. Aus diesem Grund orientierten sich die Forderungen der GTB nach Lohnerhöhungen für die Textilindustrie Baden-Württembergs in dieser Zeit in der Regel auch an den Ergebnissen in der Metallindustrie.

schuß des Landesverbands der Textilindustrie bereits im Oktober 1946 die Tarifparteien der Textilindustrie Württemberg-Badens die ersten Verhandlungen auf.[687] Die Gespräche beider Parteien endeten am 3. Dezember 1946 mit dem Abschluß eines neuen Lohntarifvertrags für die Textilindustrie.[688]
Über den Verlauf der Verhandlungen sowie Forderungen der Parteien liegt kein Material vor. Der frühe Zeitpunkt der Verhandlungsaufnahme läßt allerdings darauf schließen, daß eine Erhöhung der Frauenlöhne von beiden Seiten für notwendig erachtet wurde.
Hierfür spricht auch eine Anmerkung des Vorstands des Textilverbands, Heinz Mathée zur Lage der Textilindustrie vom 20. Januar 1947, wonach der neue Tarifvertrag "die bisherige völlig unbefriedigende tarifliche Lösung abgelöst" habe.[689] Aus einem Bericht des Verbandsvorsitzenden Karl Pöhlmann vor einer Delegiertenversammlung der Betriebsräte der Textil- und Bekleidungsindustrie geht hervor, daß der neue Tarifvertrag die grundsätzlichen Forderungen der Gewerkschaft ebenfalls berücksichtigte.[690]
Die einzelnen Erhöhungen der Zeitlöhne und Akkordrichtsätze der Arbeiterinnen über 20 Jahre sowie die Löhne der Frauen unter 20 Jahre zeigen im einzelnen die nachfolgenden Tabellen.

---

[687] Vgl. Schreiben des Landesverbands der Textilindustrie Württemberg-Baden e.V. an das Arbeitsministerium Württemberg-Baden, Abt. II vom 4.12.1946 betr. Einwilligung in eine Lohnerhöhung für weibliche Arbeitskräfte in der Textilindustrie Württemberg-Badens, in: BWHStA, EA 8/001, Nr. 1359.
[688] Vgl. Vereinbarung zwischen dem Landesverband des Textilindustrie Württemberg-Baden und dem Industrieverband Textil und Bekleidung v. 3.12.1946, in: Archiv LTA, Bestand GTB, Ordner 1, 1. Tarifbewegung Württemberg-Baden, 1947.
[689] Vgl. Bericht Heinz Mathées zur Lage der Textilindustrie vom 20.1.1947, in: Archiv Textilverband, Band FA Textil-Bekleidung, Beratungsausschuß Heidelberg, 1945.
[690] Vgl. "Textil und Bekleidung", in: Gewerkschafts-Zeitung, 2. Jg. (1947), Nr. 4 v. 15.2.1947, S. 46.

Tabelle 1: Zeitlöhne der Frauen über 20 Jahre nach Lohngruppen (LG) ab 1. Januar 1947 in RM[691]

LG	Württemberg				Baden			
	Ortsklasse A		Ortsklasse B		Ortsklasse A		Ortsklasse B	
	alt	neu	alt	neu	alt	neu	alt	neu
I	0,34-0,42	0,60	0,32-0,40	0,57	0,32-0,40	0,60	0,31-0,38	0,57
II	0,34-0,42	0,65	0,32-0,40	0,61	0,32-0,40	0,65	0,31-0,38	0,61
III	0,34-0,42	0,70	0,32-0,40	0,66	0,32-0,40	0,70	0,31-0,38	0,66
IV	0,34-0,48	0,75	0,37-0,46	0,71	0,32-0,40	0,75	0,31-0,38	0,71

Hinsichtlich des Zeitlohns brachte der neue Tarifvertrag vom 3. Dezember 1946 in Württemberg gegenüber den Sätzen nach der "Tarifordnung" Erhöhungen von 43-106% in Ortsklasse A sowie 43-113 % in Ortsklasse B. Aufgrund des niedrigeren Lohnniveaus nach dem "Lohntarif für die badische Textilindustrie" lagen die Anhebungen hier noch darüber. Allerdings ist zu beachten, daß die Sätze nach den "Tarifordnungen" von 1933/34 im Jahr 1945 nicht mehr der Realität entsprachen.[692] Zwar hatte es unter dem nationalsozialistischen Lohnstopp seit 1939 keine Änderung der "Tarifordnungen" mehr gegeben, jedoch genehmigten die Treuhänder der Arbeit für einzelne Betriebe oder Berufsgruppen Lohnerhöhungen oder gaben hierzu in einem gewissen Rahmen global die Möglichkeit.[693] Insofern ist davon auszugehen, daß auch die Löhne in den Betrieben der Textilindustrie Württemberg-Badens zumindest im Durchschnitt über den Sätzen der "Tarifordnungen" lagen.[694]

---

691 Zahlen "alt" vgl. "Tarifordnung für die Textilindustrie in Württemberg und Hohenzollern" v. 14.12.1934, in: Archiv LTA, Bestand GTB, Ordner 1, 1. Tarifbewegung Württemberg-Hohenzollern, 1948; Zahlen "neu" vgl. Vereinbarung zwischen dem Landesverband des Textilindustrie Württemberg-Baden und dem Industrieverband Textil und Bekleidung v. 3.12.1946, in: Archiv LTA, Bestand GTB, Ordner 1, 1. Tarifbewegung Württemberg-Baden, 1947.

692 Vgl. Mason, Timothy W., Die Bändigung der Arbeiterklasse im nationalsozialistischen Deutschland. Eine Einleitung, in: Sachse, Carola, u. a., Angst, Belohnung, Zucht und Ordnung, S. 11-53, hier S. 28-30.

693 Vgl. Die Gewerkschaftsbewegung in der britischen Besatzungszone, S. 176f. Zwar bezieht sich dieser Bericht auf die Lohnsituation in der Britischen Besatzungszone. Allerdings ist davon auszugehen, daß die nationalsozialistische Lohnpolitik in ihren wesentlichen Grundzügen in Gesamt-Deutschland übereinstimmte, die Aussagen somit auch auf das spätere Gebiet der US-Zone übertragbar sind.

694 Ein Anhaltspunkt für diese Praxis der betrieblichen Lohngestaltung findet sich im Schreiben des Industrieverbands Textil und Bekleidung an die Sozialrechtliche Arbeitsgemeinschaft des Landesverbands der Textilindustrie Nord-Württemberg und Nord-Baden e.V. vom 9.3.1948, in: BWHStA, EA 8/001, Nr. 1359.

Tabelle 2: Akkordrichtsätze der Frauen über 20 Jahre nach Lohngruppen (LG) ab 1. Januar 1947 in RM[695]

LG	**Württemberg**				**Baden**			
	Ortsklasse A		Ortsklasse B		Ortsklasse A		Ortsklasse B	
	alt	neu	alt	neu	alt	neu	alt	neu
I	-	-	-	-	-	-	-	-
II	0,39-0,47	0,75	0,37-0,44	0,71	0,34-0,49	0,75	0,33-0,47	0,71
III	0,39-0,47	0,80	0,37-0,44	0,76	0,46-0,54	0,80	0,44-0,52	0,76
IV	0,45-0,53	0,86	0,43-0,50	0,82	0,46-0,61	0,86	0,44-0,59	0,82

Die Akkordrichtsätze erhöhten sich in Württemberg um 28-41% bzw. 27-39%, in Baden um 39-121% bzw. 39-115%. Allerdings ist auch hier zu anzumerken, daß die Tarifsätze nicht mehr dem tatsächlichen Lohnniveau entsprachen.

Tabelle 3: Löhne der Frauen unter 20 Jahre ab 1. Januar 1947 in RM[696]

Alter	**Württemberg**				**Baden**			
	Ortsklasse A		Ortsklasse B		Ortsklasse A		Ortsklasse B	
	alt	neu	alt	neu	alt	neu	alt	neu
14-17 J.	0,21-0,23	**0,50**	0,19-0,22	0,47	0,20-0,22	**0,50**	0,19-0,21	0,47
18-20 J.	0,25-0,30	0,55	0,23-0,29	0,52	0,24-0,31	0,55	0,23-0,30	0,52

Die Anhebung der Löhne für die weiblichen Beschäftigten zwischen 14 und 17 Jahren bildete offensichtlich den Ausgangspunkt für die übrigen Erhöhungen. Hier findet sich die vom Kontrollrat und der Militärregierung vorgegebene Mindesthöhe von RM 0,50. Allerdings wurde diese Vorgabe lediglich in der Ortsklasse A erreicht. Für die Ortsklasse B blieb es hingegen auch nach der Erhöhung bei einem "Hungerlohn" unter RM 0,50, allerdings nur um RM 0,03. Insgesamt lagen die Anhebungen in Württemberg zwischen 83% und 138% bzw. 79% und 147%, in Baden zwischen 77% und 150% sowie 67% und 147% in den beiden Ortsklassen.

Über die eigentliche Lohnerhöhung für Frauen hinaus brachte der Tarifvertrag vom 3. Dezember 1946 ein neues Tarifschema mit sich. Das System der Zulagen

[695] Vgl. Zahlen "alt" vgl. "Tarifordnung für die Textilindustrie in Württemberg und Hohenzollern" v. 14.12.1934, in: Archiv LTA, Bestand GTB, Ordner 1, 1. Tarifbewegung Württemberg-Hohenzollern, 1948; Zahlen "neu" vgl. Vereinbarung zwischen dem Landesverband des Textilindustrie Württemberg-Baden und dem Industrieverband Textil und Bekleidung v. 3.12.1946, in: Archiv LTA, Bestand GTB, Ordner 1, 1. Tarifbewegung Württemberg-Baden, 1947.

[696] Vgl. ebd.

bzw. Zuschläge zu den Mindeststundenlöhnen je nach Fertigungszweig und Tätigkeit in den "Tarifordnungen" für Württemberg und Baden von 1933/34 wurde zugunsten einer Eingruppierung der Arbeiterinnen in sogenannte Lohngruppen aufgegeben.[697]
Ferner sah der neue Tarifvertrag im Gegensatz zu der "Tarifordnung" für Württemberg und Hohenzollern statt drei nur noch zwei Ortsklassen für die Abstufung der Löhne vor. Die Einteilung des Tarifgebiets in die Ortsklasse A oder B richtete sich nach der Einwohnerzahl.
Die neuen Regelungen traten an die Stelle der einschlägigen Bestimmungen in der "Tarifordnung" für die Textilindustrie in Württemberg und Hohenzollern bzw. in dem "Lohntarif für die Badische Textilindustrie". Hinsichtlich der sonstigen Bestimmungen blieben die "Tarifordnungen" jedoch weiterhin in Kraft.
Mit Schreiben vom 4. Dezember 1946 beantragte der Landesverband der Textilindustrie Württemberg-Baden beim Arbeitsministerium die Genehmigung des Tarifabkommens mit der Bitte, den Antrag auch an die Militärregierung zur Bewilligung weiterzuleiten, so daß die Regelung zum 1. Januar 1947 in Kraft treten könne.[698] Die Genehmigungen wurden am 23. des Monats erteilt.[699] Dementsprechend trat der neue Tarifabschluß mit dem 1. Januar 1947 in Kraft.
Nach einem Bericht in der Gewerkschafts-Zeitung konnte damit die Landesgewerkschaft Textil-Bekleidung "als erste Organisation in ganz Deutschland durch eine freie Vereinbarung mit den beiden Unternehmerorganisationen [für die Textilindustrie und die Bekleidungsindustrie bestanden getrennte Fachverbände, Anm. der Verfasserin] die (...) tariflich festgelegten Hungerlöhne für die Arbeiterinnen beseitigen."[700]
Im Ergebnis kam damit die erste freie Tarifbewegung in der Textilindustrie Württemberg-Badens zum Abschluß. Der Tarifvertrag trug deutlich die Handschrift der wirtschaftspolitischen Notwendigkeiten. Zum einen mußten die

---

[697] Der Lohngruppen-Katalog ordnete die verschiedenen Tätigkeiten nach erforderlicher Qualifikation sowie Verantwortung in unterschiedliche Lohngruppen ein, nach denen die Lohnsätze abgestuft wurden. In der Weberei umfaßte die Gruppe I überwiegend Hilfsarbeiten wie Reinigungsarbeiten, Laufdienste und Aufstecken an Automatenstühlen, die Gruppe IV erforderte hingegen bei Tätigkeiten wie z. B. Zwirnen, Maschinenanknüpfen sowie Weben zumindest gewisse Fachkenntnisse. Vgl. dazu eingehender den LG-Katalog in: Archiv LTA, Bestand GTB, Ordner 1, 1. Tarifbewegung Württemberg-Baden, 1947.
[698] Vgl. Schreiben des Landesverbands der Textilindustrie Württemberg-Baden an das Arbeitsministerium Württemberg-Baden, Abt. II v. 4.12.1946 betr. Einwilligung in die Lohnerhöhung für weibliche Arbeitskräfte in der Textilindustrie Württemberg-Badens, in: BWHStA, EA 8/001, Nr. 1359.
[699] Vgl. Schreiben des Arbeitsministeriums Württemberg-Baden an den Landesverband der Textilindustrie Württemberg-Baden und den Gewerkschaftsbund Württemberg-Baden, Industrieverband Textil und Bekleidung v. 23.12.1946 betr. Lohnangleichung in der Textilindustrie, in: BWHStA, EA 8/001, Nr. 1359.
[700] Siehe "Textil und Bekleidung", in: Gewerkschafts-Zeitung, 3. Jg. (1948), Nr. 3. v. 1.2.1948, S. 30.

Arbeiterinnen in den Betrieben der Textilindustrie gehalten werden, um die Produktion zu sichern. Zum anderen war für die langfristige Planung der Aufbau eines qualifizierten Nachwuchses notwendig. Beides konnte nur durch höhere Einkommen erreicht werden.
Zwar war der Verhandlungsspielraum aufgrund der Direktive Nr. 14 in der Fassung vom 10. September 1945 sowie den entsprechenden Richtlinien der amerikanischen Militärregierung noch begrenzt. Gleichzeitig gingen jedoch die Einführung eines neuen Tarifschemas sowie die Abschaffung einer Ortsklasse über die eigentliche Ermächtigung der Ergänzung zu § 3 der Direktive Nr. 14 hinaus. Insgesamt wurde das Ergebnis aufgrund freier Verhandlungen zwischen den Vertretern des Industrieverbands Textil und Bekleidung und des Fachverbands der Textilindustrie erzielt. Dies ist insbesondere bemerkenswert, da zu diesem Zeitpunkt auf der Arbeitgeberseite noch keine Tarifpartei existierte. Dementsprechend kündigte der Fachverband der Textilindustrie in dem Schreiben an das Arbeitsministerium vom 4. Dezember 1947 auch erst die Einberufung einer Mitgliederversammlung zur Ratifizierung des Verhandlungsergebnis an, "sobald das im Länderrat beschlossene Gesetz über die Bildung Sozialrechtlicher Fachgemeinschaften verkündet worden ist."[701]
Das autonome Handeln der Tarifparteien wurde demnach lediglich durch die konstitutive Wirkung der Genehmigung eingeschränkt, die Verhandlungen selbst blieben hingegen ohne direkten Eingriff seitens der Besatzungsmacht sowie der deutschen Behörden.
Die Lohnerhöhung vom 1. Januar 1947 beseitigte zwar die sogenannten Hungerlöhne zumindest für die Frauen und die jugendlichen Arbeiterinnen, das Problem des Arbeitskräftemangels in der Textilindustrie löste sie aber nicht. Neben dem Fehlen neuer, zusätzlicher Arbeitskräfte waren die Betriebe der Textilindustrie bedingt durch die niedrigen Löhne von Abwanderungen ihrer vorhandenen Arbeitskräfte betroffen.[702]
Daher hatte das Arbeitsministerium Württemberg-Baden die Textilindustrie bereits vor Inkrafttreten der ersten Lohnerhöhung zum 1. Januar 1947 auch zur Anerkennung als Problemindustrie im Sinne des § 3 f) der Direktive Nr. 14 vorgeschlagen.[703]

---

[701] Siehe Schreiben des Landesverbands der Textilindustrie Württemberg-Baden an das Arbeitsministerium Württemberg-Baden, Abt. II v. 4.12.1946 betr. Einwilligung in die Lohnerhöhung für weibliche Arbeitskräfte in der Textilindustrie Württemberg-Badens, in: BWHStA, EA 8/001, Nr. 1359.

[702] Vgl. Aktennotiz v. 29.5.1947 über Besprechung zwischen dem Präsidenten der IHK und Vertretern der wirtschaftlichen Fachverbände, des Arbeitsministeriums und der Arbeitsamts Stuttgart v. 27.5.1947 betr. die Beschaffung von Arbeitskräften, in: BWHStA, EA 8/001, Nr. 1238.

[703] Dies geht aus einem Schreiben des Arbeitsministeriums Württemberg-Baden vom 8.1.1947 hervor. Allerdings ist davon auszugehen, daß der Vorschlag schon vor diesem Zeitpunkt gemacht wurde, da sich das Arbeitsministerium dahingehend äußert, daß "bis jetzt noch

Der Beschluß des Kontrollrats, die Textilindustrie in die Gruppe der sogenannten Problemindustrien aufzunehmen, erging jedoch erst am 9. Januar 1948.[704] Danach durften die Löhne allgemein um 15% der Gesamtlohnsumme in der Textilindustrie angehoben werden. Mit dieser Ermächtigung zur Lohnerhöhung sollten die "Unbilligkeiten und Ungerechtigkeiten beseitigt werden, die unter den gegebenen Verhältnissen die Herstellung und Verarbeitung von Textilien behinderten."[705] Gleichzeitig sollten damit eine Leistungssteigerung der Arbeiter bewirkt sowie neue Arbeitskräfte für die Textilindustrie gewonnen werden, um so den Bedarf an Textilien in der Bevölkerung und Industrie sowie für den Export zu decken.

Seitens der amerikanischen Militärregierung von Württemberg-Baden wurde diese Ermächtigung am 3. März 1948 zunächst an den Ministerpräsidenten Reinhold Maier weitergegeben.[706] Zur Verhandlungsführung waren darin ausdrücklich die Gewerkschaften und die Arbeitgeber oder deren Verbände bestimmt.

Nach den Durchführungsbestimmungen der amerikanischen Militärregierung umfaßte die Ermächtigung die Produktionszweige von der vorbereitenden Bearbeitung der Naturfasern über das Spinnen, Weben und Wirken oder anderer Bearbeitungsvorgängen von Natur- und Kunstfasern bis zur Endbehandlung der Textilien einschließlich des Färbens und Bleichens.[707] Die Herstellung von Kunstfasern als Teil der chemischen Industrie war demnach nicht eingeschlossen.

Bei der Erhöhung selbst sollte nach dem Willen der Militärregierung zum einen zwischen den Arbeitern selbst sowie auch zwischen den einzelnen Fertigungszweigen differenziert werden, um so zu den oben genannten Zielen der Lohnerhöhung beizutragen. Insgesamt durfte jedoch die Gesamtgrenze von 15% nicht überschritten werden.

Als Basis der Lohnerhöhungen dienten die zur Zeit der Besetzung rechtmäßig in Kraft befindlichen Lohnsätze, etwaige Anhebungen nach dem 8. Mai 1945 waren nicht zu berücksichtigen.

Die Verhandlungen sollten auf die Erhöhung der Lohnsätze entsprechend der Ergänzung zu § 3 f) der Direktive Nr. 14 beschränkt bleiben. Anhebungen nach

---

keine Entscheidung hierüber" gefallen sei. Vgl. Schreiben des Arbeitsministerium Württemberg-Baden an das Oberregierungspräsidium Pfalz vom 8.1.1947 betr. Löhne in der Textilindustrie, in: BWHStA, EA 8/001, Nr. 1359.

[704] Vgl. Schreiben des OMGWB an den Ministerpräsidenten für Württemberg-Baden vom 3.3.1948 betr. Ermächtigung zu Lohnerhöhungen in der Textilindustrie, in: BWHStA, EA 8/001, Nr. 1360.

[705] Vgl. ebd.

[706] Vgl. Schreiben des OMGWB an den Ministerpräsidenten für Württemberg-Baden vom 3.3.1948 betr. Ermächtigung zu Lohnerhöhungen in der Textilindustrie, in: BWHStA, EA 8/001, Nr. 1360.

[707] Vgl. ebd.

§ 3 e) oder g) waren vorher durchzuführen. Ebenso schlossen die Durchführungsbestimmungen eine allgemeine Berichtigung der Ortsklassen im Zuge der Erhöhung aus.
Als frühester Termin des Inkrafttretens neuer Lohnvereinbarungen wurde der 9. Januar 1948 bestimmt, das heißt eine Rückwirkung der neuen Tarifverträge war demnach grundsätzlich zulässig. Insgesamt standen die Vereinbarungen unter dem Genehmigungsvorbehalt der Manpower Division der amerikanischen Militärregierung.
Mit Schreiben vom 23. März 1948 gab das Arbeitsministerium Württemberg-Baden den Gewerkschaftsbund Württemberg-Baden sowie den Landesverband der Textilindustrie von der Ermächtigung zur Durchführung von Kollektivverhandlungen entsprechend dem Kontrollratsbeschluß bekannt.[708]
Die Tarifparteien hatten allerdings offenbar schon vorher Kenntnis von der Lockerung des Lohnstopps für ihren Industriezweig erlangt.
Bereits am 9. März 1948 übermittelte Karl Pöhlmann vom Industrieverband Textil und Bekleidung des GBWüB der Sozialrechtlichen Arbeitsgemeinschaft des Landesverbands der Textilindustrie den gewerkschaftlichen Vorschlag über eine neue Regelung der Löhne in der Textilindustrie als Grundlage zukünftiger Verhandlungen.[709]
Der Vorschlag sah eine Erhöhung der Löhne der männlichen Arbeiter in der Textilindustrie gestaffelt nach vier Gruppen vor. Die sogenannten Angelernten mit einer Anlernzeit von sechs Wochen sollten in der Ortsklasse A einen Stundenlohn von RM 1,00, die Angelernten mit einer längeren Anlernzeit 10% mehr erhalten. Die dritte Gruppe der gelernten Facharbeiter sollten zu dem Grundlohn der ersten Gruppe 15% mehr, die vierte Gruppe der gelernten Handwerker und Spezialarbeiter 25% mehr verdienen. Nach diesem Vorschlag wurden die Facharbeiter demnach eindeutig besser gestellt. Der Akkordzuschlag sollte für alle Gruppen 20% betragen. Der Abschlag der Ortsklasse B gegenüber der Ortsklasse A blieb dagegen noch offen.
Karl Pöhlmann begründete den Vorschlag neben dem Beschluß des Kontrollrats erstens mit der finanziellen Lage der Arbeiter in der Textilindustrie. Zum 1. April 1948 seien Preiserhöhungen vorgesehen, Zeitpunkt und Inhalt einer Währungsregelung jedoch immer noch unbestimmt. Zweitens führte der Gewerkschaftsvertreter, zumindest gegenüber dem Fachverband, auch über die Interessen des einzelnen hinausgehende Gründe für die Gewerkschaftsforderung an. Die Lohngestaltung in den Betrieben laufe immer weiter auseinander.

---

[708] Vgl. Schreiben des Arbeitsministeriums Württemberg-Baden an den Gewerkschaftsbund Württemberg-Baden und den Landesverband der Textilindustrie vom 23.3.1948 betr. Anerkennung der Textilindustrie zur Problemindustrie, in: BWHStA, EA 8/001, Nr. 1360.
[709] Vgl. Schreiben des Industrieverbands Textil und Bekleidung an die Sozialrechtliche Arbeitsgemeinschaft des Landesverbands der Textilindustrie Nord-Württemberg und Nord-Baden e.V. vom 9.3.1948, in: BWHStA, EA 8/001, Nr. 1359.

Gleichzeitig bestünde die Notwendigkeit, einen ausreichenden Facharbeiternachwuchs zur Sicherung der Wettbewerbsfähigkeit der Textilindustrie zu bilden.
Eine erste Besprechung der Tarifparteien fand am 30. April 1948 im Arbeitsministerium statt.[710]
Hinsichtlich der Grundlage für die fünfzehnprozentige Erhöhung stimmten die Arbeitgeber- und Arbeitnehmervertreter darin überein, daß sich das Lohnniveau 1945 gegenüber 1939 insgesamt nicht wesentlich geändert habe, für die Erhöhung demnach auf die am 8. Mai 1945 in Kraft befindlichen Löhne rekurriert werden könne. Ferner bestand Einigkeit darüber, nicht gleichmäßig die Löhne aller Berufsgruppen um 15% aufzustocken, sondern eine gerechte Relation zwischen den einzelnen Gruppen herzustellen.
Der Vorschlag der Arbeitgeberseite unterteilte die männlichen Arbeiter über 21 Jahre wie der Vorschlag der Gewerkschaft ebenfalls in vier Lohngruppen. Die erste Gruppe umfaßte die "Hilfsarbeiter". Für diese war im Lohngebiet I ein Zeitlohn von RM 0,85, im Lohngebiet II von RM 0,80 vorgesehen. Die zweite Gruppe der Maschinenarbeiter sollte nach dem Willen der Arbeitgeber die gleichen Stundenlöhne erhalten. Die angelernten Arbeiter wie Spinner oder Weber sollten jeweils RPf 5 mehr in der Stunde verdienen. Für diese beiden Gruppen war darüber hinaus im Leistungslohn ein Akkordzuschlag von 15% vorgesehen. Der Stundenlohn der vierten Gruppe, der Handwerker in der Textilindustrie, sollte nach dem Vorschlag RM 1,20 bzw. RM 1,15 betragen. Die Unterschiede zum Vorschlag der Gewerkschaft verdeutlicht die folgende Tabelle.

---

[710] Vgl. Aktennotiz vom 5.5.1948 über die am 30.4.1948 stattgefundene Besprechung mit Vertretern der Arbeitgeber und Arbeitnehmer der Textilindustrie betr. Lohntarifvertrag für die Textilindustrie auf Grund der Anerkennung zur Problemindustrie, in: BWHStA, EA 8/001. Nr. 1359.

Tabelle 4: Gegenüberstellung der Ortsklasse I in RM[711]

Lohngruppe	Gewerkschafts-vorschlag	Arbeitgebervorschlag	Differenz in %
I	1,00	0,85	- 15,0
II	1,00	0,85	- 15,0
III	1,10	0,90	- 18,2
IV	1,15	1,04	- 9,6

Aufgrund der Differenz zum gewerkschaftlichen Vorschlag entsprach das Angebot der Arbeitgeber nicht den Erwartungen der Arbeitnehmervertreter. In die Praxis umgesetzt brächte es, so wurde argumentiert, im Lohngebiet I (Stuttgart) keine Erhöhung mit sich, hier sei das Lohnniveau des Jahres 1945 bereits um 15% überschritten.[712]
Allerdings gestand Karl Pöhlmann zu, daß hinsichtlich der diesem Vorschlag zugrundeliegenden Ausgangsbasis nicht höher gegriffen werden könne, da die Erhöhung sonst einer Nachprüfung durch die Militärregierung nicht standhalte. Die Genehmigungsfähigkeit der Vereinbarung wurde demnach von beiden Parteien bei den Verhandlungen in die Abwägung einbezogen.
Zudem sei er auch im Hinblick auf das Interesse der Gewerkschaft daran, im Rahmen des Möglichen wenigstens noch vor der Währungsreform eine gesunde Tariflohnbasis zu erhalten, zum Einlenken bereit.[713] Die Tariflöhne stellten nach den tarifvertraglichen Vereinbarungen Mindestsätze dar. Vor dem Hintergrund einer Geldreform und ihren ungewissen Folgen für die wirtschaftliche Entwicklung in der Textilindustrie mußte es der Gewerkschaftsseite darum gehen, die Löhne der Arbeiter auf einer gewissen Mindesthöhe festzuschreiben. Gleichzeitig implizierte die Formulierung der "gesunden Tariflohnbasis" eine Lohnhöhe, die auch nach der Währungsreform für den Lebensunterhalt aus-

---

[711] Vgl. Aktennotiz vom 5.5.1948 über die am 30.4.1948 stattgefundene Besprechung mit Vertretern der Arbeitgeber und Arbeitnehmer der Textilindustrie betr. Lohntarifvertrag für die Textilindustrie auf Grund der Anerkennung zur Problemindustrie, in: BWHStA, EA 8/001. Nr. 1359 sowie Schreiben des Industrieverbands Textil und Bekleidung an die Sozialrechtliche Arbeitsgemeinschaft des Landesverbands der Textilindustrie Nord-Württemberg und Nord-Baden e.V. vom 9.3.1948, in: BWHStA, EA 8/001, Nr. 1359.

[712] Vgl. Aktennotiz vom 5.5.1948 über die am 30.4.1948 stattgefundene Besprechung mit Vertretern der Arbeitgeber und Arbeitnehmer der Textilindustrie betr. Lohntarifvertrag für die Textilindustrie auf Grund der Anerkennung zur Problemindustrie, in: BWHStA, EA 8/001. Nr. 1359.

[713] Vgl. Aktennotiz vom 5.5.1948 über die am 30.4.1948 stattgefundene Besprechung mit Vertretern der Arbeitgeber und Arbeitnehmer der Textilindustrie betr. Lohntarifvertrag für die Textilindustrie auf Grund der Anerkennung zur Problemindustrie, in: BWHStA, EA 8/001. Nr. 1359.

reichen sollte. Schließlich ging es auch darum, die betrieblichen Ungleichheiten zu beseitigen.
Pöhlmann sicherte den Arbeitgebern zu, er wolle ihren Vorschlag mit seinen Kollegen in den nächsten Tagen beraten. Mit diesem Stand gingen die Tarifparteien zunächst auseinander. Als nächster Verhandlungstermin wurde der 10. Mai 1948 vereinbart.
Am gleichen Tag trat in der Lohnpolitik der Besatzungsmacht jedoch eine wesentliche Änderung ein. Gemeinsam mit der britischen war die amerikanische Militärregierung nach Überprüfung der gegenwärtigen Situation zu der Auffassung gelangt, daß der Zeitpunkt für weitere Schritte in Richtung eines Systems freier Tarifvereinbarungen zwischen Arbeitgebern und Gewerkschaften gekommen sei.[714] Dahinter stand neben demokratischen Überlegungen das wirtschaftspolitische Interesse, den Anstieg der Warenpreise zu stoppen und den niedrigen Stand der Pro-Kopf-Erzeugung und die dadurch bedingte anhaltend scharfe Verknappung der Verbrauchsgüter umzukehren.[715]
Gleichzeitig sahen die Militärregierungen der Bizone aber auch die dringende Notwendigkeit, inflationäre Tendenzen in engen Grenzen zu halten. Eine sofortige allgemeine Lohnerhöhung größeren Umfangs führe gleichfalls zu einer Inflation, daher müßten die gegenwärtigen Probleme stufenweise behoben werden. In einem ersten Schritt wurde der Lohnstopp dahingehend gelockert, daß Arbeitgeber und Gewerkschaften in ihren Wirtschaftszweigen Erhöhungen der Löhne und Gehälter bis maximal 15% aushandeln könnten.
Die Industrial Relations Direktive Nr. 40 vom 29. April 1948 dehnte somit die Regelung des § 3 lit. f) der Kontrollrats-Direktive Nr. 14 auf alle Wirtschaftszweige für das Gebiet der Bizone aus.
Hinter dieser Maßnahme stand offensichtlich das Ziel, mittels Lohnerhöhungen auch die Leistung und damit den industriellen Output zu steigern. Hierfür spricht insbesondere auch die Empfehlung der Militärregierung, als entsprechenden Anreiz zur Produktionssteigerung leistungsorientierten Lohn zu zahlen.[716] Der Zeitpunkt der Lockerung läßt ebenfalls auf eine solche Zielsetzung schließen. Die Phase vor der Währungsreform war durch Warenhortungen seitens der Industriebetriebe sowie des Handels gekennzeichnet. Gleichzeitig sollte mit der Einführung der D-Mark auch das deutsche Wirtschaftssystem wieder auf eine solide Grundlage gestellt werden. Die Kaufkraft des neuen Geldes war jedoch nur durch ein entsprechendes Warenangebot gewährleistet.

[714] Vgl. Schreiben des OMGWB an den Ministerpräsidenten von Württemberg-Baden v. 30.4.1948 betr. New Wage Policy (Übersetzung), in: BWHStA, EA 8/001, Nr. 974.
[715] Vgl. ebd.
[716] Vgl. Punkt (6). des Schreibens des OMGWB an den Ministerpräsidenten von Württemberg-Baden v. 30.4.1948 betr. New Wage Policy (Übersetzung), in: BWHStA, EA 8/001, Nr. 974.

Als frühesten Zeitpunkt für das Inkrafttreten der neuen Vereinbarungen bestimmte die Anordnung den 1. Mai 1948.[717] Grundlage für die Errechnung der Gesamtlohnsumme waren nach dieser Anordnung wiederum die am 8. Mai 1945 geltenden Tarifsätze einschließlich der später aufgrund des § 3 f) der Direktive Nr. 14 genehmigten Lohnerhöhungen.
Zu diesem Zeitpunkt war die Ermächtigung des § 3 f) für die Textilindustrie Württemberg-Badens aber noch nicht durch eine entsprechende Vereinbarung zwischen den Tarifparteien umgesetzt worden.
Am 17. Mai 1948 stellte ein Schreiben des OMGWB an das Arbeitsministerium Württemberg-Baden klar, daß die Arbeitgeber und Gewerkschaften sogenannter Problemindustrien im Sinne des § 3 f) Direktive Nr. 14 mit der Anordnung vom 30. April 1948 einen zusätzlichen Spielraum von weiteren 15% erhalten hätten.[718] Seitens des Arbeitsministeriums sei lediglich zu kontrollieren, daß die Erhöhung diese Gesamtvollmacht nicht übersteige.
In der Textilindustrie bestand damit noch vor Abschluß der Tarifbewegung die Möglichkeit, die Löhne um insgesamt 32,25% zu erhöhen.[719] Dies vergrößerte einerseits den Spielraum der Kollektivparteien, zwang andererseits aber auch die Arbeitgeber zu einer Annäherung an die ursprüngliche Forderung der Gegenseite.
Die Verhandlungen über die Anhebungen endeten am 22. Mai 1948 mit der Vereinbarung eines neuen Tarifvertrags zwischen dem Sozialrechtlichen Ausschuß des Landesverbands der Textilindustrie e.V. und dem Industrieverband Textil und Bekleidung des Württemberg-Badischen Gewerkschaftsbunds.[720]
Das Ergebnis zeigt deutlich, daß die Tarifparteien den Spielraum in ihre Vereinbarung einbezogen.

---

[717] Vgl. Punkt (6). des Schreibens des OMGWB an den Ministerpräsidenten von Württemberg-Baden v. 30.4.1948 betr. New Wage Policy (Übersetzung), in: BWHStA, EA 8/001, Nr. 974.

[718] Vgl. Schreiben des OMGWB an das Arbeitsministerium Württemberg-Baden v. 17.5.1948 betr. Neue Lohnpolitik, in: BWHStA, EA 8/001, Nr. 974.

[719] Zu den Erhöhungsmöglichkeiten in den Problemindustrien vgl. auch Schreiben des Hessischen Staatsministeriums, der Minister für Arbeit und Wohlfahrt an das Arbeitsministerium Württemberg-Baden v. 7.7.1948 betr. Bizonale Tarifvereinbarungen, hier: Bizonaler Lohnausschuß, in: BWHStA, EA 8/001, Nr. 1098.

[720] Vgl. Lohnvereinbarung zwischen dem Landesverband der Textilindustrie, Sozialpolitischer Ausschuß, und dem Württemberg-badischen Gewerkschaftsbund, Industrieverband Textil und Bekleidung vom 22.5.1948, in: Archiv LTA, Bestand GTB, Ordner 1, 2. Tarifbewegung Württemberg-Baden, 1948. In den Unterlagen der GTB (handschriftliche Aufzeichnungen von W. Werner) wird die Tarifbewegung zweigeteilt dargestellt. Die ersten Erhöhungen sind danach bis zum 31.5.1948 vereinbart worden, die zweiten Erhöhungen erst ab 1.6.1948. Hierfür findet sich jedoch weder in den Protokollen noch in den ergänzend hinzugezogenen Unterlagen des Arbeitsministeriums ein Hinweis. Vgl. dazu die Aufzeichnungen in: Archiv LTA, Bestand GTB, Ordner 1, 2. Tarifbewegung Württemberg-Baden, 1948.

Tabelle 5: Zeitlöhne der männlichen Arbeiter über 21 Jahre in Ortsklasse A [721]

LG	Gewerschafts-vorschlag	Arbeitgeber-vorschlag	Ergebnis	Differenz zum Gewerkschaftsv.	Differenz zum Arbeitgeberv.
I	1,00	0,85	0,92	- 8%	+ 7,6%
II	1,00	0,85	0,94	- 6%	+10,6%
III	1,10	0,90	0,98	-10,9%	+ 8,9%
IV	1,15	1,04	1,25	+8,7%	+ 20,2%

Von der zusätzlichen Möglichkeit zur Erhöhung der Löhne profitierten insbesondere die Arbeiter der Lohngruppe IV, gelernte Handwerker mit Gesellenbrief und mehrjähriger Berufserfahrung. Dieser Gruppe war nicht nur für die laufende Produktion von besonderer Bedeutung, sondern auch für die Ausbildung eines qualifizierten Nachwuchses unabdingbar und wurde daher von den Tarifparteien entsprechend entlohnt.

Gleichzeitig wurden vor diesem Hintergrund auch die Mindeststundensätze der Jugendlichen zwischen 15 und 20 Jahren verbessert. Hier lag der Stundenlohn nach dem neuen Tarifvertrag zwischen RM 0,55 und RM 0,75 in der Ortsklasse A sowie RM 0,62 und RM 0,72 in der Ortsklasse B.

Schließlich wurden auch die Löhne der weiblichen Arbeitskräfte im Zuge dieser Tarifbewegung weiter angehoben. Die Stundensätze der Arbeiterinnen über 20 Jahre sowie der Jugendlichen erhöhte sich jeweils um RPf 5, ebenso der Akkordrichtsatz.

Als weitere Neuerung übetrug die zweite Tarifbewegung in der Textilindustrie Württemberg-Badens das Lohngruppen-Prinzip der ersten Tarifbewegung vom Dezember 1946 auf die Gliederung der Lohnsätze der männlichen Arbeiter.

Entsprechend wurden auch die Ortsklassen hinsichtlich der Männerlöhne auf zwei reduziert. Eine Neueinteilung der Orte innerhalb dieser Klassen fand jedoch entsprechend den Weisungen der Militärregierung, die Lohnerhöhung nicht mit einer allgemeinen Berichtigung der Ortsklassen zu koppeln, nicht statt. Die Abschaffung einer Ortsklasse war schon mit der ersten Tarifbewegung 1946 erfolgt und in diesem Zusammenhang bereits von der amerikanischen Militärregierung genehmigt worden.

Unter dem Vorbehalt der Genehmigung seitens des Arbeitsministeriums bzw. der Militärregierung im Laufe des Junis bestimmte der Tarifvertrag als Zeitpunkt des Inkrafttretens den 1. Juni 1948.

Die Genehmigung wurde seitens des Landesverbands mit Schreiben vom 10. Juni 1948 beim Arbeitsministerium Württemberg-Baden beantragt.[722] Die

[721] Vgl. Lohnvereinbarung zwischen dem Landesverband der Textilindustrie, Sozialpolitischer Ausschuß, und dem Württemberg-badischen Gewerkschaftsbund, Industrieverband Textil und Bekleidung vom 22.5.1948, in: Archiv LTA, Bestand GTB, Ordner 1, 2. Tarifbewegung Württemberg-Baden, 1948.

Genehmigungserteilung sollte bis zum 15. Juni 1948 erfolgen, da es sonst aus technischen Gründen nicht möglich sei, die Vereinbarung zum 1. Juni wirksam werden zu lassen.
Mit Schreiben vom 15. Juni 1948 bewilligte das Arbeitsministerium den Antrag.[723] Gleichzeitig wurde die Militärregierung von der Genehmigung sowie Eintragung des neuen Tarifvertrags in das Tarifregister in Kenntnis gesetzt.[724] In Abweichung zum Wortlaut der Anordnung vom 3. März 1948 hatte demnach offensichtlich das Arbeitsministerium die eigentliche Entscheidungskompetenz.
Insgesamt brachte die zweite Tarifbewegung in der württembergisch-badischen Textilindustrie neben deutlichen Lohnerhöhungen den ersten einheitlichen Tarifvertrag für die weiblichen und männlichen Arbeiter in der Textilindustrie. Das unübersichtliche Eingliederungsprinzip der "Tarifordnungen" wurde endgültig zugunsten eines Lohngruppen-Katalogs aufgegeben. Die Ortsklassen-Einteilung richtete sich ausschließlich nach der Einwohnerzahl.[725] Grundsätzlich gab es nur noch zwei statt drei Ortsklassen. Schließlich normierte der neue Tarifvertrag entsprechend den alliierten Vorgaben erstmals über den Grundsatz "Gleicher Lohn für gleiche Leistung" die diesbezügliche Gleichstellung weiblicher und männlicher Arbeiter in der Textilindustrie Württemberg-Badens. Damit wurde eine wesentliche Forderung der Gewerkschaften in Württemberg-Baden für die Textilindustrie tarifvertraglich festgeschrieben.
Sämtliche Ergebnisse kamen durch freie und eigenverantwortliche Verhandlungen der kollektiven Interessenvertretungen der Arbeitsmarktparteien zustande. Die Autonomie der Tarifpartner wurde wiederum nur durch das Genehmigungserfordernis seitens des Arbeitsministeriums Württemberg-Baden eingeschränkt. Dessen Einflußnahmen beschränkte sich allerdings auf die Zustimmung zu der getroffenen Vereinbarung. Inhaltlich wurde dagegen von dieser Seite nicht auf den Tarifvertrag eingewirkt. Gleiches galt für die amerikanische Militärregierung, deren Rolle auf die eines stillen Beobachters beschränkt blieb.

---

[722] Vgl. Schreiben des Landesverbands der Textilindustrie Württemberg-Baden e.V. an das Arbeitsministerium Württemberg-Baden v. 10.6.1948 betr. Neuregelung der Löhne in der Textilindustrie, in: BWHStA, EA 8/001, Nr. 1360.

[723] Vgl. Schreiben des Arbeitsministeriums Württemberg-Baden an den Landesverband der Textilindustrie Württemberg-Baden e.V. und den Gwerkschaftsbund Württemberg-Baden, Industrieverband Textil und Bekleidung v. 15.6.1948 betr. Lohntarifvereinbarung für die Textilindustrie, in: BWHStA, EA 8/001, Nr. 1360.

[724] Vgl. Schreiben des Arbeitsministeriums Württemberg-Baden an die Amerikanische Militärregierung v. 15.6.1948 betr. Ermächtigung zu Lohnerhöhungen in der Textilindustrie, in: BWHStA, EA 8/001, Nr. 1360.

[725] Nach der "Tarifordnung" v. 4.12.1934 waren die Ortschaften den Ortsklassen zugeteilt, eine Änderung der Einwohnerzahl war demnach ohne Bedeutung für die Zuordnung. Vgl. "Tarifordnung" für Württemberg und Hohenzollern v. 4.12.1934, in: Archiv LTA, Bestand GTB, Ordner 1, 1. Tarifbewegung Württemberg-Hohenzollern, 1948.

Die staatliche Einflußnahme auf die tarifpolitische Entwicklung im Bereich der Textilindustrie war demnach in Württemberg-Baden schon vor der Währungsreform weitgehend zugunsten der unabhängigen Regelungsbefugnis der Tarifparteien gewichen.

4.2. Baden

Unmittelbar nach der Besetzung des Landes wurden zunächst auch in Baden die Arbeitsbedingungen seitens der Besatzungsmacht festgeschrieben.
Bereits am 30. Mai 1945 ergingen Richtlinien für die Arbeitszeit.[726] Danach wurde die Höchstarbeitszeit für Industriebetriebe auf 18 Stunden wöchentlich begrenzt (§ 1). Den Betrieben stand es frei, entweder zwei Wochen mit 36 Stunden und dann zwei Wochen gar nicht zu arbeiten oder aber lediglich an zwei Tagen in der Woche neun Stunden zu arbeiten (§ 2). Grundsätzlich war die Fortsetzung oder Wiederaufnahme der Arbeit nach § 3 der Anordnung jedoch von der Genehmigung seitens der Militärregierung abhängig, ein entsprechender Antrag über die zuständige Handelskammer zu stellen.
Nachdem die Beibehaltung des Lohnstopps zoneneinheitlich mit der Verordnung Nr. 5 vom 4. September 1945 angeordnet worden war, wurde die Direktive Nr. 14 nicht mehr gesondert auf Zonen- oder Landesebene umgesetzt.[727]
Wie in Württemberg-Baden beschränkten sich die Initiativen zur Verbesserung der Lohnsituation im Bereich der badischen Textilindustrie zunächst auf die betriebliche Ebene.[728] Die Möglichkeiten für Erhöhungen unterlagen zusätzlich zu der Begrenzung auf das durchschnittliche Lohnniveau gleichartiger Betriebe gemäß § 3 c) der Direktive Nr. 14 noch einer besonderen Einschränkung seitens der französischen Militärregierung dahin, daß Lohnerhöhungen grundsätzlich nicht zu Preiserhöhungen zu Lasten der Besatzungsbehörden führen dürften.[729]
Den Unternehmern der badischen Textilindustrie war damit zusammen mit dem Preisstopp jede Möglichkeit genommen, die finanzielle Belastung von Lohnerhöhungen an die Abnehmer weiterzugeben. Die Entscheidungskompetenz hin-

---

[726] Vgl. Französische Armee, Gouvernement Militaire, Wirtschaftliche Anordnungen und Arbeitszeitrichtlinien Nr. 10 vom 30.5.1945 betr. Festlegung der Arbeitszeit und der Arbeitszeitrichtlinien, in: StA Freiburg, C 38/1, Nr. 560.
[727] Vgl. Journal Officiel 1. Jg. (1945), No. 2 v. 17.9.1945, S. 8. Zumindest finden sich hierfür weder in den Quellenbeständen noch in der Literatur entsprechende Hinweise
[728] Vgl. Schreiben des Präsidenten des Landesarbeitsamts Baden, Gz. IV.XII/1945 v. 10.11.1945 an den Leiter des Arbeitsamts Lörrach betr. Firma Mechanische Buntweberei Brennet in Brennet, hier: Schlichterlöhne, in: StA Freiburg, C 38/1, Nr. 980/1. Vgl. auch "Regelung der Lohnfragen", in: Der Badische Gewerkschaftler, 1. Jg. (1946), Nr. 1 v. Juni 1946, S. 8.
[729] Die französische Militärregierung hatte eine entsprechende Weisung an den Präsidenten des Landesarbeitsamts Baden erteilt. Vgl. ebd.

sichtlich dieser Erhöhungen lag gemäß der Direktive Nr. 14 bei den badischen Arbeitsämtern.[730]
Damit blieben auch hier die Tarifparteien, insbesondere die offiziell bereits zugelassenen Gewerkschaften, von der Regelung der Arbeitsbeziehungen ausgeschlossen.
Bevor die Ergänzung zu § 3 der Direktive Nr. 14 vom 13. September 1946 den kollektiven Interessenvertretungen der Arbeitgeber und Arbeitnehmer im besetzten Deutschland einen tarifpolitischen Handlungsspielraum einräumte, kam es für den Bereich der badischen Textilindustrie auf lokaler Ebene zwischen Vertretern der Ortsgewerkschaften und Arbeitgebern bereits zu ersten Gesprächen zur Verbesserung der tariflichen Löhne in diesem Industriezweig.
Anlaß hierfür waren Gerüchte von Seiten der deutschen und der französischen Stellen über eine Bewegung innerhalb des bestehenden Lohnstopps.[731] Nachdem die Militärregierung Badens schließlich auf eine Anfrage des Landesarbeitsamts mitteilte, daß die Frage der Neuregelung der Jugendlöhne von der Militärregierung für die gesamte französisch besetzte Zone geprüft werde, trafen sich Vertreter der Tarifparteien am 23. Juli 1946 zu einer ersten Besprechung in Lörrach.[732] Hieran nahmen drei Vertreter der ortsansässigen Textilindustrie und zwei Vertreter der Gewerkschaftsseite teil. Darüber hinaus waren auch der Leiter des Landesarbeitsamts, Philipp Hessel, und zwei Vertreter des Arbeitsamts Lörrach anwesend.[733]
Nach "eingehender Verhandlung" einigten sich die Parteien bereits in diesem ersten Gespräch auf einen konkreten Vorschlag für die neue Lohngestaltung in der Textilindustrie.[734] Danach sollten die bisherigen tariflichen Ecklöhne um rund 30%, also für Männer von RM 0,53 auf RM 0,70 und für Frauen von RM 0,40 auf RM 0,55 erhöht werden. Der Akkordrichtsatz sollte um den gleichen Prozentsatz angehoben werden. Darüber hinaus sah der Vorschlag eine

[730] Die Anträge waren seitens der Unternehmen beim zuständigen Arbeitsamt einzureichen. Dieses entschied dann im Einvernehmen mit dem Landesarbeitsamt Baden. Vgl. Schreiben des Präsidenten des Landesarbeitsamts Baden, Gz. IV.XII/1945 v. 10.11.1945 an den Leiter des Arbeitsamts Lörrach betr. Firma Mechanische Buntweberei Brennet in Brennet, hier: Schlichterlöhne, in: StA Freiburg, C 38/1, Nr. 980/1. Vgl. auch "Regelung der Lohnfragen", in: Der Badische Gewerkschaftler, 1. Jg. (1946), Nr. 1 v. Juni 1946, S. 8.
[731] Vgl. Schreiben des Arbeitsamts Lörrach, Nebenstelle Säckingen an den Leiter des Arbeitsamts Lörrach v. 6.6.1946 betr. Arbeitseinsatz in der Textilindustrie, hier: Firma Lonzona/Säckingen.
[732] Vgl. Schreiben des Landesarbeitsamts Baden, Gz. XII an den Leiter des Arbeitsamts Lörrach, Nebenstelle Säckingen v. 22.6.1946 betr. Lohnregelung in der Textilindustrie, beides in: StA Freiburg, C 38/1, Nr. 980/1.
[733] Vgl. Aktenvermerk Landesarbeitsamt Baden, Gz. IV.XII/46 v. 25.7.1946 betr. Lohnregelung in der Textilindustrie, Verhandlung am 23.7.1946 in Lörrach, in: StA Freiburg, C 38/1, Nr. 980/1.
[734] Vgl. ebd.

Erhöhung der Gehälter der Werkmeister in der Textilindustrie um 30% gegenüber der "Tarifordnung" vom 2. Januar 1939 vor.
Eine zweite lokal begrenzte Besprechung hinsichtlich der Lohnneuregelung in der badischen Textilindustrie fand am 5. August 1946 in Singen a. H. statt. Die lokalen Vertreter der Gewerkschaft sowie der Arbeitgeber einigten sich auf die Übernahme des Lörracher Vorschlags auch für den Bezirk Konstanz.[735]
Nachdem Ende Juli 1946 auch die offizielle Ermächtigung seitens der Militärregierung an die Arbeitsämter erging, Vorschläge für eine Neuregelung der Löhne in verschiedenen Wirtschaftszweigen vorzulegen, reichte das Landesarbeitsamt das Ergebnis der Verhandlung in Lörrach ohne weitere Besprechungen der Tarifparteien bei der Militärregierung zur Genehmigung ein.[736] Dieser Antrag blieb jedoch, wie die übrigen vom Landesarbeitsamt Baden eingereichten Vorschläge für andere Wirtschaftszweige, ohne Antwort.[737]
Die ersten freien Verhandlungen zwischen den Tarifparteien der badischen Textilindustrie und die damit verbundenen Bemühungen um eine Neuordnung und gleichzeitige Verbesserung der Jugendlöhne in diesem Industriezweig scheiterten demnach trotz der frühen Initiative und schnellen Einigung der Tarifparteien an der Untätigkeit der französischen Militärregierung.[738] Folglich blieb es auch im Jahr 1946 auf tariflicher Ebene bei den Stopplöhnen vom 8. Mai 1945.
Die durch § 3 g) der Direktive Nr. 14 eingeräumte Ermächtigung der Tarifparteien wurde für den Bereich der Textilindustrie Badens erst mit der Anordnung zur Festsetzung des Minimallohns auf RM 0,50 durch die französische Militärregierung im April 1947 umsetzbar.[739]
Die Anordnung ermöglichte ferner eine entsprechende Erhöhung der übrigen Löhne in der Textilindustrie. Als Plenum für die Ausarbeitung wurde eine paritätisch zusammengesetzte Lohnkommission bestimmt, die aus Mitgliedern des Bezirksvorstands der Textilarbeiter und stellvertretenden Arbeitgebern dieses

[735] Vgl. Aktenvermerk Landesarbeitsamt Baden, Gz. IV.XII., XVII.XX/46 v. 25.7.1946 betr. Lohnregelung, Verhandlung am 5.8.1946 in Singen a.H., in: StA Freiburg, C 38/1, Nr. 980/1. Inwieweit es noch andere lokale Besprechungen in dieser Art zwischen den Tarifparteien der badischen Textilindustrie gab, geht aus den Unterlagen nicht hervor.

[736] Vgl. Schreiben Philipp Martzloff an den Leiter des Arbeitsamts Konstanz v. 27.7.1946 betr. Lohnneuregelung, in: StA Freiburg, C 38/1, Nr. 980/1.

[737] Vgl. Schreiben des Landesarbeitsamts Baden an den Gewerkschafts-Ausschuß der Fachgewerkschaften für das Wirtschaftsgebiet des Landkreises Lörrach v. 7.10.1946 betr. Lohnneuregelung in der Textilindustrie, in: StA Freiburg, C 38/1, Nr. 980/1.

[738] Die restriktive Haltung der französischen Besatzungsmacht beim Wiederaufbau der Gewerkschaften und der Arbeitgeberverbände setzte sich demnach beim tarifpolitischen Neubeginn nach 1945 fort.

[739] Vgl. Schreiben des Gouvernement Militaire en Allemagne, Délégué Supérieur pour le Gouvernement Militaire de Bade, Service du Travail, Nr. 685 T.R.V. an den Staatssekretär der Wirtschaft für das Land Baden, Direktion Arbeit v. 9.4.1947 betr. Lohnerhöhung in der Textilindustrie, in: StA Freiburg, C 38/1, Nr. 980/1.

Industriezweigs bestehen sollte. Ein entsprechendes Gremium war bereits in § 5 der Direktive Nr. 14 vorgesehen, wonach Körperschaften, zusammengesetzt aus Vertretern der Gewerkschaften und der Arbeitgeberverbände, zur Beratung der Arbeitsämter in Lohnfragen gebildet werden sollten.[740] Die französische Militärregierung legte diese Vorschrift demnach dahingehend aus, daß die Tarifparteien lediglich beratend an der Gestaltung der kollektiven Arbeitsbeziehungen mitwirken sollten.

Die Verhandlungsdauer legte die Anordnung auf den Zeitraum vom 21. April bis zum 16. Mai 1947 fest. Die Kommissionsvorschläge konnten nur nach vorheriger Genehmigung durch die Militärregierung in Vollzug gesetzt werden.

Auf Einladung des Landesarbeitsamts Baden traten am 8. Mai 1947 fünf Vertreter der Arbeitgeber, benannt von der Fachvereinigung der Badischen Textilindustrie, und sechs Vertreter von Gewerkschaftsseite zu einer Besprechung der Lohnregelung in der Textilindustrie unter der Regie von zwei Behördenvertretern zusammen.[741] Die Verhandlungen endeten nach längeren Beratungen mit einem einstimmigen Beschluß der beiden Tarifparteien.[742] Die danach vorgesehene Erhöhung der Stundenlöhne in der badischen Textilindustrie zeigt die nachfolgende Tabelle.

Tabelle 6: Die Erhöhung der Zeitlöhne in der badischen Textilindustrie in RM[743]

Alter	Männer	Frauen
unter 16 J.	0,30	0,30
über 16 J.	0,40	0,40
über 18 J.	0,50	0,50
über 20 J.	0,75	0,60

Ausgangspunkt für die neuen Löhne bildete die Erhöhung des Stundenlohns eines ungelernten Arbeiters über 18 Jahre von vormals RM 0,32 auf RM 0,50.

---

[740] Vgl. Direktive Nr. 14 "Grundsätze für die Bestimmungen betreffs der Arbeitslöhne", in: Amtsblatt des Kontrollrats in Deutschland, hrsg. v. Alliierten Sekretariat, Nr. 3 v. 31.1.1946, S. 40f.

[741] Das Landesarbeitsamt Baden bat daraufhin die Landesvereinigung der Textilgewerkschaften, Freiburg und die Fachvereinigung der Badischen Textilindustrie e. V., Schopfheim mit Schreiben vom 19.4.1947 um die Benennung von drei bis fünf Herren für die Kommission. Vgl. entsprechendes Schreiben in: StA Freiburg, C 38/1, Nr. 980/1.

[742] Vgl. Protokoll [der Besprechung der Tarifkommission] v. 8.5.1947 betr. Lohnregelung der badischen Textilindustrie, in: StA Freiburg, C 38/1, Nr. 980/1.

[743] Vgl. Protokoll [der Besprechung der Tarifkommission] v. 8.5.1947 betr. Lohnregelung der badischen Textilindustrie, in: StA Freiburg, C 38/1, Nr. 980/1.

Die sich daraus ergebende Anhebung um 56% wurde auf alle übrigen Zeitlöhne und die Akkordlöhne übertragen.[744]
Gleichzeitig sollte die bisher gewährte Sozialzulage für Akkordarbeit mit RM 0,07 in die Branchenlöhne integriert werden.[745] Zur Wahrung des Lohngefüges hatten sich die Parteien weiterhin auf eine Erhöhung der Stundenlöhne der Betriebshandwerker auf RM 0,95 sowie der Gehälter der Werkmeister um 20% geeinigt. Als Zeitpunkt des Inkrafttretens bestimmte der Beschluß den 1. Mai 1947.
Der Anordnung vom 9. April 1947 entsprechend setzte das Landesarbeitsamt die Militärregierung mit Schreiben vom 17. Mai 1947 von den Vorschlägen der Lohnkommission in Kenntnis.[746] Dem Wortlaut des Schreibens ist allerdings nicht zu entnehmen, daß es sich hierbei um einen Antrag zur Genehmigung handelt. Die Vorläufigkeit der Regelung klingt lediglich in dem Wort "Vorschlag" an.
Noch am gleichen Tag erließ das Landesarbeitsamt Baden eine Verfügung zur Lohnregelung in der Textilindustrie mit dem Inhalt des oben genannten Vorschlags.[747] Diese Verfügung wurde sowohl den Parteien der Lohnkommission, also der Fachvereinigung der Textilindustrie und der Landesvereinigung der Industriegewerkschaft Textil und Bekleidung, als auch den Arbeitsämtern des Landes Baden zur Kenntnis gegeben.[748]
Allerdings ist aus dem weiteren Schriftwechsel zu schließen, daß die Umsetzung der Neuregelung nicht bereits ab dem 17. Mai 1947 erfolgte.[749] Nach Schreiben des Landesarbeitsamts vom 11. Juli des Jahres lag die Genehmigung der Militär-

[744] Vgl. die Begründung der Lohnregelung seitens des Landesarbeitsamts gegenüber der Militärregierung im Schreiben des Landesarbeitsamts Baden an die Militärregierung für Baden v. 17.5.1947 betr. Lohnregelung in der Textilindustrie, in: StA Freiburg, C 38/1, Nr. 980/1.

[745] Die Abschaffung einer gesonderten Sozialzulage entsprach nach Aussage des Landesarbeitsamts der Auffassung sämtlicher Sachverständige. Vgl. Schreiben des Landesarbeitsamts Baden an die Militärregierung für Baden v. 17.5.1947 betr. Lohnregelung in der Textilindustrie, in: StA Freiburg, C 38/1, Nr. 980/1.

[746] Vgl. ebd.

[747] Vgl. Schreiben des Landesarbeitsamts Baden, Gz. III.XII/47 an die Fachvereinigung Textilindustrie, die Landesvereinigung der Industriegewerkschaft Textil und Bekleidung und die Arbeitsämter in Baden v. 17.5.1947, in: StA Freiburg, C 38/1, Nr. 980/1.

[748] Vgl. Schreiben des Landesarbeitsamts Baden, Gz. III.XII/47 an die Fachvereinigung Textilindustrie, die Landesvereinigung der Industriegewerkschaft Textil und Bekleidung und die Arbeitsämter in Baden v. 17.5.1947, in: StA Freiburg, C 38/1, Nr. 980/1.

[749] Vgl. Schreiben Fritz Funk [Gewerkschaftsvertreter] an das Landesarbeitsamt Baden v. 9.7.1947 betr. Tarif der Textilindustrie, in: StA Freiburg, C 38/1, Nr. 980/1. Hierin macht Funk gegenüber dem Landesarbeitsamt deutlich, daß ein baldiges Inkrafttreten der neuen Lohnregelung für eine Entspannung der Situation bei den Arbeitskräften unbedingt notwendig sei. Ferner brächten die Nachtragszahlungen ab 1.5.1947 auch eine große Mehrarbeit für die Lohnbuchhaltungen mit sich.

regierung zu diesem Zeitpunkt lediglich mündlich vor.[750] Die schriftliche Bestätigung fehle noch, weil die Militärregierung die Veröffentlichung gleichzeitig mit der neuen Lohnregelung für Süd-Württemberg vornehmen wolle. Die Beratungen der Lohnkommission für die Textilindustrie in Württemberg-Hohenzollern kamen am 10. Juli 1947 mit einer Neuregelung der Löhne zum Abschluß.[751]

Mit Schreiben vom 25. Juli des Jahres nahm die Militärregierung zum Vorschlag der Lohnkommission der badischen Textilindustrie Stellung.[752] Nach der von ihr gegebenen Anweisung sollte durch die Bewilligung der gleichen prozentualen Erhöhung für alle Arbeiter der Textilindustrie die vormalige Abstufung der Löhne bei der allgemeinen Hebung des Lebensniveaus der Textilarbeiter und die allgemeine Struktur der "Tarifordnungen" aufrechterhalten bleiben. Nicht davon umfaßt sei jedoch eine "Vereinfachung des Wortlauts."[753] Eine entsprechende "Vereinfachung" beinhalte der Vorschlag der Lohnkommission jedoch zum einen hinsichtlich der Reduzierung der Altersklassen von neun auf vier, zum anderen mit der Eingliederung der Sozialzulage in den Akkordrichtsatz.

Ferner gab die Militärregierung in dem genannten Schreiben zu Bedenken, daß der Kontrollrat derzeit die allgemeine Anhebung der Löhne in einer bestimmten Anzahl kritischer Industrien diskutiere, darunter die Textilindustrie. Insofern scheine es geboten, vor der Genehmigung einer allgemeinen Lohnerhöhung die Entscheidung dieses Gremiums abzuwarten. Daher werde augenblicklich nur das Inkrafttreten des Mindestlohns von RM 0,50 sowie des Grundsatzes "Gleicher Lohn für gleiche Arbeit" wie in den übrigen Industrien genehmigt und zwar in Anwendung des Verordnungsentwurfs vom 17. Mai 1947.

Die Militärregierung engte somit nachträglich den Spielraum für eine Lohnneuregelung wieder ein. Die Begründung, die weitere Entscheidung des Kontrollrats abwarten zu wollen, scheint wenig schlüssig. Das Ausstehen der Entscheidung hinsichtlich der sogenannten Problemindustrien war sowohl zum Zeitpunkt der

---

[750] Vgl. Schreiben des Landesarbeitsamts an Fritz Funk v. 11.7.1947 betr. Tariflöhne der Textilindustrie, in: StA Freiburg, C 38/1, Nr. 980/1.

[751] Vgl. Schreiben des Landesarbeitsamts Württemberg-Hohenzollern an die Landesberufsgewerkschaft Textil, den Fachverband Textil und an sämtliche Arbeitsämter v. 14.7.1947 betr. Lohnregelung für die Textilindustrie in Württemberg-Hohenzollern, in: StA Freiburg, C 38/1, Nr. 980/1. Dazu eingehender unter 3. Württemberg-Hohenzollern.

[752] Vgl. Schreiben des Gouvernement Militaire en Allemagne, Délégué Supérieur pour le Gouvernement Militaire de Bade, Service du Travail, Nr. 1254/CAB/DEF an den Staatssekretär für Wirtschaft in Baden, Direktion Arbeit v. 25.7.1947 betr. Löhne von Arbeitskräften in der Textilindustrie, in: StA Freiburg, C 38/1, Nr. 980/1.

[753] Vgl. Schreiben des Gouvernement Militaire en Allemagne, Délégué Supérieur pour le Gouvernement Militaire de Bade, Service du Travail, Nr. 1254/CAB/DEF an den Staatssekretär für Wirtschaft in Baden, Direktion Arbeit v. 25.7.1947 betr. Löhne von Arbeitskräften in der Textilindustrie, in: StA Freiburg, C 38/1, Nr. 980/1.

Anordnung als auch der Genehmigungserteilung seitens der französischen Militärregierung bereits bekannt.
Im Ergebnis mußten aber die Parteien der Lohnkommission und das Landesarbeitsamt Baden die Entscheidung der Besatzungsmacht akzeptieren. Lohnerhöhungen waren somit nur für die jugendlichen Arbeiter in der Textilindustrie unter 18 Jahren möglich.[754]
Darüber hinaus konnten die Tarifparteien zumindest für diese Gruppe auch die Neueinteilung der Altersgruppen gegenüber der Militärregierung durchsetzen. Statt der fünf Altersklassen der "Tarifordnung" vom 26. Juni 1933 gab es für die Jugendlichen nur noch drei Altersklassen. Auch wurden mit dieser Erhöhung die männlichen und weiblichen Textilarbeiter unter 18 Jahren im Zeitlohn gleichgestellt. Die Fixierung des Grundsatzes "Gleicher Lohn für gleiche Arbeit" schrieb diese Gleichstellung auch im Rahmen der Akkordarbeit fest.
Aufgrund des Eingreifens der Militärregierung wurde diese erste Lohnerhöhung in der badischen Textilindustrie nach 1945 von gewerkschaftlicher Seite im Rückblick nicht als Tarifbewegung gewertet.[755] Verhandlung wie Ergebnis hätten eine Anordnung der französischen Militärregierung zur Grundlage gehabt. Angesichts der grundsätzlich eher restriktiven Politik gegenüber deutscher Eigenkompetenz und der insgesamt sehr engen Auslegung der Kontrollratsvorschriften seitens der französischen Besatzungsmacht erscheint diese Interpretation aber unzutreffend. Zwar bedurfte die Aufnahme von Lohnverhandlungen einer gesonderten Anordnung seitens der Militärregierung Badens, das Ergebnis wurde jedoch innerhalb des vorgegebenen Rahmens durch freie Verhandlungen zwischen den Tarifpartnern in der Textilindustrie erzielt. Die restriktive Haltung hinsichtlich der Genehmigung des Vorschlags für die Durchführung von Lohnerhöhungen stimmte mit der grundsätzlich engen Auslegung der Kontrollratsvorschriften durch die Franzosen überein.[756] Das Zögern ist schließlich auch vor dem Hintergrund der Bemühungen Frankreichs zu sehen, das Wirtschafts- und Preisgefüge der Besatzungszone stabil zu halten. Lohnerhöhungen stellten für diese Absicht jedoch eine Gefahr dar.

[754] Seitens der Industriegewerkschaft Textil und Bekleidung wurde die Genehmigung der Militärregierung dahingehend interpretiert, daß alle Löhne unter RM 0,50 auf diesen Minimalsatz angehoben werden durften. Hiergegen wendete sich jedoch das Landesarbeitsamt mit dem Hinweis, daß die genehmigte Erhöhung in Anwendung des Verordnungsentwurfs vom 17. Mai 1947 zu erfolgen habe, also abgestuft. Vgl. hierzu Schreiben der Industriegewerkschaft Textil und Bekleidung an die Direktion Arbeit v. 19.8.1947 betr. Angleichung der jugendlichen Löhne laut Anordnung des Commandeur de la Rėpublique v. 25.7.1947; Schreiben des Landesarbeitsamts an die Industriegewerkschaft Textil, Lörrach v. 25.8.1947 betr. Angleichung der Jugendlichen-Löhne, beides in: StA Freiburg, C 38/1, Nr. 980/1.
[755] Vgl. Vorwort zu den Tarifbewegungen Südbaden, in: Archiv LTA, Bestand GTB, Ordner 21.
[756] Vgl. dazu im anderen Zusammenhang auch Hudemann, Französische Besatzungszone, S. 233.

Trotz der Einschränkungen und direkten Eingriffe seitens der französischen Militärregierung ist die Lohnerhöhung für die jugendlichen Arbeiter in der Textilindustrie zum 1. Mai 1947 im Ergebnis somit durchaus als Tarifbewegung einzuordnen. Die Gestaltungsfreiheit der Tarifparteien war jedoch noch stark durch die Zielsetzungen der staatlichen Wirtschaftspolitik eingeschränkt. Insgesamt endeten damit zunächst die Bemühungen zur Verbesserung der Lohnsituation in der badischen Textilindustrie.

Mit der Einordnung der Textilindustrie als Problemindustrie durch Beschluß des Kontrollrats am 9. Januar 1948 bestand auch für den französisch besetzten Teil Badens die Möglichkeit zu einer umfassenden Anhebung der Löhne.
Die Militärregierung Baden setzte den Minister für Wirtschaft und Arbeit am 16. Februar 1948 von dem Beschluß in Kenntnis.[757] Vorschläge für eine Lohnneuregelung seien bis zum 8. März 1948 einzureichen, so daß die Regelung zum 1. April in Kraft treten könne. Dabei sei insbesondere zu beachten, daß die Vorschläge keine Erhöhung über den genehmigten 15% zur Folge hätten. Ausgangsbasis für die Erhöhung seien die zu Beginn der Besatzung gültigen "Tarifordnungen" mit Ausnahme der genehmigten Angleichungen. Weiterhin müßten die Anhebungen die Wiederherstellung einer normalen Lohn-Rangordnung innerhalb der Industrie ermöglichen, die sich aufgrund der ersten Tarifbewegung verschoben habe. Ungleichheiten und Ungerechtigkeiten seien durch unterschiedliche Erhöhungssätze auszugleichen. Die Vorschläge sollten nach dem Willen der Militärregierung wiederum innerhalb der Lohnkommission ausgearbeitet werden.
Bereits am 13. Februar 1948 fand die erste von insgesamt fünf Tarifverhandlungen zwischen Vertretern des Landesverbands der Textilindustrie sowie der Landesvereinigung der Industrie-Gewerkschaft Textil und Bekleidung beim Landesarbeitsamt statt.[758]
Allerdings diente diese zunächst nur dazu, die Tarifparteien von den Weisungen der Militärregierung in Kenntnis zu setzen und mit ihnen zusammen das weitere Vorgehen festzulegen.
Der Vorschlag von der Arbeitgeberseite, statt der dauernden Veränderungen mit dieser Lohnerhöhung gleichzeitig einen grundlegenden Neuaufbau des Tarifsystems auf der Grundlage eines Lohngruppen-Katalogs durchzuführen, wurde seitens des Leiters der Landesarbeitsamts, Philipp Hessel, mit dem Hinweis auf

---

[757] Vgl. Schreiben des Gouvernement Militaire en Allemagne, Délégué Supérieur pour le Gouvernement Militaire de Bade, Service du Travail an den Minister der Wirtschaft und Arbeit, Direktion Arbeit v. 16.2.1948 betr. Erhöhung von Löhnen in gewissen kritischen Industrien, in: StA Freiburg, C 38/1, Nr. 958/1.

[758] Vgl. Aktenvermerk des Badischen Ministeriums für Wirtschaft und Arbeit, Direktion Arbeit - Der Landesschlichter v. 13.2.1948 betr. Lohnregelung in der Textilindustrie, in: StA Freiburg, C 38/1, Nr. 958/1.

die dadurch entstehende zeitliche Verzögerung abgelehnt. Nachdem die Militärregierung bereits in der ersten Tarifbewegung eine Vereinfachung der "Tarifordnung" nicht genehmigt hatte und auch jetzt hinsichtlich der zweiten Tariferhöhung eine grundlegende Neuregelung der Tarife für unzweckmäßig erachtet, hatte der Vorschlag ohnehin wenig Aussicht auf Erfolg. Die Parteien einigten sich auf die Abkoppelung dieses Problemkreises von der jetzigen Tarifbewegung.
Für die Erhöhungen standen nach Angaben Hessels bei einer monatlichen Lohnsumme von RM 1,5 Mio. in der badischen Textilindustrie rund RM 220.000 für die Verteilung auf die verschiedenen Produktionszweige und Berufsgruppen zur Verfügung.[759]
Nach dem Vorschlag der Landesbehörde sollte die Erhöhung stufenweise erfolgen, das heißt Löhne bis RM 0,55 auf RM 0,65, bis RM 0,60 auf RM 0,70, bis RM 0,65 auf RM 0,75 sowie Löhne über RM 0,66 um 15% angehoben werden. Auf dieser Grundlage hatte der Landesverband die Aufgabe, mittels einer Erhebung bei sämtlichen Betrieben der badischen Textilindustrie festzustellen, ob bei Umsetzung dieses Vorschlags die Summe von RM 220.000 monatlich ausreichend sei.
Der 1. Landesvorsitzende der Industriegewerkschaft Textil und Bekleidung, Fritz Eiche, wies in diesem Zusammenhang darauf hin, daß in den Betrieben zum Teil sehr unterschiedlich von den Lohntarifen abgewichen wurde. Demnach hatten sich auch in Baden die Betriebe nicht an die Stopplöhne gehalten. Der Vorschlag eines Arbeitgebervertreters für eine überdurchschnittliche Anhebung der Löhne in lohnmäßig rückständigen Betrieben wurde im Hinblick auf die damit einhergehende Benachteiligung der fortschrittlichen Betriebe von den übrigen Beteiligten abgelehnt. Mit diesem Ergebnis endete die erste Tarifverhandlung.
Die zweite Verhandlung am 12. März 1948 konnte jedoch nicht an dieses Ergebnis anknüpfen. Die französische Militärregierung hatte zwischenzeitlich klargestellt, daß als Grundlage für die Erhöhung nicht die derzeitigen Löhne, sondern die Tariflöhne von 1933 bzw. die bei der Besetzung rechtmäßig gezahlten Löhne heranzuziehen seien.[760] Aufgrund dessen waren neue Erhebungen

[759] Die Angaben hinsichtlich der zu verteilenden Summe schwanken. Im o. g. Aktenvermerk wird diese auf RM 210.000 beziffert, in dem Protokoll der Lohnverhandlungen bei den Unterlagen der GTB beläuft sich die Summe auf RM 220.000. In den handschriftlichen Anmerkungen W. Werners zu der Tarifbewegung ist ein Betrag von RM 225.000 genannt. Dieser entspräche genau 15% von RM 1,5 Mio. Allerdings ist dieser Wert wohl etwas zu hoch angesetzt, da die Gesamtlohnsumme lediglich circa RM 1,5 Mio. betrug. Vgl. Protokoll über die Lohnverhandlungen der Textilindustrie v. 13.2.1948 im Landesarbeitsamt, in: Archiv LTA Bestand GTB, Ordner 21, 2. Tarifbewegung Südbaden, 1948.
[760] Vgl. Aktenvermerk der Direktion Arbeit v. 12.3.1948 betr. Lohnregelung in der Textilindustrie, in: StA Freiburg, C 38/1, Nr. 980/1.

bezüglich der für die Anhebungen zur Verfügung stehenden Lohnsumme notwendig. Auf Antrag von Fritz Eiche wurde die weitere Verhandlung vertagt. Vor dem Hintergrund von Pressemeldungen über den Kontrollratsbeschluß wuchs jedoch der Druck auf die Tarifparteien.[761]
Die dritte Verhandlungsrunde fand dennoch erst am 6. April 1948 statt, dieses Mal ohne Beteiligung des Landesarbeitsamts.[762] Ein Hauptpunkt der Diskussion war wiederum die Frage der Verbindung der Lohnerhöhung mit einem neuen Lohngruppen-Katalog.[763] Von gewerkschaftlicher Seite wurde dies weiterhin abgelehnt. Dem Vorwurf Fritz Funks von der Tarifkommission der IGTB, die Arbeitgeber verfolgten mit dieser Forderung lediglich eine Verzögerungstaktik, begegneten die Arbeitgebervertreter mit der Zusage, daß die neue Lohnregelung rückwirkend zum 1. April 1948 festgesetzt würde, unabhängig vom Zeitpunkt des Abschlusses. Der von Funk vorgetragene Kompromißvorschlag der Gewerkschaft sah statt der von den Arbeitgebern vorgeschlagenen Aufteilung der Arbeiter in acht Lohngruppen in Anlehnung an den Tarifvertrag der Textilindustrie für die Ostzone lediglich sechs Lohngruppen vor. Darüber hinaus formulierten die Vertreter der IGTB die schon in der vorhergehenden Verhandlung angeklungene Frage der Gleichstellung von Männern und Frauen im Zeitlohn als konkrete Forderung.[764] Die Vertreter der Arbeitgeberseite wiesen die Forderung als undurchführbar zurück. In der Textilindustrie gäbe es eben ausgesprochene Frauenarbeiten, für die nur ein niedriger Lohn bezahlt werden könne, eine Gleichstellung sei insbesondere in der Veredelung und der Nähseidenherstellung unmöglich.
Erst nach längeren Verhandlungen gelang den Parteien eine Einigung auf folgenden Vorschlag.

---

[761] Vgl. die dahingehende Aussage von Hans Stössel im Protokoll über die Lohnverhandlungen in der Textilindustrie v. 12.3.1948 im Landesarbeitsamt, in: Archiv LTA, Bestand GTB, Ordner 21: 2. Tarifbewegung Südbaden, 1948.
[762] Das Landesarbeitsamt wurde lediglich vom Ergebnis der Verhandlungen in Kenntnis gesetzt. Vgl. Schreiben des Verbands der Badischen Textilindustrie e.V. an das Badische Ministerium für Wirtschaft und Arbeit, Direktion Arbeit v. 10.4.1948 betr. Lohnerhöhung in der Textilindustrie, in: StA Freiburg, C 38/1, Nr. 980/1.
[763] Vgl. Protokoll über die Lohnverhandlungen der Textilindustrie am 6.4.1948, in: Archiv LTA, Bestand GTB, Ordner 21, 2. Tarifbewegung Südbaden, 1948.
[764] Vgl. Protokoll über die Lohnverhandlungen der Textilindustrie v. 13.2.1948 im Landesarbeitsamt, in: Archiv LTA, Bestand GTB, Ordner 21, 2. Tarifbewegung Südbaden, 1948.

Tabelle 7: Zeitlohn pro Stunde nach dem Vorschlag vom 6. April 1948 in RM[765]

Lohngruppe	Männertätigkeit	Frauentätigkeit
I	0,63	0,59
II	0,68	0,64
III	0,72	0,68
IV	0,77	0,73
V	0,87	0,83
VI	0,97	0,93

Während männliche Arbeiter für alle Tätigkeiten den Männerlohn erhalten sollten, hatten Frauen dagegen nur Anspruch auf den Lohn ihrer männlichen Kollegen für Arbeiten, die entweder als Männertätigkeiten oder sogenannte Männer- und Frauentätigkeiten klassifiziert waren. Im Ergebnis wurde damit der Grundsatz "Gleiche Arbeit, gleicher Lohn" für die weiblichen Beschäftigten in der Textilindustrie ungünstig interpretiert. Der Akkordrichtsatz sollte durchschnittlich 15% über dem Taglohn liegen.
Der Textilverband übernahm die weitere Ausarbeitung des Lohngruppenkatalogs sowie die Erhebung zu den Auswirkungen dieses Vorschlags innerhalb der badischen Textilindustrie.
Die Frage der Angleichung der Frauen- an die Männerlöhne bildete den Kernpunkt der vierten Tarifverhandlung am 12. April 1948.[766]
Seitens des 1. Landesvorsitzenden der IGTB, Fritz Eiche, wurde diesbezüglich wiederum auf den Osttarif sowie auf entsprechende Bestrebungen in der amerikanischen und der britischen Besatzungszone verwiesen. Die Arbeitgeber lehnten eine Angleichung weiterhin ab. Diese sei allenfalls bei einer gleichzeitigen Senkung der Lohnsätze der männlichen Arbeiter möglich. Im Ergebnis konnte zwischen den Positionen keine Annäherung erzielt werden. Um jedoch weiterhin handlungsfähig zu bleiben, schlugen Toeche-Mittler und Färber vor, die Erhöhungen gemäß dem Vorschlag vom 6. April 1948 als Arbeitsgrundlage für die Erhebungen weiterhin beizubehalten. Sollte der Betrag ausreichen, werde sich der Verband dafür einsetzen, daß die Unternehmer eine Gleichstellung vornähmen.
Die weitere Verhandlung behandelte nur noch Fragen zur Eingruppierung verschiedener Tätigkeiten in den Lohngruppen-Katalog.
In der fünften Tarifverhandlung am 4. Mai 1948 gab der Geschäftsführer des Textilverbands zunächst das Ergebnis der Erhebungen bei den Unternehmen der

[765] Vgl. Protokoll über die Lohnverhandlungen der Textilindustrie am 6.4.1948, in: Archiv LTA, Bestand GTB, Ordner 21, 2. Tarifbewegung Südbaden, 1948.
[766] Vgl. Protokoll über die Lohnverhandlungen der Textilindustrie am 12.4.1948, in: Archiv LTA, Bestand GTB, Ordner 21, 2. Tarifbewegung Südbaden, 1948.

badischen Textilindustrie bekannt.[767] Die Erhöhungen der Löhne betrügen danach zwischen 6% und 23%.
Die erneute Initiative Eiches zur Angleichung der Frauen- und Männerlöhne wurde von dem hierbei wieder anwesenden Leiter des Landesarbeitsamts, Philipp Hessel, mit dem Hinweis abgelehnt, daß die Kontrollrats-Direktive Nr. 14 gleiche Löhne nur bei gleicher Arbeit zulasse. Darüber hinaus sei für die südbadische Textilindustrie eine Ausrichtung an den Westzonen erforderlich. Sowohl im französisch besetzten Gebiet als auch in Bayern sei aber in den neuen Tarifverträgen an der Unterscheidung festgehalten worden. Die Differenz in dem Tarifvertrag von Württemberg-Hohenzollern betrage sogar 20%.[768] Schließlich lägen die Frauenlöhne in Südbaden im Vergleich zur Bizone erheblich höher, so daß eine weitere Anhebung ausgeschlossen sei. An dieser Haltung änderte auch der Hinweis eines Mitglieds der gewerkschaftlichen Tarifkommission nichts, schon einmal in früheren Krisenjahren entlassen worden zu sein, weil Frauen die billigeren Arbeitskräfte waren.
Allerdings gelang es der Gewerkschaft im Laufe der Verhandlungen wenigstens, den Stundenlohn der Arbeiterinnen in Lohngruppe I auf RM 0,60 zu erhöhen. Die Arbeitgeber stimmten dem unter der Voraussetzung zu, daß die Spanne zwischen Männer- und Frauenlöhnen erhalten bleibe, also der Stundenlohn der Arbeiter ebenfalls auf RM 0,64 heraufgesetzt würde. Dieses Ergebnis sollte als gemeinsamer Antrag der Arbeitgeber und der Gewerkschaft durch die Direktion Arbeit der Militärregierung zur Genehmigung vorgelegt werden.
Die Direktion Arbeit stellte diesen Antrag bei der Militärregierung bereits am 5. Mai 1948.[769] In Ergänzung des Vorschlags der Tarifparteien stellte das Schreiben klar, daß als Ausgangslage die zum Zeitpunkt der Besetzung in Kraft befindlichen Löhne als Ausgangsbasis für die Feststellung der zu verteilenden Lohnsumme herangezogen wurden. Gegenüber der "Tarifordnung" vom 22. Juni 1933 erhöhten sich daher die Löhne der Frauen um 50%, die der Männer um rund 20%. Im übrigen fehle es in der "Tarifordnung" an einer Unterscheidung sowohl hinsichtlich der Qualifikation als auch der ausgeübten Tätigkeit.
Allerdings konnte dies die Militärregierung nicht überzeugen. Die Genehmigung des oben genannten Vorschlags wurde mit der Begründung versagt, dieser beinhalte eine "allgemeine Lohnerhöhung."[770] Die Militärregierung wollte

---

[767] Vgl. Protokoll über die Sitzung bei der Direktion Arbeit wegen der Lohnerhöhung in der Textilindustrie am 4.5.1948, in: StA Freiburg, C 38/1, Nr. 980/1.

[768] Vgl. Protokoll über die Lohnverhandlungen am 4.5.1948, in: Archiv LTA, Bestand GTB, Ordner 21, 2. Tarifbewegung Südbaden, 1948.

[769] Vgl. Schreiben des Badischen Ministeriums für Wirtschaft und Arbeit, Direktion Arbeit an die Militärregierung v. 5.5.1948 betr. Lohnregelung in der Textilindustrie in Baden, in: StA Freiburg, C 38/1, Nr. 980/1.

[770] Vgl. Schreiben des Verbands der Badischen Textilindustrie e.V. an das Badische Ministerium für Wirtschaft und Arbeit v. 29.6.1948, in: StA Freiburg, C 38/1, Nr. 980/1.

jedoch gerade vor einer allgemeinen Erhöhung die Umsetzung des Kontrollratsbeschluß vom 9. Januar 1948, also eine Anhebung der Löhne in der Textilindustrie um 15%.
Diese Begründung ist vor dem Hintergrund einer Mitteilung der französischen Militärregierung an den Ministerpräsidenten des Landes Baden vom 15. Juni des Jahres zu sehen.[771] Danach wurden die Regierungen der Länder der französisch besetzten Zone ermächtigt, allgemein die Löhne und Gehälter eigenverantwortlich zu erhöhen. Der Abschluß der neuen Lohntarifverträge sollte in allen Wirtschaftszweigen durch die paritätisch besetzten Lohnkommissionen erfolgen. Wie die Industrial Relations Direktive für die Bizone begrenzte die Anordnung die Erhöhungen auf durchschnittlich 15% der am 8. Mai 1945 gesetzlich in Kraft befindlichen Löhne. Nach dem Willen der Militärregierung waren die bisher vom Kontrollrat genehmigten Lohnerhöhungen mit einzubeziehen. Im Hinblick auf das Fehlen einer solchen Erhöhung in der Textilindustrie sei die Lohnkommission Textil aufzufordern, eine Gesamterhöhung von 32,25% vorzuschlagen.[772]
Die Tatsache, daß der Antrag für eine entsprechende Erhöhung bereits über einen Monat bei der Militärregierung zur Genehmigung vorlag, wurde dabei scheinbar außer acht gelassen.
Die Tarifparteien der badischen Textilindustrie reagierten auf diese Entscheidung daher auch mit Unverständnis.[773] Seitens des Textilverbands wurde die Aufnahme neuer Verhandlungen als unzweckmäßig erachtet, da nicht abzuschätzen sei, ob den Unternehmen nach der Währungsreform noch das notwendige Geld für eine Erhöhung der Löhne um insgesamt 32,25% zur Verfügung stünde. Gleichzeitig wurde darauf hingewiesen, daß in Württemberg-Hohenzollern ein neuer Tarifvertrag für die Arbeiter der Textilindustrie ohne solche Auflagen genehmigt worden sei.
Im Einvernehmen mit der Landesvereinigung der Industriegewerkschaften Textil und Bekleidung stelle der Verband daher den Antrag, den der Direktion Arbeit vorliegenden Lohntarifvertrag schnellstmöglich durch die Militärregierung genehmigen zu lassen.
Nach dieser Verzögerung wurde der Tarifvertrag schließlich am 13. Juli 1948 seitens der französischen Militärregierung genehmigt. Gemäß der vorher ge-

---

[771] Vgl. Schreiben des Gouvernement Militaire en Allemagne, Délegué Supérieur pour le Gouvernement Militaire de Bade, Service du Travail an den Präsidenten des Badischen Staates v. 15.6.1948 betr. Allgemeine Lohnerhöhung, in: StA Freiburg, C 38/1, Nr. 958/1.
[772] Vgl. dazu auch Schreiben des Gouvernement Militaire en Allemagne, Délégué Supérieur pour le Gouvernement Militaire de Bade, Service du Travail an den Minister für Wirtschaft und Arbeit des Landes Baden v. 15.6.1948 betr. Lohnerhöhung, in: StA Freiburg, C 38/1, Nr. 958/1.
[773] Vgl. Schreiben des Verbands der Badischen Textilindustrie e.V. an das Badische Ministerium für Wirtschaft und Arbeit v. 29.6.1948, in: StA Freiburg, C 38/1, Nr. 980/1.

machten Zusage des Textilverbands trat die neue Regelung mit Wirkung ab dem 1. April in Kraft (§ 7 Abs. 1 des Tarifvertrags).[774]
Neben der eigentlichen Erhöhung der Zeit- und Akkordlöhne konnten die Tarifparteien auch ein differenziertes System der Eingruppierung der Arbeiter nach Qualifikation und ausgeübter Tätigkeit auf der Grundlage eines Lohngruppen-Katalogs in der badischen Textilindustrie einführen (§ 1). Die rückständigen Regelungen der "Tarifordnung" von 1933 wurden damit zugunsten einer für den einzelnen gerechteren Entlohnung abgelöst. Gleichzeitig wurde mit dem neuen Tarifvertrag auch die Vielzahl von Zulagen nach der "Tarifordnung" abgeschafft (§ 5 Abs. 1). Darüber hinaus sah der Lohntarif erstmals nach dem Krieg die Möglichkeit der Kündigung mit einer Frist von einem Monat zum Monatsende vor (§ 7 Abs. 2).
Im Ergebnis konnten die Tarifparteien mit diesem Tarifvertrag den aufgrund der gemeinsamen Verhandlungen gefundenen Konsens gegenüber den Vorstellungen der Militärregierung durchsetzen. Insofern brachte diese zweite Tarifbewegung auch in Baden eine deutliche Verschiebung der Regelungsbefugnis zugunsten der Tarifautonomie mit sich.

4.3. Württemberg-Hohenzollern

Mit dem Lohnstopp war das tarifpolitische Handlungsfeld für die Tarifparteien der Textilindustrie in Württemberg-Hohenzollern ebenfalls zunächst ausgeklammert.
Die ersten Initiativen zur Verbesserung der Lohnsituation gingen im Hinblick auf die, durch den Krieg noch verstärkte, Beschäftigung von Frauen in der Textilindustrie in Richtung einer Lohnerhöhung für die Arbeiterinnen in diesem Industriezweig.[775] Träger dieser Initiative war allerdings zunächst nicht die Gewerkschaft, sondern das Landesarbeitsamt.[776]

---

[774] Vgl. Lohntarifvertrag für die badische Textilindustrie abgeschlossen zwischen dem Verband der Badischen Textilindustrie e.V. in der französisch besetzten Zone und der Landesvereinigung der Industriegewerkschaften Textil und Bekleidung, in: Archiv LTA, Bestand GTB, Ordner 21, 2. Tarifbewegung Südbaden, 1948.
[775] Gegenüber der Militärregierung machte das Landesarbeitsamts Südwürttemberg-Hohenzollern im April 1946 deutlich, daß eine Verbesserung der Löhne der Frauen und Jugendlichen notwendig sei. Vgl. Schreiben des Landesarbeitsamts Südwürttemberg-Hohenzollern an die Délégation Supérieur par le Gouvernement Militaire du Wurtemberg, Section Travail v. 30.4.1946 betr. Lohnentwicklung in Südwürttemberg, in: StA Sigmaringen, Wü 180/1, Nr. 259.
[776] Vgl. ebd.

Eine Anordnung zur Erhöhung der Löhne seitens der Militärregierung für Württemberg-Hohenzollern erging erst am 9. April 1947.[777] Nach dem Willen der Militärregierung sollten die Löhne von Frauen auf den Mindestsatz von RM 0,50 gemäß den Vorgaben des § 3 g) der Direktive Nr. 14 heraufgesetzt werden. Von deutscher Stelle wurde hiergegen geltend gemacht, daß Löhne unter diesem Satz "nur noch in einzelnen wenigen Betrieben vorhanden seien."[778] Der Vorstoß, die Anordnung auf die Entlohnung in der Textilindustrie allgemein auszudehnen, wurde durch die Militärregierung unterbunden. Die allgemeine Entlohnung dürfe nur insoweit verhandelt werden, als sich infolge der Neufestsetzung des Frauenlohns auf RM 0,50 Verschiebungen ergäben. Die Vorschläge für eine Erhöhung sollten im Rahmen einer Kommission aus Vertretern der Arbeitgeber und der Arbeitnehmer ausgearbeitet werden. Die Landesberufsgewerkschaft könne ebenfalls hinzugezogen werden.

Die Ermächtigung der deutschen Stellen beschränkte sich demnach ausschließlich auf die Ausarbeitung von Vorschlägen zur Durchführung der Erhöhungen. Verhandlungsführer waren nach der offiziellen Diktion nicht die eigentlichen kollektiven Interessenvertretungen, sondern eine aus Arbeitgebern und Arbeitnehmern zusammengesetzte Kommission.

Die Vorschläge für die Vertreter der Arbeitgeberseite in der Lohnkommission kamen von den Industrie- und Handelskammern des Landes sowie der Handwerkskammer Reutlingen.[779] Als Zentrum der Textilindustrie Württemberg-Hohenzollerns stellte der Kammerbezirk Reutlingen die meisten Vertreter.[780]

---

[777] Vgl. Aktenvermerk Landesarbeitsamt Südwürttemberg und Hohenzollern, Gz. III B/ XII v. 10.4.1948 betr. Entlohnung in der Textilindustrie, in: StA Sigmaringen, Wü 180/1, Nr. 210. Eine entsprechende Anweisung erging auch am 17.4.1947 an den Direktor des Staatssekretariats. Vgl. Schreiben des Gouvernement Militaire de la Zone Francaise d'Occupation, Délégation Supérieur pour le Gouvernement Militaire du Wurtemberg, Service de l'Economie et des Finances, Section Travail au Monsieur le Président du Secretariat d'Etat pour la Zone Française du Wurtemberg et du Hohenzollern, Tübingen, Direction du Travail, in: StA Sigmaringen, Wü 180/1, Nr. 210.

[778] Vgl. ebd.

[779] Die Kammern wurden vom Landesarbeitsamt aufgefordert, aus den Kammerbezirken je zwei Vertreter zu nennen, die möglichst denjenigen Sparten der Textilindustrie angehören sollten, in denen die Entlohnung zur Zeit noch zurückgeblieben ist. Vgl. Schreiben des Landesarbeitsamts Südwürttemberg und Hohenzollern an die IHK Reutlingen, Rottweil, Ravensburg und die Handwerkskammer Reutlingen v. 10.4. 1947 betr. Entlohnung in der Textilindustrie, in: StA Sigmaringen, Wü 180/1, Nr. 210.

[780] Vgl. dazu im einzelnen Schreiben IHK Reutlingen an das Landesarbeitsamt Südwürttemberg und Hohenzollern v. 16.4.1947 betr. Entlohnung in der Textilindustrie; Schreiben der IHK Rottweil an das Landesarbeitsamt Südwürttemberg und Hohenzollern v. 28.4.1947 betr. Entlohnung in der Textilindustrie; Schreiben der Handwerkskammer Reutlingen an das Landesarbeitsamt Südwürttemberg und Hohenzollern v. 2.5.1947 betr. Entlohnung in der Textilindustrie; Schreiben der IHK Ravensburg an das Landesarbeitsamt Südwürttemberg und Hohenzollern v. 7.5.1947 betr. Entlohnung in der Textilindustrie, alle in: StA Sigmaringen, Wü 180/1, Nr. 210.

Die Auswahl seitens der Kammer erfolgte hier unter Beteiligung der Landesstelle für Textilwirtschaft sowie des Fachverbands für die Textilindustrie.[781]
Über diese mittelbare Beteiligung hinaus bemühte sich der Verband jedoch auch direkt um die Zulassung als Verhandlungspartei in Lohnfragen.[782] Hiergegen wurden von Seiten der IHK Reutlingen dahingehend Bedenken geäußert, daß seitens der Landesdirektion der Wirtschaft beabsichtigt sei, den Fachverband bei der Verteilung der Rohstoffe mit einzuschalten. Damit wäre der Verband in die staatliche Wirtschaftsverwaltung eingebunden worden. Der Bereich der Lohn- und Sozialpolitik solle jedoch gerade vom staatlichen Einfluß getrennt bleiben. Die Verbandsvertreter begegneten diesen Bedenken mit dem Hinweis, der Verband sei ein freiwilliger Zusammenschluß von ca. 80% der Arbeitgeber der süd-württembergischen Textilindustrie. Demnach wollte sich der Verband selbst von den staatlichen Einrichtungen distanzieren. Gleichzeitig kommt mit dem Hinweis auf die Mitgliederstärke der Anspruch zum Ausdruck, die Interessen der Mitglieder auch auf sozial- und lohnpolitischer Ebene zu vertreten.
Die Parteien einigten sich auf den Kompromiß, für die zu bildende Lohnkommission seitens der IHK Reutlingen die Mitglieder des Arbeitsrechtlichen Ausschusses des Fachverbands an erster Stelle zu benennen.[783]
Für die Vorschläge von Arbeitnehmervertreter wandte sich das Landesarbeitsamt an die Landesberufsgewerkschaft der Textilindustrie.[784] In einem ersten Schritt wurden von dieser Seite zunächst sechs Vertreter benannt. Auf Wunsch der Militärregierung schlug die Gewerkschaft jedoch im Juni sieben weitere Arbeitnehmer für die Lohnkommission vor.[785]

---

[781] Vgl. Aktenvermerk Landesarbeitsamt Südwürttemberg und Hohenzollern, Gz. III B/ XII v. 25.4.1947, in: StA Sigmaringen, Wü 180/1, Nr. 210.

[782] Vgl. Aktenvermerk des Landesarbeitsamts Südwürttemberg und Hohenzollern, Gz. III B/ XII v. 7.5.1947 betr. Bildung einer paritätischen Kommission zur Festsetzung der Löhne in der Textil-Industrie, in: StA Sigmaringen, Wü 180/1, Nr. 210.

[783] Die Mitglieder des Ausschusses, Karl Graf, Gaensslen, Artur Blickle, Erwin Döttinger und Eugen Doertenbach standen bereits in dem Vorschlag der IHK Reutlingen vom 16.4.1947 als Mitglieder der Lohnkommission für die verschiedenen Sparten der Textilindustrie jeweils an erster Stelle. Vgl. Schreiben IHK Reutlingen an das Landesarbeitsamt Südwürttemberg und Hohenzollern v. 16.4.1947 betr. Entlohnung in der Textilindustrie, in: StA Sigmaringen, Wü 180/1, Nr. 210.
Zu den Mitgliedern des Arbeitsrechtlichen Ausschusses vgl. Fachverband Textil- und Bekleidungsindustrie Rundschreiben Nr. 3 an sämtliche Mitglieder v. 1.10.1947, in: Archiv Textilverband, Bd. Fusion Südwest, FV Reutlingen I.

[784] Vgl. Schreiben des Landesarbeitsamts Südwürttemberg und Hohenzollern an die Landesberufsgewerkschaft für die Textilindustrie v. 10.4.1947 betr. Entlohnung in der Textilindustrie, in: StA Sigmaringen, Wü 180/1, Nr. 210.

[785] Vgl. Schreiben des Gewerkschaftsbunds Südwürttemberg und Hohenzollern, Kreiskartell Reutlingen an das Landesarbeitsamt v. 30.6.1947 betr. Tarifkommissions-Mitglieder für die Besprechung in der Textilindustrie, in: StA Sigmaringen, Wü 180/1, Nr. 210.

Die Kommission trat am 10. Juli 1947 das erste Mal zusammen.[786] Von Arbeitnehmerseite nahmen insgesamt zwölf, von Arbeitgeberseite neun Vertreter teil, davon die fünf Mitglieder des Arbeitsrechtlichen Ausschusses des Fachverbands.[787]
Der Vertreter des Landesarbeitsamts, der auf Bitten beider Parteien die Leitung übernommen hatte, stellte zu Beginn der Besprechung drei Problemkreise zur Erörterung.[788]
Zunächst ging es um die Frage, auf welche Mindestsätze die Frauenlöhne in der niedrigsten Ortsklasse erhöht werden müßten.
Der Sekretär der Landesberufsgewerkschaft "Textil und Bekleidung", Christian Benz, hatte hierzu bereits mit Schreiben vom 3. Juli 1947 den Antrag gestellt, die Löhne in der Textilindustrie, einschließlich der Akkordsätze, um 50% zu erhöhen.[789] Diese Forderung stand diametral im Widerspruch zu den Anweisungen der Militärregierung. Nach der grundlegenden Anordnung vom 9. April des Jahres erstreckte sich der Auftrag an die Lohnkommission gerade nicht allgemein auf die Entlohnung in der Textilindustrie.[790] In diesem Sinn wies auch der Vertreter des Landesarbeitsamts zu Beginn der Besprechung am 10. Juli 1947 nochmals darauf hin, Aufgabe der Lohnkommission sei nicht die Ausarbeitung eines neuen Tarifvertrags für die Textilindustrie. Nach eingehender Aussprache kam die Kommission in dieser Frage zu dem Ergebnis, daß eine Erhöhung der Frauenlöhne in der niedrigsten Ortsklasse auf RM 0,50 nicht ausreiche, um überhaupt das Lohnniveau zu erreichen, das schon jetzt in einem Großteil der Textilindustrie ausgezahlt würde. Die Arbeitgeber akzeptierten daher die Forderung der Gewerkschaft nach einer Erhöhung um 50%. Die Löhne der Hilfsarbeiterinnen in der Ortsklasse II sollten danach auf RM 0,60, in Ortsklasse III auf RM 0,59 festgesetzt werden. Die Notwendigkeit dieser Sätze

---

786 Vgl. Aktenvermerk des Landesarbeitsamts Württemberg-Hohenzollern, Gz. III B/ XII v. 11.7.1947 betr. Lohnkommission für die Textilindustrie, in: StA Sigmaringen, Wü 180/1, Nr. 210.

787 Vgl. Schreiben des Landesarbeitsamts Württemberg-Hohenzollern an die Délégation Supérieure pour le Gouvernement Militaire du Wurtemberg, Section Travail v. 14.7.1947 betr. Lohnregelung für die Textilindustrie, in: StA Sigmaringen, Wü 180/1, Nr. 210.

788 Vgl. zum Inhalt der Besprechung Aktenvermerk des Landesarbeitsamts Württemberg-Hohenzollern, Gz.: III B/ XII v. 11.7.1947 betr. Lohnkommission für die Textilindustrie, in: StA Sigmaringen, Wü 180/1, Nr. 210.

789 Vgl. Schreiben der Landesberufsgewerkschaft Textil und Bekleidung, Sitz Reutlingen an das Landesarbeitsamt Süd-Württemberg und Hohenzollern v. 3.7.1947 betr. Anträge zur Überprüfung der Entlohnung der in der Textilindustrie beschäftigten Arbeitnehmer, in: StA Sigmaringen, Wü 180/1, Nr. 210. Dieser Antrag geht auf eine entsprechende Aufforderung des Landesarbeitsamts an die Parteien der Lohnkommission in der Einladung zur ersten Besprechung zurück. Vgl. Schreiben des Landesarbeitsamts Württemberg-Hohenzollern, Gz. III B/ XII v. 26.6.1947, in: StA Sigmaringen, Wü 180/1, Nr. 210.

790 Vgl. Aktenvermerk Landesarbeitsamt Südwürttemberg und Hohenzollern, Gz. III B/ XII v. 10.4.1948 betr. Entlohnung in der Textilindustrie, in: StA Sigmaringen, Wü 180/1, Nr. 210.

ergäbe sich weiterhin aus der bereits genehmigten Erhöhung der Frauenlöhne zwischen RM 0,60 und 0,75 in Nord-Württemberg und dem Vorschlag in der badischen Textilindustrie. Darüber hinaus bedinge eine Erhöhung der Mindeststundenlöhne auch die Neufestsetzung der Alterszulagen für die Akkordarbeiter. Gleichzeitig wurde beschlossen, die Spanne zwischen Frauen- und Männerlöhnen zu verringern. Der Abschlag von durchschnittlich 35% der Frauenlöhne gegenüber den Arbeitsentgelten ihrer männlichen Kollegen wurde von beiden Parteien als nicht mehr zeitgemäß angesehen. Zur Beseitigung dieses Abstands sollten die Einkommen der Männer lediglich um 40% erhöht werden, so daß die Frauenlöhne bei durchschnittlich 80% der Männerlöhne lagen. Im Gegenzug wurde den Unternehmern zugesichert, daß das Landesarbeitsamt sich mit Einverständnis der Gewerkschaft bei der Preisaufsichtsstelle für die Kalkulation der neuen Löhne in die Preise einsetzen wollte. Damit sollten die Betriebe die Möglichkeit erhalten, die aufgrund der Lohnerhöhung gestiegenen Produktionskosten an die Abnehmer weiterzugeben.
Als zweiten Problemkreis stellte der Vertreter des Landesarbeitsamts die Frage der Einführung eines Lohngruppen-Katalogs zur Disposition.[791] Beide Parteien sprachen sich für die Beibehaltung sowohl der Einteilung der Lohnskala als auch der Altersklassen nach der "Tarifordnung" vom 4. Dezember 1934 aus, letzteres insbesondere aus Sorge vor und zur Vermeidung weiterer Preissteigerungen.[792] Allerdings sollte unverzüglich mit der Ausarbeitung einer Neuregelung begonnen werden.
Schließlich wurde noch die Ortsklasseneinteilung thematisiert. Nach der "Tarifordnung" von 1934 gliederten sich die Standorte der Textilindustrie Württembergs und Hohenzollerns in drei Ortsklassen, wobei der Ortsklasse I lediglich Stuttgart in Nord-Württemberg zugeordnet war. Gemäß der Zoneneinteilung beschloß die Lohnkommission die Beibehaltung der Ortsklassen II und III, ebenso sollte es bei der bisherigen Zuordnung der Standorte zu den Klassen bleiben.
Abschließend kamen noch die Gehälter der Meister in der Textilindustrie sowie die Einführung eines allgemeinen Punktesystems zur Sprache. Die Parteien einigten sich jedoch, daß beide Probleme nicht im Rahmen der Lohnkommission gelöst werden sollten.[793] Damit endete die erste Besprechung der Lohnkommission.

---

[791] Vgl. Aktenvermerk des Landesarbeitsamts Württemberg-Hohenzollern, Gz.: III B/ XII v. 11.7.1947 betr. Lohnkommission für die Textilindustrie, in: StA Sigmaringen, Wü 180/1, Nr. 210.

[792] Ein Abdruck der "Tarifordnung für die Textilindustrie in Württemberg und Hohenzollern" vom 4. Dezember 1934 findet sich in: Archiv LTA, Bestand GTB, Ordner 1, 1. Tarifbewegung Württemberg-Hohenzollern, 1948. Zur Lohn- und Altersklasseneinteilung vgl. die §§ 16-28 der "Tarifordnung".

[793] Die Gehälter der Meister waren allgemein für alle Wirtschaftszweige in der "Tarifordnung für kaufmännische und technische Angestellte in Württemberg" geregelt. Eine Änderung hätte

Das Ergebnis wurde der Militärregierung für Württemberg-Hohenzollern mit Schreiben vom 14. Juli 1947 zur Genehmigung vorgelegt.[794] Das Landesarbeitsamt begründete den Vorschlag einer Lohnerhöhung von 50% damit, daß eine große Zahl von Betrieben bereits jetzt Lohnsätze zahlte, die in der angestrebten Höhe lägen, andere Betriebe seien jedoch hinter diesen Sätzen zurückgeblieben. Ferner sei eine entsprechende Anhebung notwendig, um für Süd-Württemberg und Hohenzollern den Anschluß an die benachbarten Bezirke zu halten. Schließlich bezeichnete das Landesarbeitsamt die Einführung der neuen Lohnsätze als "vordringlich, damit für die Textilindustrie wieder eine einigermaßen zeitgemäße Lohnbasis auf tariflicher Grundlage erreicht wird."[795] Die Militärregierung begrüßte grundsätzlich den Vorschlag der Lohnkommission.[796] Der Entwurf sei von den Richtlinien der Militärregierung für eine Neuregelung der Lohnsätze in der Textilindustrie inspiriert, bekunde eine tiefgehende Kenntnis der Lebensnotwendigkeiten des Arbeiters und habe daher einen großen Nutzen im Augenblick der Wiederaufbesserung der gesamten Textillöhne. Die Zustimmung wurde dennoch versagt.[797] Begründet wurde dies mit den Beratungen des Kontrollrats, eine allgemeine Erhöhung der Löhne in der Textilindustrie als sogenannte Problemindustrie zu genehmigen. Dieser Entscheidung wolle die französische Militärregierung für Württemberg-Hohenzollern nicht durch Bewilligung von Lohnerhöhungen in der Textilindustrie zum jetzigen Zeitpunkt vorgreifen. Daher seien vorerst nur die Löhne unter RM 0,50 bis zu dieser Grenze anzuheben, die darüberliegenden Sätze jedoch noch nicht anzupassen.

---

somit Auswirkungen auf das gesamte Gehaltsgefüge gehabt. Insofern kamen die Parteien der Lohnkommission zu dem Entschluß, die Klärung dieser Frage einer eigens hierfür zu bildenden, übergreifenden Kommission zu überlassen. Die Frage der Einführung eines Sachlohns in der Textilindustrie wurde hingegen auf die betriebliche Ebene verwiesen. Vgl. Aktenvermerk des Landesarbeitsamts Württemberg-Hohenzollern, Gz.: III B/ XII v. 11.7.1947 betr. Lohnkommission für die Textilindustrie, in: StA Sigmaringen, Wü 180/1, Nr. 210

[794] Vgl. Schreiben des Landesarbeitsamts Württemberg-Hohenzollern an die Délégation Supérieure pour le Gouvernement Militaire du Wurtemberg, Section Travail v. 14.7.1947 betr. Lohnregelung für die Textilindustrie, in: StA Sigmaringen, Wü 180/1, Nr. 210.
Unter dem Datum v. 14.7.1947 ist handschriftlich vermerkt: "Am 21.VII.47 der Mil.Reg. vorgelegt, an Oblt. Canac ausgehändigt."

[795] Vgl. Schreiben des Landesarbeitsamts Württemberg-Hohenzollern an die Délégation Supérieure pour le Gouvernement Militaire du Wurtemberg, Section Travail v. 14.7.1947 betr. Lohnregelung für die Textilindustrie, in: StA Sigmaringen, Wü 180/1, Nr. 210.
Ansonsten zeichnet das Schreiben im wesentlichen den Gang der Besprechung mit den oben weiter ausgeführten Fragekomplexen und Argumenten nach.

[796] Vgl. (Übersetzung) Schreiben der Délégation Supérieure pour le Gouvernement Militaire du Wurtemberg, Section Travail Nr. 1193 SEF/TRA/SEF an das Landesarbeitsamt Württemberg-Hohenzollern v. 5.9.1947 betr. Textillöhne, in: StA Sigmaringen, Wü 180/1, Nr. 210.

[797] Vgl. ebd.

Die französische Militärregierung begrenzte demnach auch in Württemberg-Hohenzollern ihre ursprünglichen Vorgaben an die Beratende Lohnkommission im nachhinein auf den Wortlaut des § 3 g) der Direktive Nr. 14. Gleichsam stellte sie in Aussicht, daß eine Korrektur der sich aus dieser engen Auslegung der Kontrollratsdirektive ergebenden Verschiebungen im Lohnsystem mit der Entscheidung im Rahmen des § 3 f) erfolgen sollte.[798]
Letztendlich wurde damit das Verhandlungsergebnis der Tarifparteien durch den direkten Eingriff der französischen Militärregierung verdrängt.

Allerdings endeten damit nicht die Verhandlungen zwischen den Tarifparteien. Die staatlichen Vorgaben dienten den Tarifparteien allerdings als Ausgangspunkt für weitere Verhandlungen über deren Ausgestaltung. Anlaß und gleichzeitig Diskussionsgrundlage war im wesentlichen der Entwurf eines Schreibens an die Gewerkschaft, den Fachverband der Textilindustrie sowie sämtliche Arbeitsämter des Landes vom 14. Juli 1947, in dem das Landesarbeitsamt den Beschluß der Lohnkommission als "Weisung" an die Adressaten weitergab.[799] Mangels eines Hinweises auf die noch ungeklärte Rechtswirksamkeit des Beschlusses interpretierte der Fachverband das Schreiben als offizielle Weisung des Landesarbeitsamts.[800] Nach dessen Aussage handelte es sich allerdings lediglich um einen Entwurf, der "Dr. Graf [Geschäftsführer des Fachverbands, Anm. der Verfasserin] auf Grund der persönlichen Bekanntschaft nur vertraulich zugänglich gemacht" wurde, Gewerkschaft oder Arbeitsämter hätten hiervon keine Kenntnis.[801]
Nach Klärung der einzelnen Fragen gab der Fachverband mit Rundschreiben vom 17. Dezember 1947 nach Unterrichtung der Gewerkschaft und des Landesarbeitsamts die Richtlinien der Militärregierung vom 5. September des Jahres wie folgt an seine Mitglieder weiter: Arbeiterinnen über 21 Jahre sollten RM 0,50 in der Stunde, Arbeiterinnen über 19 Jahre RM 0,45, Arbeiterinnen

---

[798] Vgl. Ziffer 2 der Richtlinien für die Lohnkommission in: (Übersetzung) Schreiben der Délégation Supérieure pour le Gouvernement Militaire du Wurtemberg, Section Travail Nr. 1193 SEF/TRA/SEF an das Landesarbeitsamt Württemberg-Hohenzollern v. 5.9.1947 betr. Textillöhne, in: StA Sigmaringen, Wü 180/1, Nr. 210.
[799] Vgl. Schreiben des Landesarbeitsamts Württemberg-Hohenzollern an die Landesberufsgewerkschaft Textil, den Fachverband Textil und sämtliche Arbeitsämter v. 14.7.1947 betr. Lohnregelung für die Textilindustrie in Württemberg-Hohenzollern, in: StA Freiburg, C 38/1, Nr. 980/1.
[800] Vgl. Aktenvermerk des Landesarbeitsamts Württemberg-Hohenzollern v. 20.10.1947 über eine Besprechung zwischen Reg.Rat Broermann und Dr. Graf vom Fachverband der Textilindustrie am 19.10.1947 betr. Lohnregelung, in: StA Sigmaringen, Wü 180/1, Nr. 210.
[801] Vgl. ebd.
Hierzu ist anzumerken, daß sich eine Abschrift dieses Schreibens des Landesarbeitsamts Württemberg-Hohenzollern sogar bei den Unterlagen des Badischen Ministeriums für Wirtschaft und Arbeit befand. Vgl. StA Freiburg, C 38/1, Nr. 980/1.

über 17 Jahre RM 0,40 und Arbeiterinnen unter 17 Jahren RM 0,30 Stundenlohn erhalten.[802]
Bei allen Arbeiterinnen, die bisher auch im Akkord oder durch Alterszulagen mehr verdienten, blieben die Löhne ebenso wie bei den Männern vorerst unverändert. Die neuen Festsetzungen träten mit Wirkung ab der ersten Lohnperiode nach dem 5. September 1947 in Kraft.
Die Formulierung im Entwurf dieses Schreibens, wonach die Regelung im Einvernehmen mit der Gewerkschaft erfolgte, wurde in dem Rundschreiben zugunsten der "Unterrichtung" abgeändert.[803] Tatsächlich entsprach die vorgenommene Abstufung der Löhne nach Altersklassen nicht dem Willen der Gewerkschaft.[804] Nach ihrer Ansicht ordnete die Kontrollratsdirektive für alle Löhne unter 0,50 RM eine Anhebung auf diesen Mindestsatz an. Sofern eine Abstufung seitens der Arbeitgeber gefordert werde, sei die Gewerkschaft allerdings zu Verhandlungen im Rahmen der Lohnkommission bereit.
Vor diesem Hintergrund kam es aufgrund einer Aufforderung des Landesarbeitsamts am 28. Januar 1948 zu erneuten Verhandlungen zwischen den Tarifparteien.[805] Im Gegensatz zu der Verhandlung am 10. Juli 1947 trat aber nicht mehr die gesamte Lohnkommission zusammen. Die Besprechung fand lediglich zwischen drei Mitgliedern des Arbeitsrechtlichen Ausschusses, Erwin Döttinger, Artur Blickle und Karl Graf, auf der Arbeitgeberseite und dem Sekretär der Landesgewerkschaft Textil und Bekleidung, Christian Benz, auf der Arbeitnehmerseite statt.
Zur Begründung der Forderung nach einem Mindestsatz von RM 0,50 unabhängig von der Altersstufe wurde seitens des Gewerkschaftsvertreters auf die höheren Lohnsätze für jugendliche Arbeiter in Württemberg-Baden und Südbaden hingewiesen.[806] Allerdings waren auch hier die Löhne nach Altersklassen gestaffelt. Die Parteien einigten sich schließlich auf folgende Regelung.

---

[802] Vgl. Fachverband Textil- und Bekleidungsindustrie, Rundschreiben Nr. 5 an alle Mitglieder v. 17.12.1947, in: StA Sigmaringen, Wü 180/1, Nr. 210.
[803] Vgl. Entwurf des Rundschreibens, Fachverband der Textilindustrie Württemberg-Hohenzollern v. 16.12.1947, in: StA Sigmaringen, Wü 180/1, Nr. 210.
[804] Vgl. Schreiben der Landesberufsgewerkschaft Textil und Bekleidung, Frz. bes. Zone Süd-Württemberg-Hohenzollern an das Landesarbeitsamt Tübingen v. 19.12.1947 betr. Lohnregelung nach der Direktive 14 des Kontrollrats, in: StA Sigmaringen, Wü 180/1, Nr. 210.
[805] Dies geht aus einem Rundschreiben des Fachverbands hervor. Vgl. Fachverband Textil- und Bekleidungsindustrie, Rundschreiben Nr. 7 an alle Mitglieder v. 29.1.1948, in: StA Sigmaringen, Wü 180/1, Nr. 210.
[806] Vgl. Fachverband Textil- und Bekleidungsindustrie, Rundschreiben Nr. 7 an alle Mitglieder v. 29.1.1948, in: StA Sigmaringen, Wü 180/1, Nr. 210.

Tabelle 8: Zeitlohn für die Arbeiter der Textilindustrie Württemberg-Hohenzollerns in RM[807]

Altersklassen	**Männer**	**Frauen**
vom vollendeten 20. Lebensjahr an	0,50 RM	0,50 RM
vom vollendeten 18. Lebensjahr an	0,45 RM	0,45 RM
vom vollendeten 16. Lebensjahr an	0,40 RM	0,40 RM
für Jüngere	0,30 RM	0,30 RM

Die Akkordsätze sollten durch diese Erhöhung aber nicht berührt werden. Als Zeitpunkt des Inkrafttretens wurde der 1. Januar 1948 bestimmt. Gegenüber seinen Mitgliedern schätzte der Textilverband die Erhöhung infolge dieser Regelung als nur "geringfügig" ein, da auch die jugendlichen Arbeiter bereits vorher vielfach schon Löhne dieser Höhe erhalten oder im Akkord arbeiten würden.[808]

Nach telefonischer Auskunft eines Vertreters des Landesarbeitsamts gab die Militärregierung unmittelbar nach Abschluß der Verhandlungen ihre Zustimmung zu dieser Vereinbarung.[809] Gleiches geht aus einem Schreiben des Landesarbeitsamts an die Landesgewerkschaft und den Fachverband vom 2. Februar 1948 hervor.[810]

Damit kam die erste Tarifbewegung in der Textilindustrie Württemberg-Hohenzollerns zu Beginn des Jahres 1948 zum Abschluß. Die Tarifparteien konnten aufgrund des massiven Eingreifens der französischen Militärregierung lediglich eine Erhöhung der Löhne der jugendlichen Arbeiter und Arbeiterinnen erreichen. Insgesamt mußte dieses Ergebnis sowohl Arbeitnehmer als auch Arbeitgeber enttäuschen, zumal es in einigen Betrieben noch nicht einmal zu einer Erhöhung der bereits gezahlten Effektivlöhne führte, und die Tarifpartner bei den Verhandlungen bereits Kenntnis von den Abschlüssen in der Textilindustrie Württemberg-Badens und Badens hatten.[811]

---

[807] Vgl. Fachverband Textil- und Bekleidungsindustrie, Rundschreiben Nr. 7 an alle Mitglieder v. 29.1.1948, in: StA Sigmaringen, Wü 180/1, Nr. 210.

[808] Vgl. ebd.

[809] Vgl. ebd.

[810] Vgl. Schreiben des Landesarbeitsamts an die Landesberufsgewerkschaft "Textil und Bekleidung" und den Fachverband der Textil- und Bekleidungsindustrie v. 2.2.1948 betr. Vereinbarung in der Textilindustrie, in: StA Sigmaringen, Wü 180/1, Nr. 210.

[811] In den Unterlagen des Landesarbeitsamts zu dieser ersten Tarifbewegung in Württemberg-Hohenzollern liegen Exemplare des Tarifvertrags für die Textilindustrie Württemberg-Badens v. 3.12.1946 sowie der Vereinbarung für die Badische Textilindustrie v. 8.5.1947, vgl. StA Sigmaringen, Wü 180/1, Nr. 210.

Daher wurde der Gedanke einer Neuordnung und gleichzeitigen Erhöhung der Löhne in der Textilindustrie Württemberg-Hohenzollerns unmittelbar nach Beendigung der ersten Tarifbewegung von beiden Seiten wieder aufgegriffen.
Bereits Anfang März lagen seitens des Fachverbands der Textilindustrie konkrete Vorschläge für eine Neuregelung der Lohngruppen sowie der Lohnsätze vor.[812] Grundlage der insgesamt drei Vorschläge, die aus einer Aufstellung von Fritz Ganzenmüller, Mitglied des Arbeitsrechtlichen Ausschusses des Fachverbands, hervorgehen, bildete jeweils die Einteilung der männlichen Arbeiter in sechs statt bisher sieben, der weiblichen Arbeiter in vier statt bisher fünf Lohngruppen.[813] Diese Einteilung orientierte sich am Lohngruppen-Katalog der Textilindustrie in der amerikanischen Besatzungszone.[814]
Hinsichtlich der Lohnhöhe sah der erste Vorschlag für die männlichen Arbeiter einen Ecklohn von RM 0,78 in der Stunde, für Arbeiterinnen von RM 0,58 in der Stunde vor. Allerdings lagen diese Sätze sogar noch unterhalb der zu diesem Zeitpunkt noch geltenden Reichslohnordnung, so daß fraglich ist, inwieweit dieser Vorschlag eine ernsthafte Verhandlungsgrundlage darstellen sollte, zumal auch die am 10. Juli 1947 innerhalb der Lohnkommission vereinbarten Löhne bereits darüber lagen.[815]
Der zweite Vorschlag entsprach der Vereinbarung vom Juli, während der dritte für Arbeiter einen Ecklohn von RM 0,86, also sechs Pfennig über darin vereinbarten Satz, und für Arbeiterinnen von RM 0,64, plus vier Pfennig gegenüber dem zweiten Vorschlag, vorsah. Nach einem maschinenschriftlichen Zusatz zu dieser Aufstellung sollte der zweite Vorschlag als Ausgangsbasis für Verhandlungen dienen.[816] Allerdings sei zu bedenken, daß die Löhne in den Spinnereien höher liegen, also dem dritten Vorschlag näherkommen sollten. Als Begründung für diese Bevorzugung der Spinnereien ist der Engpaß in dieser Produktionssparte auch in Württemberg-Hohenzollern anzusehen.
Inwieweit diese Vorschläge den Vertretern der Landesgewerkschaft zugeleitet wurden, geht aus den Unterlagen nicht hervor.
Allerdings finden sich die Lohnhöhen des dritten Vorschlags als Ausgangsbasis in einem seitens des Fachverbands ausgearbeiteten Entwurf vom 19. März 1948

[812] Vgl. eine Aufstellung von Fritz Ganzenmüller (Unterschrift) v. 2.3.1948, in: StA Sigmaringen, Wü 180/1, Nr. 210.
[813] Vgl. ebd.
[814] Ein entsprechender Vermerk findet sich auf der oben genannten Aufstellung.
[815] Vgl. Aktenvermerk des Landesarbeitsamts Württemberg-Hohenzollern, Gz.: III B/ XII v. 11.7.1947 betr. Lohnkommission für die Textilindustrie, in: StA Sigmaringen, Wü 180/1, Nr. 210.
[816] Vgl. Schreiben [ohne Absender] an das Landesarbeitsamt v. 2.3.1948 betr. Neugestaltung der Löhne in der Textilindustrie, in: StA Sigmaringen, Wü 180/1, Nr. 210. Im Hinblick auf die Urheberschaft der Aufstellung ist davon auszugehen, daß das Begleitschreiben zu der Aufstellung entweder ebenfalls von F. Ganzenmüller oder aber zumindest einem anderen Mitglied des Arbeitsrechtlichen Ausschusses des Fachverbands der Textilindustrie stammt.

für einen Tarifvertrag in der Textilindustrie Württemberg-Hohenzollerns.[817] Hinsichtlich der Einteilung der Arbeiter ging dieser im Gegensatz zu den vorhergegangenen Vorschlägen aber wieder von sieben Lohngruppen bei den männlichen und von fünf Lohngruppen bei den weiblichen Arbeitern aus.[818] Gleichzeitig sah der Entwurf eine Reduzierung des Abschlags der Frauen- gegenüber den Männerlöhnen von 25% auf 20% vor.[819] Alterszulagen sollten nicht mehr gewährt, Akkordsätze unabhängig vom Alter festgesetzt werden.[820] Über die Lohnsätze hinaus regelte der Entwurf aber auch Fragen der Arbeitszeit, Kündigungsfristen sowie der Beilegung von Streitigkeiten.[821] Diese Mantelbestimmungen zu den tariflichen Arbeitsbedingungen gingen eindeutig über die Ermächtigung der Tarifparteien der Textilindustrie aufgrund des Kontrollratbeschlusses vom 9. Januar 1947 hinaus. Vor dem Hintergrund der ersten Tarifbewegung mußten die Tarifparteien insofern eigentlich mit einer Ablehnung ihres Vorstoßes durch die Militärregierung rechnen. Um so dringlicher war demnach eine Neuregelung in diesen Bereichen.

Auf der Grundlage des vierten Entwurfs fanden zwischen den Mitgliedern des Arbeitsrechtlichen Ausschusses des Fachverbands und den Gewerkschaftsvertretern am 7. April 1948 konkrete Verhandlungen statt.[822] Das Treffen der Tarifparteien blieb jedoch ohne Ergebnis.[823]

Seitens des Gewerkschaftsvertreters Benz wurde gegenüber dem Landesschlichter bereits zwei Tage später geltend gemacht, er halte es - wie die Textilarbeiterschaft auch - für notwendig und berechtigt, in der Frage der Lohn-Neuordnung "in Süd-Württemberg ähnlich wie in Nord-Württemberg" zu einem Abschluß zu kommen.[824] Benz untermauerte seine Forderung mit dem Beispiel zweier alleinstehenden "Mädchen" mit einem monatlichen Nettoverdienst von RM 36,00 bzw. RM 38,00, die davon noch nicht einmal die laufenden Kosten für Kost und Logis von insgesamt RM 42,50 bestreiten könnten.[825] Demnach bezog sich die Aussage "wie in Nord-Württemberg" auf den Abschluß der

---

[817] Vgl. 4. Entwurf eines Tarifvertrags für die Textilindustrie des Landes Württemberg-Hohenzollern v. 19.3.1948 (Dr. Graf), in: StA Sigmaringen, Wü 180/1, Nr. 210.

[818] Vgl. ebd. Eine Begründung hierfür findet sich allerdings nicht.

[819] Vgl. § 12 d) Lohngruppen, Abs. 3.

[820] Vgl. § 10 b) Altersklassen, Abs. 1; § 14 Akkordverdienste, Abs. 3.

[821] Zur Arbeitszeit vgl. §§ 2-4, zu den Kündigungsfristen § 6 und zur Regelung von Streitigkeiten aus dem Tarifvertrag § 24 des 4. Entwurfs eines Tarifvertrags für die Textilindustrie des Landes Württemberg-Hohenzollern v. 19.3.1948.

[822] Vgl. Vermerk des Landesarbeitsamts Württemberg-Hohenzollern v. 9.4.1948 betr. Entlohnung in der Textilindustrie, in: StA Sigmaringen, Wü 180/1, Nr. 210.

[823] Über den genauen Gang der Verhandlungen - Positionen und Argumente - gibt es keine Unterlagen.

[824] Vgl. Schreiben der Vereinigten Gewerkschaften, Kreis Reutlingen, Christian Benz (Vorsitzender) an den Landesschlichter Dr. Broermann v. 9.4.1947 betr. Löhne in der Textilindustrie, in: StA Sigmaringen, Wü 180/1, Nr. 210.

[825] Vgl. ebd.

Tarifparteien Württemberg-Badens vom 3. Dezember 1946, der für die Arbeiterinnen der Textilindustrie höhere Löhne vorsah. Im Vergleich zu dem Vorschlag des Fachverbands der Textilindustrie Württemberg-Hohenzollern lagen danach bereits die Zeitlöhne für Frauen über 20 Jahre auch in der Ortsklasse B zwischen RM 0,57 und RM 0,71.[826]
Nachdem für den 12. April 1948 eine weitere Verhandlung zwischen Fachverband und Gewerkschaft geplant war, legten die Arbeitgeber am 8. des Monats einen neuen Tarifvertragsentwurf vor.[827] Gegenüber dem vierten Entwurf sah dieser für die Arbeiter und Arbeiterinnen der Lohngruppe V einen Ecklohn von RM 0,86 bzw. 0,69 in Ortsklasse B vor, die Lohngruppen I und II erhielten 82,5% statt nur 80% des Ecklohns und der Ortsgruppen-Abschlag betrug nur noch zwei, drei oder vier Pfennige statt drei, vier und fünf Pfennige.[828]
Dieser Entwurf wurde am 19. April 1948 als Tarifvertrag für die Textilindustrie des Landes Württemberg-Hohenzollern (französisch besetzte Zone) zwischen dem Fachverband Textil- und Bekleidungsindustrie, Arbeitsrechtlicher Ausschuß, und der Landesberufsgewerkschaft "Textil und Bekleidung" vereinbart und bereits einen Tag später seitens des Landesarbeitsamts der Militärregierung zur Genehmigung vorgelegt.[829] Dem Antrag beigefügt war lediglich die Anmerkung, der Aufbau der Lohntabelle orientiere sich an den Bestimmungen des Lohngruppen-Katalogs, der 1944 für einige Reutlinger Betriebe genehmigt worden sei, und die Gesamterhöhung bewege sich im Rahmen der genehmigten 15%.
Dies reichte allerdings offenbar nicht aus. Mit Schreiben vom 10. Mai 1948 reichte das Landesarbeitsamt Württemberg-Hohenzollern eine ausführliche

---

[826] Vgl. Vereinbarung zwischen dem Landesverband der Textilindustrie Württemberg-Baden und dem Industrieverband Textil und Bekleidung v. 3.12.1946, in: Archiv LTA, Bestand GTB, Ordner 1, 1. Tarifbewegung Württemberg-Baden 1946.

[827] Vgl. 5. Entwurf eines Tarifvertrags für die Textilindustrie des Landes Württemberg-Hohenzollern v. 19.3.1948 (Dr. Graf), in: StA Sigmaringen, Wü 180/1, Nr. 210.

[828] Der Abschlag in Lohngruppe I-III betrug RPf 2, in Lohngruppe IV und V RPf 3 und in Lohngruppe VI und VII RPf 4. Vgl. § 11 c) Ortsklassen, 5. Entwurf eines Tarifvertrags für die Textilindustrie des Landes Württemberg-Hohenzollern v. 19.3.1948 (Dr. Graf), in: StA Sigmaringen, Wü 180/1, Nr. 210.

[829] Vgl. Tarifvertrag für die Textilindustrie des Landes Württemberg-Hohenzollern (französisch besetzte Zone) zwischen dem Fachverband Textil- und Bekleidungsindustrie, Arbeitsrechtlicher Ausschuß, und der Landesberufsgewerkschaft "Textil und Bekleidung" v. 16.4.1948, in: Archiv LTA, Bestand GTB, Ordner 1, 1. Tarifbewegung Württemberg-Hohenzollern, 1948.
Schreiben des Landesarbeitsamts Württemberg-Hohenzollern an die Délégation Supérieur pour le Gouvernement Militaire du Wurtemberg, Section Travail v. 20.4.1948 betr. Tarifvertrag für die Textilindustrie in Württemberg-Hohenzollern, in: StA Sigmaringen, Wü 180/1, Nr. 210.

Begründung der Vereinbarung nach.[830] Danach stellte der Tarifvertrag vom 19. April 1948 im wesentlichen eine Festschreibung der tatsächlichen Verhältnisse innerhalb der Textilindustrie Württemberg-Hohenzollerns dar. Die Anhebung der Frauenlöhne auf 80% der Männerlöhne habe sich in der Praxis bereits weitgehend ergeben. Ebenso enthielten die Rahmenbestimmungen des neuen Tarifvertrags "keinerlei Bestimmungen, die gegenüber der derzeitigen Übung eine Änderung mit sich bringen."[831] Ebenso sei die bisherige Ortsklasseneinteilung mit zwei Ortsklassen unverändert geblieben.

Schließlich würden auch die vorgenommenen Erhöhungen der Löhne nach Schätzung der Sachverständigen insgesamt nur rund 15% des bisherigen Lohnaufkommens umfassen, sich somit also in dem durch den Kontrollratsbeschluß vom 9. Januar 1948 vorgegebenen Rahmen bewegen. Abschließend wurde in dieser Begründung nochmals betont, daß sowohl Arbeitgeber als auch die Gewerkschaft der Auffassung seien, "daß die Neuregelung für die nächste Zeit eine befriedigende Lösung des Lohnproblems in der Textilindustrie bedeutet", und erneut um die Genehmigung des Tarifvertrags seitens der Militärregierung gebeten.[832]

Zwei Wochen später fand in dieser Frage eine Besprechung zwischen einem Vertreter des Landesarbeitsamts und Capitaine Chavoutier von der französischen Militärregierung Württemberg-Hohenzollern statt.[833] Der Vertreter des Landesarbeitsamts wies in diesem Zusammenhang auf die durch die Verzögerung der Genehmigung entstehenden Probleme hinsichtlich der Umsetzung der Vereinbarung hin, da die Betriebe die Kalkulationsgrundlage für ihre Preise nicht abschätzen könnten und daher ihre Waren zurückhielten.[834]

Von französischer Seite wurde die Dringlichkeit dieser Frage bestätigt, die Verzögerung einer Entscheidung sei auf die gerade stattfindende Umstrukturierung der "Section Travail" zurückzuführen.

Eine erste konkrete Reaktion auf die Vereinbarung der Tarifparteien vom 19. April seitens der französischen Militärregierung in Baden-Baden gab es erst Ende Juni 1948.[835] Eine Genehmigung wurde jedoch nicht erteilt. Vielmehr ver-

[830] Vgl. Schreiben des Landesarbeitsamts Württemberg-Hohenzollern an die Délégation Supérieur pour le Gouvernement Militaire du Wurtemberg, Section Travail v. 10.5.1948 betr. Tarifvertrag für die Textilindustrie in Württemberg-Hohenzollern, in: StA Sigmaringen, Wü 180/1, Nr. 210.

[831] Vgl. ebd.

[832] Vgl. ebd.

[833] Vgl. Aktenvermerk des Landesarbeitsamts Württemberg-Hohenzollern v. 25.5.1948 betr. Lohnerhöhung in der Textil- und Bekleidungsindustrie, in: StA Sigmaringen, Wü 180/1, Nr. 210.

[834] Die Warenhortungen sind zu diesem Zeitpunkt wohl auch auf die Erwartung einer Währungsreform zurückzuführen.

[835] Bis dahin kam Anfang Juni zwar seitens des Fachverbands das Gerücht auf, Capt. Chavoutier habe sich dahingehend geäußert, daß der Tarifvertrag genehmigt worden sei. Eine

langte die Militärregierung im Hinblick auf die Bestimmungen der Kontrollrats-Direktive Nr. 14 "Gleicher Lohn für gleiche Leistung" die Beseitigung der unterschiedlichen Lohnhöhen von Frauen und Männern bei der leistungsbezogenen Akkordarbeit.
Darüber hinaus sei das in § 22 des Tarifvertrags festgelegte Günstigkeitsprinzip im Verhältnis zum Einzelarbeitsvertrag dahingehend abzuändern, daß dieses nur bezüglich des jeweiligen Arbeitsverhältnisses gelte, nicht aber bei einem Arbeitsplatz- oder Firmenwechsel.
Schließlich brachte die Militärregierung in Erinnerung, daß die in dem Tarifvertrag festgelegten Bestimmungen "durch das Arbeitsministerium den Charakter einer offiziellen Regelung annehmen müssen, derart, daß sie zwingend anzuwenden sind und ihre Einführung gegebenenfalls unter Strafe durchgesetzt werden kann."[836] Ebenso sei der Zeitpunkt des Inkrafttretens durch das Arbeitsministerium festzulegen. Dieser solle möglichst nahe am entsprechenden Kontrollratsbeschluß vom Januar 1948 liegen.
Während von Seiten des Arbeitsministeriums und des Landesarbeitsamts der Tarifvertrag mit Genehmigung durch die französischen Stellen Rechtswirkung erlangen sollte, begrenzte die Militärregierung demnach die Kompetenz der Tarifparteien auf die Festlegung des Inhalts. Die Tarifbindung konnte dagegen nach ihrer Auffassung nur durch einen entsprechenden Rechtsetzungsakt seitens des Arbeitsministeriums hergestellt werden.
Das Arbeitsministerium lehnte jedoch eine entsprechende Umsetzung ab.[837] Die zur Zeit in Württemberg-Hohenzollern angewendeten arbeitsrechtlichen Bestimmungen sähen eine solche Möglichkeit nicht vor. Entsprechende Festsetzungen von Mindestlöhnen unter Strafandrohung wären bisher seitens der Treuhänder der Arbeit aufgrund der Kriegswirtschaftsverordnung vom 4. September 1939 möglich gewesen. Diese seien jedoch faktisch wie auch rechtlich nicht mehr existent, eine Übertragung der Befugnisse auf die Landesarbeitsämter durch die

---

Rückfrage bei diesem ergab jedoch, daß das Genehmigungsverfahren für die Vereinbarung in der Textilindustrie normal weiterlaufe. Vgl. Aktenvermerk Landesarbeitsamts Württemberg-Hohenzollern v. 8.6.1948, in: StA Sigmaringen, Wü 180/1, Nr. 210. Erst eine Rücksprache Broermanns mit Chavoutier am 10. Juni ergab, daß der Tarifvertrag für die Textilindustrie von der Militärregierung in Baden-Baden genehmigt worden sei. Eine Bestätigung hierfür fehle jedoch noch. Vgl. Aktenvermerk Landesarbeitsamts Württemberg-Hohenzollern v. 11.6.1948, in: StA Sigmaringen, Wü 180/1, Nr. 210.

836 Siehe Schreiben (Übersetzung) des Gouvernement Militaire, Section Travail an das Arbeitsminsterium v. 17.6.1948 betr. Abkommen über Lohnerhöhung in der Textilindustrie von Württemberg, in: StA Sigmaringen, Wü 180/1, Nr. 210.

837 Vgl. Schreiben des Landesarbeitsamts, Broermann an die Délégation Supérieur pour le Gouvernement Militaire du Wurtemberg, Section Travail v. 28.6.1948 betr. Abkommen über Lohnerhöhungen in der Textilindustrie in Württemberg, in: StA Sigmaringen, Wü 180/1, Nr. 210.

französische Militärregierung sei zumindest bisher nicht erfolgt.[838] Die Sanktionierung von Vertragsbrüchen auf Unternehmerseite obliege ausschließlich dem Fachverband.
Vor diesem rechtlichen Hintergrund genehmigte die französische Militärregierung in Baden-Baden schließlich am 30. Juni 1948 doch noch den Tarifvertrag vom 16. April 1948.[839] Als Zeitpunkt des Inkrafttretens wurde per Zusatzabkommen vom 29. Juni 1948 der Beginn des Lohnzeitraums nach dem 20. Juni festgelegt.[840] Dieser späte Zeitpunkt ist auf die Durchführung der Währungsreform am 21. Juni 1948 zurückzuführen, die eine Rückwirkung auf den Zeitpunkt der Ermächtigung durch den Kontrollrat, also Januar/Februar des Jahres, aus wirtschaftlichen Gründen unvertretbar machte.[841]
Demnach datierten sowohl die Genehmigung der Kollektivvereinbarung durch die französische Militärregierung als auch das Inkrafttreten im Gegensatz zu den beiden anderen Ländern in Baden und Württemberg nach der Währungsreform. Zwischen Ermächtigung und Umsetzung lagen sechs Monate. Diese Verzögerung ist überwiegend auf das langwierige Genehmigungsverfahren seitens der Besatzungsmacht zurückzuführen.
Im Ergebnis konnten allerdings sowohl die Tarifparteien als auch das Arbeitsministerium Württemberg-Hohenzollern ihre Ziele durchsetzen. Von der Gewerkschaftspresse wurde die Ablösung der "Tarifordnung" durch einen neuen Tarifvertrag als "stilles Begräbnis ohne Tränen" gefeiert.[842]
Über die Ermächtigung des Kontrollrats für die Erhöhung der Löhne um 15% hinaus gelang Fachverband und Gewerkschaft in dem Tarifvertrag vom 16. April 1948 auch die Fixierung von Mantelbestimmungen. Zwar brachten diese nach Bekunden der Kollektivparteien sowie des Landesarbeitsamts im wesentlichen keine Änderungen der Verhältnisse innerhalb der Textilindustrie mit sich, im Hinblick auf die bindende Wirkung des Tarifvertrags für die

---

[838] Die Abschaffung in rechtlicher Hinsicht erfolgte durch die Aufhebung des Gesetzes zur Ordnung der nationalen Arbeit.

[839] Vgl. Schreiben des Arbeitsminsteriums Württemberg-Hohenzollern an den Fachverband Textil- und Bekleidungsindustrie, Reutlingen und die Landesberufsgewerkschaft Textil und Bekleidung, Reutlingen v. 30.6.1948 betr. Tarifvertrag für die Textilindustrie des Landes Württemberg-Hohenzollern (französisch besetzte Zone), in: StA Sigmaringen, Wü 180/1, Nr. 210.

[840] Vgl. Vereinbarung über das Inkrafttreten des Tarifvertrags für die Textilindustrie Württemberg-Hohenzollerns v. 29.6.1948, in: StA Sigmaringen, Wü 180/1, Nr. 210. Ebenso als Anhang zum Tarifvertrag in Archiv LTA, Bestand GTB, Ordner 1, 1. Tarifbewegung Württemberg-Hohenzollern 1948. Hier datiert die Vereinbarung vom 1.7.1948.

[841] Vgl. dazu auch Schreiben des Landesarbeitsamts, Broermann an die Délégation Supérieur pour le Gouvernement Militaire du Wurtemberg, Section Travail v. 28.6.1948 betr. Abkommen über Lohnerhöhungen in der Textilindustrie in Württemberg, in: StA Sigmaringen, Wü 180/1, Nr. 210.

[842] Vgl. "Ein stilles Begräbnis ohne Tränen", in: Die Schaffenden, 3. Jg. (1948), Nr. 15 v. 31.8.1948, S. 3.

Mitglieder des Fachverbands normierten die Regelungen jedoch zumindest einen einheitlichen Status quo für die Unternehmen der Textilindustrie Württemberg-Hohenzollerns.
Gleichzeitig konnte das Arbeitsministerium bzw. das Landesarbeitsamt gegenüber der französischen Militärregierung die Tariffähigkeit und -zuständigkeit von Fachverband und Gewerkschaft auch hinsichtlich der Bindungswirkung von Tarifverträgen durchsetzen. Allerdings ist davon auszugehen, daß das schnelle Einlenken der Militärregierung in dieser Frage auch durch den zeitlichen Aspekt beeinflußt war.
Nachdem in der ersten Tarifbewegung aufgrund des Eingreifens der Besatzungsmacht lediglich die Minimalforderungen durchgesetzt werden konnten, die zudem noch seitens der Militärregierung vorgegeben waren, kennzeichnete die zweite Tarifbewegung eine weitaus größere Gestaltungsfreiheit und Autonomie der Tarifparteien.
Den Tarifparteien gelang es, nicht nur einzelne Bestimmungen der "Tariffordnung" abzulösen, sondern die tarifpolitischen Beziehungen für die Arbeiter und Arbeiterinnen in der Textilindustrie in einem neuen Tarifvertrag zu regeln und die "Tarifordnung" damit vollständig aufzuheben.

5. Zusammenfassung

Nachdem die Alliierten in den Besatzungszonen den Wiederaufbau der Tarifparteien, zum Teil mit Verzögerung, grundsätzlich zugelassen hatten, entzogen sie diesen mit der Beibehaltung des nationalsozialistischen Lohnstopps ihr wichtigstes Handlungsfeld, die Tarifpolitik.
Gleichzeitig wurden damit in den Zweigen der Konsumgüterindustrie Löhne festgeschrieben, die im Rahmen der Rüstungswirtschaft weit hinter denen der kriegswichtigen Industrien zurückgeblieben waren. Damit waren aber schon die vorhandenen Belegschaften nur schwer zu halten, neue Arbeitskräfte hingegen kaum zu gewinnen. Die wirtschaftspolitische Schwerpunktverlagerung von der Kriegs- auf eine Friedenswirtschaft machte demnach auch auf der Einkommensseite entsprechende Maßnahmen notwendig.
Die Lockerung des Lohnstopps im September 1946 eröffnete den Tarifparteien wieder die Möglichkeit, Verhandlungen über die Löhne in den jeweiligen Industriezweigen aufzunehmen.
Die Textilindustrie profitierte von dieser Öffnung zum einen hinsichtlich der Abschaffung der Hungerlöhne für Frauen und Jugendliche, sowie als "Problemindustrie" mit einem insgesamt unzureichenden Lohnniveau.
In Württemberg-Baden nutzten die Tarifparteien dieses Industriezweigs die Handlungsspielräume zügig und extensiv. Bereits in der ersten Tarifbewegung gelang es, neben den Lohnerhöhungen auch Änderungen der "Tarifordnungen" hinsichtlich Alters- und Ortsklassen vorzunehmen.

Im Vergleich dazu mußten sich die Tarifparteien in den beiden Ländern der französischen Zone wesentlich enger an die besatzungsrechtlichen Vorgaben halten. Versuche, darüber hinaus Änderungen oder Erhöhungen durchzusetzen, scheiterten am Widerstand der Militärregierungen. Dabei wurden zum Teil auch vorher eingeräumte Spielräume unter Hinweis auf die Vorschriften des Alliierten Kontrollrats wieder zurückgenommen. Der Befund Alain Lattards, daß man sich in der französischen Zone streng an die Vorgaben des Kontrollrats hielt, findet sich somit anhand der konkreten Untersuchung für die Tarifpolitik in der Textilindustrie Badens und Württemberg-Hohenzollerns bestätigt.[843]
Insgesamt gelang es aber den Tarifparteien in allen drei Ländern, noch vor der Währungsreform, die Löhne in der Textilindustrie auf eine neue, tarifvertragliche Basis zu stellen. Das Prinzip der betrieblichen Regelung dieser Frage wurde damit wieder zugunsten der überbetrieblichen Lösung abgelöst. Demnach ist die These Grebings, daß das Handlungsfeld der Tarifparteien, die Tarifpolitik, mit der Beibehaltung der Lohnstoppbestimmungen entfiel, so nur bis zum September 1946 haltbar.[844] Die Untersuchung hat auch gezeigt, daß die Darstellung der besatzungsrechtlichen Vorgaben zu kurz greift. Zwar bestimmten diese im wesentlichen die Handlungsfähigkeit der Tarifparteien. Darüber hinaus gab es aber eben auch Freiräume, in denen sich die tarifpolitischen Beziehungen der Parteien bereits vor Aufhebung des Lohnstopps etablieren konnten.
In der Öffentlichkeit fand diese Entwicklung allerdings kaum Beachtung. Während in der gewerkschaftlichen Presse zwar die Lohn- und Tarifpolitik allgemein thematisiert wurde, erscheinen konkrete Tarifbewegungen lediglich als kurze Nachricht oder innerhalb der Jahresberichte der Industriegewerkschaften. Auch in den sonstigen Zeitungen standen andere Themen im Vordergrund. Die Lohnpolitik von Gewerkschaften und Arbeitgebern fand erst im Zuge der wirtschaftlichen Entwicklung nach der Währungsreform wieder eine breitere Öffentlichkeit.
Zu diesem Zeitpunkt hatten sich die tarifpolitischen Beziehungen im Bereich der Textilindustrie in Württemberg-Baden, Baden und Württemberg-Hohenzollern aber bereits wieder etabliert.

---

[843] Vgl. Lattard, S. 247.
[844] Vgl. Grebing, Pozorski, Schulze, S. 103; Schuster, Dieter, S. 28.

IV. Die rechtliche Wiederherstellung der Tarifautonomie

Die weitere wirtschaftliche und politische Entwicklung in den Westzonen stand unter dem Eindruck grundlegender Veränderungen. Die Zäsur gegenüber der unmittelbaren Nachkriegszeit bildete die am 20. Juni 1948 in den drei westlichen Besatzungszonen durchgeführte Währungsreform.
Wirtschaftlich und wirtschaftspolitisch markierte sie den Übergang von der Plan- zur Marktwirtschaft.[845] Die D-Mark löste die weitgehend funktionslos gewordene Reichsmark als Währung ab. Für Unternehmen und Konsumenten bedeutete die Geldreform die Entstehung einer wertbeständigen Währung, den Abbau der Naturaltauschwirtschaft und die Wiederbelebung der Wertspeicherfunktion des Geldes.[846]
Gleichzeitig erhofften sich die alliierten wie deutschen Stellen dadurch einen wesentlichen Impuls für den wirtschaftlichen Wiederaufbau Deutschlands. Die Maßnahmen der alliierten Besatzungsmächte in Form des Lohn- und Preisstopps sowie der Bewirtschaftungs- und Kontrollmaßnahmen hatten zwar den Ausbruch einer offenen Inflation nach 1945 verhindert, bedingten aber in Verbindung mit dem Geldüberhang in der deutschen Bevölkerung auch eine sinkende Arbeitsmoral, Schwarzmärkte und Tauschhandel sowie zunehmende Warenhortungen.[847]
Politisch machte die Währungsreform zusammen mit der drei Tage später in der sowjetischen Besatzungszone durchgeführten Reform die Spaltung Deutschlands im Zuge des Kalten Kriegs endgültig sichtbar.[848] Die Interessengegensätze zwischen Ost und West traten zum Ende des Jahres 1947 immer

---

[845] Die rechtliche Grundlage der Währungsreform bildeten insgesamt vier Gesetze: das "Emissionsgesetz", das "Währungsgesetz" und das "Umstellungsgesetz" vom 20.6.1948 (in: Gesetzblatt der Verwaltung des Vereinigten Wirtschaftsgebiets 1948, Beilage Nr. 5) sowie das "Ergänzungsgesetz zum Umstellungsgesetz/Festkontogesetz" vom 4.10.1948 (in: Gesetzblatt der Verwaltung des Vereinigten Wirtschaftsgebiets 1949, Beilage Nr. 1, S. 15f.). Zu den verschiedenen Konzeptionen zur Durchführung einer Währungsreform vgl. Möller, Hans (Hrsg.), Zur Vorgeschichte der Deutschen Mark. Die Währungsreformpläne 1945-1948, Basel, Tübingen 1961.

[846] Vgl. Hahn, Oswald, Betriebswirtschaftliche Betrachtungen zur Währungsreform, in: Vierzig Jahre Deutsche Mark. Die politische und ökonomische Bedeutung der westdeutschen Währungsreform von 1948, hrsg. v. Rainer Klump, Stuttgart 1989, S. 11-29, hier S. 11-14.

[847] Vgl. Abelshauser, Werner, Wirtschaftsgeschichte der Bundesrepublik 1945-1980, Frankfurt a. M. 1983, S. 46f. Von deutscher Seite wurde daher schon früh, quasi als Allheilmittel gegen die Stagnation der deutschen Wirtschaftsentwicklung, eine Geldreform gefordert. Dagegen verfügten die Besatzungsmächte ebenfalls noch über hohe Reichsmark-Beutebestände, so daß im Hinblick auf die relative Stabilität ihrerseits zu einem früheren Zeitpunkt kein Interesse an einer Reform bestand.

[848] Vgl. Benz, Wolfgang, Wirtschaftspolitik zwischen Demontage und Währungsreform, in: Westdeutschlands Weg zur Bundesrepublik 1945-1949, hrsg. v. Institut für Zeitgeschichte, München 1976, S. 69-89, hier S. 82f.

offensichtlicher und unüberwindbarer zu Tage.[849] Angesichts dieser Entwicklung konzentrierten sich die Westmächte und die Sowjetunion zunehmend darauf, ihren jeweiligen Herrschaftsbereich zu stabilisieren.[850] In den Überlegungen der USA zu einem Westeuropa unter amerikanischem Einfluß kam den drei westlichen Besatzungszonen Deutschlands eine wichtige Rolle zu. Ein gemeinsamer staatsrechtlicher Rahmen sollte das für den wirtschaftlichen Aufbau Westeuropas wichtige Industriepotential der Westzonen schneller wiederbelebt sowie gleichzeitig politisch die weitere Ausdehnung des sowjetischen Einflußbereichs verhindern.[851] Die Pläne konkretisierten sich in den Verhandlungen der Londoner Sechsmächte-Konferenz (23.2.-6.3. und 20.4.-2.6.1948), an denen neben den drei Westmächten auch die Benelux-Staaten teilnahmen.[852] Dabei stand das Interesse der USA und Großbritanniens, in den Westzonen Deutschlands die wirtschaftliche und politische Stabilität durch Schaffung einer einheitlichen staatlichen Ordnung zu garantieren, dem Hauptziel Frankreichs gegenüber, der Sicherung vor Deutschland durch wirtschaftliche und politische Schwächung.[853] Nachdem die Franzosen durch Konzessionen in der Saarfrage und der Kontrolle des Ruhrgebiets zur Teilnahme an der Konferenz bewogen werden konnten, gaben sie schließlich auch in der Frage des Staatsaufbaus den amerikanischen Vorstellungen eines Bundesstaats mit zentralen Körperschaften und ausreichenden Befugnissen nach.[854]
Die Beschlüsse der Londoner Konferenz bildeten die Grundlage für die Frankfurter Dokumente vom 1. Juli 1948. Darin wurden die Ministerpräsidenten der westdeutschen Besatzungszonen aufgefordert, eine verfassungsgebende Versammlung zur Ausarbeitung einer demokratisch-föderativen Verfassung einzuberufen (Dokument I), die Grenzen der bestehenden Länder zu überprüfen (Dokument II) und die Grundzüge eines Besatzungsstatuts zur Kenntnis zu nehmen (Dokument III).[855]

---

[849] Vgl. Diller, Ansgar, Zwischen Kooperation und Konfrontation. Der Kalte Krieg und Deutschland, in: Der Bauplan zur Republik. Das Jahr 1948 in der deutschen Nachkriegsgeschichte, hrsg. v. Jürgen Weber, München, Landsberg am Lech 1996, S. 19-40, hier S. 20; Vgl. Wiesemann, Falk, Die Gründung des deutschen Weststaats und die Entstehung des Grundgesetzes, in: Westdeutschlands Weg zur Bundesrepublik 1945-1949, hrsg. v. Institut für Zeitgeschichte, München 1976, S. 118-134, hier S. 118f.

[850] Vgl. Steininger, S. 273

[851] Vgl. Wiesemann, S. 119.

[852] Vgl. Benz, Deutschland unter alliierter Besatzung, S. 222-224.

[853] Vgl. ebd.

[854] Vgl. Weber, Jürgen, Auf dem Weg zum Grundgesetz. Von der Londoner Konferenz zum Parlamentarischen Rat, in: Der Bauplan zur Republik. Das Jahr 1948 in der deutschen Nachkriegsgeschichte, hrsg. v. Jürgen Weber, München, Landsberg am Lech 1996, S. 71-114, hier S. 81f.

[855] Vgl. ebd., S. 71.

Angesichts der Berliner Blockade im Juli 1948 gaben die Ministerpräsidenten der Westzonen ihre ablehnende Haltung gegenüber einer Weststaatsgründung und der damit verbundenen Teilung Deutschlands auf und nahmen das Angebot der drei Westmächte an.[856] Vom 10. bis 23. August 1948 erarbeitete ein Sachverständigen-Ausschuß den Entwurf für ein Grundgesetz, der als Arbeitsgrundlage für die Beratungen der verfassungsgebenden Versammlung, des Parlamentarischen Rats, diente.[857]
Der Rat beendete am 23. Mai 1949 mit der Verkündung des Grundgesetzes seine Arbeit.[858] Das Grundgesetz enthielt keine Entscheidung für ein bestimmtes Wirtschaftssystem. Die Ausgestaltung der Wirtschafts- und Sozialordnung sollte durch den demokratisch legitimierten Gesetzgeber erfolgen, allerdings unter Beachtung der in den Artikeln 1, 2, 3, 9, 12, 14 und 15 garantierten Grundrechte sowie des Sozial- und des Rechtsstaatsprinzips.[859] Die Tarifautonomie wurde verfassungsrechtlich als Kernbereich spezifisch koalitionsgemäßer Betätigung der Tarifparteien durch Artikel 9 Abs. 3 GG geschützt.[860]
Zuvor war bereits Ende 1948 bis Anfang 1949 der Lohnstopp in den drei westlichen Besatzungszonen aufgehoben worden. Damit endete die staatlich regulierte Lohnpolitik.
Die Durchsetzung des Prinzips der Tarifautonomie findet in der historischen Forschung in verschiedenen Kontexten Beachtung. Zum einen stellten die Forderungen der Arbeitnehmer und Gewerkschaften nach Anhebung der Löhne einen Teil der wirtschaftlichen Entwicklung nach der Währungsreform dar. Nach Margit Unser traten in der badischen Gewerkschaftsarbeit Lohnforderungen Ende 1948, verstärkt aber Anfang 1949 in den Vordergrund, nachdem es nicht gelungen war, die mit der Währungsreform gestiegenen Lebenshaltungskosten durch Preissenkungen in den Griff zu bekommen.[861] Helga Grebing, Peter Pozorski und Rainer Schulze kommen ebenfalls zu dem Ergebnis, daß sich die Gewerkschaften mit der Aufhebung des Lohnstopps als Interessenvertretung der Arbeiterschaft auf die Tarifpolitik konzentrierten.[862]
Allerdings stand danach dieses Betätigungsfeld neben den gewerkschaftlichen Bemühungen um die Durchsetzung der betrieblichen Mitbestimmung und Sozialisierung. Für Siegfried Mielke trat mit der rechtlichen Durchsetzung der Tarifautonomie das programmatische und politische Dilemma der Gewerk-

---

[856] Vgl. Benz, Deutschland unter alliierter Besatzung, S. 91. Zu Alternativlösungen vgl. Giesselmann, Werner, Die Koblenzer Beschlüsse vom 10. Juli 1949 - eine Alternative zur Weststaatsgründung, in: GWU 38 (1987), S. 335-351.
[857] Vgl. Benz, Deutschland unter alliierter Besatzung, S. 318-320 und S. 296-298.
[858] Vgl. ebd., S. 298.
[859] Vgl. dazu Katz, Alfred, Staatsrecht. Grundkurs im öffentlichen Recht, 11. Auflage, Heidelberg 1992, S. 395.
[860] Vgl. Gamillschegg, S. 128.
[861] Vgl. Unser, S. 168.
[862] Vgl. Grebing, Pozorski, Schulze, Politik und Gesellschaft, S. 105.

schaften zu Tage.[863] Diese begrenzten durch ihre ordnungspolitische Funktion und wirtschaftspolitischen Ziele ihre Handlungsmöglichkeiten. Indem die Gewerkschaften davon ausgingen, daß sie über die wirtschaftliche Mitbestimmung Einfluß auf die Situation der Arbeitnehmer nehmen konnten, verpaßten sie nach der Aufhebung des Lohnstopps die Möglichkeit zur Verbesserung der Lage auf tarifpolitischem Gebiet.

Schließlich fand die Durchsetzung des Prinzips der Tarifautonomie auch in den Untersuchungen der innergewerkschaftlichen Entwicklung Beachtung. Die Verantwortung für die Gestaltung der Lohn- und Tarifpolitik lag bei den Einzelgewerkschaften, den Dachverbänden kam diesbezüglich lediglich eine koordinierende Aufgabe zu. So kommt Dieter Schuster zu dem Ergebnis, daß sich mit der Aufnahme von Tarifverhandlungen nach Aufhebung des Lohnstopps das Gewicht innerhalb der Gewerkschaftsbewegung auf die Einzelgewerkschaften verlagerte.[864]

Wie gezeigt, war es den Tarifparteien im Bereich der südwestdeutschen Textilindustrie bereits vor der Währungsreform gelungen, Lohnerhöhungen auszuhandeln und gegenüber den Besatzungsmächten durchzusetzen.

Zu klären bleibt allerdings, inwieweit die allgemeine Durchsetzung der Tarifautonomie die tarifpolitischen Beziehungen der kollektiven Interessenvertretungen von Arbeitnehmern und Arbeitgebern in der südwestdeutschen Textilindustrie tatsächlich im Sinne eines "tarifpolitischen Neubeginns" beeinflußte oder aber vielmehr die wirtschaftlichen Auswirkungen der Währungsreform die weitere Entwicklung prägten.

1. Die wirtschaftliche und wirtschaftspolitische Entwicklung

1.1. Württemberg-Baden

Die bizonale Verwaltung für Wirtschaft unter der Initiative des Wirtschaftsdirektors Ludwig Erhard verband die Währungsreform mit einer grundsätzlichen Neuorientierung der Wirtschaftspolitik.[865] Grundlegend für den geplanten Übergang von der verwalteten Wirtschaft zur Marktwirtschaft in der Bizone war das "Gesetz über die Leitsätze für die Bewirtschaftung und Preispolitik nach der Geldreform" vom 24. Juni 1948.[866] Die Vorschrift bestand lediglich aus einer

[863] Vgl. Quellen zur Geschichte der deutschen Gewerkschaftsbewegung, Bd. 7, S. 90.

[864] Vgl. Schuster, S. 28.

[865] Vgl. Pünder, Tilman, Das bizonale Interregnum. Die Geschichte des Vereinigten Wirtschaftsgebiets 1946-1949, Waiblingen 1966, S. 302.

[866] Vgl. Gesetz über Leitsätze für die Bewirtschaftung und Preispolitik nach der Geldreform vom 24. Juni 1948, in: Gesetz- und Verordnungsblatt des Wirtschaftsrates des Vereinigten Wirtschaftsgebietes, Nr. 12 v. 7.7.1948. Zur Entstehung des Gesetzes vgl. Ambrosius, Gerold,

Präambel, fünf Artikeln und einer Anlage, die in Thesenform die "Leitsätze" aufführte, die bei der Gestaltung der künftigen Wirtschaftspolitik nach der Währungsreform zu beachten seien. Diese Anlage bildete zusammen mit der Präambel die eigentliche Richtlinie für die weitere Ausgestaltung des rechtlichen Rahmens der zukünftigen Wirtschaftspolitik. Gemäß Leitsatz I, 1 der Anlage war künftig die Freigabe aus der Bewirtschaftung der Beibehaltung, nach Leitsatz II, 1 die Freigabe der Preise ihrer behördlichen Festsetzung vorzuziehen. Ausgenommen hiervon waren lediglich die Hauptnahrungsmittel und die Rohstoffe, die eine wesentliche Grundlage für die gewerbliche und landwirtschaftliche Gütererzeugung bildeten (I, 2; II, 2) sowie Mieten und Verkehrstarife (II, 2).[867] Die Ausgestaltung dieses Rahmengesetzes durch besondere Vollzugsvorschriften lag nach Artikel II des Leitsätzegesetzes bei dem Direktor der Wirtschaft. Damit erhielt Ludwig Erhard weitreichende Vollmachten zur Umsetzung seiner wirtschaftspolitischen Vorstellungen.[868]

Auf dem Gebiet der Preispolitik begann die Umsetzung bereits wenige Tage nach der Währungsreform durch die "Anordnung über Preisbildung und Preisüberwachung nach der Währungsreform" vom 25. Juni 1948, durch die 90% der geltenden Preisvorschriften außer Kraft gesetzt und der seit 1936 bestehende allgemeine Preisstopp aufgehoben wurden.[869]

Für den Bereich der Bewirtschaftung traten die bis dahin geltenden Vorschriften gemäß § 33 Abs. 1 des Bewirtschaftungsnotgesetzes ohnehin zum 30. Juni 1948 außer Kraft. Die Neuregelung dieses Gebiets sollte nach dem Willen Erhards auf Meldepflichten, Rohstofflenkung, Verbrauchsregelung bei Mangelwaren und allgemeine Auflagen beschränkt werden.[870] Für die Textilindustrie der Bizone wurde auf der Grundlage entsprechender Vorarbeiten des Textilreferats der Verwaltung für Wirtschaft bereits am 21. Juni 1948 die "Anordnung über die Bewirtschaftung von Spinnstoffen, Gespinsten und deren Abgängen sowie Hadern (Lumpen) und Spinnstoffwaren" verkündet.[871] An die Stelle von Produk-

---

Die Durchsetzung der Sozialen Marktwirtschaft in Westdeutschland 1945-1949, Stuttgart 1977, S. 171-177.

[867] Dieser Bereich wurde erst ein Jahr später bei der zweiten Novellierung des Gesetzes durch Umwandlung der zwingenden Bestimmungen in "Kann"-Vorschriften aus der strengen Reglementierung herausgenommen. Vgl. Pünder, S. 304.

[868] Nach dem Bewirtschaftungsnotgesetz war der Erlaß von Grundsätzen für die allgemeine Bewirtschaftung dem Wirtschaftsrat vorbehalten. Dies fiel nach der Ermächtigung des Leitsätzegesetzes jetzt in die Zuständigkeit des Direktors für Wirtschaft. Vgl. Ambrosius, S. 177.

[869] Vgl. Gesetzblatt der Verwaltung des Vereinigten Wirtschaftsgebiets 1948, S. 61. Gesetzgeber der Verordnung war nicht der Verwaltungsrat, sondern allein der Direktor der Verwaltung für Wirtschaft, Ludwig Erhard. Die Unterzeichnung durch die Mitglieder des Verwaltungsrat bestätigte lediglich das nach § 3 Abs. 1 des Preisgesetzes erforderliche Einvernehmen dieses Gremiums. Vgl. Pünder, S. 304, Fn. 21b. Vgl. Stolper, Gustav, Häuser, Karl, Borchardt, Knut, Deutsche Wirtschaft seit 1870, Tübingen 1964, S. 261.

[870] Vgl. Drexler, S. 168.

[871] Vgl. Abdruck in: Textil-Wirtschaft, 3. Jg. (1948), Nr. 23 v. 24.6.1948, S. 3.

tionsanweisungen, Herstellerkontingenten und Quotierungen trat eine weitgehende Freiheit der Produzenten und Händler. Die Hersteller konnten im Rahmen eines Drei-Monatsbedarfs die benötigten Rohstoffe frei beziehen und ihre Produkte selbst bestimmen. Lediglich die Kontingentierung wichtiger Verbrauchsgüter blieb bestehen, um angesichts des weiterhin knappen Angebots die Versorgung der Bevölkerung sicherzustellen.
Der durch die Währungsreform ausgelöste allgemeine Nachfrageboom im Konsumgüterbereich erfaßte auch die Textilindustrie Württemberg-Badens. Obwohl in diesem Bereich die Angebotsentwicklung neben der Auflösung gehorteter Bestände seitens der Betriebe durch die Freigabe größerer Mengen von OMGUS-Geweben und -Gespinsten günstig beeinflußt wurde, überstieg auch hier die Nachfrage das Angebot erheblich.[872] Die formal bestehende Rationierung von Textilien in Form des Endverbraucherpunkts wurde durch die freigiebige Zuteilung der Bezugsrechte in ihrer Funktion ausgehebelt.[873] Die Folgen waren ab Juli 1948 massive Preissteigerungen für textile Gebrauchsgüter.[874] Gleichzeitig ermöglichte der Nachfrageboom den Produzenten, die infolge des geänderten Umrechnungskurses von 30 US-Cents für eine DM ab Mai 1948 stark gestiegenen Produktionskosten auf den Verbraucher abzuwälzen.[875]
Nachdem durch diese Entwicklung auch die Unternehmen ihre Liquidität verhältnismäßig schnell wieder hergestellt hatten, reagierten Textilhändler wie -erzeuger statt des aufgrund der gestiegenen Preise erhofften Mehrangebots bereits Ende Juli eher zurückhaltend.[876] Grund hierfür war neben der Erwartung weiter steigender Preise insbesondere die Unsicherheit der Rohstoffversorgung.
Die JEIA hatte bereits in der ersten Hälfte des Jahres 1948 ihre Dollarreserven für Importe weitgehend ausgeschöpft und dementsprechend einen Einkaufsstopp verfügt.[877] Die Hersteller reagierten hierauf mit der Rückkehr zu Kompensation und Tauschhandel.[878] Das neue Geld drohte demnach schon kurz nach der Einführung zumindest in diesem Bereich wieder seine Funktion zu verlieren.

---

[872] Vgl. Drexler, S. 170; Vgl. Borchardt, Knut, Buchheim, Christoph, Die Wirkung der Marshallplan-Hilfe in Schlüsselbranchen der deutschen Wirtschaft, in: VfZ 35 (1987), S. 317-347, hier S. 322.
[873] Vgl. ebd.
[874] Der Anstieg des Preisindex der Bekleidungsgüter betrug von Juni bis Dezember 1948 35%. Im Vergleich dazu stieg der Preisindex für Ernährung nur um 18%. Vgl. Statistisches Jahrbuch für die Bundesrepublik Deutschland 1952, S. 204.
[875] Vgl. "Textilpreise vor wesentlichen Änderungen", in: Textil-Wirtschaft, 3. Jg. (1948), Nr. 12 v. 8.4.1948, S. 1.
[876] Vgl. Borchardt/Buchheim, S. 324. Zu dieser allgemeinen Entwicklung auch Pünder, S. 307f.
[877] Vgl. Pünder, S. 307.
[878] Vgl. Borchardt/Buchheim, S. 324.

Gleichzeitig büßte die D-Mark durch das knappe Warenangebot und die weiter steigenden Preise im zweiten Halbjahr 1948 an Kaufkraft ein.[879]
Seitens der Verwaltung für Wirtschaft wurden gegen diese Entwicklung sowohl Maßnahmen auf der Angebotsseite als auch hinsichtlich der Preisentwicklung ergriffen.
Der Preiswucher sollte zum einen mittels regelmäßig veröffentlichter Preisspiegel bekämpft werden, die offenbarten, welche Preise bei ordnungsgemäßer Produktion als angemessen gelten konnten, zum anderen mit dem "Gesetz gegen Preistreiberei" vom 7. Oktober 1949.[880]
Für die Entwicklung in der Textilindustrie Württemberg-Badens waren aber die Maßnahmen der bizonalen Verwaltung zur Steigerung des Angebots wichtiger.
Die Wirtschaftsverwaltung beschloß diesbezüglich zunächst eine Änderung ihrer Versorgungspolitik, um die hemmende Unsicherheit der Rohstoffversorgung in der Industrie zu beseitigen.[881] Hierbei spielte das am 3. April 1948 durch den amerikanischen Kongreß bewilligte European Recovery Program (ERP) eine maßgebliche Rolle.[882]
Nach der ursprünglichen Planung sollten die für das vierte Quartal 1948 in Aussicht gestellten ERP-Gelder ursprünglich zu 65% der Finanzierung von Nahrungs- und Landwirtschaftseinfuhren dienen. Angesichts der angespannten Lage in der Textilwirtschaft beantragte die bizonale Wirtschaftsverwaltung jedoch die Reduzierung dieses Anteils zugunsten des industriellen Bedarfs.[883]

---

[879] Bis Dezember 1948 hatte die D-Mark bereits ein Sechstel ihres Werts verloren. Vgl. Willenborg, Karl-Heinz, Das neue Geld. Die Währungsreform und ihre wirtschaftlichen Folgen, in: Der Bauplan für die Republik. Das Jahr 1948 in der deutschen Nachkriegsgeschichte, hrsg. v. Jürgen Weber, München, Landsberg am Lech 1996, S. 175-200, hier S. 189. Am 12. November 1948 kam es in der Bizone zum Generalstreik, bei dem die Gewerkschaften die Verkündung des Wirtschaftsnotstands sowie die Einsetzung von Preisbeauftragten forderten. Vgl. Stolper, S. 262.

[880] Vgl. Benz, Deutschland unter alliierter Besatzung, S. 351.

[881] Vgl. Borchardt/Buchheim, S. 324.

[882] Vgl. im einzelnen die grundlegenden Beiträge von Knapp, Werner, Deutschland und der Marshallplan: Zum Verhältnis zwischen politischer und ökonomischer Stabilisierung in der amerikanischen Deutschlandpolitik nach 1945, in: Scharf, Claus, Schröder, Hans-Jürgen (Hrsg.), Politische und ökonomische Stabilisierung Westdeutschlands 1945-1949. Fünf Beiträge zur Deutschlandpolitik der westlichen Alliierten, Wiesbaden 1977, S. 19-43; Milward, Alan S., The Reconstruction of Western Europe 1945-1951, Berkely, Los Angeles 1984; Schröder, Hans-Jürgen (Hrsg.), Marshallplan und westdeutscher Wiederaufstieg. Positionen – Kontroversen, Stuttgart 1990; Hardach, Gerd, Der Marshall-Plan. Auslandshilfe und Wiederaufbau in Westdeutschland 1948-1952, München 1994.
Von den insgesamt rund 14 Milliarden Dollar erhielten die drei westlichen Besatzungszonen zehn Prozent. Damit lag Westdeutschland lediglich hinter Großbritannien (25%), Frankreich (20%) und Italien (11%). Vgl. Hardach, S. 245.

[883] Nach Aussage des Ministerial-Dirigenten Keiser auf der Direktorialsitzung in Frankfurt a. M. am 24.8.1948 erforderte die Lage auf dem Konsumgütermarkt eine stärkere Forcierung des industriellen Nachschubs, zumal die Industrieimporte für das 1. ERP-Quartal ganz ausge-

Statt der geplanten 65% für Nahrungsmittelimporte sollte danach ein Teil zur Finanzierung zusätzlicher Industrieimporte, darunter Baumwolle für die Spinnereien der Bizone, verwendet werden.
Zwar dauerte die Genehmigung und Durchführung dieser Baumwollkäufe aus ERP-Geldern bis Ende des Jahres 1948, trotzdem hatten bereits die Meldungen hierüber den psychologischen Effekt, daß die Spinnereien im November und Dezember ihre Lager radikal abbauten.[884] Insofern war der Marshallplan schon vor Eintreffen der ersten Materiallieferungen in der Textilindustrie produktionswirksam.[885] Im Laufe des Jahres 1949 entspannte sich die Lage auf der Rohstoffseite aufgrund der ERP-finanzierten Lieferungen, insbesondere von Baumwolle, weiterhin, so daß von dieser Seite einem kontinuierlichen Produktionsanstieg nichts mehr im Wege stand.[886]
Als weitere Maßnahme zur Produktionssteigerung und damit zur Deckung des Nachholbedarfs in der Bevölkerung an Gebrauchsgütern rief die Verwaltung für Wirtschaft zum 1. November 1948 das sogenannte Jedermann-Programm ins Leben.[887] Die standardisierten und preiswerten Bedarfsgüter aus dem Programm sollten darüber hinaus Druck auf die Marktpreise ausüben und mittels erhöhten Wettbewerbs die Industrie zur Produktionsausweitung und -kostensenkung motivieren. Im November 1948 umfaßte das Jedermann-Programm im wesentlichen Schuhe, Bekleidung, textile Gebrauchsgüter, landwirtschaftliche Maschinen und Haushaltswaren. Die Teilnahme an dem Programm war für die Unternehmen freiwillig, aufgrund der bevorzugten Zuweisung von Rohstoffen

---

blieben seien, in: Akten zur Vorgeschichte der Bundesrepublik Deutschland 1945-1949, hrsg. v. Bundesarchiv und Institut für Zeitgeschichte, Bd. 4: Januar bis Dezember 1948, bearb. v. Christoph Weisz, München 1983, S. 759f.

[884] Vgl. Borchardt/Buchheim, S. 330.

[885] Vor diesem Hintergrund kritisieren Borchardt/Buchheim das ausschließliche Abstellen auf die eigentlichen Liefertermine für die Interpretation der Effekte aus den ERP-finanzierten Lieferungen. So z. B. Abelshauser, Wirtschaft in Westdeutschland und Manz, Mathias, Stagnation und Aufschwung. Zur Kritik an dieser These sei verwiesen auf Ritschl, Albrecht, Die Währungsreform von 1948 und der Wiederaufstieg der westdeutschen Industrie. Zu den Thesen von Mathias Manz und Werner Abelshauser über die Produktionswirkungen der Währungsreform, in: VfZ, 33 (1985), S. 136-165; Klemm, Bernd, Trittel, Günter J., Vor dem "Wirtschaftswunder": Durchbruch zum Wachstum oder Lähmungskrise? Eine Auseinandersetzung mit Werner Abelshausers Interpretation der Wirtschaftsentwicklung 1945-1948, in: VfZ, 35 (1987), S. 571-624; Buchheim, Christoph, Der Ausgangspunkt des westdeutschen Wirtschaftswunders. Zur neueren Diskussion über die Wirkungen von Währungs- und Bewirtschaftungsreform 1948, in: Ifo-Studien, 34 (1988), S. 69-77; Schröder, Hans-Jürgen, 50 Jahre Marshall-Plan in Deutschland, in: APuZ, B 22-23 (1997), S. 18-29, hier S. 18f.

[886] Vgl. dazu Die Textilkonjunktur, Nr. 1 v. Jan. 1950, S. 3. "Dr. Mathée: Wo steht die Textilindustrie?", in: Textil-Wirtschaft, 5. Jg. (1950), Nr. 23 v. 8.5.1950, S. 4.

[887] Vgl. Benz, Deutschland unter alliierter Besatzung, S. 351-353.

allgemein aber sehr attraktiv.[888] Insgesamt trug das Programm ab Weihnachten 1948 erfolgreich zu den Preissenkungen auf dem Konsumgütermarkt bei.
Die genannten Maßnahmen der Verwaltung für Wirtschaft sowie die ERP-Lieferungen sicherten von der Rohstoffseite den kontinuierlichen Anstieg der Produktion in der Textilindustrie Württemberg-Badens auch nach der Währungsreform.[889]
Ein wesentliche Rolle spielte jedoch auch weiterhin der Faktor Arbeit für die Produktion. Der Kauf neuer Maschinen, die Rationalisierungen ermöglicht hätten, scheiterte nach der Währungsreform an den Kreditrestriktionen für die Unternehmen, die sich in erheblichen Protesten von dieser Seite niederschlugen.[890] Die Auslastung der vorhandenen Kapazitäten erforderte demnach weiterhin eine große Anzahl von Beschäftigten in den Betrieben. Allerdings entspannte sich das Angebot an Arbeitskräften nach der Währungsreform zunehmend. Bereits zum Ende des Jahres 1948 stieg die Arbeitslosenquote in anderen Wirtschaftsbereichen rapide an.[891] Die Betriebe der Textilindustrie konnten dadurch zumindest den Bedarf an ungelernten Kräften decken. Allerdings bestand weiterhin gesteigerte Nachfrage nach Facharbeitern.[892] So scheiterte in den garnproduzierenden Sparten die Wiedereinführung des Mehr-Schicht-Betriebs am Fehlen von geeigneten Arbeitskräften.
Die steigende Arbeitsproduktivität nach der Währungsreform führte zwar zu einer Entspannung der Situation in den Betrieben, zusätzlich benötigte Arbeitskräfte, zum Beispiel für weitere Schichten, konnte sie allerdings nicht ausgleichen. Der Anstieg zeigte aber, daß das neue Geld arbeitsmarktpolitisch als echter Leistungsanreiz wirkte.

---

[888] Vgl. Benz, Deutschland unter alliierter Besatzung, S. 352. Die Auswahl der Firmen erfolgte aufgrund eines Ausschreibungsverfahrens durch die Verwaltung für Wirtschaft und sie beratende Fachausschüsse. Zur Kritik an dem Programm vgl. Drexler, S. 166.

[889] Die Versorgung mit Kohle, Strom sowie anderen Hilfsmitteln war ebenfalls weitgehend gesichert. Vgl. "Die Sorgen der Textilindustrie: Garne und Kredite", in: Textil-Wirtschaft, 4. Jg. (1949), Nr. 33 v. 18.8.1949, S. 3.

[890] Vgl. "Textil-Industrie braucht Investitionen", in: Textil-Wirtschaft, 3. Jg. (1948), Nr. 32 v. 26.8.1948, S. 2; "Textilmaschinen - die Basis der Arbeit", in: Textil-Wirtschaft, 3. Jg. (1948) Nr. 46 v. 2.12.1948. Der Ankauf moderner, leistungsfähigerer Maschinen scheiterte an den Kreditrestriktionen für die Unternehmen nach der Währungsreform. Vgl. zu diesem Problem eingehend Kollmer-v. Oheimb-Loup, Gert, Die Wirtschaftspolitik Erhards als Fessel des wirtschaftlichen Aufschwungs? Kritische Forderungen der südwestdeutschen Wirtschaft, in: VSWG, 82 (1995), S. 459-477, hier S. 461-465. Erst mit Anlaufen der Marshallplan-Hilfen verbesserten sich die Möglichkeiten für die Betriebe. Vgl. Kollmer-v. Oheimb-Loup, Wirtschaft in der Nachkriegszeit, S. 11.

[891] Vgl. Kollmer-von Oheimb-Loup, Wirtschaft in der Nachkriegszeit, S. 6; Zum Problem der Arbeitslosigkeit vgl. Pünder, S. 310f.

[892] Vgl. "Die Sorgen der Textilindustrie: Garne und Kredite", in: Textil-Wirtschaft, 4. Jg. (1949), Nr. 33 v. 18.8.1949, S. 3.

Mit dem zunehmenden Preisauftrieb der Lebenshaltungskosten und der sinkenden Kaufkraft bei gleichbleibenden Nominallöhnen drohte die D-Mark diese Funktion bei den Arbeitnehmern jedoch schon bald nach ihrer Einführung wieder einzubüßen. Forderungen nach einer Erhöhung der Löhne und Gehälter standen allerdings im Zielkonflikt mit der Stabilität der Währung und der Zukunft der freien Marktwirtschaft.
Die Lösung dieses Widerspruchs lag bei den Tarifparteien.

1.2. Baden

Die Währungsreform vom 21. Juni 1948 brachte auch für die Entwicklung der badischen Wirtschaft einen deutlichen Impuls.[893]
Der Umbruch von der Zwangs- zur Marktwirtschaft vollzog sich allerdings nicht so radikal wie im Vereinigten Wirtschaftsgebiet. In Baden wurden die Bewirtschaftungs- und Preisvorschriften stufenweise über ein Jahr bis September 1949 abgebaut.[894]
Trotzdem stiegen auch in Baden die Preise unmittelbar nach der Währungsreform deutlich an. Insbesondere auf dem Verbrauchsgütersektor machte sich die erhöhte Kaufkraft und die gestiegene Nachfrage in einer äußerst günstigen Absatzlage bemerkbar.[895]
Darüber hinaus wurde mit der "Landesverordnung über die Preisbildung und Preisüberwachung nach der Geldreform" vom 28. Oktober 1948 ein erheblicher Teil der landwirtschaftlichen und gewerblichen Erzeugnisse aus der Preisfestsetzung herausgenommen.
Für die Unternehmen eröffnete dieser nachhaltige Verkäufermarkt die Möglichkeit, die gestiegenen Kosten für Kohle, Eisen und Stahl sowie für Rohstoffe abzuwälzen und darüber hinaus noch Gewinne für Investitionen zu machen.[896]
Wie in der Bizone versuchten die Länderregierungen der französischen Besatzungszone die Angebotsseite durch Verbrauchsgüterprogramme zu entlasten.[897]
Im Rahmen dieser Programme wurde den beteiligten Unternehmen jeweils eine bestimmte Rohstoffmenge für die Produktion zur Verfügung gestellt. Die

---

[893] Zur Frage, inwieweit die Wachstumsraten der industriellen Produktion gemäß der amtlichen Statistik vor und nach der Währungsreform zu korrigieren sind vgl. Manz, Stagnation und Aufschwung, S. 38; Abelshauser, Wirtschaft in Westdeutschland, S. 62. Kritisch dagegen Klemm/Trittel, Vor dem "Wirtschaftswunder", S. 577f.
[894] Vgl. dazu im einzelnen Laufer, Industrie und Energiewirtschaft, S. 220f.
[895] Vgl. Laufer, Industrie und Energiewirtschaft, S. 204f.
[896] Vgl. Unser, S. 150f. Mit der Landesverordnung vom 27.8.1948 wurde die Weitergabe der Preiserhöhungen für Kohle und dementsprechend auch für Strom u. Gas sowie für Eisen u. Stahl offiziell möglich. Vgl. Laufer, Industrie und Energiewirtschaft, S. 222; "Textilpreise vor wesentlichen Änderungen", in: Textil-Wirtschaft, 3. Jg. (1948), Nr. 12 v. 8.4.1948, S. 1.
[897] Vgl. Laufer, Industrie und Energiewirtschaft, S. 224.

Verbilligung der Endprodukte wurde durch die Verkürzung der Verarbeitungs- und Vertriebsspannen erreicht. Für die Firmen war die Teilnahme an den Programmen wie in der Bizone ebenfalls aufgrund der staatlichen Rohstoffzuweisungen sehr attraktiv.
Das Hauptproblem bei der Deckung der aufgestauten Nachfrage in der Bevölkerung, die ausreichende Materialversorgung der badischen Textilindustrie, konnte jedoch auch mit diesen Programmen nicht gelöst werden.[898] Die Währungsreform und die dadurch gestiegene Kaufkraft hatten dazu geführt, daß die Betriebe Rohstoffe und Halbfabrikate ohne Rücksicht auf die Lagerbestände in die Produktion gaben.[899] Gleichzeitig liefen die geplanten Rohstofflieferungen aus den Marshallplan-Mittel erst zu Beginn des Jahres 1949 an.[900] Dieser Engpaß führte dazu, daß mehrere Betriebe der südbadischen Textilindustrie die Produktion auf Kurzarbeit umstellen oder zum Teil sogar ganz einstellen mußten.[901] Nach Angaben der Industrie- und Handelskammer waren im Dezember 1948 im Bezirk Lörrach circa 1.000 Textilarbeiter von Kurzarbeit betroffen.[902]
Mit Anlaufen der ersten Baumwollieferungen aus ERP-Mitteln zu Beginn des Jahres 1949 entspannte sich die Lage in den Baumwollspinnereien des Landes und den dazu gehörigen weiterverarbeitenden Sparten.[903] Im Vergleich zum zweiten Halbjahr 1948 stieg die Beschäftigung in diesem Sektor im zweiten Halbjahr 1949 um 38,7%, der Bruttoproduktionswert sogar um 114,6%.[904]
Schwieriger gestaltete sich dagegen die Situation in den wolleverarbeitenden Sparten der badischen Textilindustrie. Die USA lehnten den Ankauf von Wolle aus ERP-Mitteln grundsätzlich ab.[905] Rohstofflieferungen mußten daher aus den Devisenerlösen für Exporte aus der französischen Zone bezahlt werden. Die

---

898 Vgl. Laufer, Die südbadische Industrie, S. 153.
899 Vgl. ders., Industrie und Energiewirtschaft, S. 206.
900 Nach dem ursprünglichen Plan des State Departments sollte der Aufbau der französischen Zone im Rahmen des European Recovery Programs zwischen 1948 und 1952 erfolgen. Das Hauptgewicht der Hilfen sollte hierbei insbesondere auf der Lieferung von Baumwolle für die Textilindustrie liegen, um so den Export der Zone zu steigern. Vgl. "Hilfsprogramm für die französische Zone", in: Wirtschaftsrevue, 3. Jg. (1948), Nr. 4 v. 24.1.1948, S. 1.
901 Hiervon betroffen waren z. B. die Firmen L. Stromeyer u. Co., Konstanz, und die Trikotfabrik J. Schießer AG, Singen. Vgl. "Die Entwicklung der Arbeitslage im Zweiten Halbjahr 1948", in: Die Industrie- und Handelskammer, 3. Jg. (1949), Nr. 3 v. 1.2.1949, S. 37f.
902 Vgl. ebd.
903 Vgl. Laufer, Die südbadische Industrie, S. 153.
904 Vgl. ebd.
905 Vgl. Schreiben der Arbeitsgemeinschaft der textilindustriellen Verbände an das Verwaltungsamt für Wirtschaft, Abteilung Textil v. 21.2.1949 betr. Auswirkungen des Marshall-Planes auf die französische Zone, in: Archiv des Textilverbands, Ordner Arbeitsgemeinschaft der Textilverbände in der französischen Zone, 1948-1951/Zusammenarbeit der französischen Zone mit der Bi-Zone, 1948.

Beschäftigung in diesem Sektor blieb daher bis zur Vereinigung des französischen Besatzungsgebiets mit der Bizone weiterhin kritisch.[906]
Darüber hinaus führte auch die nach der Währungsreform auftretende Kohlenverknappung bis 1951 immer wieder zu Betriebsstillegungen und Kurzarbeit insbesondere in den weiterverarbeitenden Betrieben der badischen Textilindustrie.[907]
Trotz dieser Schwierigkeiten in einzelnen Sparten der badischen Textilindustrie nahm die Zahl der Arbeitskräfte in diesem Industriezweig auch in der zweiten Hälfte des Jahres 1948 weiter zu.[908] Wie in der Bizone trat auch auf dem badischen Arbeitsmarkt eine Verschiebung der Beschäftigung vom primären Sektor hin zum industriellen und handwerklichen Sektor ein.[909]
Gleichzeitig stieg infolge der verbesserten Nahrungsmittelversorgung die Wochenarbeitszeit und die Arbeitsproduktivität der einzelnen Arbeitnehmer bereits seit Mai 1948 deutlich an.[910] Demnach stellte die neue Währung auch für die Arbeiter der badischen Textilindustrie einen Leistungsanreiz dar. Im Vergleich zur Bizone standen die Realeinkommen in diesem Bereich jedoch nicht nur unter dem Druck steigender Preise, sondern auch der Gefahr von Kurzarbeit oder Betriebsstillegungen.[911] Die Ausgangssituation für Tarifverhandlungen war daher noch zusätzlich erschwert.

---

[906] Das Vereinigte Wirtschaftsgebiet konnte aufgrund der eigenen Exportstärke den Wollsektor mit ausreichenden Rohstoffankäufen versorgen. Die Unternehmen der französischen Zone erhofften sich durch einen Zusammenschluß der französischen Zone mit der Bizone eine Beteiligung an den Exporterlösen des Vereinigten Wirtschaftsgebiets zum Ankauf von Wolle. Vgl. ebd.

[907] Vgl. "Die Entwicklung der Arbeitslage im Zweiten Halbjahr 1948", in: Die Industrie- und Handelskammer, 3. Jg. (1949), Nr. 3 v. 1.2.1949, S. 37-38; "Die wirtschaftliche Entwicklung seit der Währungsreform", in: Die Industrie- und Handelskammer, 3. Jg. (1949), Nr. 8 v. 15.4.1949, S. 114; Schreiben des Verbands der Badischen Textilindustrie e.V. in der französisch besetzten Zone an das Badische Ministerium der Wirtschaft und Arbeit, Referat Textil v. 6.10.1951 betr. Kohlenversorgung, in: Archiv Textilverband, Ordner: Arbeitsgemeinschaft der Textilverbände in der französischen Zone 1948-1951/Zusammenarbeit der französischen Zone mit der Bi-Zone, 1948.

[908] Vgl. Blümle, Gerold, Wirtschaft und Wirtschaftspolitik im Land Baden 1945-1952, in: (Süd-) Baden nach 1945. Eine neue Kulturpolitik, hrsg. v. Joachim Fischer, Stuttgart 1999, S. 49-74, hier S. 62.

[909] Vgl. "Die wirtschaftliche Entwicklung seit der Währungsreform", in: Die Industrie- und Handelskammer, 3. Jg. (1949), Nr. 8 v. 15.4.1949, S. 114; Laufer, Die südbadische Industrie, S. 152

[910] Die Ernährungssituation verbesserte sich durch die gute Ernte des Jahres 1948. Vgl. Weber, S. 190.

[911] Die Kurzarbeiterunterstützung glich die Einkommensausfälle der Arbeiter nur zum Teil aus.

1.3. Württemberg-Hohenzollern

In Württemberg-Hohenzollern ging die Währungsreform ebenfalls mit einer starken Zunahme der Nachfrage insbesondere nach Konsumgütern wie Kleidung, Schuhe und Hausrat einher.[912]
Der stufenweise Abbau der Bewirtschaftungs- und Preisvorschriften konnte, wie in Baden, auch in Württemberg-Hohenzollern deutliche Preissteigerungen nicht verhindern.[913]
Gleichzeitig wirkte sich die neue Währung positiv auf die Produktion aus. Der sich schon zu Beginn des Jahres 1948 abzeichnende Trend einer steigenden Industrieproduktion setzte sich nach der Währungsreform verstärkt fort.[914] Allerdings blieb auch in Württemberg-Hohenzollern die Entwicklung hinter der Bizone zurück.
Der Anteil der Produktion der Textilindustrie nahm am Gesamtproduktionswert von Württemberg-Hohenzollern 1948 mit 27% den größten Teil ein.[915] Die Beschäftigtenzahl erhöhte sich ebenfalls im Vergleich zu 1947 um 19% auf insgesamt 30.440 Arbeitnehmer.[916] Mit Verbesserung der Ernährungssituation und dem Leistungsanreiz des neuen Geldes stieg auch die Arbeitsproduktivität in diesem Bereich deutlich an.[917]
Allerdings reichte der Produktionsanstieg der Textilindustrie Württemberg-Hohenzollerns ebenfalls nicht zur Deckung des Nachholbedarfs in der Bevölkerung.
Ein wesentliches Problem stellte wiederum die ausreichende Versorgung der Betriebe mit Rohstoffen dar. Wie in den übrigen Ländern Südwestdeutschlands liefen die Marshallplan-Hilfen in Württemberg-Hohenzollern erst zu Beginn des Jahres 1949 an. Berichte über Betriebsstillegungen oder Kurzarbeit in der Zeit zwischen Währungsreform und Eintreffen der ersten Rohstofflieferungen aufgrund der ERP-Mittel liegen aber für die Textilindustrie Württemberg-Hohenzollerns nicht vor. Mit der Lockerung des Interzonenhandels konnten die weiterverarbeitender Betriebe zunehmend wieder auf Lieferungen aus Nord-

---

912 Vgl. Vierteljahresbericht Nr. 3/48 über die wirtschaftliche Entwicklung in Württemberg-Hohenzollern und Lindau-B., hrsg. v. der Arbeitsgemeinschaft der Industrie- und Handelskammern von Württemberg-Hohenzollern und Lindau-B., S. 2.

913 Vgl. Jahresbericht 1948 (mit Vierteljahresbericht Nr. 4/48) über die wirtschaftliche Entwicklung von Württemberg-Hohenzollern und Lindau (B.), hrsg. v. der Arbeitsgemeinschaft der Industrie- und Handelskammern von Württemberg-Hohenzollern und Lindau-B., S. 3.

914 Die steigende Tendenz der industriellen Produktion wurde lediglich im Mai durch die Feiertagsruhe und im August durch Urlaubsgewährungen unterbrochen. Vgl. ebd., S. 3.

915 Vgl. Jahresbericht 1948 (mit Vierteljahresbericht Nr. 4/48) über die wirtschaftliche Entwicklung von Württemberg-Hohenzollern und Lindau (B.), hrsg. v. der Arbeitsgemeinschaft der Industrie- und Handelskammern von Württemberg-Hohenzollern und Lindau-B., S. 4.

916 Vgl. ebd., S. 5.

917 Vgl. ebd., S. 5.

Württemberg zurückgreifen, so daß auch in diesen Sparten wieder größere Teile der vorhandenen Kapazitäten genutzt werden konnten.[918]
Allerdings waren dazu wiederum auch mehr Arbeitskräfte notwendig, die weitere Maschinen bedienen konnten. Daher setzte mit Verbesserung der Rohstoff- und der Energieversorgung im Laufe des Jahres 1949 wieder verstärkt die Nachfrage nach Arbeitskräften in der Textilindustrie ein.[919] Laut Jahresbericht 1949 der Arbeitsgemeinschaft der Industrie- und Handelskammern des Landes Württemberg-Hohenzollern gehörte die Textilindustrie Ende des Jahres 1949 noch zu den Industriezweigen mit einem unzureichenden Beschäftigtenstand. Der gesuchte Mitarbeiter war qualifiziert und vor allem weiblich.
Die Betriebe der Textilindustrie Württemberg-Hohenzollerns standen somit nach der Währungsreform vor den gleichen Problemen wie die der anderen Länder. Mit der Verbesserung des Rohstoffangebots und der durch die Liberalisierung des Außenhandelsverfahrens verbesserten Absatzmöglichkeiten stieg die Nachfrage nach Arbeitskräften. Ohne sie war eine Auslastung der vorhandenen Kapazitäten und damit eine Steigerung der Produktion nicht möglich. Den wesentlichen Anreiz zur Aufnahme einer Tätigkeit stellte aber der Lohn dar, dessen Erhöhung die Gefahr einer erneuten Inflation bedeutete.
Die Lösung dieses Konflikts mußte die Tarifbewegungen nach der Währungsreform maßgeblich prägen.

2. Die Weiterentwicklung des rechtlichen Rahmens

2.1. Württemberg-Baden

Der durch die Währungsreform gekennzeichnete Übergang von der Plan- zur freien Marktwirtschaft bedingte auch auf arbeitsrechtlichem Gebiet eine entsprechende Liberalisierung zugunsten der Marktteilnehmer.
Im Hinblick auf die ständig steigenden Preise und die im gleichen Maße sinkenden Effektivverdienste der Arbeitnehmer gingen bereits kurz nach der Währungsreform vom Wirtschaftsrat gegenüber der Militärregierung erste Initiativen zur Aufhebung der Stoppvorschriften für Löhne und Gehälter im Vereinigten Wirtschaftsgebiet aus.[920] Die Übertragung dieses Gebiets in die

---

[918] Protokoll der Mitgliederversammlung der Fachabteilung Strickerei im Fachverband Textil- und Bekleidungsindustrie am 18.5.1949 v. 18.5.1949, in: Archiv des Textilverbands, Bd. Fusion Südwest, FV Reutlingen II.
[919] Vgl. Jahresbericht 1949 über die wirtschaftliche Lage, S. 4.
[920] Am 9. Juli 1948 beschloß der Wirtschaftsrat, den Vorsitzenden des Verwaltungsrats zu beauftragen, mit der Militärregierung über die Auhebung aller gesetzlichen Bindungen für Löhne und Gehälter sowie die Übertragung der Festsetzung an die betreffenden Unternehmer und Gewerkschaften in Verhandlungen zu treten. Vgl. Schreiben der Vertretung des Landes Württemberg-Baden bei der Verwaltung des Vereinigten Wirtschaftsgebiets an das Staats-

Gesetzgebungsbefugnis des Wirtschaftsrats erfolgte jedoch erst am 24. September 1948 durch das Bipartite Control Office.[921] Die alliierte Behörde behielt sich lediglich noch ein Prüfungsrecht der Gesetze bzw. der Vorschläge vor.[922] Insgesamt vertrat das Zweimächte-Kontrollamt die Auffassung, daß das Verhältnis zwischen Löhnen und Preisen am besten durch freie Verhandlungen und soweit wie möglich durch Kollektivverhandlungen festgelegt werden könne. Dies bedeutete für den neuen Gesetzgeber den klaren Auftrag, sich in diesem Bereich so wenig wie möglich zu betätigen und die Regelung den Tarifparteien zu überlassen.

Ein Entwurf für ein Gesetz zur Aufhebung des Lohnstopps ging beim Wirtschaftsrat bereits Ende September ein.[923] Urheber war der Ausschuß für Arbeit beim Wirtschaftsrat. Neben der Aufhebung der Stoppvorschriften, namentlich der Zweiten Durchführungsbestimmung zum Abschnitt III der Kriegswirtschaftsverordnung (KWVO) vom 12.10.1939 sowie der Verordnung über die Lohngestaltung vom 25.6.1938 und des § 18 der KWVO vom 4.9.1939, beinhaltete der Entwurf in § 2 Abs. 1 eine Überleitungsvorschrift, welche die Vereinbarung ungünstigerer Arbeitsbedingungen als die zum Zeitpunkt der Aufhebung des Lohnstopps gültigen für eine Übergangszeit bis zum 31. März 1949 von der Zustimmung der Arbeitsbehörde abhängig machte. Für einen befristeten Zeitraum sollte demnach ein Lohnstopp "nach unten" festgeschrieben werden, um nach der Aufhebung der einschlägigen Vorschriften der Kriegswirtschaftsverordnung Lohnsenkungen zu vermeiden.[924] Vor dem Hintergrund der angespannten wirtschaftlichen Lage nach der Währungsreform schien diese Möglichkeit durchaus denkbar. Mittels dieser Vorschrift sollten zumindest für einen befristeten Zeitraum soziale Härten und eine einseitige Belastung der

---

ministerium v. 10.7.1948 betr. Aufnahme von Verhandlungen mit der Militärregierung zur Aufhebung der gesetzlichen Bindungen von Löhnen und Gehältern, in: BWHStA, EA 8/001, Nr. 974.

921 Vgl. Schreiben des Hauptreferenten für Wirtschaft, Verkehr und Arbeit des Länderrats des Vereinigten Wirtschaftsgebiets an die Herren Bevollmächtigten der Länder v. 4.10.1948 betr. Lohnpolitik, in: BWHStA, EA 8/001, Nr. 975.

922 Vgl. ebd.

923 Vgl. Wirtschaftsrat, Drucksache Nr. 598: Antrag des Ausschusses für Arbeit, Entwurf eines Gesetzes zur Aufhebung des Lohnstopps (zu Drucksache Nr. 575), Frankfurt am Main v. 29.9.1948 (beschlossen in der Sitzung vom 30.9.1948), in: BWHStA, EA 8/001, Nr. 975.

924 Die Vorschriften der Kriegswirtschaftsverordnung untersagten neben der Erhöhung auch eine Senkung der Löhne und Gehälter sowie der sonstigen geldwerten Leistungen, die am 16.10.1939 tatsächlich rechtswirksam gewährt wurden. Diese Löhne und Gehälter wurden dadurch also gleichzeitig zu Mindestsätzen, die nicht ohne Genehmigung rechtswirksam unterschritten werden konnten, allerdings bereits zu diesem Zeitpunkt zum Teil bis zu 40% über dem Stand der geltenden Tarifordnungen lagen. Vgl. Wirtschaftsrat, Drucksache Nr. 598: Antrag des Ausschusses für Arbeit, Entwurf eines Gesetzes zur Aufhebung des Lohnstopps (zu Drucksache Nr. 575), Frankfurt am Main v. 29.9.1948 (beschlossen in der Sitzung vom 30.9.1948), in: BWHStA, EA 8/001, Nr. 975.

Arbeitnehmer mit den Folgen der Währungsreform und des wirtschaftlichen Umbruchs verhindert werden.
Das Gesetz zur Aufhebung des Lohnstopps wurde in der Fassung dieses Entwurfs am 3. November 1948 vom Wirtschaftsrat beschlossen und trat mit der Verkündung am 10. des Monats in Kraft.[925] Mit dem Gesetz wurden nicht nur die in § 1 genannten Bestimmungen aufgehoben, sondern auch die Stoppvorschriften in den auf der Kriegswirtschaftsverordnung beruhenden Anordnungen sowie in den "Tarifordnungen" beseitigt.[926] In § 2 des Aufhebungsgesetzes schuf der Gesetzgeber ein neues, zeitlich zunächst bis zum 31. März 1949 befristetes Lohnstopprecht.[927] Allerdings erfaßte das dadurch angeordnete Zustimmungserfordernis der Arbeitsbehörden bei Abänderung der Arbeitsbedingungen zu Ungunsten des Arbeitnehmers lediglich die Änderung durch Betriebsvereinbarung oder Einzelarbeitsvertrag, nicht jedoch durch Tarifvertrag. Diese Ausnahme war weniger ein Signal des Wirtschaftsrats zum kollektiven Lohnabbau, als vielmehr der Ausdruck des gesetzgeberischen Willens, den Tarifparteien - entsprechend den Weisungen des Bipartite Control Office - freie Gestaltungsmöglichkeit zu geben.[928] Somit bestand nach dem "Gesetz zur Aufhebung des Lohnstopps" vom 10. November 1948 für die kollektiven Interessenvertretungen tarifrechtlich wieder für alle Wirtschaftsbereiche die Möglichkeit zur Regelung der Arbeitsbedingungen im Rahmen von Tarifverträgen.
Hinsichtlich der Regelung des materiellen Tarifvertragsrechts gab es in den beiden Zonen des Vereinigten Wirtschaftsgebiets bereits im Jahr 1946 erste Ansätze.[929]

---

[925] Vgl. Gesetzblatt der Verwaltung des Vereinigten Wirtschaftsgebiets 1948, Nr. 24, S. 117. Vgl. auch Schreiben der Verwaltung für Wirtschaft des Vereinigten Wirtschaftsgebiets an das Arbeitsministerium Württemberg-Baden v. 13.11.1948 betr. Gesetz zur Aufhebung des Lohnstopps, in: BWHStA, EA 8/001, Nr. 975.

[926] Vgl. Herschel, Wilhelm, Die Aufhebung des Lohnstopps, in: RdA 1948, H. 4, S. 121-123, hier S. 121.

[927] Die Überleitungsvorschriften des Gesetzes zur Aufhebung des Lohnstopps vom 3.11.1948 wurden durch Gesetz vom 24.3.1949, 10.8.1949, 16.12.1949 und 2.8.1950 jeweils für weitere drei bzw. sechs Monate verlängert. Vgl. Schreiben der Vertretung des Landes Württemberg-Baden in der Verwaltung des Vereinigten Wirtschaftsgebiets an das Staatsministerium v. 26.3.1949 betr. Gesetz zur Änderung des Gesetzes zur Aufhebung des Lohnstopps, in: BWHStA, EA 8/001, Nr. 976; Schreiben der Verwaltung für Arbeit des Vereinigten Wirtschaftsgebiets an das Arbeitsministerium v. 10.8.1949 betr. 2. Gesetz zur Änderung des Gesetzes zur Aufhebung des Lohnstopps, in: BWHStA, EA 8/001, Nr. 976; Schreiben des Bevollmächtigten des Landes Württemberg-Baden bei der Bundesregierung an das Staatsministerium, Abt. Bundesangelegenheiten v. 20.12.1949 betr. 3. Gesetz zur Änderung des Gesetzes zur Aufhebung des Lohnstopps, in: BWHStA, EA 8/001, Nr. 977; BGBl. S. 352.

[928] Vgl. Herschel, S. 122.

[929] Vgl. Dreschers, Martin, Die Entwicklung des Rechts des Tarifvertrags in Deutschland. Eine rechtshistorische Untersuchung über den Verlauf der Durchsetzung des Kollektivver-

Mit Bekanntwerden der Zuständigkeitsverlagerung in arbeitsrechtlichen Fragen auf den Wirtschaftsrat setzte eine "Dreierkommission", bestehend aus einem Vertreter der britischen und zwei der amerikanischen Zone, die Arbeit an einem Tarifvertragsgesetz fort.[930]

Der Entwurf der Kommission sah einen weiten normativen Regelungsbereich vor.[931] Neben den Arbeitsbedingungen umfaßte dieser auch Abschluß- und Beendigungsnormen sowie Regelungen zu betrieblichen Fragen. Der Eintragung der Tarifverträge in das Tarifregister sollte konstitutive Wirkung zukommen. Ferner sollte danach das Initiativrecht für eine Allgemeinverbindlichkeitserklärung ausschließlich den Tarifparteien vorbehalten bleiben.

Dieser sogenannte Stuttgarter Entwurf gelangte unter dem Eindruck eines gewerkschaftlichen Gegenentwurfs allerdings erst in wesentlich abgeänderter Form in die parlamentarische Beratung.

Der Entwurf des Gewerkschaftsrats der Vereinigten Zonen lehnte eine Regelung der Friedens- und Durchführungspflicht unter Hinweis auf den sich aus § 242 BGB ohnehin ergebenden Grundsatz der Vertragstreue ab, ebenso die Definition des Tarifvertrags sowie die Regelung der Tariffähigkeit von Spitzenverbänden.[932] Weiterhin wandten sich die Gewerkschaften gegen eine konstitutive Wirkung der Tarifregistereintragung.[933] Als grundlegende Motivation für einen eigenen Entwurf nannte der Gewerkschaftsrat die Notwendigkeit, vor dem Hintergrund der neuen Marktwirtschaft, der Währungsreform und der in Kürze zu erwartenden Aufhebung des Lohnstopps eine adäquate Regelung des Tarifrechts als Ordnungsinstrument so schnell wie möglich zu schaffen.[934]

Der Entwurf der Gewerkschaften wurde von der SPD-Fraktion des Wirtschaftsrats als eigener Gesetzesinitiativantrag in das Plenum eingebracht, so daß sich in den beginnenden parlamentarischen Beratungen zu einem Tarifvertragsgesetz schließlich zwei Entwürfe - der amtliche und der SPD-Entwurf - gegenüberstanden.

---

tragsgedankens, Frankfurt a. M. 1994, S. 94-105; Herschel, Wilhelm, Materialien zur Entstehung des Tarifvertragsgesetzes vom 9.4.1949, in: ZfA 1973, S. 129-181.

930 Zum Übergang der Zuständigkeit vgl. die Anordnung Nr. 1 der amerikanischen und britischen Militärregierung, erlassen aufgrund des Art. III (5) der Proklamation Nr. 7 über die Verwaltung des Vereinigten Wirtschaftsgebiets sowie das Gesetz des Wirtschaftsrats über die Errichtung einer Verwaltung für Arbeit des Vereinigten Wirtschaftsgebiets vom 8.9.1948, in: GVBl. 1948, Nr. 18 S. 90. Dieser Kommission gehörte zum einen Professor Dr. Wilhelm Herschel aus Lemgo, Regierungsrat Fitting vom bayerischen Arbeitsministerium und Ministerialrat Goldschmidt von der Länderratsverwaltung an. Vgl. Dreschers, S. 107.

931 Vgl. Entwurf eines Tarifvertragsgesetzes v. 15.4.1948, abgedruckt bei Nautz, S. 195-197.

932 Vgl. Entwurf eines Tarifvertragsgesetzes des Gewerkschaftsrates der Vereingten Zonen v. 7.9.1948, abgedruckt in: ZfA 1973, S. 129-181, hier S. 144.

933 Zur Begründung des Gewerkschaftsentwurfs vgl. im einzelnen ZfA 1973, S. 145-149.

934 Vgl. Nautz, S. 55.

Wesentliche Unterschiede gab es allerdings nur noch bei der Frage einer Definition des Tarifvertrags, des Fortdauerns der Tarifgebundenheit bei wesentlichen Änderungen des Tarifvertrags und der Notwendigkeit einer Regelung der Tarifkonkurrenz.[935]

Die weitere Ausarbeitung eines Gesetzesentwurfs erfolgte durch den Ausschuß für Arbeit beim Wirtschaftsrat. Nach einigen Änderungen einigten sich die Mitglieder des Wirtschaftsrats schließlich am 9. und 10. November 1948 in zweiter und dritter Lesung auf den Tarifvertragsentwurf in der vom Ausschuß für Arbeit vorgelegten Form.[936] Der Entwurf beinhaltete die Tariffähigkeit von Spitzenverbänden, nicht aber eine Definition des Tarifvertrags. Die Allgemeinverbindlichkeitserklärung konnte durch den Direktor für Arbeit bei "überwiegender Bedeutung des Tarifvertrags in seinem jeweiligen Geltungsbereich" sowie bei "Notwendigkeit für die soziale Ordnung" erfolgen.[937]

An diesen unbestimmten Rechtsbegriffen entzündete sich die Kritik der Militärregierungen.[938] In den USA wie auch in England war das Instrument der Allgemeinverbindlichkeitserklärung unbekannt und wurde daher als undemokratischer und unzulässiger Eingriff in den Wettbewerb gesehen. Der Wirtschaftsrat verzichtete schließlich auf die Möglichkeit einer Allgemeinverbindlichkeitserklärung aus Gründen der sozialen Ordnung. Ferner wurde der Begriff der "überwiegenden Bedeutung" dahingehend konkretisiert, daß diese nur dann anzunehmen sei, wenn die tarifgebundenen Arbeitgeber nicht weniger als 50% der unter den Geltungsbereich des Tarifs fallenden Arbeitnehmer beschäftigten.[939]

Der Länderrat gab seine Zustimmung zu der geänderten Fassung des Tarifvertragsgesetzes am 31. März 1949, die Genehmigung seitens der Militärregierungen erfolgte am 5. April 1949.[940] Das Gesetz wurde unter dem 9. April 1949 im Gesetzblatt des Vereinigten Wirtschaftsgebiets verkündet und trat zu diesem Zeitpunkt, also noch vor dem Grundgesetz, in Kraft.[941] Gemäß Artikel 74 Nr. 12 und Artikel 125 des Grundgesetzes galt das Gesetz als Bundesrecht zunächst nur in den Ländern der britischen und amerikanischen Besatzungszone. Von der Möglichkeit, das Gesetz über Artikel 127 GG durch die Bundesregierung und mit Zustimmung der jeweiligen Landesregierung innerhalb eines Jahres nach

---

935 Vgl. Dreschers, S. 110.

936 Vgl. Nautz, S. 129.

937 Den Ländern wurde generell ein Mitwirkungsrecht bei der Entscheidung zugestanden. Weiterhin konnte die Erklärungsbefugnis durch den Direktor für Arbeit auf die Arbeitsminister der Länder delegiert werden. Vgl. Nautz, S. 123; Dreschers, S. 111.

938 Vgl. Dreschers, S. 113.

939 Vgl. Hueck, Nipperdey, S. 222, Fn. 21.

940 Vgl. Dreschers, S. 113.

941 Vgl. Tarifvertragsgesetz v. 9.4.1949, in: Gesetzblatt der Verwaltung des Vereinigten Wirtschaftsgebietes 1949, S. 55ff.

Verkündung des Grundgesetzes auch in Baden, Württemberg-Hohenzollern, Rheinland-Pfalz und Berlin in Kraft zu setzen, wurde kein Gebrauch gemacht.[942]
Über die Regelung der Grundsätze des materiellen Tarifrechts hinaus gab es Mitte des Jahres 1949 seitens der SPD-Fraktion im Wirtschaftsrat Initiativen für ein Gesetz über die Grundsätze der Lohnregelung.[943] Damit sollte der in Artikel 3 Abs. 2 des Grundgesetzes festgelegte Gleichheitsgrundsatz zwischen Männern und Frauen auch im Bereich der Entlohnung durchgesetzt werden.[944] Im Hinblick auf den überdurchschnittlich hohen Anteil weiblicher Beschäftigter, insbesondere auch Facharbeiter, in der Textilindustrie und die bestehenden Differenzierungen bei der Entlohnung hätte dieses Gesetz wesentliche Folgen für das Lohnsystem in diesem Industriezweig gehabt.

Die Verwaltung für Arbeit vertrat demgegenüber den Standpunkt, daß auch in dieser Frage eine Regelung den Sozialpartnern überlassen bleiben sollte. Die Vertreter des Gewerkschaftsrats befürworteten im Hinblick auf die Dringlichkeit des Problems eine rechtliche Lösung. Das Gesetz sei eine Ausführungsbestimmung zu Artikel 3 GG und weise einen Weg, durch den eine Erschütterung des Lohnsystems, das nach dem Grundgesetz umgestaltet werden müsse, vermieden werde.[945] Demnach wollten die Gewerkschaftsvertreter Tarifverträge durch ein zusätzliches Gesetz dem Gebot der Gleichbehandlung von Mann und Frau unterwerfen.[946]

Die Arbeitgebervertreter lehnten dagegen eine solche Lösung unter Hinweis auf die dadurch entstehenden Kosten ab.[947] Durch eine entsprechende Bestimmung sei eine Schwächung der Marktposition beim Export gegenüber Frankreich, der Schweiz und Großbritannien zu befürchten, da hier die Frauenlöhne erheblich unter denen der Männer lägen. Die Regelung sollte vielmehr den jeweiligen Sozialpartnern überlassen bleiben.

Seitens der CDU wurde gegen eine solches Gesetz eingewendet, daß dieses möglicherweise in der französischen Zone nicht zur Anwendung käme, so daß

---

[942] Vgl. Nautz, S. 138.

[943] Vgl. Auszug aus dem Kurzbericht über die Sitzung des Auschusses für Arbeit des Wirtschaftrats am 14.7.1949, in: BWHStA, EA 8/001, Nr. 980.

[944] Die SPD-Fraktion begründete ihren Vorstoß dahingehend, daß ohne ein entsprechendes Gesetz die Arbeitsgerichte die Frage zu prüfen hätten, ob Tarifverträge, die für die gleiche Leistung eine ungleiche Entlohnung wegen unterschiedlichen Geschlechts durch das Inkrafttreten des Art. 3 GG ungültig geworden seien. Vgl. Auszug aus dem Kurzbericht über die Sitzung des Auschusses für Arbeit des Wirtschaftrats am 14.7.1949, in: BWHStA, EA 8/001, Nr. 980.

[945] Vgl. Auszug aus dem Kurzbericht über die Sitzung des Auschusses für Arbeit des Wirtschaftrats am 14.7.1949, in: BWHStA, EA 8/001, Nr. 980.

[946] Das Bundesarbeitsgericht löste dieses Problem erst 1954 über die sogenannte Drittwirkung der Grundrechte. Grundlegend BAGE 1, 258. Vgl. auch Gamillschegg, S. 666-677.

[947] Vgl. Auszug aus dem Kurzbericht über die Sitzung des Auschusses für Arbeit des Wirtschaftrats am 14.7.1949, in: BWHStA, EA 8/001, Nr. 980.

die bizonale Wirtschaft auch auf dem Binnenmarkt nicht mehr konkurrenzfähig bliebe.[948]
Ungeachtet dieser Einwände verabschiedete der Wirtschaftsrat am 20. Juli 1949 mit großer Mehrheit das "Gesetz über die Grundsätze der Lohnregelung".[949] Gemäß § 1 Abs. 1 des Gesetzes blieb die Regelung von Löhnen und Gehältern grundsätzlich der freien Vereinbarung der Tarifparteien unter Beachtung des Tarifvertragsgesetzes vorbehalten. Allerdings beinhaltete § 1 Abs. 2 eine Einschränkung der Gestaltungsfreiheit dahingehend, daß geringere Löhne lediglich aufgrund des Geschlechts oder des Alters in Tarifverträgen nicht vereinbart werden dürften. Hierdurch sei jedoch die Gewährung von Sozialzulagen sowie eine angemessene Berücksichtigung von Berufs- und Arbeitserfahrung nicht ausgeschlossen. Bei Verstoß gegen diesen Grundsatz normierte das Gesetz im weiteren ein Überprüfungsverfahren sowie die Möglichkeit zur Kündigung der fraglichen Bestimmungen in dem Tarifvertrag (§§ 2-4 des Gesetzes über die Grundsätze der Lohnregelung).
Im Hinblick auf die "schwerwiegenden finanziellen und wirtschaftspolitischen Folgen" der Bestimmungen legte der Länderrat am 3. August 1949 sein Veto gegen das "Gesetz über die Grundsätze der Lohnregelung" ein.[950] Aufgrund der Belastung mit schätzungsweise DM 750 Mio. sei dadurch eine ernste Behinderung der Exportmöglichkeiten zu befürchten. Ferner gehe es nicht an, eine solche Materie nur für das Vereinigte Wirtschaftsgebiet unter Ausschluß der französischen Zone zu regeln. Die Gesetzgebung über diese Materie solle daher den künftigen Bundesinstanzen vorbehalten bleiben.
Der Länderrat schloß sich demnach in seiner Argumentation den von der Arbeitgeberseite vorgebrachten Bedenken gegen das Gesetz an.
Damit endeten die Bemühungen um eine Verwirklichung des Grundsatzes der Gleichberechtigung von Mann und Frau nach Artikel 3 Abs. 2 GG auf dem Gebiet des Tarifrechts ohne konkretes Ergebnis. Die Zuständigkeit zur Durchsetzung dieses Grundrechts auch auf lohnpolitischen Gebiet blieb damit ausschließlich bei den Sozialpartnern.
SPD und Gewerkschaftsrat hatten mit diesem Gesetzesvorhaben versucht, die lohnmäßige Gleichstellung von Frauenarbeit gesetzlich abzusichern. Dies mußte im Hinblick auf die damit verbundenen Kosten auf den Widerstand der Unternehmer stoßen. Gleichzeitig verstanden es diese, mit dem Hinweis auf eine mögliche Gefährdung der deutschen Exportkraft durch ein solches Gesetz die Mehrheit im Länderrat auf ihre Seite zu ziehen.

---

[948] Vgl. Auszug aus dem Kurzbericht über die Sitzung des Ausschusses für Arbeit des Wirtschaftrats am 14.7.1949, in: BWHStA, EA 8/001, Nr. 980.
[949] Vgl. Gesetz über die Grundsätze der Lohnregelung, in: BWHStA, EA 8/001, Nr. 980.
[950] Vgl. Schreiben der Vertretung des Landes Württemberg-Baden bei der Verwaltung des Vereinigten Wirtschaftsgebiets an das Staatsministerium v. 4.8.1949 betr. Veto des Länderrats gegen das Gesetz über die Grundsätze der Lohnregelung, in: BWHStA, EA 8/001, Nr. 980.

Die Wirkung des Artikel 3 Abs. 2 GG auf die tarifvertragliche Normsetzung wurde schließlich in einer Entscheidung des Bundesarbeitsgerichts 1954 positiv bestätigt.[951]

2.2. Baden

Zwar hielt die französische Militärregierung auch nach der Währungsreform an den meisten Preisstoppvorschriften fest, vor dem Hintergrund der wirtschaftlichen Liberalisierung im Vereinigten Wirtschaftsgebiet und der Freigabe der Löhne und Gehälter am 3. November 1948 wurde jedoch auch in Baden die Forderung nach Aufhebung des Lohnstopps immer lauter.[952]
Bereits am 23. November 1948 beschloß auch der Landtag von Baden das "Gesetz zur Aufhebung des Lohnstopps".[953] Neben der Beseitigung der entsprechenden Stoppvorschriften in der Kriegswirtschaftsverordnung verfügte das Gesetz in § 2 ebenfalls einen Lohnstopp "nach unten" dahingehend, daß die am 8. Mai 1945 gezahlten Löhne als Mindestlöhne galten und die Herabsetzung einer Genehmigung durch das Ministerium für Wirtschaft und Arbeit bedurfte. Gemäß § 3 Abs. 1 erlangten die Tarifverträge erst mit der Eintragung in das Tarifregister Rechtswirksamkeit. Die Eintragung konnte vom Ministerium für Wirtschaft und Arbeit jedoch nur abgelehnt werden, wenn der Vertrag gegen ein gesetzliches Verbot verstieß oder wichtige Interessen des Gemeinwohls auf dem Gebiet der Lohn- und Preispolitik gefährdete (§ 3 Abs. 2).[954] Eine Allgemeinverbindlichkeitserklärung war in den rechtlichen Bestimmungen nicht vorgesehen. Die Möglichkeit zur Ausdehnung der Gültigkeit einer vorerst nur für beide Tarifparteien geltende Vereinbarung auf die Allgemeinheit, also das ganze betreffende Gewerbe oder den ganzen Industriezweig, war lediglich nach Artikel 38 der Badischen Verfassung durch die Landesregierung möglich.[955] Dagegen fehlte es an der Ermächtigung zur Verbindlichkeitserklärung im Sinne eines Schiedsspruchs für beide Tarifparteien.[956]

---

[951] Vgl. BAGE 1, 258.
[952] Vgl. dazu Protokolle über die Sitzungen der Beratenden Lohnkommission am 26.1.1948 und 16.7.1948, in: StA Freiburg, C 38/1, Nr. 948/2.
[953] Vgl. Gesetz zur Aufhebung des Lohnstopps, in: Mitteilungen der Direktion Arbeit im Badischen Ministerium der Wirtschaft und Arbeit, 3. Jg. (1949), Nr. 1 v. Januar 1949, S. 5.
[954] Das Verfahren der Eintragung regelte die Landesverordnung über die Registrierung von Tarifverträgen (Tarifregister-Verordnung) vom 20.1.1949, in: Badisches Gesetz- und Verordnungsblatt, S. 72.
[955] Vgl. Schultes, Karl, Die süddeutschen Länderverfassungen, Berlin 1948, S. 179.
[956] Vgl. dazu auch Protokoll der 11. Gewerkschaftsvertreter-Konferenz beim Badischen Ministerium für Wirtschaft und Arbeit, Direktion Arbeit am 9.8.1948, in: StA Freiburg, C 38/1, Nr. 555/1.

Das Gesetz wurde unter dem 8. Dezember 1948 im Badischen Gesetz- und Verordnungsblatt verkündet und trat damit in Kraft.[957]
Im Gegensatz zu Württemberg-Baden hatte sich der Badische Landtag mit der konstitutiven Wirkung der Tarifregistereintragung für ein gebundenes Tarifvertragsrecht entschieden. Grund hierfür war die Auffassung, daß die wirtschaftspolitischen und sozialpolitischen Probleme der Zeit nicht mehr allein auf der Grundlage der freien Gestaltung durch die unmittelbar Beteiligten gelöst werden konnten.[958] Der badische Staat erhielt mit dieser Eintragung der Vereinbarungen die begrenzte Möglichkeit zu einer aktiven Lohnpolitik.[959] Damit sollte verhindert werden, daß Arbeitgeber ohne weiteres auf Lohnforderungen der Arbeitnehmer eingingen, weil sie die Mehrkosten auf die Preise und damit zu Lasten des Verbrauchers abwälzen konnten.[960] Allerdings blieb die Einflußmöglichkeit materiell ausschließlich negativ auf die Ablehnung der Eintragung beschränkt.[961]
Insgesamt stellte die konstitutiv wirkende Eintragung in das Tarifregister eine Beschränkung der Tarifautonomie dar, die nicht der Tradition des deutschen Tarifrechts entsprach.[962]
Der Badische Landtag hielt an dieser Einschränkung jedoch auch im Rahmen der Vorarbeiten zu einem Badischen Tarifvertragsgesetz fest.[963] Der Entwurf zu einem solchen Gesetz beinhaltete ebenfalls eine konstitutiv wirkende Eintragung der Vereinbarungen zwischen den Sozialpartnern in das Tarifregister.[964] Zu einer Verabschiedung kam es jedoch nicht mehr.[965]

---

[957] Vgl. Landesgesetz über die Aufhebung des Lohnstopps, in: Badisches Gesetz- und Verordnungsblatt Nr. 42 v. 15.12.1948, S. 215-216.
[958] Vgl. Hessel, Philipp, Gebundenes Tarifrecht, in: RdA, 2. Jg. (1949), H. 2, S. 43-44.
[959] Zur Notwendigkeit einer aktiven Lohnpolitik Preller, Ludwig, Die Aufgaben des Direktors für Arbeit, in: RdA 1. Jg. (1948), H. 2, S. 41.
[960] Vgl. Hessel, Gebundenes Tarifrecht, S. 44.
[961] In der badischen Textilindustrie wurde von dieser Möglichkeit allerdings nach Lage der Akten kein Gebrauch gemacht.
[962] Vgl. Hueck, Nipperdey, S. 225, Fn. 29.
[963] Vgl. ebd.
[964] Vgl. Hueck, Nipperdey, S. 225, Fn. 29.
[965] Durch das Bundesgesetz über die Erstreckung des Tarifvertragsgesetzes vom 23.4.1953 wurden das Tarifvertragsgesetz vom 9.4.1949, das Gesetz zur Änderung des Tarifvertragsgesetzes vom 11.1.1952 (BGBl. I S. 19) und die Verordnung zur Durchführung des Tarifvertragsgesetzes vom 7.6.1949 (WiGBl. 1949, S. 89) auf das Land Baden-Württemberg, soweit es die früheren Länder Baden und Württemberg-Hohenzollern umfaßte, das Land Rheinland-Pfalz sowie den bayerischen Kreis Lindau erstreckt. Vgl. Hueck, Nipperdey, S. 225-228.

2.3. Württemberg-Hohenzollern

In Württemberg-Hohenzollern erhielt die Landesregierung im Oktober 1948 die Ermächtigung seitens der französischen Militärregierung, in Fragen der Löhne und Gehälter diejenigen Entscheidungen zu treffen, die sie für notwendig erachtete.[966]
Die Umsetzung dieser Freiheit in Form eines Gesetzes erfolgte jedoch nicht unmittelbar danach. Ein den Gesetzen in Württemberg-Baden und Baden entsprechendes "Gesetz über die Aufhebung des Lohnstopps" wurde erst am 25. Februar 1949 verkündet.[967] Die Bestimmungen stimmten inhaltlich mit dem "Badischen Landesgesetz über die Aufhebung der Lohnstopps" überein.[968]
Gemäß § 1 traten mit dem Gesetz die Zweiten Durchführungsbestimmungen zum Abschnitt III der Kriegswirtschaftsverordnung vom 12. Oktober 1939 sowie die dazu ergangenen Ausführungsbestimmungen, und die Bestimmungen in den sogenannten Tarifordnungen oder Anordnungen aufgrund der "Verordnung über die Lohngestaltung" vom 25. Juni 1938 oder des § 18 KWVO vom 4. September 1939 außer Kraft, soweit diese Löhne und Gehälter oder sonstige geldwerte Leistungen nach oben begrenzten. Den Lohnstopp "nach unten" für Einzelarbeitsverträge und Betriebsvereinbarungen regelte § 2 des Gesetzes. Verschlechterungen der Lohn- und Arbeitsbedingungen aufgrund kollektiver Vereinbarungen waren in Württemberg-Hohenzollern ebenfalls von dieser Stoppvorschrift ausgenommen (§ 2 Abs. 2).
Wie in Baden hatte sich auch der Landtag Württemberg-Hohenzollerns für ein gebundenes Tarifrecht entschieden. Gemäß § 3 Abs. 1 erlangten die Tarifverträge erst mit Eintragung in das Tarifregister durch das Arbeitsministerium Rechtswirksamkeit. Die Eintragung konnte nur bei einem Verstoß gegen ein gesetzliches Verbot oder bei Mißachtung wichtiger Interessen des Gemeinwohls verweigert werden. Im Gegensatz zum "Badischen Landesgesetz über die Aufhebung des Lohnstopps" waren die "Interessen des Gemeinwohls" jedoch nicht auf das Gebiet der Lohn- und Preispolitik beschränkt. Die staatlichen Eingriffsmöglichkeiten waren demnach in Württemberg-Hohenzollern, zumindest nach dem Wortlaut des Gesetzes, wesentlich weiter gefaßt. Allerdings konnte auch hier das Arbeitsministerium die Eintragung lediglich ablehnen. Die Möglichkeit zur positiven Rechtsetzung durch den Staat über die Allgemeinverbindlichkeitserklärung bestand nach dem Gesetz über die Aufhebung des Lohnstopps nicht.

---

[966] Vgl. Schreiben der Militärregierung an den Staatspräsidenten von Württemberg-Hohenzollern v. 18.10.1948 betr. Übertragung der Machtbefugnisse bezüglich der Löhne an die Länderregierungen, in: StA Sigmaringen, Wü 140/2, Nr. 519.
[967] Vgl. Gesetz über die Aufhebung des Lohnstopps v. 25.2.1949, in: Regierungsblatt für das Land Württemberg-Hohenzollern 1949, S. 80.
[968] Die zwei Gesetze unterschieden sich lediglich in den Formulierungen.

Hinsichtlich der weiteren Ausgestaltung des materiellen Tarifrechts blieb es auch in Württemberg-Hohenzollern lediglich beim Entwurf zu einem Tarifvertragsgesetz. Dieser wurde jedoch wie der badische nicht mehr umgesetzt.[969]

2.4. Zusammenfassung

Die nationalsozialistischen Lohnstoppbestimmungen wurden in Württemberg-Baden und Baden bereits zum Ende des Jahres 1948 aufgehoben, in Württemberg-Hohenzollern erst Anfang 1949.
Zu diesem Zeitpunkt hatte die wirtschaftliche Entwicklung, insbesondere der Preisanstieg in der zweiten Hälfte des Jahres 1948 eine Anpassung der Löhne an die geänderten Verhältnisse unumgänglich gemacht. Die Landesregierungen entschieden sich zu diesem Zeitpunkt für die Aufhebung der staatlichen Regulierungen im Bereich des Tarifrechts. Die Rückkehr zur Marktwirtschaft sollte sich demnach auch auf dem Arbeitsmarkt vollziehen. Soziale Härten wurden in allen Aufhebungsgesetzen lediglich für eine Übergangszeit und nur für Einzelarbeitsverträge durch einen Lohnstopp "nach unten" unterbunden. Dagegen bestand auf der Ebene der tarifrechtlichen Interessenvertretungen keine Einschränkung mehr. Der Inhalt der Tarifverträge stand somit zur freien Disposition der beteiligten Parteien.
Im Gegensatz zu Württemberg-Baden hatten die Gesetzgeber Badens und Württemberg-Hohenzollerns dem Arbeitsministerium ein eingeschränktes Prüfungsrecht für die einzutragenden Kollektivvereinbarungen zugebilligt.
Weitere Regelungen zum Inhalt von Tarifverträgen traf in der Bizone erst das Tarifvertragsgesetz vom 9. April 1949. In den Ländern der französischen Zone fehlte es dagegen an einer entsprechenden Ausgestaltung.
Rechtlich markierten die Gesetze zur Aufhebung des Lohnstopps die volle, faktisch jedoch bereits eingeleitete, Wiederherstellung der Tarifautonomie.

3. Die Lohnbewegungen nach Aufhebung des Lohnstopps

Die Währungsreform und die darauf folgende wirtschaftliche Entwicklung stellte die Tarifparteien in der südwestdeutschen Textilindustrie vor eine schwierige Aufgabe.

---

[969] Mit dem Bundesgesetz über die Erstreckung des Tarifvertragsgesetzes vom 23.4.1953 wurde das Tarifvertragsgesetz vom 9.4.1949, das Gesetz zur Änderung des Tarifvertragsgesetzes vom 11.1.1952 (BGBl. I S. 19) und die Verordnung zur Durchführung des Tarifvertragsgesetzes vom 7.6.1949 (WiGBl. 1949, S. 89) auch für das Gebiet des früheren Landes Württemberg-Hohenzollern sowie den Kreis Lindau verbindliches Recht. Vgl. Hueck, Nipperdey, S. 225ff.

Auf Seiten der Gewerkschaften führten die fortgesetzten Preissteigerungen für Nahrungsmittel und Konsumgüter verstärkt zu der Forderung nach einer entsprechenden Anpassung der Löhne und Gehälter an die erhöhten Lebenshaltungskosten.
Wirtschaftspolitisch stand einer allgemeinen Erhöhung der Arbeitsentgelte und dadurch auch der Geldmenge in der Bevölkerung die Gefahr einer erneuten Inflation entgegen.
Damit geriet die Tarifpolitik nach der Währungsreform in den Zielkonflikt zwischen der kurzfristigen Notwendigkeit höherer Löhne und der langfristig drohenden Gefahr einer Destabilisierung der neuen Wirtschaftsordnung. Der Staat entzog sich in allen drei Ländern einer Lösung dieses Problems durch die Aufhebung des Lohnstopps.

3.1. Württemberg-Baden

Nachdem für die Arbeiter der Textilindustrie Württemberg-Badens noch vor der Währungsreform ein neuer Tarifvertrag abgeschlossen worden war, verhielten sich die Tarifparteien nach der Währungsreform erst einmal abwartend.
Angesichts des sinkenden Realeinkommens der Arbeiterschaft forderten die Gewerkschaften zunächst vom Staat sowie den Unternehmern eine Anpassung der überhöhten Preise.[970] Gleichzeitig wurden die Mitglieder aufgerufen, Fälle von Preiswucher durch Boykott zu bekämpfen.[971] Mit zunehmender Verschärfung der Situation wurde jedoch die Forderung nach Lohnerhöhungen in der gesamten Wirtschaft immer lauter.[972] Die Konsequenz aus den weiteren Preiserhöhungen könne nur der entschlossene Kampf für Lohnerhöhungen sein, "damit die Erhöhung der Lebenshaltungskosten auf die abgewälzt wird, die offenbar am ehesten zusätzliche Belastungen tragen können und in deren Geschmack, Interesse und Verantwortung die augenblickliche Wirtschaftspolitik gemacht wird."[973] Gegen das "Gespenst der Inflation" wurde von Gewerkschaftsseite vorgebracht, daß aufgrund der bewußten Verknappung der Geldmittel auch eine Erhöhung der Löhne und Gehälter nicht zu einem Verfall der neuen Währung führen würde.[974] Insgesamt verschärfte sich mit zuneh-

---

970 Vgl. "Bemerkungen zur Preisentwicklung", in: Gewerkschafts-Zeitung, 3. Jg. (1948), Nr. 19 v. 11.9.1948, S. 253f.

971 Vgl. "Gewerkschaftliche Forderungen zur Lage", in: Gewerkschafts-Zeitung, 3. Jg. (1948), Nr. 23 v. 9.10.1948, S. 300f.

972 Vgl. "Erhöhung der Lebensmittelpreise", in: Gewerkschafts-Zeitung, 3. Jg. (1948), Nr. 24 v. 16.10.1948, S. 321.

973 Vgl. "ebd.

974 Vgl. "Her mit Lohnerhöhungen", in: Gewerkschafts-Zeitung, 3. Jg. (1948), Nr. 26 v. 30.10.1948, S. 339f.

menden Auseinanderklaffen der Lohn-Preis-Schere auch die Tonart, in der die gewerkschaftlichen Forderungen vorgebracht wurden.[975]
Die Unternehmerseite reagierte auf die gewerkschaftliche Forderung nach Lohnerhöhungen unterschiedlich. Während sich ein Teil gegen die Anhebung der Arbeitsentgelte aussprach, vertrat der Lohnpolitische Ausschuß der Arbeitgeberverbände der Bizone Anfang Oktober 1948 die Auffassung, daß durch höhere Löhne nicht nur die Arbeitsproduktivität sondern auch die Kaufkraft der Arbeitnehmer gesteigert werden könne, insofern den Betrieben also doppelt zugute komme.[976]
In Württemberg-Baden begann auf Seiten der Gewerkschaft Textil-Bekleidung bereits im September 1948 die Debatte um eine Erhöhung der Löhne für die Arbeitnehmer.[977] Karl Pöhlmann vertrat die Auffassung, daß es durch die Preisgestaltung nicht mehr möglich sei, mit den Tariflöhnen auszukommen. Die Vorstandsmitglieder wollten jedoch an dem bestehenden Tarifvertrag festhalten. Vielmehr sollten die Gewerkschaftsbünde auf eine entsprechende Reduzierung der Preise hinwirken.
Die darin zum Ausdruck kommende Zurückhaltung ist kennzeichnend für die gewerkschaftliche Tarifpolitik in dieser Phase insgesamt.[978]
An dieser Grundeinstellung hielt der Vorstand der Gewerkschaft Textil-Bekleidung auch auf der nächsten Sitzung am 16. Oktober 1948 weiterhin fest.[979] Allerdings wurde auf Vorschlag des ersten Vorsitzenden Pöhlmann einstimmig beschlossen, von den Arbeitgebern einen Ausgleich für die Preissteigerungen ohne Kündigung des Tarifvertrags zu fordern.
Ein entsprechendes Schreiben ging bereits drei Tage später an den Landesverband der Textilindustrie Württemberg-Baden e.V.[980]
In dem daraufhin stattfindenden Gespräch zwischen Karl Pöhlmann und Vertretern des Fachverbands am 1. November 1948 erklärten sich die Unternehmer

---

975 Diese Entwicklung wird schon anhand der Überschriften in der Gewerkschafts-Zeitung deutlich. Während im September lediglich "Bemerkungen zur Preisentwicklung" gemacht wurden, titelt der Beitrag Ende Oktober bereits mit "Her mit Lohnerhöhungen".

976 Vgl. eine entsprechende Aussage in "Her mit Lohnerhöhungen", in: Gewerkschafts-Zeitung, 3. Jg. (1948), Nr. 26 v. 30.10.1948, S. 339f. Der Autor beruft sich bei der Wiedergabe des unternehmerischen Standpunkts auf Zeitungsmeldungen.

977 Protokoll über die Vorstandssitzung am 11.9.1948, in: Archiv LTA, Bestand GTB, Ordner 1, 2. Tarifbewegung Württemberg-Baden 1948.

978 Vgl. Memorandum des Gewerkschaftsrates der Vereinten Zonen, Frankfurt a. M., zur Lohn- und Preisentwicklung v. 11.8.1948, in: Quellen zur Geschichte der deutschen Gewerkschaftsbewegung, Bd. 7, Dok. 192, S. 582-587; Entschließung des Gewerkschaftsrates der Vereinten Zonen zur Preis- und Lohnpolitik, in: ebd, Dok. 197, S. 597-599.

979 Vgl. Protokoll über die Vorstandssitzung am 16.10.1948, in. Archiv LTA, Bestand GTB, Ordner 1, 2. Tarifbewegung Württemberg-Baden, 1948.

980 Vgl. Protokoll über die Lohnkommissionssitzung am 2.11.1948, in: Archiv LTA, Bestand GTB, Ordner 1, 2. Tarifbewegung Württemberg-Baden, 1948.

grundsätzlich bereit, eine einmalige Teuerungszulage zu gewähren.[981] Der Vorschlag der Arbeitgeberseite sah für Jugendliche unter 18 Jahren eine einmalige Zahlung in Höhe von DM 20,00, über 18 Jahren von DM 35,00 sowie für alle selbständigen Haushaltsvorstände einschließlich Frauen eine Zahlung in Höhe von DM 45,00 vor. Die Bewilligung der Zulage sollte lediglich als Empfehlung an die Mitglieder des Textilverbands gehen, ohne bindende Vereinbarung mit der Gewerkschaft. In der internen Beratung mit den Mitgliedern der gewerkschaftlichen Lohnkommission vertrat Pöhlmann in dieser Frage die Auffassung, daß im Hinblick auf die Disziplin der Verbandsmitglieder mit der Empfehlung die Zahlung gewährleistet sein dürfte. Dagegen sprachen sich die Kommissionsmitglieder für die Festlegung der Vereinbarung im Rahmen eines Vertrags aus, um so eine verbindliche Rechtsgrundlage zu schaffen. Aufgrund der höheren Abschlüsse in der Chemie- und Holzindustrie sollte zudem gegenüber dem Vorschlag der Arbeitgeberseite jeweils DM 5,00 mehr Teuerungszulage verlangt werden.[982] Die Forderung wurde dem Verband der Textilindustrie Württemberg-Baden noch am gleichen Tag telefonisch mitgeteilt.
Darüber hinaus einigten sich die Mitglieder der gewerkschaftlichen Lohnkommission aber auch darauf, daß der bestehende Lohntarifvertrag aufgrund der Unvereinbarkeit mit den allgemeinen Preissteigerungen zum 15. November mit Wirkung zum 1. Januar 1949 gekündigt werden solle.[983] Die Kündigung sollte jedoch nicht mit einer Forderung verbunden werden.[984] Die Gewerkschaft wollte zunächst die Reaktion der Unternehmerseite auf die Kündigung abwarten. Insgesamt wurden von gewerkschaftlicher Seite die Chancen für die Durchsetzung von Lohnerhöhungen im Hinblick auf die wirtschaftliche Lage und die unmittelbar drohende Stromsperre als eher schlecht eingeschätzt. Der Kündigung kam somit mehr eine Signalwirkung zu, als daß die Gewerkschaftsseite damit den Abschluß eines neuen Lohntarifvertrags mit höheren Sätzen bezweckte.
Die Unternehmer gingen nicht auf die gewerkschaftliche Forderung ein. Statt einer Vereinbarung mit der GTB blieb es bei der Empfehlung des Verbands an seine Mitglieder, ihren Belegschaften eine Teuerungszulage zu zahlen.

---

[981] Vgl. Protokoll über die Lohnkommissionssitzung am 2.11.1948, in: Archiv LTA, Bestand GTB, Ordner 1, 2. Tarifbewegung Württemberg-Baden, 1948.

[982] Ein anderer Vorschlag, der eine Teuerungszulage 0,10 bis 0,15 DM auf die jeweiligen Stundenlöhne vorsah, wurde zugunsten des oben genannten wieder verworfen. Vgl. ebd.

[983] Der Lohntarif vom 22.5.1948 sah eine sechswöchige Kündigungsfrist zum Quartalsende vor. Vgl. Lohnvereinbarung zwischen dem Landesverband der Textilindustrie, Sozialrechtlicher Ausschuß, und dem Württembergisch-badischen Gewerkschaftsbund, Industrieverband Textil und Bekleidung vom 22.5.1948, in: Archiv LTA, Bestand GTB, Ordner 1, 2. Tarifbewegung Württemberg-Baden, 1948.

[984] Vgl. Protokoll über die Vorstandssitzung vom 13.11.1948, in: Archiv LTA, Bestand GTB, Ordner 1, 2. Tarifbewegung Württemberg-Baden, 1948.

Für die kommenden Lohnverhandlungen nahm daraufhin der Vorstand der GTB insgesamt von dem System der Teuerungszulagen Abstand.[985]
Die Unternehmer hielten jedoch daran weiterhin fest.[986] In der Verhandlung mit der gewerkschaftlichen Lohnkommission am 20. Januar 1949 legte die Tarifkommission des Sozialrechtlichen Ausschusses des Landesverbands ein Angebot zur Erhöhung des Einkommens der Arbeitnehmer in der Textilindustrie in Form einer Überbrückungshilfe vor.[987] Verheiratete und Haushaltsvorstände sollten einmalig DM 64,00, Ledige und Haushaltspartner DM 48,00 und Jugendliche unter 18 Jahren DM 32,00 erhalten. Die Höhe der Überbrückungshilfe richtete sich somit nicht nach Art der ausgeübten Tätigkeit bzw. nach der jeweiligen Lohngruppe des einzelnen Arbeitnehmers, sondern nach dessen wirtschaftlicher Position in der Familie. Seitens der Gewerkschaft wurde der Vorschlag in einer Funktionärsversammlung am 29. Januar 1949 angenommen.[988] Die Mitglieder des Landesverbands der Textilindustrie stimmten dem Ergebnis schriftlich zu.[989]
Nach der Vereinbarung zwischen den Tarifparteien vom 1. Februar 1949 sollte die Zahlung der Überbrückungshilfe in Raten erfolgen, losgelöst von den üblichen Lohnzahlungen. Damit wurde der Ausnahmecharakter der Zahlungen zusätzlich unterstrichen. Die Überbrückungshilfe bedeutete keine Erhöhung der Tariflöhne.
Der bereits gekündigte Lohntarifvertrag vom 22. Mai 1948 wurde mit der Vereinbarung bis zum 30. April 1949 wieder in Kraft gesetzt. Danach konnte der Vertrag mit einer vierwöchigen Frist wieder gekündigt werden.
Die Vereinbarung vom 1. Februar 1949 war ein Produkt der wirtschaftlichen Lage in Württemberg-Baden. Die GTB ließ sich trotz entgegenstehendem Vorstandsbeschluß auf die Gewährung einer Teuerungszulage ein. Allerdings konnte sie vor dem Hintergrund des gekündigten Tarifvertrags zumindest eine verbindliche Vereinbarung über die Zahlung der Überbrückungshilfe erreichen.

---

[985] Vgl. Protokoll über die Vorstandssitzung am 11.12.1948, in. Archiv LTA, Bestand GTB, Ordner 1, 2. Tarifbewegung Württemberg-Baden, 1948.
[986] Inwieweit dies zum Scheitern einer ersten Verhandlungsrunde vor dem 20.1.1949 führte, ist aus den Unterlagen nicht ersichtlich. Vgl. Protokoll über die Sitzung des Verbandsvorstands am 8.1.1949, in: Archiv LTA, Bestand GTB, Ordner 1, 3. Tarifbewegung Württemberg-Baden, 1949.
[987] Vgl. Rundschreiben Nr. 89 des Landesverbands der Textilindustrie Württemberg-Baden, Sozialrechtlicher Ausschuß an alle Mitgliedsfirmen vom 1.2.1949 betr. Lohntarifverhandlungen, in: Archiv LTA, Bestand GTB, Ordner 1, 3. Tarifbewegung Württemberg-Baden, 1949.
[988] Vgl. Vereinbarung des Tarifkommission des Sozialrechtlichen Ausschusses des Landesverbands der Textilindustrie Württemberg-Baden und der Lohnkommission des Industrieverbands Textil und Bekleidung im Württembergischen Gewerkschaftsbund vom 1.2.1949, in: Archiv LTA, Bestand GTB, Ordner 1, 3. Tarifbewegung Württemberg-Baden, 1949.
[989] Vgl. ebd.

Die Lösung des Problems sinkender Realeinkommen über die Gewährung sogenannter Überbrückungshilfen oder Teuerungszulagen war zu diesem Zeitpunkt weit verbreitet.[990] Dahinter stand der Gedanke, durch einmalige Zahlungen zwar die Situation der Arbeitnehmer zu verbessern, gleichzeitig aber auch der Lohn-Preis-Spirale und damit der Gefahr einer erneuten Geldentwertung entgegenzuwirken.
Darin kam allerdings auch die Hoffnung zum Ausdruck, daß sich die wirtschaftliche Lage und damit auch das Preisniveau wieder normalisierten.
Diese Erwartungen wurden aber durch die weitere Entwicklung enttäuscht. Zwar verlangsamten sich die Preissteigerungen zu Beginn des Jahres 1949, ein Rückgang trat jedoch nicht ein. Dementsprechend kündigte der Verbandsvorstand der Gewerkschaft Textil und Bekleidung den Tarifvertrag bereits wieder zum 30. April 1949.[991]
Das Ergebnis der ersten Tarifbewegung nach Aufhebung des Lohnstopps war somit nicht von langer Dauer. Der neue Handlungsspielraum wurde seitens der Tarifparteien nicht ausgeschöpft. In den Verhandlungen tauchte das Thema nicht auf. Vielmehr war hier die wirtschaftliche Situation von Bedeutung. Insofern änderte sich durch die Aufhebung des Lohnstopps nichts an den tarifpolitischen Beziehungen zwischen Gewerkschaften und Arbeitgebern in der Textilindustrie Württemberg-Badens.

3.2. Baden

In Baden war die erste Tarifbewegung in der Textilindustrie erst nach der Währungsreform von der Militärregierung genehmigt worden.
Der Tarifvertrag umfaßte nur die vom Kontrollrat genehmigte Erhöhung für sogenannte Problemindustrien. Die darüber hinaus zugelassene allgemeine Lohnerhöhung von 15% war dagegen noch nicht von den Tarifparteien der badischen Textilindustrie umgesetzt worden.
In dieser Frage trafen sich am 10. August 1948 Vertreter der Spitzenorganisationen von Gewerkschaften und Arbeitgebern zu einer gemeinsamen

---

[990] Aus dem Protokoll über die Lohnkommissionssitzung am 2.11.1948 geht der Abschluß entsprechender Zulagen in der Chemie- und Holzindustrie hervor. Nach Angaben des Arbeitsministeriums Württemberg-Baden wurde im Zeitraum von Oktober bis Dezember 1948 in einer Reihe von Industriezweigen Teuerungszulagen vereinbart. Vgl. Schreiben des Arbeitsministeriums Württemberg-Baden an den Gewerkschaftsbund Württemberg-Baden v. 6.12.1948 betr. Vereinbarungen über die Gewährung von Teuerungszulagen, in: BWHStA, EA 8/001, Nr. 1098.

[991] Vgl. Schreiben des Industrieverbands Textil und Bekleidung, Verbandsvorstand an die Belegschaften der Textilindustrie v. 14.4.1949 betr. Neuregelung der Löhne, in: Archiv LTA, Bestand GTB, Ordner 1, 4. Tarifbewegung Württemberg-Baden, 1949.

Besprechung.[992] Der von der Militärregierung eingeräumte Spielraum wurde von beiden Seiten als unzureichend "für eine den wirtschaftlichen Bedürfnissen des Landes und den sozialen Belangen seiner arbeitenden Bevölkerung entsprechenden Regelung" angesehen.[993] Ebenso wurde die Ausgangsbasis der am 8. Mai 1945 gezahlten Löhne als zu starr kritisiert. Diese seien weitgehend durch kriegswirtschaftliche Überlegungen bestimmt gewesen. Die Bedürfnisse der Friedenswirtschaft erforderten jedoch eine Bevorzugung der für den Wiederaufbau des Landes wichtigen und bei den derzeitigen Lohnsätzen unter Nachwuchsmangel leidenden Industrien. Daher sei die Zulassung freier Verhandlungen zwischen den Gewerkschaften und den Vertretern der Unternehmer in den einzelnen Wirtschaftszweigen notwendig. Die Militärregierung hielt jedoch weiterhin an den Vorgaben des Alliierten Kontrollrats für eine allgemeine Lohnerhöhung fest.
Am 17. August 1948 endete eine erste Besprechung zwischen den Vertretern der Tarifparteien der badischen Textilindustrie über eine entsprechende Erhöhung der Löhne ohne Ergebnis.[994] Die Gewerkschaft forderte neben der sofortigen Umsetzung der durch die Militärregierung genehmigten Lohnerhöhung von weiteren 17,25% für die Textilindustrie auch die Beseitigung aller besonderen Frauenlohngruppen im Tarifvertrag sowie die Eingruppierung der Weber in Lohngruppe IV bzw. IVa und V des Lohngruppenkatalogs.[995] Die Unternehmer weigerten sich, über diese Forderungen Verhandlungen aufzunehmen.[996] Bereits vor der Genehmigung der ersten fünfzehnprozentigen Erhöhung hatten sie die Aufnahme neuer Verhandlungen über eine Erhöhung der Löhne um weitere 15% als unzweckmäßig erachtet. Als Begründung führten sie an, daß nach ihrer Ansicht nicht abschätzbar sei, ob den Unternehmen nach der Währungsreform noch das notwendige Geld für eine Erhöhung der Löhne um insgesamt 32,25% zur Verfügung stünde.[997] Nach dem 20. Juni 1948 hatte sich demnach an dieser

---

[992] Vgl. Schreiben des Vorstands des Badischen Gewerkschaftsbundes und der Industriellen Fachvereinigungen Südbadens an Monsieur le Commissaire de la République, Délégué Supérieur pour le Gouvernement Militaire du Pays de Bade v. 10.8.1948 betr. Lohnerhöhungen, in: Archiv LTA, Bestand GTB, Ordner 22, 2. Tarifbewegung Südbaden, 1948.
[993] Siehe ebd.
[994] Vgl. Schreiben der Landesvereinigung der Industriegewerkschaften Textil und Bekleidung an alle Kolleginnen und Kollegen, die an der Besprechung am 17.8.1948 in Schopfheim teilgenommen haben v. 18.8.1949, in: Archiv LTA, Bestand GTB, Ordner 22, 2. Tarifbewegung Südbaden, 1948.
[995] Der Prozentsatz von 17,25% ergab sich auf der Grundlage der bereits um 15% erhöhten Lohnsumme.
[996] Dies geht zumindest aus einem Schreiben der Industriegewerkschaft Textil und Bekleidung des Landkreises Lörrach an alle Betriebsräte der IG Textil und Bekleidung des Landkreises Lörrach v. 9.9.1948 hervor, in: Archiv LTA, Bestand GTB, Ordner 22, 2. Tarifbewegung Südbaden 1948.
[997] Vgl. Schreiben des Verbands der Badischen Textilindustrie e.V. an das Badische Ministerium für Wirtschaft und Arbeit v. 29.6.1948, in: StA Freiburg, C 38/1, Nr. 980/1.

Position nichts geändert. Vielmehr fanden die Vertreter des Textilverbands ihre Auffassung durch die wirtschaftliche Entwicklung in der zweiten Hälfte des Jahres 1948, insbesondere durch den Liquiditätsmangel bei den Betrieben, bestätigt. Fritz Eiche, der erste Vorsitzende der Landesvereinigung der Industriegewerkschaften Textil und Bekleidung, forderte angesichts dieser Haltung die Betriebs- und örtlichen Mitgliederversammlungen auf, durch Resolutionen an den Verband der Badischen Textilindustrie Druck auf die Unternehmerseite auszuüben.[998]

Eine erneute Verhandlung zwischen den Tarifparteien fand jedoch erst am 16. September 1948 statt.[999] Über die Frage der Eingruppierung der Weber konnte auch nach dreistündiger Diskussion keine Einigung getroffen werden.[1000] Auch über die Umsetzung der von der Militärregierung genehmigten allgemeinen Lohnerhöhung herrschte Dissens. Nach dem Gewerkschaftsvorschlag sollten von den genehmigten 17,25% die Löhne der Männer um durchschnittlich 13%, die der Frauen um 20% erhöht werden, so daß im Ergebnis die Einkommen gleichgestellt würden. Ein Vertreter der Unternehmer lehnte diese Forderung mit dem Hinweis ab, daß eine solche Lohnerhöhung weit über die in den übrigen Länder hinausgehe und untragbar sei. Bei Zugrundelegung des Verdienstes vom 8. Mai 1945 würde ein Vergleich mit den Löhnen vom August 1948 eine Steigerung um 27% ergeben. Die Unternehmer erklärten sich aber bereit, den bis zu einer Erhöhung auf insgesamt 32,25% verbleibenden Prozentsatz aufzurunden.[1001]

Mit Schreiben vom 20. September 1948 präzisierte der Geschäftsführer des Verbands der Badischen Textilindustrie, Theodor Toeche-Mittler, die in der Verhandlung mit der Gewerkschaft eingenommene Position der Unternehmer.[1002] Die tatsächlichen Einkommensverbesserungen der badischen Textil-

---

[998] Vgl. Schreiben der Landesvereinigung der Industriegewerkschaften Textil und Bekleidung an alle Kolleginnen und Kollegen, die an der Besprechung am 17.8.1948 in Schopfheim teilgenommen haben v. 18.8.1949, in: Archiv LTA, Bestand GTB, Ordner 22, 2. Tarifbewegung Südbaden, 1948. Diese Aufforderung wurde seitens der Kreis-Gewerkschaften an die Betriebsräte weitergeleitet. Vgl. Schreiben der Industriegewerkschaft Textil und Bekleidung des Landkreises Lörrach an alle Betriebsräte der IG Textil und Bekleidung des Landkreises Lörrach v. 9.9.1948 hervor, in: Archiv LTA, Bestand GTB, Ordner 22, 2. Tarifbewegung Südbaden, 1948.

[999] Vgl. Protokoll über die Sitzung am 16.9.1948, in: Archiv LTA, Bestand GTB, Ordner 22, 2. Tarifbewegung Südbaden, 1948.

[1000] Zu den Auswirkungen der unterschiedlichen Einstufungen vgl. im einzelnen die Aufstellung im Schreiben der Landesvereinigung der Industriegewerkschaften Textil und Bekleidung an die Gewerkschaftsfunktionäre der Textil- und Bekleidungsindustrie, an die Betriebsräte der Textilindustrie, an die Zonen- und Kreis-Tarifkommission v. 20.9.1948, in: Archiv LTA, Bestand GTB, Ordner 22, 2. Tarifbewegung Südbaden, 1948.

[1001] Der fehlende Prozentsatz betrug lediglich noch 4,14%.

[1002] Schreiben des Verbands der Badischen Textilindustrie e. V. in der französisch besetzten Zone an die Landesvereinigung der Industrie-Gewerkschaften Textil und Bekleidung

arbeiter von ungefähr 12% in der Zeit von Mai 1945 bis Februar 1948 seien bei der Durchführung der ersten Lohnbewegung zunächst nicht berücksichtigt worden, müßten jetzt aber einbezogen werden, um so die notwendige Relation der badischen Textilindustrie gegenüber den anderen Industriezweigen in Baden und gegenüber der Textilindustrie Württemberg-Badens zu wahren. Ansonsten läge das Lohnniveau in den badischen Textilbetrieben 10% über dem des Vereinigten Wirtschaftsgebiets. Aus diesem Grund sei auch eine Gleichstellung der Männer- und Frauenlöhne nicht möglich. Nach den Tarifverträgen für die Textilindustrie des Vereinigten Wirtschaftsgebiets betrage der Frauenlohn zwischen 70% und 80% des Männerlohns. Diese Vereinbarungen müßten jedoch auch für die weiteren Verhandlungen in der badischen Textilindustrie die Grundlage bilden, da eine Orientierung an der Konkurrenz unabdingbar sei. Abschließend signalisierte Theodor Toeche-Mittler die grundsätzliche Verhandlungsbereitschaft der Arbeitgeberschaft in diesen Fragen.

Auf dieser Grundlage trafen sich die Tarifparteien der badischen Textilindustrie am 1. Oktober 1948 zu erneuten Verhandlungen. Die Besprechung endete mit dem Abschluß eines neuen Lohntarifvertrags mit Wirkung ab dem 1. September 1948, vorbehaltlich der Genehmigung durch Militärregierung und Arbeitsministerium.[1003]

Die Gewerkschaft konnte ihre Forderung nach einkommensmäßiger Gleichstellung von Männern und Frauen nicht durchsetzen. Ebenso blieben die Erhöhungen zum Teil deutlich unter den geforderten Prozentsätzen von 13% für Männer und 20% für Frauen. Die Einkommensverbesserungen für Arbeiter lagen im Zeitlohn zwischen 5,75% und 12,5%, für Arbeiterinnen zwischen 6,02% und 13,33%. Die Grundlöhne der jugendlichen Arbeitnehmer wurden einheitlich um DM 0,07 angehoben.

---

v. 20.9.1948 betr. Allgemeine Lohnerhöhung, in: Archiv LTA, Bestand GTB, Ordner 22, 2. Tarifbewegung Südbaden, 1948.

[1003] Der 1. Oktober als Datum des Vertragsschlusses geht aus dem Schreiben des Verbands der Badischen Textilindustrie e.V. in der französisch besetzten Zone an alle Mitgliedsfirmen v. 5.10.1948 betr. Neuer Lohntarifvertrag für die Badische Textilindustrie - Unser Schreiben vom 1.10.1948, in: Archiv LTA, Bestand GTB, Ordner 22, 2. Tarifbewegung Südbaden, 1948 hervor. Der Lohntarifvertrag wurde in der offiziell gültigen Fassung erst am 15.10. bzw. 21.10.1948 von den Parteien unterzeichnet. Vgl. Lohntarifvertrag für die Badische Textilindustrie abgeschlossen zwischen dem Verband der Badischen Textilindustrie e.V. in der französisch besetzten Zone und der Landesvereinigung der Industrie-Gewerkschaften Textil und Bekleidung v. 15.10./21.10.1948, in: Archiv LTA, Bestand GTB, Ordner 22, 2. Tarifbewegung Südbaden, 1948. Der genaue Zeitpunkt der Genehmigung seitens Militärregierung und Arbeitsministerium ging nicht aus den Unterlagen hervor.

Darüber hinaus einigten sich die Tarifparteien in der Folgezeit auch auf einen Lohngruppen-Katalog für die Baumwollspinnerei sowie die Baumwoll- und Seidenweberei.[1004]
Im Ergebnis konnte die Gewerkschaft trotz der wirtschaftlichen Entwicklung in der unmittelbaren Folgezeit der Währungsreform noch deutliche Lohnerhöhungen für die Arbeiter der badischen Textilindustrie erreichen. Allerdings ist bei der Einschätzung dieser Tarifbewegung zu beachten, daß es sich dabei noch um die Umsetzung einer Weisung der Militärregierung handelte, der Handlungsspielraum der Parteien somit weitgehend vorgegeben war. Vor diesem Hintergrund ist auch das Einlenken der Arbeitgeberseite zu deuten. Die Ausgestaltung der Erhöhungen erfolgte allerdings autonom durch die Tarifparteien im Wege der Verhandlung. Während sowohl der tarifrechtliche als auch der tarifpolitische Rahmen demnach weiterhin stark von den Vorgaben der französischen Militärregierung geprägt waren, konnten Gewerkschaft und Textilverband als Ergebnis eigenverantwortlich einen Konsens ihrer gegensätzlichen Positionen finden.
Das infolge der Preissteigerungen nach der Währungsreform sinkende Realeinkommen der Arbeitnehmer führte auch in der badischen Textilindustrie dazu, daß der Lohntarifvertrag seitens der Landesvereinigung der Industrie-Gewerkschaften Textil und Bekleidung bereits drei Monate nach seinem Inkrafttreten zum 31. Dezember 1948 wieder gekündigt wurde.[1005] Auf der Grundlage eines entsprechenden Beschlusses der Tarifkommission vom 3. Dezember 1948 forderte die Gewerkschaft eine Teuerungszulage von DM 0,15 pro Stunde ohne Veränderung des Tarifs.[1006] Demnach ging es auch den Arbeitnehmervertretern der badischen Textilindustrie zunächst lediglich um eine tarifpolitische Sofortmaßnahme zur Überbrückung der Preissteigerungen. An dem geltenden Lohntarif sollte dagegen, in Erwartung einer Normalisierung der preismäßigen Entwicklung, trotz Kündigung grundsätzlich weiterhin festgehalten werden. Mit der Kündigung des Lohntarifvertrags wollte die Gewerkschaft den notwendigen Druck auf die Arbeitgeber ausüben und gleichzeitig ein Signal für ihre Entschlossenheit geben.
Damit stand die Forderung der Landesvereinigung der IGTB jedoch im Widerspruch zu einem Beschluß des Bundesvorstands des Badischen Gewerkschaftsbunds vom 7. Dezember 1948. Danach sollte in Industriezweigen, in denen die

---

[1004] Vgl. Lohngruppenkatalog für Baumwollspinnerei v. 15.10./16.10.1948 sowie Lohngruppenkatalog für die Baumwoll- und Seidenweberei v. 15.10./9.11.1948, beide in: Archiv LTA, Bestand GTB, Ordner 22, 2. Tarifbewegung Südbaden, 1948.

[1005] Vgl. Schreiben der Landesvereinigung der Industrie-Gewerkschaften Textil und Bekleidung, Südbaden (französische Zone) an die Zonen- und Kreistarifkommission sowie die Kreis-Gewerkschaftssekretäre v. 27.11.1948, in: Archiv LTA, Bestand GTB, Ordner 23, 3. Tarifbewegung Südbaden, 1949.

[1006] Vgl. Protokoll über die am 3.12.1948 stattgefundene Tarifkommissions-Sitzung mit der Zonen- und Kreistarifkommission und den Kreisgewerkschaftssekretären, in: Archiv LTA, Bestand GTB, Ordner 23, 3. Tarifbewegung Südbaden, 1949.

Tariflöhne noch einen unbefriedigenden Stand aufwiesen, Lohnforderungen möglichst nicht in Form von Teuerungszulagen gefordert werden.[1007] Zu diesen Industriezweigen gehörte nach Auffassung des Badischen Gewerkschaftsbunds auch die badische Textilindustrie.
Der Vorstand der IGTB änderte daraufhin seine Forderung gegenüber dem Verband der Badischen Textilindustrie e.V. dahingehend ab, daß die DM 0,15 als Erhöhung der Tariflöhne gleichmäßig auf die Löhne aller sechs Lohngruppen der Arbeiter in der Textilindustrie aufgeschlagen werden sollten.[1008]
Von unternehmerischer Seite gab es gegen eine echte Lohnerhöhung offenbar keine Bedenken. Bereits die erste Verhandlung zwischen den Tarifparteien am 20. Dezember 1948 führte zu einem Ergebnis.[1009] Statt der geforderten DM 0,15 lagen die nominalen Erhöhungen der Zeitlöhne der Frauen und Männer zwischen DM 0,08 und 0,11. Die Einkommen der jugendlichen Arbeitnehmer wurden allgemein um DM 0,06 erhöht. Vorbehaltlich der Genehmigung durch das Arbeitsministerium sollte der Vertrag mit Wirkung zum 1. Januar 1949 mit einer Laufzeit von drei Monaten in Kraft treten.
Im Gegensatz zu Württemberg-Baden blieben die Tarifparteien der badischen Textilindustrie demnach trotz der angespannten Wirtschaftslage beim System der Lohntarifverträge. Dagegen trat durch die Aufhebung der Lohnstoppbestimmungen keine Änderung der tarifpolitischen Beziehungen ein.

3.3. Württemberg-Hohenzollern

Der Preisauftrieb nach der Währungsreform führte auch in Württemberg-Hohenzollern dazu, daß die Forderungen aus Arbeitnehmerkreisen nach Teuerungszulagen und Lohnerhöhungen zunehmend lauter wurden.[1010]
Für die Arbeiter der Textilindustrie forderte die Landesberufsgewerkschaft "Textil und Bekleidung" vom Fachverband Textil- und Bekleidungsindustrie

---

[1007] Vgl. Schreiben der Landesvereinigung der Industrie-Gewerkschaften Textil und Bekleidung, Südbaden (französische Zone) an die Funktionäre v. 9.12.1948, in: Archiv LTA, Bestand GTB, Ordner 23, 3. Tarifbewegung Südbaden, 1949.
[1008] Vgl. ebd.
[1009] Vgl. Lohntarifvertrag für die Badische Textilindustrie abgeschlossen zwischen dem Verband der Badischen Textilindustrie e.V. in der französisch besetzten Zone und der Landesvereinigung der Industrie-Gewerkschaften Textil und Bekleidung v. 24.12.1948, in: Archiv LTA, Bestand GTB, Ordner 23, 3. Tarifbewegung Südbaden, 1949.
[1010] Vgl. "Energische Forderungen der Gewerkschaften", in: Die Schaffenden, 3. Jg. (1948), Nr. 13 v. 31.7.1948, S. 1; "Wir fordern die Lösung der Spannungen zwischen den Preisen und Löhnen", in: Die Schaffenden, 3. Jg. (1948), Nr. 31.10.1948, S. 1; "Wir verlangen jetzt Teuerungszuschläge", in: Die Schaffenden, 3. Jg. (1948), Nr. 20 v. 15.11.1948, S. 1.

bereits im August 1948 eine Erhöhung des Ecklohns um 35%.[1011] Die Anhebung sei angesichts der fortschreitenden Teuerung und der zurückbleibenden Kaufkraft der Textilarbeiterschaft notwendig. Ferner sei auch die Anordnung der Militärregierung zur Durchführung einer allgemeinen Lohnerhöhung von 15% in der Textilindustrie Württemberg-Hohenzollerns noch nicht umgesetzt worden. Die Gewerkschaft sah in ihrer Forderung "den goldenen Mittelweg ihrer berechtigten Ansprüche."[1012]

Seitens der Unternehmerschaft wurde diese Auffassung allerdings nicht geteilt.[1013] Sie wies die Forderung in dieser Höhe als unvertretbar und rechtlich im Hinblick auf die Anweisungen der Militärregierung als undurchsetzbar zurück. Die Anordnung der Militärregierung erlaube nur eine Anhebung der gesetzlichen Lohnsätze vom 8. Mai 1945 um 15%, die Gewerkschaftsforderung habe somit keine Aussicht auf Genehmigung. Darüber hinaus sei die Forderung auch sachlich unbegründet. Der Anstieg der Lebenshaltungskosten werde im wesentlichen von der vorhergegangenen Lohnerhöhung gedeckt, ein weiterer Anstieg der Preise sei zudem nicht sicher. Schließlich müßten sich auch die Arbeiter und Angestellten der Textilindustrie wie die übrigen Teile der Bevölkerung in ihrem Lebensstandard einschränken. Weitere Einkommensverbesserungen gefährdeten nicht nur die Konkurrenzfähigkeit der Betriebe gegenüber Württemberg-Baden, sondern allgemein die Stabilität der Wirtschaft im Hinblick auf das Ingangsetzen der Inflationsspirale. Die Arbeitgebervertreter sahen vielmehr eine Lösung in der Steigerung der Leistung über die Erhöhung der Wochenarbeitszeit auf die gesetzlichen 48 Stunden, Verkürzung des Urlaubs und Abschaffung von Feiertagen.

Nach dieser deutlichen Stellungnahme seitens des Fachverbands kündigte die Landesberufsgewerkschaft "Textil und Bekleidung" am 8. September 1948 das Lohnabkommen des Tarifvertrags vom 16. April 1948 mit Wirkung zum 31. Oktober 1948 und wiederholte gleichzeitig ihre Forderung nach einer

---

[1011] Vgl. Schreiben der Landesberufsgewerkschaft "Textil und Bekleidung", Französisch besetzte Zone Südwürttemberg-Hohenzollern an den Arbeitsrechtlichen Ausschuß des Fachverbands Textil- und Bekleidungsindustrie v. 20.8.1948 betr. Lohnforderung, in: StA Sigmaringen, Wü 180/1, Nr. 210.

[1012] Vgl. ebd.

[1013] Vgl. Schreiben des Arbeitsrechtlichen Ausschuß des Fachverbands Textil- und Bekleidungsindustrie an die Landesberufsgewerkschaft "Textil und Bekleidung" v. 2.9.1948 betr. Forderung einer Aufbesserung des Ecklohns um 35%, in: StA Sigmaringen, Wü 180/1, Nr. 211.

Erhöhung der Löhne in der Textilindustrie um 35%.[1014] Sie erreichte dadurch zumindest die Aufnahme von Verhandlungen am 15. Oktober des Jahres.[1015]
Der Geschäftsführer des Fachverbands, Karl Graf, bekräftigte nochmals die ablehnende Haltung der Arbeitgeber gegenüber der 35%-Forderung von Gewerkschaftsseite. Eine Anhebung in dieser Höhe steigere die Löhne gegenüber dem Stand nach der "Tarifordnung" von 1939 auf über 200%, die Lebenshaltungskosten seien dagegen nach dem amtlichen Index für August 1948 lediglich auf 143% gestiegen.[1016] Ferner wies Graf noch auf das Problem der Konkurrenzfähigkeit der Textilindustrie Württemberg-Hohenzollerns gegenüber günstigeren Standorten in Westdeutschland sowie die Gefahr der Lohn-Preis-Spirale hin. Die Arbeitgeberseite mache daher den Vorschlag einer Erhöhung der Einkommen um 10%.
Christian Benz von der Landesberufsgewerkschaft wies das Angebot als "absolut unzureichend" zurück.[1017] Die amtlichen Zahlen für die Kosten der Lebenshaltung umfaßten lediglich die geteilten Lebensmittel für eine fünfköpfige Familie, nicht aber die darüber hinaus zur Ergänzung notwendigen, seien somit zur Darstellung der finanziellen Belastung ungeeignet. Eine Erhöhung lediglich um 10% sei auch im Hinblick auf das niedrige Niveau der Löhne in der Textilindustrie Württemberg-Hohenzollerns im Vergleich zu den übrigen Industriezweigen sowie anderen Ländern nicht vertretbar.
Die Gewerkschaftsvertreter hielten an ihrer Forderung trotz konkreter Gegenbeispiele niedrigerer Löhne in der Textilindustrie anderer Länder sowie in den übrigen Industriezweigen Süd-Württembergs weiterhin fest. Nachdem auch das Argument der Einkommenssteigerung über eine Erhöhung der Wochenarbeitszeit seitens des Fachverbands nichts an der gewerkschaftlichen Position änderte, machte der Arbeitgebervertreter Erwin Döttinger zunächst den Vorschlag einer Anhebung des Ecklohns auf DM 0,98. Nach weiteren Diskussionen erhöhte Graf das Angebot auf einen Zuschlag von 15% auf die Lohnsätze nach dem Abkommen vom 16. April 1948. Sofern die Arbeitnehmerseite diesen Vorschlag ablehne, müßten die Verhandlungen als gescheitert angesehen werden.
Nach gesonderter Beratung stimmte Benz dem Angebot zu. Das Ergebnis sollte, vorbehaltlich der Zustimmung des Arbeitsrechtlichen Ausschusses des Fachverbands, zum 1. November 1948 in Kraft treten. Die Arbeitgeberseite forderte eine Mindestlaufzeit von vier Monaten für den neuen Vertrag. Dies wurde von

---

[1014] Vgl. Niederschrift über die Verhandlungen zwischen dem Fachverband Textil- und Bekleidungsindustrie, Arbeitsrechtlicher Ausschuß und der Landesberufsgewerkschaft "Textil und Bekleidung" am 12.10.1948 v. 15.10.1948, in: StA Sigmaringen, Wü 180/1, Nr. 211.
[1015] Die Besprechung erfolgte unter Teilnahme eines Vertreters des Arbeitsministerium, wogegen von Gewerkschaftsseite zunächst protestiert wurde. Vgl. ebd.
[1016] Vgl. ebd.
[1017] Vgl. ebd.

der Gewerkschaft unter Hinweis auf die Unsicherheit der weiteren Preisentwicklung aber abgelehnt.
Der Vertreter des Arbeitsministerium stellte seinerseits die Zustimmung zu der Vereinbarung in Aussicht.[1018]
Bereits zwei Tage nach der Verhandlung wurde die Vereinbarung der Militärregierung zur Genehmigung vorgelegt.[1019] Dabei wurde ausdrücklich darauf hingewiesen, daß sich die Erhöhung innerhalb der von der Militärregierung erteilten Ermächtigung bewege. Im Gegensatz zu der ersten Tarifbewegung in der Textilindustrie Württemberg-Hohenzollerns erteilte die Section Travail unverzüglich ihre Genehmigung zu der Lohnvereinbarung.[1020] Am 26. Oktober wiederholte das Arbeitsministerium förmlich seine Zustimmung zu dem Abkommen.[1021] Damit trat die neue Vereinbarung zwischen den Tarifparteien der Textilindustrie Württemberg-Hohenzollerns zum 1. November 1948 in Kraft.
Im Ergebnis einigten sich die Sozialpartner hinsichtlich der Erhöhung der Lohnsätze auf die Vorgabe der Militärregierung. Verhandlungsbestimmend war jedoch die Forderung der Gewerkschaft nach einer Steigerung der Löhne um 35%.
Der weitere Anstieg der Lebenshaltungskosten führte dazu, daß die Gewerkschaft bereits zwei Monate nach Abschluß des neuen Tarifvertrags neue Forderungen an die Arbeitgeber der Textilindustrie Württemberg-Hohenzollerns stellte. Der zu diesem Zeitpunkt noch geltende Lohnstopp machte jedoch eine Erhöhung der Tariflöhne weiterhin von einer entsprechenden Ermächtigung der Tarifparteien durch die Militärregierung abhängig. Daran fehlte es allerdings. Gleichzeitig wurde auch in Württemberg-Hohenzollern trotz strengerer Kontrollen der Preise vor der Gefahr einer Lohn-Preis-Spirale gewarnt und die Arbeitnehmer zur Zurückhaltung bei ihren Forderungen nach Einkommensverbesserungen gemahnt.
Wie im nördlichen Landesteil griffen daher die Tarifparteien der Textilindustrie auf das Instrument der Überbrückungshilfe zurück.

[1018] Vgl. Aktenvermerk Broermann v. 15.10.1948, in: StA Sigmaringen, Wü 180/1, Nr. 211.
[1019] Vgl. Schreiben des Arbeitsministeriums Württemberg-Hohenzollern an die Militärregierung, Section Travail v. 14.10.1948 betr. Abkommen über Lohnerhöhungen in der Textilindustrie, in: StA Sigmaringen, Wü 180/1, Nr. 211.
[1020] Die Genehmigung der Militärregierung ging bereits am 25.10.1948 beim Arbeitsministerium ein. Vgl. handschriftlicher Vermerk Broermanns auf dem Aktenvermerk v. 15.10.1948, in: StA Sigmaringen, Wü 180/1, Nr. 211.
[1021] Vgl. Schreiben des Arbeitsministeriums Württemberg-Hohenzollern an den Fachverband Textil- und Bekleidungsindustrie und die Landesberufsgewerkschaft "Textil und Bekleidung" v. 26.10.1948 betr. Lohnvereinbarung für die Textilindustrie, in: StA Sigmaringen, Wü 180/1, Nr. 211.

Die erste Hilfe dieser Art wurde am 27. Januar 1949 zwischen Fachverband und Landesberufsgewerkschaft vereinbart.[1022] Danach sollten Haushaltsvorstände DM 30,00, Ledige und Haushaltspartner über 18 Jahre DM 24,00 und Jugendliche unter 18 Jahren DM 16,00 bis zum 30. April 1949 erhalten. Gleichzeitig wurde die Lohnvereinbarung vom 12. Oktober 1948 bis zum 30. April 1949 verlängert. Die Vereinbarung enthielt ferner die Zusage der Gewerkschaft, sich, soweit es die Betriebsverhältnisse erlaubten, für die Durchführung der gesetzlichen Arbeitszeit von 48 Stunden in der Woche einzusetzen.
Die Vereinbarung wurde am 17. Februar 1949 vom Arbeitsministerium, am 24. Februar von der Militärregierung genehmigt.[1023]
Die erste Tarifbewegung in der Textilindustrie Württemberg-Hohenzollerns nach Aufhebung des Lohnstopps bewegte sich demnach wie in Württemberg-Baden außerhalb des Tarifvertragssystems. Das Ausweichen der Tarifparteien auf die Vereinbarung einer sogenannten Überbrückungshilfe zeigt den Zwiespalt zwischen der Notwendigkeit höherer Löhne für die Arbeiter und der Befürchtung, daß der wirtschaftliche Aufschwung bald zu Ende gehen könnte.

4. Zusammenfassung

Die These, daß die Tarifparteien ihr Haupttätigkeitsfeld, die Tarifpolitik, erst mit Aufhebung der nationalsozialistischen Lohnstoppvorschriften zurückbekamen, legt nahe, daß Gewerkschaften und Arbeitgeberverbände die "neue" Freiheit auch entsprechend nutzten, um neue Tarifverträge auszuhandeln.
Dies umso mehr, als nach der Währungsreform die Schaufenster wieder voll, die Portemonnaies der Arbeiter aber durch die steigenden Preise immer leerer wurden. Ein wesentlicher Grund für die Zurückhaltung der Gewerkschaften lag in der Angst vor der Lohn-Preis-Schere und die damit einhergehende Gefährdung der wirtschaftlichen Stabilität. Die Notwendigkeit, etwas zur Verbesserung der Situation der Arbeiter zu tun, ließ die Tarifparteien in Württemberg-Baden und Württemberg-Hohenzollern vielmehr aus dem Tarifvertragssystem ausscheren. Statt die Tarifsätze zu erhöhen, vereinbarten Gewerkschaften und Arbeitgeberverbände die Zahlung von einmaligen Teuerungszulagen - in der

---

[1022] Vgl. Vereinbarung zwischen dem Fachverband Textil- und Bekleidungsindustrie und der Landesgewerkschaft "Textil und Bekleidung" v. 27.1.1949, in: Archiv LTA, Bestand GTB, Ordner 1, 3. Tarifbewegung Südwürttemberg-Hohenzollern 1949.

[1023] Vgl. Schreiben des Arbeitsministeriums Württemberg-Hohenzollern an den Fachverband Textil- und Bekleidungsindustrie und die Landesberufsgewerkschaft "Textil und Bekleidung" v. 17.2.1949 betr. Vereinbarung a) über die Weitergeltung der Vereinbarung v. 12.10.1948, b) über die Gewährung einer Überbrückungsbeihilfe, in: StA Sigmaringen, Wü 180/1, Nr. 211. Schreiben des Gouvernement Militaire, Section Travail, an Le Président d'Etat du Wurtemberg et Hohenzollern, Ministère du Travail v. 24.2.1949, in: StA Sigmaringen, Wü 180/1, Nr. 211.

beiderseitigen Hoffnung, daß die Preise nicht weiter anstiegen. Lediglich in Baden einigten sich die Parteien auf einen neuen Lohntarifvertrag, allerdings mit relativ geringen Erhöhungen. Die wirtschaftliche Entwicklung nach der Währungsreform hatte demnach maßgeblichen Einfluß auf die tarifpolitischen Beziehungen der Gewerkschaften und Arbeitgeberverbände in der Textilindustrie. Eine Änderung der tarifpolitischen Beziehungen infolge der Freigabe der Löhne trat dagegen in keinem der drei Länder ein.

Resümee

Die vorliegende Untersuchung hat gezeigt, daß sich entgegen dem Bild der bisherigen Forschung der Rekonstruktionsprozeß der Tarifparteien in der unmittelbaren Nachkriegszeit nicht auf die Mitbestimmungs- und Sozialisierungsforderungen einerseits sowie Wirtschaftsverwaltung und Produktionsplanung andererseits beschränkte. Die Interessenvertretungen der Arbeitnehmer wie der Arbeitgeber nahmen in der Zeit grundsätzlicher Strukturgenese bereits auch die lohn- und tarifpolitischen Belange ihrer Mitglieder wahr. Die Konzentration auf die gesellschaftspolitischen Aspekte der Verbandsgründungen wird der Nachkriegswirklichkeit demnach nicht gerecht.
Hinsichtlich des organisatorischen Aufbaus der einzelnen Interessenvertretungen hat die Arbeit den engen Zusammenhang zu den besatzungsrechtlichen Vorgaben verdeutlicht. Diesbezüglich bestand sowohl auf Seiten der Arbeitgeber als auch auf Seiten der Arbeitnehmer nur wenig Handlungsspielraum.
Insgesamt findet sich für die Gewerkschaften die These der restriktiven Politik seitens der französischen Militärregierung im direkten zeitlichen Vergleich zur amerikanischen Besatzungszone für den Aufbau der Landesgewerkschaften Textil und Bekleidung bestätigt. In Baden und Württemberg-Hohenzollern gab es entsprechende Organisationen für diesen Industriezweig erst ein Jahr nach der Gründung der Landesgewerkschaft Textil und Bekleidung in Württemberg-Baden. Während Alain Lattard dieses Urteil über die französische Gewerkschaftspolitik zumindest auf Landesebene durch den Hinweis, daß in Rheinland-Pfalz die Gründung von Arbeitgeberverbänden zum Teil bis 1948 ganz verboten blieben, relativieren kann, greift dieses Argument in Baden und Württemberg-Hohenzollern nicht. Der Badische Verband der Textilindustrie wurde bereits im Juli 1946 gegründet, der Fachverband der Textilindustrie in Württemberg-Hohenzollern Ende des Jahres 1946. In Württemberg-Baden gab es mit dem Fachausschuß Textil im Vorläufigen Württembergischen Wirtschaftsrat bereits unmittelbar nach Kriegsende wieder eine Interessenvertretung auf Unternehmerseite. Der daraus hervorgehende Landesverband für die Textilindustrie Württemberg-Baden e.V. wurde allerdings erst zu Beginn des Jahres 1946 gegründet und von der Militärregierung genehmigt.
Die Fachverbände übernahmen gleichzeitig auch die Vertretung der Interessen ihrer Mitglieder in arbeits- und sozialrechtlichen Angelegenheiten und traten damit als Tarifpartei gegenüber den Gewerkschaften auf. Gesonderte Arbeitgeberverbände wurden dagegen im Bereich der südwestdeutschen Textilindustrie nicht gegründet.
Durch die Einbeziehung der beiden Seiten kommt die vorliegende Untersuchung zu dem Ergebnis, daß es seitens der Gewerkschaften gegen die Wahrnehmung der tarifpolitischen Belange der Arbeitgeber durch die Fachverbände keine Widerstände gab. Die These, die Gewerkschaften hätten die Gründung von Arbeitgeberverbänden im Hinblick auf deren destruktives Verhalten in der

Weimarer Republik abgelehnt, findet für den Bereich der südwestdeutschen Textilindustrie insofern keine Bestätigung, als hier zumindest die Wahrnehmung dieser Aufgaben innerhalb der bereits bestehenden Fachverbände toleriert wurde. Vielmehr zeigt das Beispiel Baden deutlich den gewerkschaftlichen Pragmatismus in dieser Frage. Die Anordnung des Badischen Ministeriums für Wirtschaft und Arbeit betreffend die Satzungen der Fachvereinigungen vom 25. Juli 1946 öffnete diese Organisationen auch den Arbeitnehmern des jeweiligen Industriezweigs. Damit war zwar noch nicht die gewerkschaftliche Forderung nach paritätischer Besetzung der Industrie- und Handelskammern erfüllt, die Fachvereinigungen boten allerdings zumindest innerhalb eines Wirtschaftsbereichs die Möglichkeit zur Zusammenarbeit zwischen Arbeitnehmern und Arbeitgebern. Bereits ein Jahr später gaben die Gewerkschaften diese Möglichkeit zugunsten der Schaffung von Tarifparteien auf Seiten der Unternehmer auf. Gemeinsam mit den Arbeitgebern stellten sie beim Ministerium für Wirtschaft und Arbeit den Antrag auf Umbildung der bestehenden Fach in Unternehmervereinigungen. Im Gegenzug verzichtete die Unternehmerschaft allerdings auch auf die Bildung selbständiger Arbeitgeberverbände. Das Beispiel zeigt, daß auf der Ebene der Industriegewerkschaften nicht theoretische Gesellschaftskonzeptionen, sondern die Wiederherstellung der tarifpolitischen Handlungsfähigkeit im Vordergrund stand. Dazu gehörten entsprechende kollektive Interessenvertretungen auf der Gegenseite. Gleichzeitig wird dadurch aber auch die Notwendigkeit einer verstärkten Untersuchung von Einzelverbänden deutlich.

Darüber hinaus ist als Ergebnis der Arbeit zudem festzuhalten, daß der Neubeginn der tarifpolitischen Beziehungen nach 1945 nicht mit den Organisationen zur Vertretung kollektiver Interessen auf Seiten der Arbeitnehmer und Arbeitgeber endete. Vielmehr war die Rekonstruktion der tarifpolitischen Beziehungen in der Textilindustrie Württemberg-Badens, Badens und Württemberg-Hohenzollerns bereits vor der Aufhebung der Lohnstoppbestimmungen in den Ländern abgeschlossen.

Zwar fehlte es zunächst noch an einem Handlungsfeld. Die Direktive Nr. 14 des Alliierten Kontrollrats ließ Änderungen der grundsätzlich weiterhin geltenden nationalsozialistischen Lohnstoppbestimmungen nur in engen Grenzen zu, innerhalb derer die Gewerkschaften mit den Arbeitgebern oder Arbeitgeberverbänden in Verhandlung treten konnten. Jedoch sollte nach dem Willen der Alliierten das System der staatlichen Regulierung zwischen den Arbeitsmarktparteien grundsätzlich wieder zugunsten des Modells autonomer Kollektivverhandlungen abgelöst werden.

Diese Möglichkeit eröffnete den Gewerkschaften und Fachverbänden allerdings erst 1946 die Ergänzung zu § 3 der Direktive Nr. 14. Der begrenzte Bereich, in dem die Lohnstoppvorschriften gelockert wurden, zeigt deutlich die wirtschaftspolitischen Erwägungen der Alliierten in diesem Bereich. Die Möglichkeiten zur Erhöhung der Löhne blieben nach der Erweiterung auf diejenigen Industriezweige beschränkt, die als nicht kriegswichtig in der nationalsozialistischen Lohnpolitik benachteiligt worden waren, jetzt aber von wesentlicher Bedeutung für den wirtschaftlichen Wiederaufbau Deutschlands und für den Übergang von der nationalsozialistischen Kommandowirtschaft zur Marktwirtschaft waren. Die kollektiven Interessenvertretungen wurden seitens der Alliierten mittels der Tarifpolitik aktiv in den Aufbau der westdeutschen Wirtschaft nach 1945 einbezogen. Ihre Rolle, insbesondere die der Gewerkschaften, beschränkte sich demnach, entgegen dem bisherigen Bild in der historischen Forschung zur Vor- und Frühgeschichte der Bundesrepublik, nicht auf die Re-Demokratisierung Deutschlands in gesellschaftlicher Hinsicht.

Darüber hinaus hat die vorliegende Untersuchung aber auch gezeigt, daß diese Politik der Alliierten nicht nur auf dem Papier stand. Vielmehr markiert die Ergänzung zu § 3 der Kontrollrats-Direktive Nr. 14 den, wenn auch zunächst noch begrenzten, Neubeginn der Tarifpolitik in den Westzonen.

Die Tarifparteien der Textilindustrie in Württemberg-Baden, Baden und Württemberg-Hohenzollern konnten den gegebenen Handlungsspielraum tatsächlich nutzen, um die Einkommenssituation der vorhandenen Belegschaften zu verbessern und gleichzeitig auch um neue Arbeitskräfte für die Textilindustrie zu gewinnen. Dabei bildeten die Bestimmungen der Kontrollrats-Direktive zwar den Rahmen. Die Ausgestaltung der Vorgaben erfolgte jedoch durch Verhandlungen zwischen den Tarifparteien. Das Ergebnis wurde nach zwölf Jahren staatlicher Regelung erstmals wieder durch einen Vertrag zwischen den Parteien fixiert.

Daß die Tarifpartner in der Textilindustrie Württemberg-Badens, Badens und Württemberg-Hohenzollerns dabei nicht nur ausführende Organe der Besatzungsmächte waren, zeigt auch die Tatsache, daß es den Parteien gelang, Modernisierungen im Tarifsystem gegenüber den Besatzungsmächten durchzusetzen. In Württemberg-Baden konnte neben den zugebilligten Lohnerhöhungen bereits mit der ersten Tarifbewegung nach 1945 zusätzlich das System der Zulagen und Zuschläge zu den Mindeststundenlöhnen je nach Fertigungszweig und Tätigkeit abgeschafft, in Baden und Württemberg-Hohenzollern zumindest eine neue Altersklasseneinteilung für die jugendlichen Arbeitnehmer erreicht werden.

Die These der im Vergleich zur US-Zone restriktiveren Politik Frankreichs als Besatzungsmacht gegenüber den Gewerkschaften und Arbeitgeberverbänden wird durch diese Untersuchung allerdings auch für den Bereich des tarifpolitischen Neubeginns bestätigt.

Im Gegensatz zu Württemberg-Baden interpretierten die Militärregierungen die Vorgaben des Alliierten Kontrollrats wesentlich enger. Zuvor eröffnete Spielräume wurden im nachhinein unter Hinweis auf die Kontrollratsbestimmungen wieder zurückgenommen. Auch in zeitlicher Hinsicht blieb die Entwicklung in den Ländern der französischen Besatzungszone hinter der in Württemberg-Baden zurück. Die Direktive Nr. 14 wie auch die Ergänzung überließ die Ent-

scheidung, wie und in welchem Umfang Berichtigungen durchgeführt werden sollten, den einzelnen Militärregierungen. Die französische Besatzungsmacht ermächtigte die Tarifparteien in Baden und Württemberg-Hohenzollern erst, als für die Textilindustrie in Württemberg-Baden bereits ein neuer Lohntarifvertrag samt Genehmigung vorlag. Der Grund hierfür geht aus der Anordnung selbst hervor. Danach durften die Lohnerhöhungen in keinem Fall zu Preiserhöhungen führen. Angesichts der Tatsache, daß ein Großteil der Textilproduktion nach Frankreich ging, waren demnach die ökonomischen Interessen Frankreichs für diese zögerliche Haltung maßgeblich. Das Bild von der französischen Besatzungszone als Ausbeutungskolonie findet sich jedoch durch diese Untersuchung ebenfalls nicht bestätigt. Zwar war die Produktion der Textilindustrie Badens sowie Württemberg-Hohenzollerns stärker an den Bedürfnissen Frankreichs ausgerichtet, als die Württemberg-Badens an den USA. Zudem wurden in den Betrieben der französischen Zone mehr Spindeln und andere Maschinen für die Textilfertigung demontiert und nach Frankreich gebracht. Gleichzeitig sicherte Frankreich jedoch durch die Einbindung der zonalen Produktion in die eigene auch das Überleben der Betriebe sowie die Arbeitsplätze und damit die Möglichkeit für einen Teil der Bevölkerung, den Lebensunterhalt zu decken. Zudem handelten auch die USA beim Wiederaufbau der Textilindustrie in Württemberg-Baden nicht ausschließlich uneigennützig. Als exportierende Industrie bot die Textilindustrie die Möglichkeit zur Beschaffung von Devisen für andere notwendige Exporte, die nicht vom amerikanischen Steuerzahler gezahlt werden sollten.
Wie die Untersuchung gezeigt hat, gelang es den Tarifparteien der Textilindustrie in Württemberg-Baden, Baden und Württemberg-Hohenzollern trotz der Verzögerungen in den Ländern der französischen Besatzungszone noch vor der Währungsreform, durch Tarifvertrag ein einheitliches Lohnniveau für die Betriebe als Mindestsatz festzuschreiben. Gleichzeitig setzten die Gewerkschaften und Arbeitgeberverbände die Modernisierung des Tarifsystems fort. Lohngruppen-Kataloge und neue Ortsklassen-Einteilungen ersetzten in allen drei Ländern das unübersichtliche System der Zulagen und Zuschläge nach den "Tarifordnungen" für Baden, Württemberg und Hohenzollern.
Insgesamt gelang es den Tarifparteien, die "Verbetrieblichung" der Regelung von Löhnen und Arbeitsbedingungen in der NS- und unmittelbaren Nachkriegszeit durch Tarifvereinbarungen abzulösen, auch wenn diese zum Teil keine Erhöhung der bereits gezahlten Löhne mit sich brachten.
Gleichzeitig manifestierte sich damit für den Bereich der Tarifbeziehungen zwischen Arbeitgebern und Arbeitnehmern in der südwestdeutschen Textilindustrie der Übergang von der nationalsozialistischen Kommandowirtschaft zur Sozialen Marktwirtschaft. Diese Entwicklung bildete die stabile Ausgangsbasis sowohl für die weitere tarifpolitische als auch insbesondere für die wirtschaftliche Entwicklung der Textilindustrie nach der Währungsreform und den Wachstumsprozeß im Zuge des sogenannten textilen Wirtschaftswunders.

Quellen- und Literaturverzeichnis

1. Unveröffentliche Quellen

Archiv des Landesmuseums für Technik und Arbeit

Bestand GTB
Bestand Textilverband

Archiv des Verbands der Baden-Württembergischen Textilindustrie e. V.

Verschiedene Ordner sowie Bände zum Zeitraum 1945 - 1949 (ungeordnet)

Haupstaatsarchiv Stuttgart

EA 6/103, Ministerium für Wirtschaft, Mittelstand und Technologie; Abteilung I-IV: Verwaltung, Wirtschaftspolitik, Strukturpolitik und Wirtschaftsförderung, Energie und Wirtschaftsordnung, 1945-1970, Vorakten ab 1944.
EA 8/001, Ministerium für Arbeit, Gesundheit, Familie und Sozialordnung; Arbeitsministerium Württemberg-Baden, 1945-1952, Nachakten bis 1977.
RG 260, Office of Military Government/Württemberg Baden (OMGWB).

Staatsarchiv Freiburg

C 38/1, Badisches Ministerium für Arbeit und Wirtschaft, Direktion Arbeit.

Staatsarchiv Sigmaringen

Wü 2, Staatskanzlei
Wü 140, Wirtschaftsministerium (1935-1969)
Wü 180, Arbeitsminsterium (1945-1953)

Wirtschaftsarchiv Baden-Württemberg

Bestand Y 60, Industrie- und Handelskammer Stuttgart (1928-1988)

2. Gedruckte Quellen und Statistiken

Akten zur Vorgeschichte der Bundesrepublik Deutschland 1945-1949, hrsg. v. Bundesarchiv und Institut für Zeitgeschichte, Bd. 4: Januar bis Dezember 1948, bearb. v. Christoph Weisz, München 1983.
Amtsblatt der Landesverwaltung Baden, 1946.

Amtsblatt des Kontrollrats in Deutschland, hrsg. v. Alliierten Sekretariat, 1945 und 1946.
Amtsblatt des Staatssekretariats für das französisch besetzte Gebiet Württembergs und Hohenzollerns, 1946.
Badisches Gesetz- und Verordnungsblatt, 1948.
Bulletin Statistique, 1949.
Gesetzblatt der Verwaltung des Vereinigten Wirtschaftsgebiets, 1949.
Gesetz- und Verordnungsblatt des Wirtschaftsrats des Vereingten Wirtschaftsgebiets, 1948.
Jetzt erst recht!, Dokumente zur Geschichte der Arbeiterbewegung in Mannheim 1945-1990, hrsg. v. der Industriegewerkschaft Metall, Verwaltungsstelle Mannheim, bearb. v. Josef Kaiser, Mannheim 1993.
Journal Officiel, Amtsblatt des französischen Oberkommandos in Deutschland, 1946-1949.
Mitteilungen des Arbeitsministeriums, 1946.
Mitteilungsblatt der Direktion Arbeit im Badischen Ministerium für Wirtschaft und Arbeit.
OMGUS, Three Years of Reparations, Progress of Reparations from Germany in the Form of Capital Industrial Equipment, Special Report of the Military Governor, Frankfurt a. M., Nov. 1948.
Quellen zur Geschichte der deutschen Gewerkschaftsbewegung im 20. Jahrhundert,
Bd. 4: Die Gewerkschaften in der Endphase der Republik 1930-1933, hrsg. v. Hermann Weber, Klaus Schönhoven, Klaus Tenfelde, bearb. v. Peter Jahn unter Mitarbeit v. Detlev Brunner, Köln 1988.
Bd. 6: Organisatorischer Aufbau der Gewerkschaften 1945-1949, hrsg. v. Hermann Weber u. Siegfried Mielke, bearb. v. Siegfried Mielke, Köln 1987.
Bd. 7: Gewerkschaften in Politik, Wirtschaft und Gesellschaft 1945-1949, hrsg. v. Hermann Weber u. Siegfried Mielke, bearb. v. Siegfried Mielke, Köln 1991.
Bd. 11: Der deutsche Gewerkschaftsbund 1949 bis 1956, hrsg. v. Klaus Schönhoven u. Hermann Weber, bearb. v. Josef Kaiser, Köln 1996.
Regierungsblatt für das Land Württemberg-Hohenzollern, 1949.
Reichsarbeitsblatt I.
Reichsgesetzblatt I.
Sammlung der Länderratsgesetze, Stuttgart, Stand: 1.1.1950.
Sammlung der vom Alliierten Kontrollrat und der Amerikanischen Militärregierung erlassenen Proklamationen, Gesetze, Verordnungen, Befehle, Direktiven im engl. Originalwortlaut mit deutscher Übersetzung, zusammengestellt von Ruth Hemken, 3. Auflg., Stuttgart, Losebl.-Slg. Stand: Feb. 1950.

Säumt keine Minute!, Dokumente zur Geschichte der Arbeiterbewegung in Mannheim 1848-1949, bearb. v. Wolfgang Brach und Fritjof Kleff, Mannheim 1986.
Statistisches Handbuch Württemberg-Baden 1950, hrsg. v. den Statistischen Landesämtern Stuttgart und Karlsruhe, Stuttgart 1951.
Statistisches Jahrbuch für die Bundesrepublik Deutschland, 1952.
Statistische Mitteilungen des Landes Baden, Jahresheft 1948.
Statistische Monatshefte Württemberg-Baden, 1947-1948.
Wirtschaftszahlen der amerikanischen und französischen Zone von Württemberg und Hohenzollern, Teil II, hrsg. v. Württembergischen Statistischen Landesamt Stuttgart, 1946.
Württemberg in Zahlen, 1946.
Württemberg-Hohenzollern in Zahlen, 1948.

3. Zeitungen, Wirtschaftszeitungen und -berichte

Bericht über die wirtschaftliche Lage in Württemberg-Hohenzollern im Jahre 1947, bearb. v. Volkswirtschaftlichen und Statistischen Büro bei den Industrie- und Handelskammern Reutlingen, Rottweil und Ravensburg, Reutlingen o.J.
Der badische Gewerkschaftler, Mitteilungsblatt für die Gewerkschaften in der französisch besetzten Zone Baden, 1. Jg. (1946) - 4. Jg. (1949).
Die Industrie- und Handelskammer, Mitteilungsblatt der südbadischen Handelskammern Baden-Baden, Lahr, Freiburg, Konstanz und Schopfheim, 1947- 1949.
Die Schaffenden, Gewerkschaftszeitung für das Land Württemberg-Hohenzollern, 1946-1948.
Industrie-, Handels- und Gewerbekammer Baden-Baden, Rundschreiben 1946.
Textil-Konjunktur, 1950.
Textil-Praxis, 1946-1947.
Textil-Wirtschaft, 1946-1949.
Textil-Zeitung bzw. Neue Textil-Zeitung, 1947.
Vierteljahresbericht über die wirtschaftliche Lage in Württemberg-Hohenzollern, Januar bis März 1948, hrsg. v. der Arbeitsgemeinschaft der Industrie- und Handelskammern des Landes Württemberg-Hohenzollern, Volkswirtschaftliches und Statistisches Büro 1948.
Wirtschaftsrevue
Wirtschafts- und Finanz-Zeitung, 1947.
Wirtschafts Zeitung
Württembergisch-Badische Gewerkschafts-Zeitung. Organ des Gewerkschaftsbundes Württemberg-Baden, 1946-1949.

4. Zitierte Literatur

Abelshauser, Werner, Wirtschaft in Westdeutschland 1945-1948. Rekonstruktion und Wachstumsbedingungen in der amerikanischen und britischen Zone, Stuttgart 1977.

ders., Wirtschaft und Besatzungspolitik in der Französischen Zone 1945-1949, in: Claus Scharf u. Hans-Jürgen Schröder (Hrsg.), Die Deutschlandpolitik Frankreichs und die französische Zone 1945-1949, Wiesbaden 1983, S. 111-139.

ders., Wirtschaftsgeschichte der Bundesrepublik Deutschland 1945-1980, Frankfurt a. M. 1983.

Adomeit, Klaus, Arbeitsplätze und Solidarität, in: NJW 1994, S. 837-838.

Ambrosius, Gerold, Die Durchsetzung der Sozialen Marktwirtschaft in Westdeutschland 1945-1949, Stuttgart 1977.

Angerbauer, Eduard, Lage und Aussichten der deutschen Textilindustrie. Von der britischen Zone aus gesehen, in: Textil-Praxis, 1. Jg. (1946), H. 1/2, S. 30-32.

Badstübner, Rolf, Zur Tätigkeit des Alliierten Kontrollrats 1945 bis 1948, in: ZfG 34 (1986), S. 581-598.

Baker, John H., Priming the German Economy, Durham N. C. 1971.

Bakopoulos, Konstantinos, Zuständigkeitsverteilung zwischen tarifvertraglicher und innerbetrieblicher Normsetzung, Berlin 1991.

Balfour, Michael, Viermächtekontrolle in Deutschland 1945-46, Düsseldorf 1959.

Beltz-Rübelmann, Manfred u. a. (Hrsg.), Zukunft der Tarifautonomie, Mannheim, Wien, Zürich 1988.

Benz, Wolfgang (Hrsg.), Deutschland unter alliierter Besatzung 1945-1949/55, Berlin 1999.

ders., Die Gründung der Bundesrepublik Deutschland. Von der Bizone zum souveränen Staat, München 1984.

ders., Potsdam 1945. Besatzungsherrschaft und Neuaufbau im Vier-Zonen-Deutschland, 3. Auflg., München 1994.

ders.,Wirtschaftspolitik zwischen Demontage und Währungsreform, in: Westdeutschlands Weg zur Bundesrepublik 1945-1949, hrsg. v. Institut für Zeitgeschichte, München 1976, S. 69-89.

Bernecker, Walther L., Die Neugründung der Gewerkschaften in den Westzonen 1945-1949, in: Becker, Josef, Stammen, Theo, Walmann, Peter (Hrsg.), Vorgeschichte der Bundesrepublik. Zwischen Kapitulation und Grundgesetz, München 1979, S. 261-292.

Bernholz, Peter, Einige Bemerkungen zur Theorie des Einflusses der Verbände auf die politische Willensbildung in der Demokratie, in: Varain, Heinz-Josef (Hrsg.), Interessenverbände in Deutschland, Köln 1973, S. 339-347.

Beyer, Andrea, Tarifpolitik in strukturschwachen Branchen. Eine empirische Untersuchung der Druckerei- und der Textilindustrie in der Bundesrepublik Deutschland, München 1991.

Binder, Friedrich, Vertriebenen- und Sozialwesen in Württemberg-Hohenzollern, in: Das Land Württemberg-Hohenzollern 1945-1952. Darstellungen und Erinnerungen, hrsg. v. Max Gögler u. Gregor Richter in Zusammenarbeit mit Gebhard Müller, Sigmaringen 1982, S. 339-350.

Bispinck, Reinhard, Stationen der Tarifpolitik von 1949 bis 1999, in: WSI-Tarifarchiv, 50 Jahre Tarifpolitik, Online in Internet, URL: http://www.boeckler.de/wsi/tarchiv/50jahre/printopt_tapo49-99.htm, Stand: 4.5.2000, S. 1-9.

Blümle, Gerold, Wirtschaft und Wirtschaftspolitik im Land Baden 1945-1952, in: (Süd-) Baden nach 1945. Eine neue Kulturpolitik, hrsg. v. Joachim Fischer, Stuttgart 1999, S. 49-74.

Bosch, Manfred, Der Neubeginn. Aus deutscher Nachkriegszeit - Südbaden 1945-1950, Konstanz 1988.

Boelcke, Willi A., Der Wirtschaftliche Wiederaufbau Nachkriegsdeutschlands. Pläne, Konzeptionen, Probleme, in: Erich Volkmann (Hrsg.), Ende des Dritten Reiches - Ende des Zweiten Weltkriegs. Eine perspektivische Rückschau, München, Zürich 1995, S. 489-523.

ders., Wirtschaftsgeschichte Baden-Württembergs von den Römern bis heute, Stuttgart 1987.

Bohn, Axel, Die Entwicklung der badischen Textilindustrie in der französisch besetzten Zone von 1945 bis 1952. Deutsche Programme, Außenhandel, Dipl.-Arbeit Reutlingen 1985.

Borchardt, Knut, Buchheim, Christoph, Die Wirkung der Marshallplan-Hilfe in Schlüsselbranchen der deutschen Wirtschaft, in: VfZ 35 (1987), S. 317-347.

Borchardt, Knut, Die deutsche Katastrophe. Wirtschaftspolitische Anmerkungen zum 30.1.1933, in: FAZ vom 29.1.1983, S. 13.

Borchardt, Knut, Wirtschaftliches Wachstum und Wechsellagen 1800-1914, in: Hermann Aubin, Wolfgang Zorn (Hrsg.), Handbuch der deutschen Wirtschafts- und Sozialgeschichte, Bd. 2: Das 19. und 20. Jahrhundert, Stuttgart 1976, S. 198-275.

Borowsky, Peter, Deutschland 1945 bis 1969, Hannover 1993.

Borsdorf, Ulrich, Hermmer, Hans O., Martiny Martin (Hrsg.), Grundlagen der Einheitsgewerkschaft, Frankfurt a. M. 1977.

Bosch, Manfred, Der Neubeginn. Aus deutscher Nachkriegszeit - Südbaden 1945-1950, Konstanz 1988.

Bosch, Robert, Die tarifliche und effektive Lohnentwicklung in der badischen Textilindustrie. Das Problem des Frauenlohns, Diss. Freiburg 1955.

Brackmann, Michael, Vom totalen Krieg zum Wirtschaftswunder. Die Vorgeschichte der westdeutschen Währungsreform, Essen 1993.

Braun, Günter, Aufbau und Entwicklung der IG Chemie-Papier-Keramik. Ein Beitrag zur Reorganisation der deutschen Gewerkschaften 1945-1950, Diss. Mannheim 1991.

Breitenacher, Michael, Die Textilindustrie in der Bundesrepublik Deutschland, Köln 1983.

ders., Textilindustrie, Berlin 1984.

ders., Textilindustrie im Wandel. Schriften zur Textilpolitik, Heft 6, hrsg. v. Gesamttextil, Frankfurt a. M. 1989.

Breymayer, Ursula, "Was uns Bebenhausen war". Erinnerungen an den Landtag von Württemberg-Hohenzollern 1947-1952, Stuttgart 1992.

Broszat, Martin, Grundzüge der gesellschaftlichen Verfassung des Dritten Reiches, in: Das Dritte Reich. Herrschaftsstruktur und Geschichte, hrsg. v. Martin Broszat und Horst Möller, München 1983, S. 38-63.

Buchheim, Christoph, Der Ausgangspunkt des westdeutschen Wirtschaftswunders. Zur neueren Diskussion über die Wirkungen von Währungs- und Bewirtschaftungsreform 1948, in: Ifo-Studien 34 (1988), S. 69-77.

ders., Die Wiedereingliederung Westdeutschlands in die Weltwirtschaft 1945-1948, München 1990.

Buschak, Willy, Von Menschen, die wie Menschen leben wollen. Die Geschichte der Gewerkschaft Nahrung-Genuss-Gaststätten und ihrer Vorläufer, Köln 1985.

Debatin, Otto, Der Vorläufige Württembergische Wirtschaftsrat. Eine Chronik, Stuttgart o. J. (1955).

Deppe, Peter, Die westdeutsche Textilwirtschaft im Wiederaufbau, in: Horst Jecht (Hrsg.), Textilwirtschaft heute, Stuttgart 1955, S. 35-51.

Der deutsche Südwesten zur Stunde Null. Zusammenbruch und Neuanfang im Jahr 1945 in Dokumenten und Bildern, hrsg. v. Generallandesarchiv Karlsruhe in Verbindung mit der Arbeitsgemeinschaft geschichtliche Landeskunde am Oberrhein, Karlsruhe 1975.

Deuerlein, Ernst, Die Einheit Deutschlands, Frankfurt am Main 1961.

ders., Frankreichs Obstruktion deutscher Zentralverwaltung 1945, in: Deutschland-Archiv 4 (1971), S. 466-491.

Die Demontageliste. Amerikanische und Britische Zone, Sonderdruck der Stuttgarter Nachrichten, Stuttgart o. J.

Die Entstehung des Bundeslandes Baden-Württemberg. Eine Dokumentation, hrsg. v. Landtag von Baden-Württemberg in Verbindung mit dem Hauptstaatsarchiv Stuttgart, bearb. v. Paul Sauer, Ulm 1977.

Die Gewerkschaftsbewegung in der Britischen Besatzungszone, Geschäftsbericht des Deutschen Gewerkschaftsbundes (Britische Zone). 1947-1949, Köln 1949.

Diller, Ansgar, Zwischen Kooperation und Konfrontation. Der Kalte Krieg und Deutschland, in: Der Bauplan zur Republik. Das Jahr 1948 in der deutschen Nachkriegsgeschichte, hrsg. v. Jürgen Weber, München, Landsberg am Lech 1996, S. 19-40.

Doering- Manteuffel, Anselm, Die Bundesrepublik Deutschland in der Ära Adenauer,2. Auflg., Darmstadt 1988.

Dreschers, Martin, Die Entwicklung des Rechts des Tarifvertrags in Deutschland. Eine rechtshistorische Untersuchung über den Verlauf der Durchsetzung des Kollektivvertragsgedankens, Frankfurt a. M. 1994.

Drexler, Alexander, Planwirtschaft in Westdeutschland 1945-1948. Eine Fallstudie über die Textilbewirtschaftung in der britischen und Bizone, Stuttgart 1985.

Ehmann, Horst, Empfiehlt es sich, die Regelungsbefugnisse der Tarifparteien im Verhältnis zu den Betriebsparteien zu ordnen?, in: ZRP 1996, S. 314-321.

Engelhardt, Ulrich, Das deutsche industrielle Verbandswesen und seine Stellung in der westdeutschen Marktwirtschaft, Diss. Bonn 1954.

Engelhardt, Ulrich, Die Anfänge der deutschen Gewerkschaftsbewegung (1848 bis 1870), in: Erich Matthias und Klaus Schönhoven (Hrsg.), Solidarität und Menschenwürde. Etappen der deutschen Gewerkschaftsgeschichte von den Anfängen bis zur Gegenwart, Bonn 1984, S. 9-23.

Engelhardt, Ulrich, "Nur vereinigt sind wir stark". Die Anfänge der deutschen Gewerkschaftsbewegung 1862/63 bis 1869/70, 2 Bde., Stuttgart 1977.

Englberger, Josef, Tarifautonomie im Deutschen Reich. Entwicklung des Tarifvertragswesens in Deutschland von 1870/71 bis 1945, Berlin 1995.

Erdmann, Gerhard, Die deutschen Arbeitgeberverbände im sozialgeschichtlichen Wandel der Zeit, Neuwied, Berlin 1966.

Erhard, Ludwig, Deutschlands Rückkehr zum Weltmarkt, Düsseldorf 1953.

Eschenburg, Theodor, Die Entstehung des Landes Baden-Württemberg, in: Hermann Bausinger u. a., Baden-Württemberg. Eine politische Landeskunde, 4. Auflg., Stuttgart 1996, S. 43-66.

ders., Herrschaft der Verbände?, 2. Auflg., Stuttgart 1963.

ders., Jahre der Besatzung 1945-1949, Geschichte der Bundsrepublik Deutschland, Bd. 1, Stuttgart, Wiesbaden 1983.

ders., Letzten Endes meine ich doch. Erinnerungen 1933-1999, Berlin 2000.

Fabricius, Helmut, Die südbadische Industrie im Spiegel der Statistik, Diss. Freiburg 1949.

Feldman, Gerald D., Die Freien Gewerkschaften und die Zentralarbeitsgemeinschaft 1918-1924, in: Heinz Oskar Vetter (Hrsg.), Vom Sozialistengesetz zur Mitbestimmung. Zum 100. Geburtstag von Hans Böckler, Köln 1975, S. 229-252.

Fichter, Michael, Besatzungsmacht und Gewerkschaften. Zur Entwicklung und Anwendung der US-Gewerkschaftspolitik in Deutschland 1944-1948, Opladen 1982.

Fünfgelt, Lore, Problem der Planung der südbadischen Industrie nach der Besetzung Deutschlands durch die Alliierten Truppen im Jahre 1945, Diss. Freiburg 1948.

Fuchs, Rainer, Die bayerischen Industrie- und Handelskammern im Wiederaufbau 1945 bis 1948 zwischen amerikanischem Demokratisierungswillen und eigener Selbstverwaltungstradition, München 1988.

Gall, Lothar, Europa auf dem Weg in die Moderne 1850-1890, 3. Auflg., München 1997.

Gamillschegg, Franz, Kollektives Arbeitsrecht, Bd. I: Grundlagen, Koalitionsfreiheit, Tarifvertrag, Arbeitskampf und Schlichtung, München 1997.

Gerlach, Thomas, Ideologie und Organisation. Arbeitgeberverband und Gewerkschaften in der Schweizer Textilindustrie 1935 bis 1955. Eine Studie zur Logik kollektiven Handelns, Stuttgart 1995.

Giesselmann, Werner, Die Koblenzer Beschlüsse vom 10. Juli 1949 - eine Alternative zur Weststaatsgründung, in: GWU 38 (1987), S. 335-351.

Graml, Hermann, Die Alliierten und die Teilung Deutschlands. Konflikte und Entscheidungen 1941-1949, Frankfurt a. M. 1985.

Grebing, Helga, Arbeiterbewegung. Sozialer Protest und kollektive Interessenvertretung bis 1914, München 1985.

Grebing, Helga, Pozorski, Peter, Schulze, Rainer, Die Nachkriegsentwicklung in Westdeutschland 1945-1949,

a. Die wirtschaftlichen Grundlagen, Stuttgart 1980.

b. b. Politik und Gesellschaft, Stuttgart 1980.

Gruenenberg, Nina, Im Traditionsgefängnis, in: Die Zeit, Nr. 42 v. 14.10.1999.

Hachtmann, Rüdiger, Industriearbeit im "Dritten Reich". Untersuchungen zu den Lohn- und Arbeitsbedingungen in Deutschland 1933-1945, Göttingen 1989.

Hahn, Oswald, Betriebswirtschaftliche Betrachtungen zur Währungsreform, in: Vierzig Jahre Deutsche Mark. Die politische und ökonomische Bedeutung der westdeutschen Währungsreform von 1948, hrsg. v. Rainer Klump, Stuttgart 1989, S. 11-29.

Hardach, Gerd, Der Marshall-Plan. Auslandshilfe und Wiederaufbau in Westdeutschland 1948-1952, München 1994.

Harmssen, Gustav W., Am Abend der Demontage. Sechs Jahre Reparationspolitik, Bremen 1951.

ders., Reparationen, Lebensstandard, Sozialprodukt. Versuch einer Wirtschaftsbilanz, Heft 3, Bremen 1948.

Hauptvorstand der Gewerkschaft Textil-Bekleidung (Hrsg.), 100 Jahre GTB. Sonderausgabe der Zeitschrift "textil-bekleidung" zum 100jährigen Jubiläum der Gewerkschaft Textil-Bekleidung, Düsseldorf 1991.

Hecker, Wolfgang, Der Gewerkschaftsbund Süd-Württemberg-Hohenzollern. Zur Gewerkschaftsbewegung in der französischen Besatzungszone 1945-1949, Marburg 1988.

Hemmer, Hans O., Stationen gewerkschaftlicher Programmatik. Zu den Grundsatzprogrammen des DGB und ihrer Vorgeschichte, in: Matthias, Erich, Schönhoven, Klaus (Hrsg.), Solidarität und Menschenwürde. Etappen der deutschen Gewerkschaftsgeschichte von den Anfängen bis zur Gegenwart, Bonn 1984, S. 349-367.
Henke, Klaus-Dietmar, Aspekte französischer Besatzungspolitik in Deutschland nach dem Zweiten Weltkrieg, in: Wolfgang Benz (Hrsg.), Miscellanea. Festschrift für Helmut Krausnick zum 75. Geburtstag, Stuttgart 1980, S. 169-191.
ders., Die amerikanische Besetzung Deutschlands, 2. Auflg., München 1996.
ders., Politik der Widersprüche. Zur Charakteristik der französischen Militärregierung in Deutschland nach dem Zweiten Weltkrieg, in: Claus Scharf u. Hans-Jürgen Schröder (Hrsg.), Die Deutschlandpolitik Frankreichs und die französische Zone 1945-1949, Wiesbaden 1983, S.49-89.
Herbst, Ludolf, Das nationalsozialistische Deutschland 1933-1945. Die Entfesselung der Gewalt: Rassismus und Krieg, Frankfurt a. M. 1996.
Herschel, Wilhelm, Die Aufhebung des Lohnstops, in:. RdA 1. Jg. (1948), S. 121-123.
ders., Materialien zur Entstehung des Tarifvertragsgesetzes vom 9.4.1949, in: ZfA 1973, S. 129-181.
ders., Zur Entstehung des Tarifvertragsgesetzes, in: ZfA 1973, S. 183-200.
Hessel, Philipp, Gebundenes Tarifrecht, in: RdA 2. Jg. (1949), S. 43-44.
Heydenreuther, Reinhard, Office of Military Government for Bavaria, in: Weisz, Christoph (Hrsg.), OMGUS-Handbuch. Die amerikanische Militärregierung in Deutschland 1945-1949, München 1994, S. 143-315.
Hildebrand, Klaus, Das Dritte Reich, 4. Auflg., München 1991.
Hillgruber, Andreas, Europa in der Nachkriegszeit 1945-1963, 4. Auflg., München 1993.
Himmelreich, Fritz-Heinz, Die deutschen wirtschaftlichen Interessenverbände und ihr Verhältnis zur staatlichen Wirtschaftspolitik, Diss. Freiburg 1959.
Hippel, Wolfgang v., Wirtschafts- und Sozialgeschichte 1800 bis 1918, in: Handbuch der baden-württembergischen Geschichte, Bd. 3: Vom Ende des Alten Reiches bis zum Ende der Monarchien, hrsg. v. Hansmartin Schwarzmaier, Stuttgart 1992, S. 477-766.
Hudemann, Rainer, Französische Besatzungszone 1945-1952, in: Claus Scharf u. Hans-Jürgen Schröder (Hrsg.), Die Deutschlandpolitik Frankreichs und die französische Zone 1945-1949, Wiesbaden 1983, S. 205-248.

Hudemann, Rainer, Kulturpolitik und Deutschlandpolitik. Frühe Direktiven für die französische Besatzung in Deutschland, in: Frankreichs Kulturpolitik in Deutschland 1945-1950, hrsg. v. Franz Knipping und Jacques Le Rider, Tübingen 1987, S. 15-31.

ders., Sozialpolitik im deutschen Südwesten zwischen Tradition und Neuordnung 1945-1953. Sozialversicherung und Kriegsopferversorgung im Rahmen französischer Besatzungspolitik, Mainz 1988.

Hueck, Alfred, Nipperdey, Hans Carl, Lehrbuch des Arbeitsrechts, 7. Auflg., Bd. 2: Kollektives Arbeitsrecht, Berlin, Frankfurt a. M. 1967.

Hundt, Dieter, Handeln beim Verhandeln - Welche Reformen braucht die Tarifautonomie, Online in Internet, URL: http://www.iwkoeln.de/Forum/2000/forum17-00.htm, Stand: 16.3.2001, S. 1-6.

Huster, Ernst-Ulrich, u. a., Determinanten der westdeutschen Restauration 1945-1949, Frankfurt a. M. 1977.

Institut für Besatzungsfragen (Hrsg.), Einwirkungen der Besatzungmächte auf die westdeutsche Wirtschaft, Tübingen 1949.

Jahn, Peter, Gewerkschaften in der Krise. Zur Politik des ADGB in der Ära der Präsidialkabinette 1930 bis 1933, in: Erich Matthias, Klaus Schönhoven (Hrsg.), Solidarität und Menschenwürde. Etappen der deutschen Gewerkschaftsgeschichte von den Anfängen bis zur Gegenwart, Bonn 1984, S. 233-253.

Jakob-Bettien, Angelika, Metallgewerkschaft Hessen, 1945 bis 1948. Zur Herausbildung des Prinzips autonomer Industriegewerkschaften, Marburg 1982.

Jerchow, Friedrich, Deutschland in der Weltwirtschaft. Alliierte Deutschland- und Reparationspolitik und die Anfänge der westdeutschen Außenwirtschaft, Düsseldorf 1978.

Jung, Alexander, Großer Schwund, in: Der Spiegel, Nr. 16 v. 14.4.2001, S. 88.

Kaufhold, Heinrich Karl, Handwerk und Industrie 1800-1850, in: Hermann Aubin, Wolfgang Zorn (Hrsg.), Handbuch der deutschen Wirtschafts- und Sozialgeschichte, Bd. 2: Das 19. und 20. Jahrhundert, Stuttgart 1976, S. 321-368.

Kellenbenz, Hermann, Deutsche Wirtschaftsgeschichte, 2 Bde., München 1981.

Kilper, Heiderose, Brüder reicht die Hand zum Bunde. Untersuchungen zur Konstituierung und Politik der Gewerkschaft Nahrung-Genuss-Gaststätten als Einheitsgewerkschaft (1945-1949), Marburg 1982.

Klein, Jürgen, Bürgerliche Demokraten oder christliche, sozialdemokratische oder kommunistische Gewerkschaften. Hand in Hand gegen die Arbeiter, Hamburg 1974.

Klemm, Bernd, Trittel, Günter J., Vor dem "Wirtschaftswunder": Durchbruch zum Wachstum oder Lähmungskrise? Eine Auseinandersetzung mit Werner Abelshausers Interpretation der Wirtschaftsentwicklung 1945-1948, in: VfZ, 35 (1987), S. 571-624.

Knapp, Manfred, Deutschland und der Marshallplan: Zum Verhältnis zwischen politischer und ökonomischer Stabilisierung in der amerikanischen Deutschlandpolitik nach 1945, in: Claus Scharf u. Hans-Jürgen Schröder (Hrsg.), Politische und ökonomische Stabilisierung Deutschlands. Fünf Beiträge zur Deutschlandpolitik der westlichen Alliierten, Wiesbaden 1977, S. 19-43.

Kocka, Jürgen, Klassengesellschaft im Krieg. Deutsche Sozialgeschichte 1914-1918, Göttingen 1973.

ders., Lohnarbeit und Klassenbildung. Arbeiter und Arbeiterbewegung in Deutschland 1800-1875, Berlin, Bonn 1983.

ders., Organisierter Kapitalismus im Kaiserreich?, in: HZ, 230 (1980), S. 613-631.

ders., Sozialgeschichte - gestern und heute, in: Ilko-Sascha Kowalczuk (Hrsg.), Pardigmen deutscher Geschichtswissenschaft, Berlin 1994, S. 15-31.

Kolb, Johannes, Die Metallgewerkschaften in der Nachkriegszeit. Der Organisationsaufbau der Metallgewerkschaften in den drei westlichen Besatzungszonen Deutschlands, Frankfurt a. M. 1970.

Kollmer-von Oheimb-Loup, Gert, Die Wirtschaftspolitik Erhards als Fessel des wirtschaftlichen Aufschwungs? Kritische Forderungen der südwestdeutschen Wirtschaft, in: VSWG, 82 (1995), S. 459-477.

ders., Wirtschaft in der Nachkriegszeit, in: Besatzer - Helfer - Vorbilder. Amerikanische Politik und deutscher Alltag in Württemberg-Baden 1945 bis 1949. Dokumentation des Symposions vom 11.10.1996 im Stuttgarter Rathaus, hrsg. v. Haus der Geschichte Baden -Württemberg und der Landeszentrale für politische Bildung, 1996, Online in Internet, URL: http://www.lpb.bwue.de/publikat/besatzer/us-pol1.htm; Stand: 8. August 2000, S. 1-15.

Konstanzer, Eberhard, Die Entstehung des Landes Baden-Württemberg, Stuttgart u. a. 1969.

Kranig, Andreas, Lockung und Zwang. Zur Arbeitsmarktverfassung im Dritten Reich, Stuttgart 1983.

Kraus, Elisabeth, Ministerien für das ganze Deutschland? Der Alliierte Kontrollrat und die Frage gesamtdeutscher Zentralverwaltungen, München 1990.

Krause-Schmitt, Ursula, Heimatgeschichtlicher Wegweiser zu Stätten des Widerstands und der Verfolgung 1933-1945, Bd. 5/2: Baden-Württemberg II. Regierungsbezirk Freiburg und Tübingen, hrsg. v. Studienkreis Deutscher Widerstand und der Vereinigung der Verfolgten des Naziregimes/Bund der Antifaschisten, Frankurt a. M. 1997.

Krengel, Rolf, Anlagevermögen, Produktion und Beschäftigung der Industrie im Gebiet der Bundesrepublik von 1924 bis 1956, Berlin 1958.

Kubitza, Joachim, Frankreichs widersprüchliche Besatzungspolitik, in: Alltagsnot und politischer Wiederaufbau. Zur Geschichte Freiburgs und Südbadens in den ersten Jahren nach dem 2. Weltkrieg, hrsg. v. Stadtarchiv Freiburg, Arbeitskreis Regionalgeschichte Freiburg, Freiburg 1986, S. 55-57.

Kuckuck, Horst-A., Der Wiederaufschwung der Gewerkschaftsbewegung 1924-1929, in: Matthias, Erich, Schönhoven, Klaus (Hrsg.), Solidarität und Menschenwürde. Etappen der deutschen Gewerkschaftsgeschichte von den Anfängen bis zur Gegenwart, Bonn 1984, S. 153-186.

Lampert, Heinz, Staatliche Sozialpolitik im Dritten Reich, in: Hamburger Jahrbuch für Wirtschafts- und Gesellschaftspolitik, 25 (1980), S. 149-175.

Lanig-Heese, Claudia, Gewerkschaften in Bayern 1945 bis 1949. Organisation und Selbstverständnis des Bayrischen Gewerkschafts-Bundes, Marburg 1991.

Lattard, Alain, Gewerkschaften und Arbeitgeber in Rheinland-Pfalz unter französischer Besatzung 1945-1949, Mainz 1988.

Laufer, Rudolf, Die südbadische Industrie unter französischer Besatzung 1945-1949, in: Claus Scharf und Hand-Jürgen Schröder (Hrsg.), Die Deutschlandpolitik Frankreichs und die französische Zone 1945-1949, Wiesbaden 1983, S. 141-153.

ders., Industrie und Energiewirtschaft im Land Baden 1945-1952. Südbaden unter französischer Besatzung, Freiburg, München 1979.

Liedtke, Rüdiger, Die verschenkte Presse. Die Geschichte der Lizensierung von Zeitungen nach 1945, Berlin 1982.

Lindenlaub, Dieter, Richtungskämpfe im Verein für Sozialpolitik. Wissenschaft und Sozialpolitik im Kaiserreich vornehmlich vom Beginn des "Neuen Kurses" bis zum Ausbruch des ersten Weltkrieges (1890-1914), 2 Bde., Wiesbaden 1967.

Lindner, Stephan H., Den Faden verloren. Die westdeutsche und die französische Textilindustrie auf dem Rückzug (1930/45–1990), München 2001.

Mai, Gunther, Das Ende des Kaisereichs. Politik und Kriegsführung im ersten Weltkrieg, München 1987.

Mai, Gunther, Der Alliierte Kontrollrat in Deutschland 1945-1948. Von der geteilten Kontrolle zur kontrollierten Teilung, in: APuZ, B 23 (1988), S. 3-14.

Manz, Mathias, Stagnation und Aufschwung in der französischen Besatzungszone 1945-1948, hrsg. v. Werner Abelshauser, Ostfildern 1985.

Martens, Stefan (Hrsg.), Vom "Erbfeind" zum "Erneuerer". Aspekte und Motive französischer Deutschlandpolitik nach dem Zweiten Weltkrieg, Sigmaringen 1993.

Martin, R., Forschung, Organisation und Betrieb, in: Textil-Praxis, 1. Jg. (1946), H. 3/4, S. 33-36.

Mason, Timothy W., Arbeiterklasse und Volksgemeinschaft. Dokumente und Materialien zur deutschen Arbeiterpolitik 1936-1939, Opladen 1975.

ders., Die Bändigung der Arbeiterklasse im nationalsozialistischen Deutschland. Eine Einleitung, in: Sachse, Carola, u. a., Angst, Belohnung, Zucht und Ordnung. Herrschaftsmechanismen im Nationalsozialismus, Opladen 1982, S. 11-53.

ders., The origins of the Law on the Organization of National Labour of 20 January 1934. An investigation into the relationship between "archaic" and "modern" elements in recent German history, in: ders., Nazism, Facism and the Working Class, Cambridge 1995, S. 77-103.

Mausbach, Wilfried, Zwischen Morgenthau und Marshall. Das wirtschaftspolitische Deutschlandkonzept der USA 1944-1947, Düsseldorf 1996.

Meier, Christoph, Textilindustrie. Strukturelle Probleme und Wachstumschancen, Berlin, München 1964.

Mielke, Siegfried, Der Wiederaufbau der Gewerkschaften: Legenden und Wirklichkeit, in: Winkler, Heinrich August (Hrsg.), Politische Weichenstellungen im Nachkriegsdeutschland 1945-1953, Göttingen 1979, S. 74-87.

ders., Die Neugründung der Gewerkschaften in den westlichen Besatzungszonen, in: Hans-Otto Hemmer, Kurt Thomas Schmitz (Hrsg.), Geschichte der Gewerkschaften in der Bundesrepublik Deutschland, Köln 1990, S. 18-83.

ders., Grenzen und Motive der Einflußnahme der amerikanischen Militär regierung auf den Aufbau und die Organisationsstruktur der Gewerkschaften in der amerikanischen Besatzungszone, in: IWK, 14. Jg. (1978), H. 2, S. 187-202.

Milward, Alan S., Die deutsche Kriegswirtschaft 1939-1945, Stuttgart 1966.

ders., The Reconstruction of Western Europe 1945-1951, Berkely, Los Angeles 1984.

Möller, Hans (Hrsg.), Zur Vorgeschichte der Deutschen Mark. Die Währungs reformpläne 1945-1948, Tübingen 1961.

Morsey, Rudolf, Die Bundesrepublik Deutschland, 3. Auflg., München 1995.

Moser, Eva, Bayerns Arbeitgeberverbände im Wiederaufbau. Der Verein der Bayerischen Metallindustrie 1947-1962, Stuttgart 1990.

Müller, Dietrich, Die Lohnpolitik in Deutschland in den Jahren 1945 bis zur Währungsreform (20.6.1948), Meisenheim, Wien 1952.

Müller, Gloria, Mitbestimmung in der Nachkriegszeit. Britische Besatzungs macht - Unternehmer - Gewerkschaften, Düsseldorf 1987.

Müller, Karl-Friedrich, Das Jahr 1945 in Südbaden, Frankfurt a. M. u. a. 1987.

Müller-Jentsch, Soziologie der industriellen Beziehungen. Eine Einführung, 2. Auflg., Frankfurt a. M., New York 1997.

Nautz, Jürgen P., Die Durchsetzung der Tarifautonomie in Westdeutschland. Das Tarifvertragsgesetz vom 9. April 1949, Frankfurt a. M. u. a. 1985.
Nüske, Gerd Friedrich, Gewerkschaften, in: Das Land Württemberg-Hohenzollern 1945-1952. Darstellungen und Erinnerungen, hrsg. v. Max Gögler und Gregor Richter in Zusammenarbeit mit Gebhard Müller, Sigmaringen 1982, S. 189-192.
Nüske, Gerd Friedrich, Handwerks-, Industrie- und Handelskammern, in: Das Land Württemberg-Hohenzollern 1945-1952. Darstellungen und Erinnerungen, hrsg. v. Max Gögler und Gregor Richter in Zusammenarbeit mit Gebhard Müller, Sigmaringen 1982, S. 193-200.
Oberreuter, Heinrich, Weber, Jürgen (Hrsg.), Freundliche Feinde? Die Alliierten und die Demokratiegründung in Deutschland, München, Landsberg 1996.
Peter, Roland, Mit Zwangsmitteln gegen gewachsene Strukturen, in: Badische Zeitung Nr. 47 v. 25./26.2.1989, S. 11.
ders., Rüstungspolitik in Baden. Kriegswirtschaft und Arbeitseinsatz in einer Grenzregion im Zweiten Weltkrieg, München 1995.
Peterson, Birgit, Die amerikanische Reparationspolitik in Deutschland 1945-1949 im Spannungsfeld der deutschlandpolitischen Zielsetzungen der vier Mächte, Diss. Würzburg 1993.
Petzina, Dieter, Autarkiepolitik im Dritten Reich. Der nationalsozialistische Vierjahresplan, Stuttgart 1968.
Piéttre, André, L'Economie Allemande Contemporaire (Allemagne Occidentale) 1945-1952, Paris 1952.
Pirker, Theo, Die blinde Macht. Die Gewerkschaftsbewegung in Westdeutschland, Bd. 1: 1945-1952. Vom Ende des Kapitalismus zur Zähmung der Gewerkschaften, München 1960.
Pirker, Theo, Die verordnete Demokratie. Grundlagen und Erscheinungen der "Restauration", Berlin 1977.
ders., Zum Verhalten der Organisationen der deutschen Arbeiterbewegung in der Endphase der Weimarer Republik, in: Karl Dietrich Erdmann u. Hagen Schulze (Hrsg.), Weimar. Selbstpreisgabe einer Demokratie. Eine Bilanz heute, Düsseldorf 1979, S. 323-332.
Plumpe, Werner, Vom Plan zum Markt. Wirtschaftsverwaltung und Unternehmerverbände in der britischen Zone, Düsseldorf 1987.
Potthoff, Heinrich, Gewerkschaften in Weltkrieg und Revolution: Kontinuität und Wandel, in: Erich Matthias und Klaus Schönhoven (Hrsg.), Solidarität und Menschenwürde. Etappen der deutschen Gewerkschaftsgeschichte von den Anfängen bis zur Gegenwart, Bonn 1984, S. 107-131.
Preller, Ludwig, Die Aufgaben des Direktors für Arbeit, in: RdA, 1. Jg. (1948), S. 41.
Prinzing, Marlis, Der Streik bei Bosch im Jahre 1913, Stuttgart 1989.
Pünder, Tilman, Das bizonale Interregnum. Die Geschichte des Vereinigten Wirtschaftsgebiets 1946-1949, Waiblingen 1966.

Ranft, Norbert, Vom Objekt zum Subjekt. Montanmitbestimmung, Sozialklima und Strukturwandel im Bergbau seit 1945, Köln 1988.

Recker, Marie-Louise, Nationalsozialistische Sozialpolitik im Zweiten Weltkrieg, München 1985.

Reuss, Erich, Die Verbände der Bauindustrie, ihr Werden, Wesen und Wirken, Wiesbaden, Berlin 1966.

Reuter, Dieter, Betriebsverfassung und Tarifvertrag, in: RdA 1994, S. 153-168.

Reutter, Friederike, Heidelberg 1945-1949. Zur politischen Geschichte einer Stadt in der Nachkriegszeit, Heidelberg 1994.

Ritschl, Albrecht, Die Währungsreform von 1948 und der Wiederaufstieg der westdeutschen Industrie. Zu den Thesen von Mathias Manz und Werner Abelshauser über die Produktionswirkungen der Währungsreform, in: VfZ 33 (1985), S. 136-165.

Ritter, Gerhard A., Arbeiter, Arbeiterbewegung und soziale Ideen in Deutschland. Beiträge zur Geschichte des 19. und 20. Jahrhunderts, München 1996.

Ross, Dietmar, Gewerkschaften und soziale Demokratie. Von der Richtungs- zur Einheitsgewerkschaft, von Weimar zur Nachkriegszeit. Untersuchungen zur gewerkschaftlichen Programmatik für den Aufbau einer demokratischen Gesellschaft, Diss. Bonn 1976.

Ruck, Michael, Von der Arbeitsgemeinschaft zum Zwangstarif. Die Freien Gewerkschaften im sozialen und politischen Kräftefeld der frühen Weimarer Republik, in: Erich Matthias und Klaus Schönhoven (Hrsg.), Solidarität und Menschenwürde. Etappen der deutschen Gewerkschaftsgeschichte von den Anfängen bis zur Gegenwart, Bonn 1984, S. 133-152.

Rudzio, Wolfgang, Die organisierte Demokratie, Stuttgart 1977.

Ruhm von Oppen, Beate, Documents under Occupation 1945-1954, London, New York, Toronto 1955.

Rupieper, Hermann-Josef, Die Wurzeln der westdeutschen Nachkriegsdemokratie. Der amerikanische Beitrag 1945-1952, Opladen 1993.

Saalfrank, Walter, Wagenhals, Klaus, Rohner, Alfons B., Wirkungen neuer Technologien auf das Lohnniveau. Veränderungen von Tätigkeitsmerkmalen in der Textil- und Bekleidungsindustrie, Opladen 1993.

Sauer, Paul, Demokratischer Neubeginn in Not und Elend. Das Land Württemberg-Baden von 1945 bis 1952, Ulm 1987.

Schardt, Michael, Strukturwandlungen in der Textil- und Bekleidungsindustrie in der Bundesrepublik Deutschland im Gefolge der weltwirtschaftlichen Arbeitsteilung, Dipl.-Arbeit Tübingen 1987.

Schauer, Helmut, Tarifpolitik und Sozialreform. Stationen bundesdeutscher Tarifgeschichte, in: WSI-Mitteilungen 7/1999, S. 426-436.

Scheibe, Dietrich, Die Herausbildung der Industriegewerkschaft Bau-Steine-Erden 1945 bis 1949, in: Hand in Hand. Bauarbeit und Gewerkschaften. Eine Sozialgeschichte, hrsg. v. Arno Klönne u. a., Frankfurt a. M. 1989, S. 264-272.

Schillinger, Reinhold, Der Entscheidungsprozeß beim Lastenausgleich 1945-1952, St. Katharinen 1985.

Schlange-Schöning, Hans (Hrsg.), Im Schatten des Hungers. Dokumentarisches zur Ernährungspolitik und Ernährungswirtschaft in den Jahren 1945-1955, bearb. v. Justus Rohrbach, Hamburg, Berlin 1955.

Schmidt, Eberhard, Die verhinderte Neuordnung 1945-1952, Frankfurt a. M. 1970.

Schmidt, Ute, Fichter, Tilman, Der erzwungene Kapitalismus. Klassenkämpfe in den Westzonen 1945-48, Berlin 1973.

Schmidt, Wolfgang, Vom Feind zum Partner. Amerikanische Deutschlandpolitik von 1944 bis 1949, Bonn 1996.

Schmodt, Thomas Benedikt, Das Günstigkeitsprinzip im Tarifvertrags- und Betriebsverfassungsrecht. Zugleich ein Beitrag zum Verhältnis von Tarifvertrag und Betriebsvereinbarung, Berlin 1994.

Schmoller, Gustav v., Württemberg-Hohenzollern unter der Last der französischen Besatzung, in: Das Land Württemberg-Hohenzollern 1945-1952. Darstellungen und Erinnerungen, hrsg. v. Max Gögler und Gregor Richter in Zusammenarbeit mit Gebhard Müller, Sigmaringen 1982.

Schneider, Michael, Die Christlichen Gewerkschaften 1894-1933, Bonn 1982.

Schölzel, Stephan, Die Pressepolitik in der französischen Besatzungszone 1945-1949, Mainz 1986.

Schönhoven, Klaus, Die deutschen Gewerkschaften, Frankfurt a. M. 1987.

ders., Expansion und Konzentration. Studien zur Entwicklung der Freien Gewerkschaften im Wilhelminischen Deutschland 1890 bis 1914, Stuttgart 1980.

ders., Vor einem Jahrhundert-Jubiläum. Die Gewerkschaften und ihre Geschichtsschreibung, in: Ilse Brusis, Klaus Schönhoven, Die Gewerkschaften und ihre Geschichtsschreibung, Düsseldorf 1987, S. 35-56.

Schöntag, Wilfried, Office of Military Government for Württemberg-Baden, in: Weisz, Christoph (Hrsg.), OMGUS-Handbuch. Die amerikanische Militärregierung in Deutschland 1945-1949, München 1994, S. 455-596.

Schraut, Sylvia, Flüchtlingsaufnahme in Württemberg-Baden 1945-1949. Amerikanische Besatzungsziele und demokratischer Wiederaufbau im Konflikt, München 1995.

dies., Zwangswanderung nach 1945 und ihre sozialen Folgen. Die Aufnahme der Flüchtlinge und Ausgewiesenen in Württemberg-Baden 1945-1949, in: Grosser, Christiane u. a., Flüchtlingsfrage - das Zeitproblem. Amerikanische Besatzungspolitik, deutsche Verwaltung und die Flüchtlinge in Württemberg-Baden 1945-1949, S. 164-196.

Schröder, Hans-Jürgen, 50 Jahre Marshall-Plan in Deutschland, in: ApuZ, B 22-23 (1997), S. 18-29.

ders. (Hrsg.), Marshallplan und westdeutscher Wiederaufstieg. Positionen – Kontroversen, Stuttgart 1990.

Schultes, Karl, Die süddeutschen Länderverfassungen, Berlin 1948.

Schulze, Rainer, Unternehmerische Interessenvertretung in Westdeutschland nach dem Ende des Zweiten Weltkrieges, in: Tel Aviver Jahrbuch für deutsche Geschichte, Bd. XIX (1990), S. 283-311.

Schulze zur Wiesch, Christian G., Die Entwicklung der Textilindustrie am Mittleren Niederrhein nach 1945, Diss. Münster 1997.

Schuster, Dieter, Die deutschen Gewerkschaften seit 1945, Stuttgart u. a. 1973.

Schwarz, Eva, Der Wiederanfang nach dem Zweiten Weltkrieg in der französisch besetzten Zone am Beispiel der badischen Textilindustrie, Dipl.-Arbeit Reutlingen 1985.

Seifert, Christfried, Enstehung und Entwicklung des Gewerkschaftsbundes Württemberg-Baden bis zur Gründung des DGB 1945 bis 1949, Marburg 1980.

Siegel, Tilla, Lohnpolitik im nationalsozialistischen Deutschland, in: Carola Sachse u. a., Angst, Belohnung, Zucht und Ordnung. Herrschaftsmechanismen im Nationalsozialismus, Köln, Opladen 1982, S. 54-139.

Sörgel, Werner, Konsensus und Interessen. Eine Studie zur Entstehung des Grundgesetzes für die Bundesrepublik Deutschland, Stuttgart 1969.

Steinau, Günter, Strukturwandel und Konjunktur in der Textilindustrie 1960-1978, Opladen 1981.

Steininger, Rolf, Deutsche Geschichte seit 1945. Darstellung und Dokumente in vier Bänden, Bd. 1: 1945-1947, Frankfurt a. M. 1996.

Stolper, Gustav, Häuser, Karl, Borchardt, Knut, Deutsche Wirtschaft seit 1870, Tübingen 1964.

Swatek, Dieter, Unternehmenskonzentration als Ergebnis und Mittel nationalsozialistischer Wirtschaftspolitik, Berlin 1972.

Tarifliche Leistungen 1949-1999 für den Bereich Textilindustrie Baden-Württemberg ohne Südbaden, in: WSI-Tarifarchiv, 50 Jahre Tarifpolitik, Online in Internet, URL: http://www.boeckler.de/wsi/tarchiv/50jahre/-printopt_18.htm, Stand: 4.5.2000, S. 1-2.

Tenfelde, Klaus, Die Geschichte der Arbeiter zwischen Strukturgeschichte und Alltagsgeschichte, in: Wolfgang Schieder, Volker Sellin (Hrsg.), Sozialgeschichte in Deutschland. Entwicklungen und Perspektiven im internationalem Zusammenhang, Bd. IV: Soziale Gruppen in der Geschichte, Göttingen 1987, S. 81-107.

ders., Ritter, Gerhard A. (Hrsg.), Bibliographie zur Geschichte der deutschen Arbeiterschaft und Arbeiterbewegung 1863 bis 1914, Bonn 1981.

Tenfelde, Klaus, Volkmann, Heinrich (Hrsg.), Streik. Zur Geschichte des Arbeitskampfes in Deutschland während der Industrialisierung, München 1981.

Thum, Horst, Mitbestimmung in der Montanindustrie, Stuttgart 1982.

Tornow, Ingo, Die deutschen Unternehmerverbände 1945-1950. Kontinuität oder Diskontinuität?, in: Becker, Josef, Stammen, Theo, Waldmann, Peter (Hrsg.), Vorgeschichte der Bundesrepublik. Zwischen Kapitulation und Grundgesetz, München 1979, S. 235-260.

Triesch, Günter, Ockenfels, Wolfgang, Interessenverbände in Deutschland. Ihr Einfluß in Politik, Wirtschaft und Gesellschaft, München, Landsberg 1995.

Uffelmann, Uwe, Der Weg zur Bundesrepublik. Wirtschaftliche, gesellschaftliche und staatliche Weichenstellungen 1945-1949, Düsseldorf 1988.

Ullmann, Hans Peter, Interessenverbände in Deutschland, Frankfurt a. M. 1988.

Ullmann, Peter, Tarifverträge und Tarifpolitik in Deutschland bis 1914. Entstehung, Entwicklung, interessenpolitische Bedingungen und Bedeutung des Tarifvertragswesens für die sozialistischen Gewerkschaften, Frankfurt a. M., Bern, Las Vegas 1977.

Ullrich, Volker, Die nervöse Großmacht 1871-1918. Aufstieg und Untergang des Kaiserreichs, 3. Auflg., Frankfurt a. M. 1999.

Unser, Margit, Der badische Gewerkschaftsbund. Zur Geschichte des Wiederaufbaus der Gewerkschaftsbewegung im französisch besetzten Südbaden, Marburg 1989.

Varain, Heinz Josef (Hrsg.), Interessenverbände in Deutschland, Köln 1973.

Venker, Helmut, Die Kapazität der Textilindustrie der Westzonen, Diss. Münster 1949.

Vogel, Walter, Westdeutschland 1945 bis 1950. Der Aufbau von Verfassungs- und Verwaltungseinrichtungen über den Ländern der drei westlichen Besatzungszonen, Teil II, Boppard 1964.

Vogelsang, Thilo, Die Bemühungen um eine deutsche Zentralverwaltung 1945/46, in: VfZ, 18 (1970), S. 510-528.

Wagenführ, Rolf, Die deutsche Industrie im Kriege 1939-1945, Berlin 1954.

Waibel, Dieter, Von der wohlwollenden Despotie zur Herrschaft des Rechts. Entwicklungsstufen der amerikanischen Besatzung Deutschlands 1944-1949, Tübingen 1996.

Walter, Rolf, Wirtschaftsgeschichte. Vom Merkantilismus bis zur Gegenwart, 2. Auflg., Köln, Weimar, Wien 1998.

Walz, Fr., Der zukünftige Produktionsumfang derTextilindustrie Deutschlands, in: Textil-Praxis, 1. Jg. (1946), H. 1/2, S. 3-4.

Weber, Jürgen, Auf dem Weg zum Grundgesetz. Von der Londoner Konferenz zum Parlamentarischen Rat, in: Der Bauplan zur Republik. Das Jahr 1948 in der deutschen Nachkriegsgeschichte, hrsg. v. Jürgen Weber, München, Landsberg am Lech 1996, S. 71-114.

Wehler, Hans-Ulrich, Die Gegenwart als Geschichte. Essys, München 1995.

Weischer, Christoph, "Hausgeschichtsschreibung" der Gewerkschaften? Rezension zu Hans Otto Hemmer, Kurt Thomas Schmitz (Hrsg.), Geschichte der Gewerkschaften in der Bundesrepublik Deutschland. Von den Anfängen bis heute, Köln 1990, in: NPL, 37 (1992), S. 306-307.

Werner, Wolfgang Franz, "Bleib übrig!". Deutsche Arbeiter in der nationalsozialistischen Kriegswirtschaft, Düsseldorf 1983.

Weiß-Hartmann, Anne, Der Freie Gewerkschaftsbund Hessen 1945-1949, Marburg 1977.

Wiesemann, Falk, Die Gründung des deutschen Weststaats und die Entstehung des Grundgesetzes, in: Westdeutschlands Weg zur Bundesrepublik 1945-1949, hrsg. v. Institut für Zeitgeschichte, München 1976, S. 118-134.

Willenborg, Karl-Heinz, Das neue Geld. Die Währungsreform und ihre wirtschaftlichen Folgen, in: Der Bauplan für die Republik. Das Jahr 1948 in der deutschen Nachkriegsgeschichte, hrsg. v. Jürgen Weber, München, Landsberg am Lech 1996, S. 175-200.

Willis, Roy F., The French in Germany 1945-1949, Stanford 1962.

Winkel, Harald, Geschichte der Württembergischen Industrie- und Handelskammern Heilbronn, Reutlingen, Stuttgart/Mittlerer Neckar und Ulm 1933-1980. Zum 125jährigen Bestehen, Stuttgart 1980.

Winkler, Heinrich August, Von der Revolution zur Stabilisierung. Arbeiter und Arbeiterbewegung in der Weimarer Republik 1918 bis 1924, 2. Auflg., Berlin, Bonn 1985.

ders., Der Schein der Normalität. Arbeiter und Arbeiterbewegung in der Weimarer Republik 1924 bis 1930, Berlin, Bonn 1985.

ders., Der Weg in die Katastrophe. Arbeiter und Arbeiterbewegung in der Weimarer Republik 1930 bis 1933, Berlin, Bonn 1987.

Wirth, Klaus, Tarifpolitik am Wendepunkt - ein Plädoyer für den Flächentarifvertrag, in: AuA 1997, S. 109-112.

Wolfrum, Edgar, Französische Besatzungspolitik in Deutschland nach 1945. Neuere Forschungen über die "vergessene Zone", in: NPL, 35 (1990), S. 50-62.

ders., Französische Besatzungspolitik und Deutsche Sozialdemokratie. Politische Neuansätze in der "vergessenen Zone" bis zur Bildung des Südweststaates 1945-1952, Düsseldorf 1991.

ders., Fäßler, Peter, Grohnert, Reinhard, Krisenjahre und Aufbruchszeit. Alltag und Politik im französisch besetzten Baden 1945-1949, München 1996.

Wrobel, Christian, Medien, Politik und Öffentlichkeit im Land Südbaden. Ein Beitrag zur Nachkriegsgeschichte in Südwestdeutschland 1945-1951, Pfaffenweiler 1991.

Württemberg-Baden. Historisch, wirtschaftlich und kulturell eine Einheit - Heute durch Zonengrenzen in zwei Teile gerissen, Stuttgart 1948.

Zachert, Ulrich, Deregulierung des Tarifvertrags - ein taugliches Mittel zur Lösung der Arbeitsmarktprobleme, in: Der Betrieb 1991, S. 1221-1226.

Zohlnhöfer, Werner (Hrsg.), Die Tarifautonomie auf dem Prüfstand, Berlin 1994.

Zollitsch, Wolfgang, Einzelgewerkschaften und Arbeitsbeschaffung: Zum Handlungsspielraum der Arbeiterbewegung in der Spätphase der Weimarer Republik, in: GuG 8 (1982), 87-115.

Verzeichnis der Abkürzungen

Abs.	Absatz
ADGB	Allgemeiner Deutscher Gewerkschaftsbund
AG	Aktiengesellschaft
Anm.	Anmerkung
APuZ	Aus Politik und Zeitgeschichte (Zeitschrift)
Art.	Artikel
AuA	Arbeit und Arbeitsrecht (Zeitschrift)
BAGE	Entscheidung des Bundesarbeitsgerichts
BGBl.	Bundesgesetzblatt
BVerfGE	Entscheidung des Bundesverfassungsgerichts
BWHStA	Hauptstaatsarchiv Baden-Württemberg, Stuttgart
CDU	Christlich Demokratische Union
DAF	Deutsche Arbeitsfront
DGB	Deutscher Gewerkschaftsbund
DM	Deutsche Mark
Dok.	Dokument
EAC	European Advisory Commission
ERP	European Recovery Program
e.V.	eingetragener Verein
FA	Fachausschuß
FAZ	Frankfurter Allgemeine Zeitung
FV	Fachverband
GBWüB	Gewerkschaftsbund Württemberg-Baden
GG	Grundgesetz
GTB	Gewerkschaft Textil-Bekleidung
GuG	Geschichte und Gesellschaft (Zeitschrift)
GWU	Geschichte in Wissenschaft und Unterricht (Zeitschrift)
HZ	Historische Zeitschrift
Ifo	Institut für Wirtschaftsforschung
IG	Industriegewerkschaft
IGTB	Industriegewerkschaft Textil-Bekleidung
IHK	Industrie- und Handelskammer
IWK	Internationale Wissenschaftliche Korrespondenz (Zeitschrift)
JCS	Joint Chiefs of Staff
JEIA	Joint Export-Import Agency
KPD	Kommunistische Partei Deutschlands
KWVO	Kriegswirtschaftsverordnung
LG	Lohngruppe
lit.	littera
LTA	Landesmuseum für Technik und Arbeit, Mannheim
LV	Landesverband

MGR	Military Government Regulation
m. w. N.	mit weiteren Nennungen
NJW	Neue Juristische Wochenschrift (Zeitschrift)
NPL	Neue Politische Literatur (Zeitschrift)
NSDAP	Nationalsozialistische Deutsche Arbeiterpartei
OFICOMEX	Office du Commerce Extérieur
OMGUS	Office of Military Government, United States
OMGWB	Office of Military Government U. S., Wurttemberg-Baden
RdA	Recht der Arbeit (Zeitschrift)
RABl. I	Reichsarbeitsblatt, Teil I - amtlicher Teil
RGBl. I	Reichsgesetzblatt, Teil I
RM	Reichsmark
SBZ	Sowjetisch besetzte Zone
SHAEF	Supreme Headquarters, Allied Expeditionary Forces
SPD	Sozialdemokratische Partei Deutschlands
StA	Staatsarchiv
TVG	Tarifvertragsgesetz
USFET	United States Forces European Theater
VfZ	Vierteljahrshefte für Zeitgeschichte
VSWG	Vierteljahresschrift für Sozial- und Wirtschaftsgeschichte
WiGBl	Gesetz- und Verordnungsblatt des Wirtschaftsrats des Vereinigten Wirtschaftsgebiets
WRV	Weimarer Reichsverfassung
WSI	Wirtschafts- und Sozialwissenschaftliches Institut in der Hans Böckler Stiftung
WüGB	Württembergischer Gewerkschaftsbund
ZAG	Zentralarbeitsgemeinschaft
ZfA	Zeitschrift für Arbeitswissenschaft
ZfG	Zeitschrift für Geschichtswissenschaft
ZfT	Zentralstelle für Textilwirtschaft, Badenweiler
ZRP	Zeitschrift für Rechtspolitik

Claudia Kaiser

Gewerkschaften, Arbeitslosigkeit und Politische Stabilität

Deutschland und Großbritannien in der Weltwirtschaftskrise seit 1929

Frankfurt/M., Berlin, Bern, Bruxelles, New York, Oxford, Wien, 2002. X, 462 S., 17 Tab. Europäische Hochschulschriften: Reihe 3, Geschichte und ihre Hilfswissenschaften. Bd. 923
ISBN 3-631-38226-X · br. € 65.40*

Wie reagierten die Dachverbände der deutschen und britischen sozialistischen Gewerkschaftsbewegung – ADGB und TUC – auf die Massenarbeitslosigkeit der Weltwirtschaftskrise und die damit einhergehenden politischen Erschütterungen? Dieser Frage geht die Studie im Rahmen diachroner Problemfelder systematisch nach. Der Vergleich zeigt, daß die unterschiedlichen politischen Kulturen in Deutschland und Großbritannien ausschlaggebende Bedeutung hatten. Konsequente wirtschaftliche und politische Interessenvertretung durch die Gewerkschaften wurde im englischen politischen Kontext allgemein akzeptiert – auch von den Unternehmern. Dagegen war die Akzeptanz der Weimarer Demokratie in der deutschen Gesellschaft so brüchig, daß das Eintreten für gesellschaftliche Teilinteressen als Verstoß gegen das „Gemeinwohl" gesehen wurde und zur Destabilisierung des politischen Systems beitrug.

Aus dem Inhalt: Strukturen und Entwicklung der Arbeitslosigkeit, soziale Lage und Wahlverhalten der Erwerbslosen · Ökonomische Entwicklung und staatliche Wirtschafts-, Finanz- und Sozialpolitik · Organisatorische Handlungsspielräume des ADGB und des TUC · Arbeitsbeziehungen · Gewerkschaften und politischer Extremismus · Programmatische Reaktionen auf die Weltwirtschaftskrise (Konjunkturpolitik und Planung) · Politische Kultur in Deutschland und Großbritannien

Kolibri 360 GmbH
Ferdinand-Jühlke-Straße 7
99095 Erfurt, Deutschland
produktsicherheit@kolibri360.de

Druck:
CPI Druckdienstleistungen GmbH
im Auftrag der
Kolibri 360 GmbH
Ferdinand-Jühlke-Str. 7
99095 Erfurt